Nomos Universitätsschriften

Recht

Band 999

Andreas Wedde

# Der Sachverständigenbeweis

## Reformvorschläge aus nationaler und internationaler Sicht

Nomos

Onlineversion
Nomos eLibrary

**Die Deutsche Nationalbibliothek** verzeichnet diese Publikation in der Deutschen Nationalbibliografie; detaillierte bibliografische Daten sind im Internet über http://dnb.d-nb.de abrufbar.

Zugl.: Bremen, Univ., Diss., 2022

ISBN 978-3-8487-8928-3 (Print)
ISBN 978-3-7489-3208-6 (ePDF)

1. Auflage 2022

*In Gedenken an meinen Großvater*

*Für meine Familie*

# Vorwort

Die vorliegende Arbeit wurde im Juni 2021 abgeschlossen und von der rechtswissenschaftlichen Fakultät der Universität Bremen als Dissertation angenommen. Das Promotionskolloquium hat im Januar 2022 stattgefunden. Die veröffentlichte Fassung folgt, von einigen marginalen Anpassungen abgesehen, dem im Verfahren vorgelegten Manuskript. Der Stand der Arbeit ist Juni 2021.

Die Anregung zu dieser Arbeit entstand aus einem Gutachten meines Doktorvaters *Prof. Dr. Gralf-Peter Calliess* zum 70. Deutschen Juristentag zur Frage der Zeitgemäßheit der ZPO und des GVG. Die dort aufgeführten zwei Thesen mit Bezug zum Sachverständigenbeweis und dessen Beschleunigungsmöglichkeiten waren die ersten Gedanken für eine umfangreiche Prozessoptimierung bei der gerichtlichen Inanspruchnahme von Gutachtern. Aufgrund der Praxisnähe des Themas bestand schnell der Anspruch, keine reine Theoriebesprechung vorzunehmen, sondern eine echte praktische Evaluation und internationale Rechtsvergleichung von Verbesserungsvorschlägen.

Mein besonderer Dank gilt meinem Doktorvater *Prof. Dr. Gralf-Peter Calliess*, der mir während der Anfertigungszeit einerseits die nötigen Freiheiten für eine Bearbeitung neben dem Beruf gab, anderseits aber auch mit Ratschlägen und Wegweisung unterstützend zur Seite stand. Ebenfalls bedanken möchte ich mich bei *Prof. Dr. Lorenz Kähler* für die Zweitkorrektur und die konstruktiven Anregungen zur Fertigstellung der Dissertation.

Die Besonderheit der Arbeit, nämlich die praktische Bewertung der Verbesserungsvorschläge, wäre ohne die vielen Gespräche und Antworten der Praktiker so nicht möglich gewesen. Bei jedem einzelnen Teilnehmenden möchte ich mich an dieser Stelle für die Partizipation und Unterstützung bedanken. Die Angesprochenen werden sich in den jeweiligen Inhalten wiederfinden.

Ein herzlicher Dank gilt meinem Kollegen *Dr. Andreas Kinzelbach* für die umfangreiche Korrektur sowie Unterstützung während der Berufstätigkeit. Gleichermaßen möchte ich *Dr. Peter Zaar* für das Korrekturlesen und die wertvollen Anregungen danken. Auch meinem Arbeitgeber, der *Landesbank Baden-Württemberg*, gebührt mein Dank, dieses Projekt neben der Berufstätigkeit durch eine flexible Arbeitszeitverteilung ermöglicht zu haben.

Dankbar bin ich auch für die formal-strukturelle Unterstützung und Begleitung von *Prof. Dr. Louisa Specht-Riemenschneider*.

Nicht genug bedanken kann ich mich bei meinem Vater *Dr. Uwe Wedde*, der mich von Beginn an, vor allem jedoch auf der Zielgeraden der Dissertation mit Korrekturarbeiten sowie konstruktivem, aber auch ehrlichem Feedback begleitet und umfassend unterstützt hat. Es ist geschafft!

Abschließend, aber keinesfalls zuletzt, bin ich glücklich über die Unterstützung meiner Frau *Jennifer*, die mir nicht nur in den letzten Zügen der Arbeit die notwendige Kraft und Motivation zur Fertigstellung gegeben hat. Zudem hat sie sich hauptsächlich um unseren Sohn gekümmert. Für diese Rückendeckung bin ich unendlich dankbar.

Stuttgart, März 2022 *Andreas Wedde*

# Inhaltsverzeichnis

# Abkürzungsverzeichnis

| | |
|---|---|
| BGH | Bundesgerichtshof |
| EMRK | Europäische Menschenrechtskonvention |
| EPGÜ | Übereinkommen über ein einheitliches Patentgericht |
| GG | Grundgesetz |
| GVG | Gerichtsverfassungsgesetz |
| HWK | Handwerkskammer |
| IHK | Industrie- und Handelskammer |
| JuMoG | Justizmodernisierungsgesetz |
| JVEG | Justizvergütungs- und Entschädigungsgesetz |
| ZPO | Zivilprozessordnung |

# Einleitung

## *A. Ausgangslage / Konflikt*

Die Gesellschaft hat sich in den letzten Jahren extrem gewandelt und vor dem Hintergrund internationaler Wirtschaftsbeziehungen (Globalisierung) und steigender Technisierung (Digitalisierung) kontinuierlich zu einer modernisierten, schnelllebigen Welt entwickelt. Auch bei der Austragung von Rechtsstreitigkeiten wird gemäß den Bedürfnissen und Interessen der Bevölkerung für Gerichtsverfahren eine Beschleunigung gewünscht beziehungsweise gefordert, sodass die Justiz als Spiegelbild der Gesellschaft immer häufiger vom Effizienzgedanken geprägt ist.[1] Die Zivilprozessordnung ist vor über 140 Jahren geschaffen worden und seitdem nur in Teilbereichen geändert worden. Es stellt sich daher die Frage, ob diese Prozessordnung den Anforderungen an einen modernen Zivilprozess noch gerecht wird.

Aus Artikel 2 Abs. 1 des Grundgesetzes (GG[2]) in Verbindung mit dem aus Artikel 20 Abs. 3 GG resultierenden Rechtsstaatsprinzip, dem Justizgewährungsanspruch nach Artikel 19 Abs. 4 GG sowie Artikel 6 der europäischen Menschenrechtskonvention[3] und Artikel 47 Abs. 2 der EU-Grundrechte-Charta folgt jedoch, dass ein „effektiver, wirkungsvoller Rechtsschutz" durch Gerichtsverfahren von Fairness und angemessener Länge geprägt sein soll.[4] Gleichzeitig bedingt der Anspruch auf wirkungsvollen Rechtsschutz von den Spruchkörpern und deren materiell-rechtlich „richtigen" Urteilen die notwendige Sachkompetenz.[5] Durch die stetig wachsende Technisierung einerseits und daraus resultierender Vielschichtigkeit, Schwierigkeit und Komplexität der Sachverhalte andererseits bedarf es für die Richtigkeit eines Urteils einer steigenden Sachkunde und

1 Vgl. *Kury*, ZRP 2018, 1 (1); vgl. *Gaier*, NJW 2013, 2871 (2873); *Keders/Walter*, NJW 2013, 1697 (1697); *Hoffmann*, IWRZ 2018, 58 (60); vgl. *Blendinger*, DS 2015, 211 (217).

2 Grundgesetz, im Folgenden GG abgekürzt.

3 Europäische Menschenrechtskonvention, im Folgenden EMRK abgekürzt.

4 *Link/van Dorp/Haas*; S. 3 Rn. 5; *Keders/Walter*, NJW 2013, 1697 (1697); *Walter*, DS 2013, 385 (385); *Lehmann*, DS 2014, 232 (234); *Althammer / Schäuble*, DS 2012,1 (1), vgl. *Gaier*, NJW 2013, 2871 (2872); *Gärtner*, NJW 2017, 2596 (2596).

5 *Calliess*, A 61; vgl. *Walter*, DS 2018, 186 (186).

detaillierter Kenntnisse bei der rechtlichen Bewertung von Streitigkeiten.[6] Nachdem Anwälte dieser Anforderung durch fachliche Spezialisierung und steigenden Zulassungszahlen nachgekommen sind[7] muss ihnen nunmehr auch die rechtsprechende Gewalt mit entsprechenden Kenntnissen gegenübertreten können. Die Spruchkörper an den Gerichten sind bei fehlender sachlicher Kompetenz zur Akzeptanzsteigerung und Verhinderung möglicher Rechtsmittel auf eine Hinzuziehung externer Expertise in Form eines neutralen Gutachtens angewiesen, was die Einbeziehung von Sachverständigen immer wichtiger macht.[8] Gutachter sind somit aufgrund ihrer Sachkunde und ihrem Beitrag zur Entscheidungsfindung wesentlich für eine funktionierende und transparente Rechtspflege.[9] Wie wichtig die Sachkunde für die materielle Richtigkeit der Gerichtsentscheidung ist, zeigt die Notwendigkeit der Darlegung der eigenen Kenntnisse des Gerichtes für den Fall, dass dieses einen Sachverständigenbeweis ablehnt oder von diesem abweichen will.[10]

Die Beweiserhebung durch Einholung von Gutachten ist zwar stets ein Faktor, welcher für die Verzögerungen bei Abläufen des Zivilprozesses ausschlaggebend ist, führt jedoch dazu, dass die notwendige Sachkunde in den Prozess eingebracht wird.[11] Bisher scheint die steigende Komplexität der Verfahren die schnellere Bearbeitung der Fälle einzubremsen.[12] Dies lässt sich daran erkennen, dass die durchschnittliche Verfahrensdauer bei

---

6 Vgl. *Blendinger*, DS 2015, 211 (217); vgl. *Hommerich*, DS 2014, 43 (45); vgl. *Keders/Walter*, 2013, 1697 (1697); *Braun*, DS 2014, 52 (53); *Walter*, DS 2018, 186 (188); *Böttger* in Bayerlein, S. 5 Rn. 4.

7 *Schubert* in Höland / Meller-Hannich, S. 31; *Schobel*, MDR 2014, 1003 (1005 f.); *Calliess* A 104; *Gaier*, NJW 2013, 2871 (2875); *Hirtz*, NJW 2014, 2529 (2532).

8 *Schmidbauer*, DS 2013, 172 (173); vgl. *Jordan/Gresser*, DS 2014, 71 (81); *Kramarz*, DS 2014, 170 (174); *Bleutge*, GewArch 2014, 49 (54 f); *Braun*, DS 2014, 52 (52); *Linz* DS 2017, 145 (145); *Greger*, NZV 2016, 1 (4); *Walter*, DS 2018, 186 (186); Musielak/Voit/*Huber*, ZPO, § 402 Rn. 1f.; *Gehle* in Baumbach/Lauterbach, Vor § 402 Rn. 4 f..; *Jäckel*, S. 165 Rn. 553; *Böttger* in Bayerlein, S. 5 Rn. 4.

9 *Lehmann*, DS 2014, 271 (273); *Schmidbauer*, DS 2013, 172 (173), *Kramarz*, DS 2014, 170 (170); *Hommerich*, DS 2014, 43 (45, 47) „Abhängigkeit der Justiz", vgl. *Linz*, DS 2017, 145 (145); *Braun* DS 2014, 52 (53); *Volze*, DS 2016, 21 (22), *Jandt/Nebel/Nielsen*, DS 2016, 248 (248); *Schneider*, DS 2017, 307 (307); *Walter*, DS 2018, 186 (186).

10 *Bruinier* in Seitz/Büchel, S. 90 Rn. 50; *Jäckel*, S. 165 Rn. 555, S. 185 Rn. 623; vgl. *Gehle* in Baumbach/Lauterbach, Vor § 402 Rn. 13; *Greger* in Zöller, Vor § 402 Rn. 12, 15; *Katzenmeier* in Prütting/Gehrlein, § 403 Rn. 5.

11 *Greger* in Zöller, § 402 Rn. 2; *Walter*, DS 2013, 385 (385); *Schobel*, MDR 2014, 1003 (1003); *Greger*, NZV 2016, 1 (4), *Deubner* in FS Lüke, S. 59.

12 *Gärtner*, NJW 2017, 2596 (2597).

den verschiedenen Gerichten in den letzten Jahrzehnten trotz sinkender Verfahrenszahlen zum Teil erheblich gestiegen ist und weiter ansteigt.[13]

Neben der Technisierung sind auch veränderte Kapazitätsanforderungen aufgrund von Einsparungsmaßnahmen und sinkender Personal(nach)besetzung ein wesentliches Merkmal für die Dauer der Zivilprozesse derzeit und in Zukunft.[14] Selbst wenn die Anzahl der Verfahren also gleichbleibt, werden diese Verfahren künftig von weniger Richtern geleitet und entschieden.[15] Da die Arbeit nach wie vor durch „Personaleinsatz", wenn auch mit möglicher, vereinfachender Unterstützung durch moderne Technik geleistet werden muss, ist es erforderlich, diese knappen Ressourcen optimal einzusetzen. Im Sinne der in der Wirtschaft bekannten Prozessoptimierung nach der LEAN-Methode[16] darf die Urteilsfindung nicht durch störende Prozesse oder unnötige Tätigkeiten aufgehalten werden, sondern sind die richterlichen Tätigkeiten und der Prozess im Übrigen anhand von standardisierten Abläufen und Handlungen so auszugestalten, dass Qualität und Quantität dem Rechtsstaat und dem effektiven Rechtsschutz entsprechen.[17]

Die Prozessökonomie wird als eine der wichtigsten Funktionen der Prozessordnungen angesehen und gilt als bedeutendes Kriterium für die Wirtschaft, da sich die „Qualität der Justiz an der Schnelligkeit und Richtigkeit" ihres Handelns bemisst.[18] Die Dauer eines Verfahrens ist zu einem Qualitätsmerkmal für Rechtsschutzsuchende geworden.[19] Überlange Verfahren können folglich zur sinkenden Akzeptanz und damit einem Vertrauensrückgang der Bevölkerung in die Zivilprozesse und deren „Rechts-

---

13 *Rottleuthner* in Höland / Meller-Hannich, S. 102 f; *Gärtner*, NJW 2017, 2596 (2596 f.); *Höland / Meller-Hannich* in Höland / Meller-Hannich, S. 12, *Schubert* in Höland / Meller-Hannich, 22; *Hirtz*, NJW 2014, 2529 (2529); *Greger*, NZV 2016, 1 (1f, 3.); vgl. *Kury*, ZRP 2018, 1 (1); vgl. *Hoffmann*, IWRZ 2018, 58 (58, 61).

14 *Gaier*, NJW 2013, 2871 (2871 f., 2877) „Verknappung der Justizressourcen".

15 *Gaier /Freudenberg*, ZRP 2013, 27 (29); *Gaier*; NJW 2013, 2871 (2872, 2876); *Rottleuthner* in *Höland / Meller-Hannich*, S. 101.

16 Aus dem englischen *lean* (schlank): Ein methodenbasiertes Konzept zur Prozessoptimierung durch Vermeidung unnötiger Verfahrensschritte in Wertschöpfungsketten.

17 Vgl. *Gaier*, NJW 2013, 2871 (2873).

18 *Weth* in FS Lüke, S. 963; *Deubner* in FS Lüke, S. 52; vgl. *Gaier*, NJW 2013, 2871 (2873), vgl. *Walter*, DS 2018, 186 (186).

19 *Keders/Walter*, NJW 2013, 1697 (1697); *Walter*, DS 2013, 385 (385); *Walter*, DS 2018, 186 (186); *Prütting/Gebauer* in Wieczorek/Schütze, S. 11 Rn. 17.

schutzfunktion" führen.[20] Der Rückgang der Fallzahlen kann somit neben der vermehrten Nutzung alternativer Streitbeilegungsmethoden auch darauf zurückgeführt werden, dass das derzeitige Verfahren nicht dem gesellschaftlichen Anspruch auf Konfliktregelung entspricht.[21]

In wirtschaftlicher Darstellung kann die Nachfrage nach effizienten Zivilprozessen derzeit nicht bedient werden, zumal es schnellere und günstigere, alternative externe aber auch unternehmensinterne Streitbeilegungsverfahren gibt.[22] Dennoch wird die Streitbeseitigung und Rechtssicherheit aufgrund des Instanzenzuges und der Überprüfungsfunktion in der Regel erst durch ein rechtskräftiges Urteil akzeptiert, die vielfach auch eine Auslegungs- und damit Rechtsfortbildungsfunktion haben.[23] Der Anspruch muss demnach sein, staatliche Verfahren wieder für die Parteien attraktiver zu machen und deren Vorzüge auszubauen.[24]

Zusammenfassend ist somit auf der Grundlage der Entwicklungen in der Justizlandschaft, der steigenden Anforderungen durch Globalisierung, Europäisierung und Digitalisierung und nach den Denkanstößen des 70. Juristentages im Jahre 2014 der Reformbedarf unter der Maßgabe der Beschleunigung, Vereinfachung und Bürokratieabbau zu überprüfen. Es muss das oberste Ziel sein, eine Verfahrensbeschleunigung ohne Qualitätsverlust zu erreichen. Bisher wurde, trotz täglicher Verwendung, dem Zivilprozessrecht und der Anpassung aufgrund aktueller wirtschaftlicher und technischer Änderungen nicht die notwendige Beachtung geschenkt.[25] Dies will die vorliegende Dissertation durch praktisch überprüfte Lösungsvorschläge ändern.

20 Roland Rechtsreport 2021 S. 7, 16; *Münch*, in Bruns/Münch/Stadler; S. 30; *Schubert* in Höland / Meller-Hannich, S. 30: Zufriedenheit in D mit der Verfahrensdauer (18 %) unter dem EU-Durchschnitt von 21 %; *Kury*, ZRP 2018, 1 (1).

21 *Höland / Meller-Hannich* in Höland / Meller-Hannich, S. 16; *Greger* NZV 2016, 1 (3, 5); vgl. *Kury*, ZRP 2018, 1 (1); *Hoffmann*, IWRZ 2018, 58 (60).

22 *Schmidbauer*, DS 2013, 172 (173 f.); *Hoffmann*, IWRZ 2018, 58 (58).

23 *Weth* in FS Lüke, S. 962; vgl. *Hoffmann*, IWRZ 2018, 58 (59 f., 62); *Höland / Meller-Hannich* in Höland / Meller-Hannich, S. 15f.; *Gaier/Freudenberg*, ZRP 2013, 27 (27).

24 Vgl. *Weth* in FS Lüke, S. 963, vgl. *Hoffmann*, IWRZ 2018, 58 (59 ff.); *Calliess* A 41; *Höland / Meller-Hannich* in Höland / Meller-Hannich, S. 16.

25 *Gaier*, JurPC Web-Dok 133/2015, Abs. 2.

## *B. Gang der Untersuchung*

Ziel der Arbeit ist es die Reformbedürftigkeit der derzeitigen Beweiserhebung im Zivilprozess unter Einbeziehung von Sachverständigen zu bewerten und praktisch diskutierte Lösungsvorschläge zu unterbreiten. Zur Untersuchung und Verbesserung des Zivilprozesses in Bezug auf den Sachverständigenbeweis wurden berufliche Kenntnisse der in der Wirtschaft bekannten Prozessoptimierung nach der LEAN-Methode eingebracht.

Schwerpunkte der Arbeit sind zum einen die Bewertung diverser Lösungsvorschläge in Bezug auf ihre theoretische und praktische Umsetzbarkeit. Zum anderen wird anhand einer rechtsvergleichenden Untersuchung ermittelt, welche Rechtsordnungen bei der Beweiserhebung unter Zuhilfenahme des Sachverständigenbeweises schneller beziehungsweise effizienter sind und vor allem warum. Diese Ergebnisse werden dann zur Übernahme in den deutschen Zivilprozess diskutiert.

Die Arbeit ist in 4 Kapitel geteilt. Das erste Kapitel beschäftigt sich mit der aktuellen Situation, indem im Folgenden der derzeitige formale Ablauf der Beweiserhebung mittels Sachverständigenbeweis dargestellt wird und die darin bestehenden Verzögerungspunkte aus der Studie der Oberlandesgerichte Hamm, Nürnberg und Jena sowie des Kammergerichtes in Berlin zu überlangen Verfahren extrahiert und ausgewertet werden. Im Rahmen eines rechtshistorischen Überblicks werden im Anschluss die bisherigen Gesetzesreformen der zugrundliegenden Zivilprozessordnung (ZPO[26]) mit Bezug zum Sachverständigenbeweis auf ihren Einfluss hinsichtlich einer Beschleunigung überprüft. Anhand einer abschließenden Aufstellung der wesentlichen Verzögerungspunkte unter Einbeziehung der Erfahrungen von befragten Praktikern sollte ein vollständiges Bild der Ausgangssituation als Basis für die Untersuchung der Lösungsvorschläge in den weiteren Kapiteln gegeben sein.

Das zweite Kapitel definiert und untersucht zum einen allgemeine, verfahrensunabhängige und anderseits prozessbezogene Verbesserungsvorschläge anhand der Auswertung von Gesprächsprotokollen und der verfügbaren Literatur.

Das dritte Kapitel behandelt eine rechtsvergleichende Untersuchung, indem zuerst die schnelleren Rechtsordnungen ermittelt und deren Ablauf der Beweiserhebung dargelegt werden. Etwaige beschleunigende Aspekte werden zur Übernahme in den deutschen Zivilprozess diskutiert.

---

26 Im Folgenden ZPO abgekürzt.

Das vierte Kapitel enthält das abschließende Fazit. Es fügt die Ergebnisse der vorherigen Abschnitte zusammen und gibt Handlungsempfehlungen zur Beschleunigung des Verfahrens der Beweiserhebung unter Einbeziehung des Sachverständigenbeweises.

# Kapitel 1: Status quo

## A. *Ablauf im Rahmen des Erkenntnisverfahrens de lege lata*

In einem zivilprozessualen Verfahren gilt es, den für einen Rechtsanspruch erheblichen, durch den Spruchkörper rechtlich zu bewertenden Sachverhalt unter Zuhilfenahme der Beweismittel zu ermitteln.[27] Zu den in der ZPO aufgeführten Beweismitteln („*Numerus clausus*“) gehört unter anderem der Sachverständigenbeweis, der in den §§ 402 bis 414 ZPO geregelt ist.

Die Einholung eines Sachverständigengutachtens erfolgt auf Antrag der Parteien oder von Amts wegen gemäß § 144 Abs. 1 ZPO, wenn dem Gericht die erforderliche eigene Sachkunde fehlt.[28] Der Beweisantritt erfolgt gemäß § 403 ZPO durch die Bezeichnung der zu begutachtenden Punkte. Aufgrund der Parteimaxime bestimmen die Parteien, welcher Sachverhalt mit welchen Mitteln bewiesen werden soll.[29] Diese Darstellung beziehungsweise Präzisierung des Beweisthemas soll dem Spruchkörper die Auswahl des richtigen Sachverständigen erleichtern und der Beschleunigung dienlich sein.[30]

### I. Auswahl der Person

Elementarer Teil des Beweisbeschlusses ist die Person des Sachverständigen, dessen Auswahl und Bestellung gemäß § 404 Abs. 1 Satz 1 ZPO durch das Prozessgericht erfolgt. Sachverständige sind natürliche Personen, die aufgrund ihrer Ausbildung in bestimmten Fachgebieten eine besondere Sachkunde erworben haben und unter Einbeziehung von Erfahrungssätzen unparteiisch einerseits der Feststellung und Vermittlung des fachlichen Verständnisses der Tatsachen dienen sowie anderseits aus den Kenntnissen abgeleitete, subjektive Bewertungen des feststehenden oder festgestellten

---

27 Vgl. *Motzke*, DS 2014, 142 (142).
28 *Gehle* in Baumbach/Lauterbach, Vor § 402 Rn. 12 f..
29 *Motzke*, DS 2014, 142 (143).
30 *Gehle* in Baumbach/Lauterbach, § 403 Rn. 2.

Sachverhaltes vornehmen, um dem Spruchkörper die notwendige Fachkenntnis und eine sachliche Entscheidungshilfe zu geben.[31]

Zu unterscheiden sind öffentlich bestellte und vereidigte von sonstigen Gutachtern. Erstgenannten ist gemäß § 404 Abs. 3 ZPO bei der Auswahl der Vorzug zu geben, was mit einer Erstattungspflicht einhergeht (§ 407 Abs. 1 ZPO).

Die Auswahl des Gutachters nach persönlicher und fachlicher Eignung ist ein wesentlicher Zeitfaktor im Zivilprozess, da hier ein Schwerpunkt der Arbeitsbelastung des Gerichtes liegt.[32] Vielfach greifen die Gerichte nach Erkundigungen im Kollegenkreis oder nach sonstiger Recherche auf ihnen bekannte und bewährte Gutachter oder, sofern diese zuständig sind, auf die Bestellungskörperschaften und deren (digitale) Leistungen zurück. Die Einbeziehung der Parteien in den Auswahlprozess durch Anhörung gemäß § 404 Abs. 2 ZPO erfolgt aufgrund gegenseitiger Ablehnung der jeweiligen Vorschläge selten, obwohl das Gericht an eine übereinstimmende Auswahl gemäß § 404 Abs. 5 ZPO gebunden wäre und die Nennung von Sachverständigen durch die Parteien die Auswahl beschleunigen und die Gefahr späterer Befangenheitsanträge verhindern könnte.[33] In der Regel wird seitens der Partei ohne die Benennung eines bestimmten Gutachters (zulässigerweise) nur pauschal der Beweis durch Sachverständigengutachten beantragt.

Nach der Auswahl sollte zur Verhinderung möglicher Einwendungen eine Mitteilung der Parteien mit der Möglichkeit zur Stellungnahme erfolgen. Sofern kein auf prozessuale als auch persönliche Gründe bezogener Ablehnungsantrag gemäß § 406 ff. ZPO oder sonstige Einwendungen gegen den Sachverständigen vorliegen, ist die Suche nach dem Gutachter damit beendet. Die Ernennung des Sachverständigen erfolgt formal mittels erneutem Beweisbeschluss nach §§ 358 f., speziell § 359 Nr. 2 ZPO. Anschließend wird die Zahlung des gerichtlich angeforderten Kostenvorschusses vorgenommen, von dem im Falle des Antrages einer Partei gemäß §§ 379 in Verbindung mit § 402 ZPO die Beauftragung des Sachverständi-

31 *Gehle* in Baumbach/Lauterbach, Vor § 402 Rn. 2, 4; *Motzke*, DS 2014, 142 (143 f.); *Kramarz*, DS 2014, 170 (171); vgl. *Hommerich*, DS 2014, 43 (44); *Lehmann*, DS 2019, 121 (123); *ders.*; DS 2021, 57 (61f.); Musielak/Voit/*Huber*, ZPO, § 402 Rn. 1; *Laumen* in Baumgärtel/Laumen/Prütting, S. 49 Rn. 53; *Greger* in Zöller, Vor § 402 Rn. 9; *Katzenmeier* in Prütting/Gehrlein, Vor § 402 Rn. 2, 5.

32 Vgl. *Gehle* in Baumbach/Lauterbach, § 403 Rn. 2; vgl. *Greger*, NZV 2016, 1(4).

33 *Gehle* in Baumbach/Lauterbach, § 403 Rn. 2, 5; 404 Rn. 8; *Piper*, DS 2017, 96 (96); *Gärtner*, NJW 2017, 2596 (2600); *Katzenmeier* in Prütting/Gehrlein, § 404 Rn. 14.

gen abhängig gemacht werden kann. Im Falle der Einholung von Amts wegen ist die Zahlung keine Bedingung.[34]

## II. Tätigwerden

Der Erlass des Beweisbeschlusses, in dem gemäß §§ 359a, 404 a Abs. 1 und 3 ZPO die zu begutachtenden Frage(n), die Art und der Umfang der Begutachtung sowie der zugrunde zulegende Sachverhalt, in Form von unstreitigen oder vom Gericht bezeichneten streitigen Tatsachen[35] für den ausgewählten Gutachter festgelegt werden, stellt den Beginn der Beweiserhebung dar.[36] Soweit bereits für die Eingrenzung der streitigen Tatsachen eine Sachkunde erforderlich ist (Befundtatsachen), wird dies auch über den Beweisbeschluss dem Sachverständigen aufgetragen.[37] Der Beschluss wird zusammen mit der Gerichtsakte an den Gutachter und gleichzeitig ohne Anlagen den Parteien zugestellt, damit diese hinsichtlich des Inhaltes und möglicher Ergänzungen ihre Rechte geltend machen können. Ebenfalls ist für den Gutachter die sogenannte Begleitverfügung beigelegt, in der wichtige Instruktionen, Informationen, Rechte und Pflichten, etwa die Mitteilungs- und Anzeigenpflichten nach § 407a ZPO, eingefügt sind.[38]

Die Form der Erstattung des Gutachtens wird seitens des Spruchkörpers im eigenen Ermessen vorgegeben. In der Praxis wird entgegen dem gesetzlichen Ansinnen einer mündlichen Erstattung die schriftliche Begutachtung bevorzugt[39], welche mit einer Fristsetzung versehen ist (§ 411 Abs. 1 Satz 1 ZPO).

Im Fall der Fristüberschreitung wird vom Gericht mittels Sachstandsanfragen die letztendliche Fertigstellung des Gutachtens erfragt. Bei einer unbefriedigenden oder ausbleibenden Antwort wird dem Gutachter unter Ordnungsgeldandrohung eine Nachfrist gesetzt, § 411 Abs. 2 S. 1 ZPO.[40] Bei dessen Verstreichen erfolgt die Verhängung des Ordnungsgeld verbunden mit einer weiteren Nachfrist sowie erneuter Ordnungsgeldandrohung,

---

34 *Bruinier* in Seitz/Büchel, S. 91 Rn. 54; *Blendinger*, DS 2015, 211 (213).

35 *Jäckel*, S. 175 Rn. 587; *Bogan*, GRUR 2021, 140 (140); Musielak/Voit/*Huber*, ZPO, § 403 Rn 2.

36 *Gehle* in Baumbach/Lauterbach, § 403 Rn. 1, 4; *Keders/Walter*, NJW 2013, 1697 (1701).

37 *Motzke*, DS 2014, 142 (144); *Jäckel* S. 114 Rn. 341, S. 175 Rn. 588.

38 *Jäckel*, S. 173 Rn. 581 f..

39 *Jäckel*, S. 178 Rn. 596.

40 *Jäckel*, S. 173 Rn. 583; *Jandt/Nebel/Nielsen*, DS 2016, 248 (248).

§ 411 Abs. 2 S. 3 ZPO.[41] Führt auch dies nicht zu einem Tätigwerden des Gutachters folgt die Entziehung des Auftrages.[42]

Im Zeitraum der Erstellung des Gutachtens hat gemäß § 404a Abs. 1 ZPO durch das Gericht anhand von Vorgaben eine Leitung des Gutachters zu erfolgen. Ein Unterlassen dessen wurde seitens des Bundesgerichtshofes (BGH)[43] sogar bereits mit der Aufhebung eines Urteils geahndet.[44]

Das fertiggestellte Gutachten wird nach dem Eingang bei Gericht auf Einhaltung der inhaltlichen und formalen Anforderungen überprüft, bevor es an die Parteien übersandt wird.[45] In der anliegenden Begleitverfügung werden die Parteien zur Darstellung etwaiger Einwendungen beziehungsweise ergänzender Fragen und zur Stellungnahme in bestimmter Frist oder Aufstockung des Auslagenvorschusses aufgefordert.[46] Anschließend kann beziehungsweise in bestimmten Fällen, etwa bei Beantragung durch eine der Parteien sowie bei Widersprüchen, Unklarheiten oder Diskrepanzen zwischen Privat- und Gerichtsgutachten, muss die Ladung des Sachverständigen zur Erläuterung seiner Gutachtenausführungen erfolgen (§ 411 Abs. 3 ZPO). Die Anhörung aufgrund Parteiantrag resultiert aus dem Grundsatz auf rechtliches Gehör nach Artikel 103 GG.[47] Zuvor sollte den Parteien nach § 411 Abs. 4 ZPO Gelegenheit zur Darstellung ihrer Einwendungen und Ergänzungsfragen gegeben werden, die als Basis für die gutachterliche Stellungnahme dienen. Die Vernehmung des Sachverständigen erfolgt unter den gleichen Voraussetzungen wie ein Zeuge, sodass die entsprechenden Regelungen Anwendung finden und eine Beeidigung möglich ist, falls es sich nicht bereits um einen allgemein vereidigten Gutachter handelt.[48]

Sofern der Gutachter auf sämtliche Fragen aus dem Beweisbeschluss eingegangen ist und diese beantwortet hat, ist die Beweiserhebung mittels Sachverständigengutachten abgeschlossen. Im Fall von Widersprüchen, Mängeln oder anderslautenden Erkenntnissen oder Privatgutachten bedarf es eventuell der erneuten Begutachtung. Bei Divergenzen von mehreren

---

41 *Jäckel*, S. 174 Rn. 584a.

42 *Jäckel*, S. 174 Rn. 584a.

43 Im Folgenden nur noch mit BGH abgekürzt.

44 *Bruinier* in Seitz/Büchel, S. 92 Rn. 57; *Lehmann*, DS 2019, 318 (318); *Pauly*, ZfBR 2021, 16 (16).

45 *Jäckel*, S. 178 Rn. 598.

46 *Jäckel*, S. 178 Rn. 598.

47 *Zuck*, NJW 2010, 3622 (3624).

48 *Jäckel*, S. 177 Rn. 592; *Kopp*, NJOZ 2017, 330 (333); *Bruinier* in Seitz/Büchel, S. 93 Rn. 61.

gerichtlichen Gutachten, ist nach § 412 ZPO im Ermessen des Gerichtes die Beauftragung eines Obergutachtens möglich, sofern ein endgültiges Ergebnis erwartet werden kann.[49]

Abschließend wird über die gutachterlich getroffenen Ergebnisse in der fortgesetzten mündlichen Verhandlung weiterverhandelt. Der Zeitraum zur Bemessung der Dauer des Sachverständigenbeweises beläuft sich somit auf den Erlass des Beweisbeschlusses und der Suche nach einem ausführenden Gutachter bis hin zur Erstattung des letzten Gutachtens nebst mündlicher Erläuterung.

### III. Gebühren

Die Vergütung des Gutachters richtet sich nach dem Justizvergütungs- und Entschädigungsgesetz (JVEG)[50]. Im Falle der Forderung einer höheren Vergütung ist der Auftrag einzuziehen, ein Ersatzgutachter vorzuschlagen oder unter den Voraussetzungen des § 13 Abs. 2 JVEG die Zustimmung (einer Partei) zum Erhöhungsverlangen einzuholen oder durch das Gericht selbst vorzunehmen. In diesem Fall wird der Stundensatz durch Beschluss festgehalten, § 4 Abs. 1 Satz 1 JVEG.[51] Die gesetzlich vorgesehene Bereiterklärung eines Gutachters, zum Grundhonorar tätig zu werden, ist einerseits mit erheblichen Rechercheraufwand verbunden und anderseits in der Realität äußerst unwahrscheinlich.

In der Praxis führt eine entsprechende Vergütungsdiskussion häufig zu Verfahrensverzögerungen, da der Gutachter den Beginn seiner Tätigkeit von der Entscheidung abhängig macht. Andererseits dürfen öffentlich bestellte Gutachter ihr Tätigwerden nicht unter die Bedingung der Festlegung eines höheren Stundensatzes stellen.[52]

### IV. Zusammenfassung

In dieser Darstellung ist grob ersichtlich an welchen Konfliktpunkten häufig eine zeitkritische Beeinflussung des Zivilprozesses auftritt. Zur Evaluierung und Feststellung der Hintergründe überlanger Verfahren im

49 *Jäckel*, S. 181 Rn. 606; *Bruinier* in Seitz/Büchel, S. 92 Rn. 64.
50 Im Folgenden nur noch mit JVEG abgekürzt.
51 *Jäckel*, S. 174 Rn. 586.
52 *Jäckel*, S. 174 Rn. 586.

Zivilprozess gab es eine Untersuchung der Oberlandesgerichte Hamm, Nürnberg und Jena sowie des Kammergerichts Berlin. Die Studie soll im Folgenden vor dem Hintergrund des Untersuchungsthemas ausgewertet werden.

## *B. Untersuchung „Langdauernde Zivilverfahren"*

In einer empirischen Untersuchung der Oberlandesgerichte Hamm, Nürnberg und Jena sowie des Kammergerichts aus dem Jahre 2012 mit dem Titel „Langdauernde Zivilverfahren" konnte zum ersten Mal zahlenmäßig der Einfluss von bestimmten Faktoren, unter anderem dem Sachverständigengutachten, auf die Dauer von zivilgerichtlichen Verfahren explizit belegt werden.[53] Als Grundlage wurden Zivilverfahren als langdauernd klassifiziert, „deren Dauer – ohne Bewertung der Länge, wie etwa im Gesetz über Rechtsschutz bei überlangen Gerichtsverfahren, [..] – zum Zeitpunkt ihres Abschlusses mehr als 24 Monate betrug".[54] In den Gerichtsbezirken der involvierten Gerichte betraf dies etwa 7300 Verfahren, was circa 2,4 % aller Zivilverfahren entsprach; nach Auswertung des statistischen Bundesamtes bundesweit sogar 6,3 % der erstinstanzlichen Landgerichtsverfahren im Jahre 2009.[55]

Die Ausführungen und Analysen zum Sachverständigenbeweis auf insgesamt fast 50 von 298[56] Seiten der Studie stellen bereits die hohe Relevanz von Sachverständigengutachten bei der Dauer von Zivilverfahren dar. Untersucht wurden hierbei die einzelnen Phasen eines Sachverständigenbeweisverfahrens vom Beweisbeschluss über die eigentliche Prüfung und Bewertung, der Umsetzung in einem Gutachten bis hin zur Verwertung im Urteil. Darüber hinaus wurde auf die Person des Sachverständigen abgestellt.

### I. Allgemeine Erkenntnisse

Neben partei- und spruchkörperbedingten Faktoren, wie Besetzungswechsel oder fehlende Verfahrensförderung, wurden mehrere Schwerpunkte

---

53 *Walter*, DS 2013, 385 (386 f.); *Greger*, NZV 2016, 1 (4).
54 *Walter*, DS 2013, 385 (386); *Keders/Walter*, NJW 2013, 1697 (1698).
55 *Walter*, DS 2013, 385 (386); *Keders/Walter*, NJW 2013, 1697 (1698).
56 Seite 136 bis 180 der Untersuchung; 263 von 298 Seiten sind Analyse.

verfahrensverzögernder Umstände im Rahmen des Sachverständigenbeweises und dieser generell als zeitkritischer Faktor für den Zivilprozess ausgemacht.[57]

In über der Hälfte der untersuchten Verfahren wurde ein Sachverständigenbeweis erhoben und machte durchschnittlich 40 % der gesamten Verfahrensdauer aus.[58] Zudem wurde ermittelt, dass die Dauer eines Sachverständigenbeweises im Mittel circa 15,4 Monate und in den seltensten Fällen weniger als ein Jahr beträgt und damit fast doppelt so lang ist, wie ein komplettes (erst-)instanzliches Verfahren.[59]

Die Studie hat weiter hervorgebracht, dass im Schnitt 1,7 Gutachten, also stets mehr als ein Gutachten in einem Beweisverfahren erhoben werden.[60] Knapp die Hälfte aller „Hauptgutachten“ bedürfen eines Ergänzungsgutachtens.[61] Die Hintergründe für diese Notwendigkeit werden in mangelhaften Beweisbeschlüssen, Einwendungen der Parteien gegen das Gutachten und die schlechte Qualität oder Unvollständigkeit des Gutachtens gesehen.[62]

Des Weiteren konnte eine Abhängigkeit des Sachgebietes zur Notwendigkeit der Einholung eines Sachverständigenbeweises belegt werden. Insbesondere das Arzthaftungs-, Bau- und Verkehrsrecht sowie das Delikts-, Gesellschafts- und Kaufrecht als auch Grundstücks- und Nachbarschaftsstreitigkeiten sind die Rechtsgebiete mit überdurchschnittlicher, teilweise 100-prozentiger Nutzung dieses Beweismittels, da die Verursachungsbeiträge häufig nur durch Einholung eines Sachverständigengutachtens festzustellen sind.[63]

Hinsichtlich der Anzahl der Richter bei der Auswirkung auf die Verfahrensdauer konnte hingegen kein gravierender Unterschied zwischen

---

57 *Walter*, DS 2013, 385 (386 f.); *Greger*, NZV 2016, 1 (4 f.); *Keders/Walter*, NJW 2013, 1697 (1699f., 1703); *Hoffmann*, IWRZ 2018, 58 (61); Untersuchung „Langdauernde Zivilverfahren“ S. 180.

58 Untersuchung „Langdauernde Zivilverfahren“ S. 136 f.; *Walter*, DS 2015, 205 (205); *ders.*, DS 2018, 186 (187); *Keders/Walter*, NJW 2013, 1697 (1700); *Vorwerk*, NJW 2017, 2326 (2330).

59 *Schlehe*, DS 2013, 337 (338); *Walter*, DS 2015, 205 (205); Untersuchung „Langdauernde Zivilverfahren“ S. 137.

60 Untersuchung „Langdauernde Zivilverfahren“ S. 154; *Walter*, DS 2013, 385 (388).

61 Untersuchung „Langdauernde Zivilverfahren“ S. 154; *Walter*, DS 2013, 385 (388).

62 Untersuchung „Langdauernde Zivilverfahren“ S. 155; *Walter*, DS 2013, 385 (389).

63 *Keders/Walter*, NJW 2013, 1697 (1700); Untersuchung „Langdauernde Zivilverfahren“ S. 140 f. 143, 152; *Walter*, DS 2013, 385 (387); vgl. *Blendinger*, DS 2015, 211 (214).

Einzelrichtern und Kammern aufgezeigt werden.[64] Demgegenüber konnte eine Korrelation zwischen der Verfahrensdauer und dem Streitwert in Form einer „ansteigenden Dauer in Abhängigkeit zur Streitwerthöhe" präsentiert werden.[65]

Separate Untersuchungen wurden in Bezug auf die selbständigen Beweisverfahren nach § 358a ZPO durchgeführt, die immerhin knapp 17,3 % der untersuchten Verfahren ausmachten.[66] Fachlich stammen wiederum die am häufigsten verhandelten Verfahren aus dem Arzthaftungsrecht, Baurecht sowie dem Verkehrsunfallrecht, also dem Deliktsrecht.[67] Die vorherige Einholung eines Gutachtens führt jedoch nach der Auswertung nicht grundsätzlich zur kürzeren Verfahrensdauer im Vergleich zu Verfahren, in denen nach einer bereits erfolgten mündlichen Verhandlung ein Gutachten beauftragt wird. Lediglich im Arzthaftungsrecht konnte durch die vorprozessuale Begutachtung nach § 358a ZPO eine Verfahrensverkürzung nachgewiesen werden.[68]

## II. Der Sachverständige selbst

Bereits die Auswahl eines geeigneten Sachverständigen ist ein wesentlicher, problembehafteter Zeitfaktor im Zivilprozess und führt zu einer signifikanten Verlängerung des Zeitraumes zwischen Beweisbeschluss und Aktenübersendung von durchschnittlich 8 auf 17 Wochen.[69] Hauptangriffspunkte sind, dass in knapp 50 % der Anfragen nicht für alle angefragten Sachgebiete ein Gutachter vorhanden war[70] oder Vorschläge der Bestellungskörperschaften fehlten[71], nachweislich mehrere potentielle Sachverständige wegen der Erstellung angefragt werden mussten[72], die Gerichtsakten verzögert übersandt wurden[73] oder Einwendungen von Partei-

64 Untersuchung „Langdauernde Zivilverfahren" S. 144.

65 Untersuchung „Langdauernde Zivilverfahren" S. 145; *Keders/Walter*, NJW 2013, 1697 (1699).

66 Untersuchung „Langdauernde Zivilverfahren" S. 150.

67 Untersuchung „Langdauernde Zivilverfahren" S. 152.

68 Untersuchung „Langdauernde Zivilverfahren" S. 153.

69 Untersuchung „Langdauernde Zivilverfahren" S. 147, 175 f.; vgl. *Greger*, NZV 2016, 1 (4); *Walter*, DS 2013, 385 (387); *Keders/Walter*, NJW 2013, 1697 (1701).

70 *Hirtz*, NJW 2014, 2529 (2531).

71 Untersuchung „Langdauernde Zivilverfahren" S. 176; *Walter*, DS 2013, 385 (388); *Keders/Walter*, NJW 2013, 1697 (1701).

72 *Ebd.*

73 Untersuchung „Langdauernde Zivilverfahren" S. 147, 175.

en bestehen beziehungsweise bestanden.[74] Diese Verfahrensverzögerungen hatten teils erhebliche Auswirkungen von mehreren Wochen beziehungsweise bei Parteieinwendungen sogar knapp zwei Monaten und führten zur Verdoppelung der Dauer des Sachverständigenbeweises.[75]

Erkenntnisse sind auch dahingehend gewonnen worden, dass eine Ablehnung des Sachverständigen lediglich selten ein Grund für eine Verzögerung ist und damit kaum Auswirkung auf die Verfahrensdauer hat.[76] Von den in 6,7 % der Beweisverfahren erhobenen Ablehnungsanträgen waren nur 20 % begründet.[77] In den wenigen Fällen ist dann jedoch eine gravierende Verlängerung der gesamten Erhebungsdauer um 7 Monate zu verzeichnen.[78]

Bei der Auswahl der Sachverständigen nehmen die Befragten grundsätzlich eine längere Erstelldauer von den ihnen bekannten und als zuverlässig geltenden Gutachtern in Kauf, um deren qualitativ hochwertige Arbeit nutzen zu können.[79] Die Einbeziehung von mehr als einem Gutachter, vereinzelt sogar bis zu drei Gutachtern, in knapp 20 % der Verfahren hat circa zu einer Verdoppelung der Gesamtbeweisdauer geführt.[80]

Eine weitere Einflussgröße ist der Streit um die Entlohnung des Gutachters, die gesetzlich nach §§ 413 ZPO in Verbindung mit den Regelungen des JVEG bestimmt werden, jedoch in 13,5 % aller Verfahren zu einer Auseinandersetzung mit den Parteien oder einer gerichtlichen Entscheidung führen.[81] Festzustellen ist, dass die Diskussion um die angemessene Vergütung des Sachverständigen nahezu eine Verdoppelung der Dauer der Gesamtbeweiserhebung nach sich zieht, da die Sachverständigen in der Regel erst nach der Behebung des Streites mit ihrer Tätigkeit begannen.[82]

Der Zeitverlust durch den fehlenden Eingang des Kostenvorschusses hat eine weniger dramatische Verzögerung von 1–2 Monaten.[83] Zwar ist die Anforderung nicht zwingend, die Zahlung ist in der Praxis aber regelmä-

74 Untersuchung „Langdauernde Zivilverfahren“ S. 175.
75 Untersuchung „Langdauernde Zivilverfahren“ S. 177; *Walter*, DS 2013, 385 (388); *Keders/Walter*, NJW 2013, 1697 (1701).
76 Untersuchung „Langdauernde Zivilverfahren“ S. 177.
77 Untersuchung „Langdauernde Zivilverfahren“ S. 177; *Walter*, DS 2013, 385 (390).
78 Untersuchung „Langdauernde Zivilverfahren“ S. 177.
79 Untersuchung „Langdauernde Zivilverfahren“ S. 175; *Walter*, DS 2015, 205 (205); *Keders/Walter*, NJW 2013, 1697 (1702); *Walter*, DS 2013, 385 (390).
80 Untersuchung „Langdauernde Zivilverfahren“ S. 174 f.; *Walter*, DS 2013, 385 (389).
81 Untersuchung „Langdauernde Zivilverfahren“ S. 178.
82 *Walter*, DS 2013, 385 (388); Untersuchung „Langdauernde Zivilverfahren“ S. 178.
83 Untersuchung „Langdauernde Zivilverfahren“ S. 148.

ßig Voraussetzung für die Aktenübersendung und somit den Fortgang des Verfahrens.[84]

### III. Art und Dauer der Gutachtenerstellung

Bei der Dauer der Gutachtenerstellung – die von der Übersendung der Gerichtsakten bis zum Eingang des Gutachtens bei Gericht gerechnet wird – hat sich ein Mittelwert von 5,6 Monaten ergeben, verteilt auf 6,7 Monate für Hauptgutachten und 3,2 Monate für Ergänzungsgutachten.[85] Dies korrespondiert mit der Zeit, in der die Akten beim Gutachter liegen und in der das Verfahren nicht weiterbetrieben werden kann. Diese beträgt durchschnittlich 9 Monate und füllt damit 60 % der Dauer der gesamten Erhebung des Sachverständigenbeweises, vom Erlass des Beweisbeschlusses bis zur tatsächlichen Erstattung, oder anders gesagt 25 % der gesamten Verfahrensdauer aus.[86] Somit konnte die Dauer des Aktenverbleibes beim Sachverständigen als die zeitkritischste und bestimmende Größe ausgemacht werden.[87]

Als weiteren Negativaspekt hat die Untersuchung hervorgebracht, dass die gesetzlich in § 402 ZPO als Regelfall angesehene mündliche Erstattung des Gutachtens – obwohl in der Erstelldauer durchschnittlich nur halb so lang dauernd – lediglich in 4 % der Erstattungsfälle angewandt wird.[88] Die eigentlich als Alternative nach § 411 Abs. 1 ZPO im Ermessen des Gerichtes stehende schriftliche Begutachtung hat mit nahezu 96 % eine tatsächliche Mehrheit[89] und stellt somit den praktischen Regelfall dar. Einzig die Kammer für Handelssachen in der ersten Instanz und die Verfahren vor dem Oberlandesgericht in der zweiten Instanz bilden mit zweistelligen Werten eine Ausnahme.[90] Problematisch im Zusammenhang mit der Art der Erstattung der Gutachten ist, dass auf die schriftliche Begutachtung häufig auch eine mündliche Erläuterung folgt.[91]

---

84 Untersuchung „Langdauernde Zivilverfahren" S. 149.

85 Untersuchung „Langdauernde Zivilverfahren" S. 155 f.; *Walter*, DS 2013, 385 (389).

86 Untersuchung „Langdauernde Zivilverfahren" S. 157; *Walter*, DS 2013, 385 (389).

87 Untersuchung „Langdauernde Zivilverfahren" S. 157; *Walter*, DS 2013, 385 (389).

88 Untersuchung „Langdauernde Zivilverfahren" S. 158, 159; *Keders/Walter*, NJW 2013, 1697 (1701); *Walter*, DS 2015, 205 (205).

89 Untersuchung „Langdauernde Zivilverfahren" S. 158.

90 Untersuchung „Langdauernde Zivilverfahren" S. 158.

91 Untersuchung „Langdauernde Zivilverfahren" S. 158.

Ergänzungsgutachten werden im Vergleich zu den Hauptgutachten häufiger mündlich erstattet, obwohl der Fokus auch hier auf der schriftlichen Begutachtung liegt.[92]

Eine Ausnahme bietet hier das Verfahren vor dem Oberlandesgerichten in denen Ergänzungsgutachten nie mündlich sondern ausschließlich schriftlich erhoben werden.[93] In diesem Zusammenhang erstaunlich ist auch die Beobachtung der Dauer der Begutachtung in Abhängigkeit von der Form der Erstattung: 2,8 Monate bei mündlichen Gutachten und mehr als doppelt so lange, nämlich durchschnittliche 6,8 Monate bei schriftlichen Gutachten.[94] Bei den Ergänzungsgutachten hingegen ist kein dramatischer Unterschied in der Dauer zwischen mündlichen und schriftlichen Gutachten auszumachen.[95]

### IV. Überwachung und Sanktionierung

Die Erhebung konnte zudem die restriktive Handhabung der Spruchkörper, den Gutachtern gemäß § 411 Abs. 1 ZPO eine Frist zu setzen, darlegen. Die genannte Vorschrift wird nach der Studie nur in 2/3 aller Verfahren mit Beweiserhebung durch Sachverständige eingehalten.[96] Nach den Feststellungen haben verzögert erstellte Gutachten einen erheblichen Einfluss auf die Verfahrensdauer.[97] Eklatant ist der Unterschied zwischen den erstinstanzlichen Verfahren vor den Amtsgerichten, wo lediglich in der Hälfte der Fälle eine Frist zur Übermittlung des Gutachtens gesetzt wird, im Vergleich zu den Verfahren vor den Oberlandesgerichten in der zweiten Instanz, bei denen in nahezu 84 % aller Fälle eine Fristsetzung erfolgt.[98] Die gleiche Diskrepanz ist bei der Betrachtung von Haupt- und Ergänzungsgutachten festzumachen: Wird in 72,5 % der Hauptgutachten eine Frist gesetzt, so werden Ergänzungsgutachten in weniger als der Hälfte der Fälle, genauer 46,5 %, mit einer Zeitgrenze versehen.[99]

---

92 Untersuchung „Langdauernde Zivilverfahren" S. 158.
93 Untersuchung „Langdauernde Zivilverfahren" S. 158.
94 Untersuchung „Langdauernde Zivilverfahren" S. 159; *Keders/Walter*, NJW 2013, 1697 (1701).
95 Untersuchung „Langdauernde Zivilverfahren" S. 160.
96 Untersuchung „Langdauernde Zivilverfahren" S. 161; *Walter*, DS 2013, 385 (389); *Keders/Walter*, 2013, 1697 (1701).
97 Untersuchung „Langdauernde Zivilverfahren" S. 165; *Greger*, NZV 2016, 1(4).
98 Untersuchung „Langdauernde Zivilverfahren" S. 161.
99 Untersuchung „Langdauernde Zivilverfahren" S. 161.

Ermittelt wurde auch die Auswirkung einer Fristsetzung auf die Dauer des Verfahrens, wobei sich herausstellte, dass die Gutachten ohne Zeitvorgabe durchschnittlich mehr als doppelt so lange dauerten (2,4 Monate zu 6,7 Monaten) wie die Begutachtungen mit gutachterseitig eingehaltener Zeitbegrenzung.[100]

Bei den mit Fristsetzung begleiteten Verfahren wurde weiterhin eruiert, wie sich eine mangelnde Einhaltung seitens des Sachverständigen auswirkt. Bemerkenswert für die Auswerter war, dass gerichtliche Reaktionen auf die Fristversäumnis insbesondere eine – auch gegenüber gänzlich fristenlosen Verfahren – verfahrensverlängernde Wirkung hatten.[101]

In Bezug auf die Länge der gesetzten Frist wurde im Schnitt ein Zeitraum von 3,2 Monaten für Hauptgutachten und 2,2 Monate für Ergänzungsgutachten gewährt[102], was von den tatsächlichen Werten der durchschnittlichen Erstelldauer von 6,8 Monaten beziehungsweise 3,1 Monaten deutlich abweicht.[103] Diese Diskrepanz zwischen Erstelldauer und Fristsetzung hat sich daran bestätigt, dass in 75 % der Fälle auch eine nicht geahndete Fristüberschreitung auftrat.[104]

Differenziert nach Haupt- und Ergänzungsgutachten erfolgte im letzteren Fall seltener eine Versäumung der gesetzten Frist.[105] Die Dauer der Fristüberschreitung ergab einen Mittelwert von 4,6 Monaten zwischen Haupt- und Ergänzungsgutachten, wobei 2,8 Monate auf die Ergänzungsgutachten und 4,9 Monate auf die Hauptgutachten entfallen.[106] In den Fachgebieten des Bau-, Verkehrsunfall- und Arzthaftungsrechts ist die größte Häufigkeit und Dauer der Verfristung der vorgegebenen Erstellzeiträume Anzahl festzustellen.[107] Hintergründe werden hier einerseits in der Komplexität der Sache als auch der Notwendigkeit der Einbeziehung von

---

100 Untersuchung „Langdauernde Zivilverfahren“ S. 163.

101 Untersuchung „Langdauernde Zivilverfahren“ S. 163.

102 Untersuchung „Langdauernde Zivilverfahren“ S. 162; vgl. *Walter*, DS 2013, 385 (389).

103 Untersuchung „Langdauernde Zivilverfahren“ S. 162, 164; vgl. *Walter*, DS 2013, 385 (389).

104 *Keders/Walter*, NJW 2013, 1697 (1701); Untersuchung „Langdauernde Zivilverfahren“ S. 164.

105 Untersuchung „Langdauernde Zivilverfahren“ S. 164.

106 Untersuchung „Langdauernde Zivilverfahren“ S. 166; vgl. *Walter*, DS 2013, 385 (389); *Keders/Walter*, NJW 2013, 1697 (1701).

107 *Walter*, DS 2013, 385 (389 f.); Untersuchung „Langdauernde Zivilverfahren“ S. 173.

Dritten, vor allem den Geschädigten, gesehen[108], andererseits auch in der Überlastung der angefragten Gutachter.[109]

Die Überschreitung der gesetzten Fristen lässt den Schluss zu, dass die gesetzten Fristen in der Regel viel zu kurz[110] und nicht realitätsnah sind.

Schließlich wurden in Bezug auf die Fristüberschreitungen auch die – sofern überhaupt – erfolgten gerichtlichen Reaktionen untersucht. Zwar sind gesetzlich gemäß § 411 Abs. 2 ZPO die Reaktionen der Spruchkörper in Form der Ordnungsgeldandrohung und -festsetzung festgelegt, jedoch erfolgte in der Praxis auch bei gravierenden Überschreitungen lediglich in circa 50 % der Fälle eine Reaktion, zu der auch die Sachstandsanfrage gewertet wurde.[111] Abgestellt auf die Gerichtsinstanzen war festzustellen, dass die Amtsgerichte am wenigsten auf Fristüberschreitungen reagieren oder diese sanktionieren, die Oberlandesgericht hingegen am häufigsten.[112] Bei der Art der Reaktion wurde am häufigsten der Sachstand erfragt, zu Ordnungsgeldandrohungen und Festsetzungen kam es nach der Analyse sehr selten bis gar nicht.[113] Die Untersuchung hat weiterhin ergeben, dass eine Reaktion stets erst bei gravierenden Überschreitungen der Fristen erfolgte.[114] Diese Gewährung der Fristüberschreitung erfolgte vor dem Hintergrund, dass bekannte und bewährte Gutachter für zukünftige Aufträge nicht vergrault werden sollen.[115]

## V. Schlussfolgerungen

Aus der Studie lässt sich somit die Schlussfolgerung ziehen, dass viele der bereits theoretisch vermuteten Gründe für Verfahrensverzögerungen nunmehr zahlenmäßig belegt sind. Insgesamt kann somit festgehalten werden, dass die Dauer der Beweiserhebung durch Sachverständige einen gravie-

---

108 Untersuchung „Langdauernde Zivilverfahren“ S. 173.

109 *Walter*, DS 2013, 385 (389 f).

110 Untersuchung „Langdauernde Zivilverfahren“ S. 166.

111 Untersuchung „Langdauernde Zivilverfahren“ S. 166; *Walter*, DS 2013, 385 (390); *Keders/Walter*, NJW 2013, 1697 (1702).

112 Untersuchung „Langdauernde Zivilverfahren“ S. 167.

113 Untersuchung „Langdauernde Zivilverfahren“ S. 167.

114 Untersuchung „Langdauernde Zivilverfahren“ S. 168.

115 *Keders/Walter*, NJW 2013, 1697 (1702); *Walter*, DS 2013, 385 (390); vgl. *Walter*, DS 2015, 205 (205).

renden, verzögernden Einfluss auf die Verfahrensdauer des Zivilprozesses hat[116] und im Verhältnis zum gesamten Prozess viel zu lang ist.

Die für den Sachverständigenbeweis bremsenden Faktoren konnten vor Allem in folgenden Punkten ausgemacht werden:

Danach ist neben

(1) Problemen bei der Auswahl eines geeigneten Gutachters,
(2) dessen Verlangen nach einer höheren Vergütung sowie
(3) die nicht abschließende Erledigung in einem Gutachten, sondern der Bedarf an Ergänzungsgutachten ermittelt worden.[117]

Dies geht einher mit dem

(4) kontinuierlichen Rückgriff auf stets gleiche Gutachter und deren möglicher Verlust für zukünftige Aufträge.

Des Weiteren sind

(5) unklare Beweisbeschlüsse,
(6) die unzureichende Anleitung während der Erstellung sowie
(7) die verzögerte Fertigstellung des Gutachtens durch die fehlende Fristsetzung und Überwachung als auch zurückhaltende Reaktionen das Gericht beziehungsweise
(8) deren Mangelhaftigkeit oder Unvollständigkeit als weitere Hauptfaktoren zu nennen.[118]
(9) Die Art der Begutachtung erfolgte im Gegensatz zum gesetzlichen Leitbild überwiegend in schriftlicher Form.

Diese Faktoren gilt es auch bei der Bearbeitung von zukünftigen Lösungsvorschlägen als Grundlage zu nehmen. Nach Ansicht der Untersuchungskommission und der Befragungsteilnehmer könnte die Verkürzung der Auswahldauer für den geeigneten Gutachter, eine angemessene Vergütung zur Verhinderung von Gebührenstreitigkeiten, eine Einholung von Gutachten vor der mündlichen Verhandlung, die gesetzlich vorgesehene mündliche Erstattung in geeigneten Fällen, die an das Sachgebiet und der Schwierigkeit angepasste Fristsetzung und deren konsequente Überwachung sowie Ordnungsmitteleinsatz neben der Steigerung der Qualität der gelieferten Gutachten zu einer Beschleunigung des zivilprozessualen Verfahrens führen.[119]

---

116 Untersuchung „Langdauernde Zivilverfahren" S. 180; *Hirtz*, NJW 2014, 2529 (2530 f.); *Greger*, NZV 2016, 1 (4); *Walter*, DS 2013, 385 (387).

117 *Walter*, DS 2015, 205 (205); *Greger*, NZV 2016, 1 (4).

118 *Schlehe*, DS 2013, 337 (338 f.).

119 Untersuchung „Langdauernde Zivilverfahren" S. 180; *Greger*, NZV 2016, 1 (4 f.).

## C. *Die Entwicklung des Beweisrechtes der ZPO in Bezug auf den Sachverständigenbeweis*

Das Problem langdauernder Zivilprozesse verbunden mit dem Wunsch der effektiven Beschleunigung von Gerichtsverfahren bei gleichbleibender Rechtssicherheit ist nicht neu. Seit der Einführung der Zivilprozessordnung als Teil der Reichsjustizgesetze im Jahre 1879 gab es diverse Gesetzesinitiativen zur Verbesserung des Verfahrensablaufes. In diesem Teil der Dissertation sollen nach einem Abriss der ersten Anpassungen der CPO und späteren ZPO, neben einer Betrachtung der grundlegendsten Reformen in den 70er Jahren, die relevanten Entwicklungen der Gesetzgebung in der jüngeren Vergangenheit zur Abhilfe des Problems von Verfahrensverzögerungen in Bezug auf das Beweisrecht und insbesondere das Sachverständigenrecht dargestellt werden. Zu diesen wesentlichen Verbesserungsinitiativen zählen die Vereinfachungsnovelle von 1974; das Rechtspflegevereinfachungsgesetz von 1988, das Gesetz zur Reform des Zivilprozesses aus dem Jahre 2000, das erste und zweite Justizmodernisierungsgesetz sowie das Gesetz zur Änderung des Sachverständigenrechtes aus dem Jahr 2016. Dabei soll hier explizit keine Rechtshistorie untersucht werden, sondern vielmehr beispielhaft der Stillstand in der Entwicklung und die falsche Entwicklung erläutert werden.

### I. Die ersten 100 Jahre

Die Civilprozessordnung (CPO) war ein Meilenstein für den Ablauf von Zivilverfahren, da durch sie eine öffentliche, mündliche Verhandlung und die Herrschaft der Parteien in den Mittelpunkt des Verfahrens gerückt wurden.[120] Anhand der Gesetzessystematik lässt sich erkennen, dass die Vorschriften der „Ur-ZPO“ von 1879 fast dem gleichen Aufbau folgten, wie sie in der aktuellen Prozessordnung vorzufinden sind. Die Änderungen, welche mit der Novelle der CPO von 1898 einhergingen, waren neben der Anpassung an die zwischenzeitlich in Kraft getretenen materiellen Gesetze, BGB und HGB, hauptsächlich eine Neuordnung der Paragraphenreihenfolge.[121]

---

120 Vgl. *Gaier*, NJW 2013, 2871 (2876); *Prütting/Gebauer* in Wieczorek/Schütze, S. 6 Rn. 4 f.; vgl. *Oestmann*, S. 243.

121 *Prütting/Gebauer* in Wieczorek/Schütze, S. 6 Rn. 6; *Wallimann*, S. 138.

Bis heute bestehende Normen haben ihren Ursprung in der Prozessordnung, deren Leitbild das mündliche Vorbringen im Prozess war und Schriftsätze weniger Bedeutung hatten.[122] Dies hat sich in der Praxis des heutigen Zivilprozesses um 180 Grad gedreht, obwohl sich an der Normierung nichts geändert hat.[123]

Die erste große Änderung sollte die seit 1903 genannte Zivilprozessordnung durch die Emminger'sche Justizreform im Jahre 1924 erhalten, die jedoch nie umgesetzt wurde.[124] Anfängliche Anpassungen resultierten aus den Praxiswünschen zur Veränderung der Rollenverteilung durch Begrenzung der Parteiherrschaft und Stärkung der Richtermacht dahingehend, dass der Richter einen aktiveren Part im Zivilprozess einnehmen sollte und einige verpflichtende, erörternde Verfahrensschritte eingefügt wurden.[125] Die Reformen aus der Zeit des Nationalsozialismus brachten im Bereich des Beweisrechtes außer der Einführung der Parteivernehmung und der Verpflichtung der Parteien zur Wahrheit und Vollständigkeit der Angaben keine bedeutenden Änderungen hervor.[126] Mit Gesetz[127] vom 12. September 1950 wurden die Änderungen der Zivilprozessordnung während der Zeit des Nationalsozialismus aufgehoben und somit die vorherige Rechtslage größtenteils wiederhergestellt[128], sodass auf dort erfolgte Änderungen nicht näher einzugehen ist.

Die Vereinfachung des Justizsystems und Arbeitserleichterung der Gerichte aufgrund hoher Verfahrensanzahl und der damit einhergehenden Notwendigkeit einer „Entlastung der Justiz" waren die beherrschenden Themen der letzten Jahrzehnte des letzten Jahrtausends, also seit den 1970er Jahren.[129] Die erste Reform der Zivilprozessordnung, welche das Beweisrecht zumindest gestreift hat, war das unter dem Begriff „Einzelrichternovelle" bekannte Gesetz zur Entlastung der Landgerichte und zur Vereinfachung der gerichtlichen Protokolle vom 20. Dezember 1974.

---

122 *Gaier*, JurPC Web-Dok 133/2015, Abs. 13 ff.; *Prütting/Gebauer* in Wieczorek/Schütze, S. 7 Rn. 4 f..

123 *Gaier*, JurPC Web-Dok 133/2015, Abs. 15.

124 *Prütting/Gebauer* in Wieczorek/Schütze, S. 6 Rn. 5 f..

125 *Prütting/Gebauer* in Wieczorek/Schütze, S. 6 Rn. 5, S. 7 Rn. 7.

126 *Prütting/Gebauer* in Wieczorek/Schütze, S. 7 Rn. 8.

127 Gesetzes zur Wiederherstellung der Rechtseinheit auf dem Gebiet der Gerichtsverfassung, der bürgerlichen Rechtspflege, des Strafverfahrens und des Kostenrechtes.

128 *Prütting/Gebauer* in Wieczorek/Schütze, S. 8 Rn. 9.

129 *Höland / Meller-Hannich* in Höland / Meller-Hannich, S. 11.

Hierdurch konnte nun, wie auch in der Vergangenheit bereits bei den Amtsgerichten zulässig, auch an den Landgerichten bei erstinstanzlichen Verfahren der Spruchkörper lediglich aus einem Einzelrichter mit Alleinentscheidungskompetenz bestehen.[130] Zuvor war der Einzelrichter lediglich zur Vorbereitung des Streitstoffes und Erörterung mit den Parteien befugt, wozu auch die Beweisaufnahme zählte.[131] Die ausschließliche Übertragung der Beweisaufnahme auf einen Einzelrichter war zur Stärkung des Unmittelbarkeitsgrundsatzes nicht mehr möglich, da nun der entscheidenden Spruchkörper auch Bestandteil der und verantwortlich für die Beweisaufnahme war.[132] Für die Kammergremien, vor allem die Kammer für Handelssachen, bestand nach wie vor die Möglichkeit der Entsendung eines vorbereitenden Einzelrichters für die Beweisaufnahme.[133]

Die wichtigste Änderung der Zivilprozessordnung in den 70er Jahren erfolgte jedoch erst durch das Gesetz zur Vereinfachung und Beschleunigung gerichtlicher Verfahren von 1976, besser bekannt als „Vereinfachungsnovelle“. Hauptregelungspunkte dieses Gesetzes waren die Fokussierung auf eine Verfahrensbeschleunigung und -konzentration sowie vor allem die Streitentscheidung in einem einzigen „umfassend vorbereiteten“ Verhandlungstermin, der durch die Elemente eines frühen ersten Termins und einem schriftlichen Vorverfahren ergänzt wurde und die Möglichkeit der Entscheidung allein durch einen Einzelrichter vorsah.[134] Im Rahmen dieses Haupttermins sollte auch die Beweisaufnahme erfolgen, sodass die vormalige Verfahrensverzögerung durch die Trennung von Beweisaufnahme und mündlicher Verhandlung wegfallen sollte und auch die Parteien der Beweisaufnahme unmittelbar beiwohnen durften.[135] Zudem sollte als Ergänzung der bestehenden Prozessmaximen das Verhältnis zwischen Gericht und Parteien enger und in ein Miteinander gewandelt werden.[136]

Beide Gesetze waren ausweislich ihrer Gesetzgebungsmaterialien eher darauf bedacht, einzelne „Regelungsziele“ umzusetzen, als übergreifende Fragen der Rechtsdurchsetzung und -verwirklichung in angemessener Zeit zu ermöglichen.[137] Nicht direkt kodifiziert, aber durch eine Vielzahl von

---

130 *Prütting/Gebauer* in Wieczorek/Schütze, S. 8 Rn. 9; *Wallimann*, S. 145.

131 *Wallimann*, S. 145.

132 *Wallimann*, S. 145.

133 *Wallimann*, S. 146.

134 *Prütting/Gebauer* in Wieczorek/Schütze, S. 8 Rn. 10; *Wallimann*, S. 146; *Greger*, NZV 2016, 1 (3); *Oestmann*, S. 278.

135 *Wallimann*, S. 147; BT-Drs. 7/2729 S. 37, 72.

136 *Oestmann*, S. 278.

137 *Münch* in Bruns/Münch/Stadler, S. 31.

Vorschriften allgegenwärtig, sollte die Prozessförderungspflicht aller Verfahrensbeteiligten stehen.[138] Die Idee der Beschleunigung eines jeden Prozesses offenbarte sich in der Einführung von Präklusionsvorschriften mit festen Fristen sowie durch den Verzicht einer Wiederholung der Aussagen von Verfahrensbeteiligten für den Fall, dass die Anhörung unmittelbar in Anwesenheit aller Beteiligten aufgezeichnet wurde.[139] Zur Verbesserung der Verständlichkeit der Beweiserhebung und Aktendurchsicht wurde die Protokollpflicht um die entsprechenden Inhalte der Beweisaufnahme, insbesondere die Namen der Zeugen und Sachverständigen, ergänzt.[140] Gleichzeitig wurde die Abhängigkeit der Beauftragung des Sachverständigen von der Zahlung des Auslagenvorschusses in das Ermessen des Gerichtes gelegt, da die Einzahlung ein häufig bremsender Faktor war.[141]

Aufgrund des ausbleibenden Erfolges der gewählten Initiativen und vor dem Hintergrund steigender Eingangszahlen, wurde im Jahr 1990 zudem das „Rechtspflegevereinfachungsgesetz" verabschiedet, welches erneut unter den Schlagwörtern „Verfahrensbeschleunigung und Arbeitserleichterung der Gerichte" gemäß der offiziellen Gesetzesbegründung vor allem durch Einzelveränderungen unter anderem bei den Beweismitteln der Zeugen und Sachverständigen zu einer Verbesserung der Situation beitragen sollte.[142] Eine Prozessbeschleunigung und Verbesserung des Beweisverfahrens war neben der Einschränkung der Unmittelbarkeit beim Zeugenbeweis auch durch die lediglich unter bestimmten Voraussetzungen zulässige Übertragung der Beweisaufnahme auf ein anderes Gremium angedacht.[143]

Des Weiteren war durch die Einführung eines vorangestellten selbstständigen Beweisverfahrens zur Erleichterung einer gütlichen Einigung sowie eines Pflichtenkataloges für die Zusammenarbeit zwischen dem Gericht und dem Sachverständigen beabsichtigt, die Zweckmäßigkeit des Beweisrechtes zu erhöhen.[144] In Bezug auf das Sachverständigenrecht waren die Einführungen der neuen §§ 404a, 407a, 409 Abs. 1 S. 1 sowie 411

---

138 *Oestmann*, S. 278.

139 BT-Drs. 7/2729 S. 61; *Prütting/Gebauer* in Wieczorek/Schütze, S. 9 Rn. 10; *Oestmann*, S. 278.

140 BT-Drs. 7/2729 S. 5, 57.

141 BT-Drs. 7/2729 S. 84.

142 BT-Drs. 11 / 3621 S. 1, 20 f.; vgl. *Wallimann* S. 147; vgl. *Pauly*, ZfBR 2021, 16 (17); *Prütting/Gebauer* in Wieczorek/Schütze S. 9 Rn. 12.

143 Vgl. *Wallimann* S. 148; *Prütting/Gebauer* in Wieczorek/Schütze S. 9 Rn. 12; BT-Drs. 11 / 3621 S. 38.

144 BT-Drs. 11 / 3621 S. 2.

Abs. 4 ZPO die wichtigsten Änderungen, welche auf den Erfahrungen der Richter und der Sachverständigen in Bezug auf die Beweisaufnahme basieren.[145]

Die Gesetzesänderungen der 70er und 90er Jahre des vergangenen Jahrhunderts hatten jedoch nicht den gewünschten Erfolg und die Arbeitsbelastung und Verfahrensdauer blieben konstant hoch oder stiegen sogar weiter, sodass der Gesetzgeber größere, grundlegendere Reformprojekte in die Wege leitete.

## II. Die drei großen Reformgesetze nach der Jahrtausendwende

Vor dem Hintergrund zahlreicher gesellschaftlicher, politischer und technischer Entwicklungen, vor allem dem demografischen Wandel und der steigenden Technisierung sowie der Europäisierung gab es seit der Jahrtausendwende eine Häufung von Gesetzesinitiativen zur Verbesserung und Modernisierung des Zivilprozesses.[146] Zur Erreichung dieser Ziele nahm man unter anderem auch die ZPO in den Fokus, deren Änderungen hier dargestellt werden sollen.

### 1. Zivilprozessreformgesetz (2001)

Mit der Maßgabe den Zivilprozess „bürgernäher, effizienter und transparenter" zu gestalten, um den Anforderungen rechtsschutzsuchender Bürger und der Wirtschaft aufgrund von Veränderungen durch zahlenmäßig ansteigende Rechtsstreitigkeiten, die Globalisierung und Informationstechnologie zu entsprechen[147], wurde im Jahre 2001 das „Zivilprozessreformgesetz" zur „Qualitätsverbesserung und Effizienzsteigerung" verabschiedet.

Dieses, als größte gesetzliche Änderung der ZPO seit dessen Inkrafttreten[148] bezeichnete und von vielen als bis heute prägendstes Reformwerk angesehene Gesetz, beeinflusste den Weg der Zivilprozessordnung dahingehend, dass eine Stärkung der Spruchkörper und der ersten Instanz bei gleichzeitiger Beschränkung der Parteifreiheiten und eine Umordnung

145 BT-Drs. 11 / 3621 S. 22.

146 *Von Preuschen*, NJW 2007, 321 (321); vgl. BT-Drs. 16/3038, S. 1.

147 BT-Drs. 14/4722 S. 1; *von Preuschen*, NJW 2007, 321 (321); *Wallimann*, S. 266.

148 *Wallimann*, S. 266.

des Rechtsmittelsystems angestrebt wurde.[149] Es hat eine Vielzahl von Vorschriften des erstinstanzlichen Verfahrens in Bezug auf Erweiterungen des Einzelrichtersystems, des Güteverfahrens und der Sachverhaltsaufklärung, sowie der Rechtsmittelverfahren überarbeitet, ist jedoch am Beweismittelrecht nahezu spurlos vorbeigegangen. Einzig die Ergänzungen des § 144 ZPO sind hier zu erwähnen, die dem Gericht das Recht zur Einnahme von Augenschein beziehungsweise die Beauftragung eines Sachverständigen unabhängig von einem parteiseitigen Beweisangebot gewähren sollten.[150] Damit korrespondiert die Änderung der Regelung in § 273 ZPO, wonach die dort genannten, kostenverursachenden Anordnungen, erst bei entsprechender Streitigkeit und Verteidigungsabsicht der Parteien zu treffen sind.[151]

### 2. Erstes Justizmodernisierungsgesetz (2004)

Kaum zwei Jahre nach dem großen Zivilprozessreformgesetz wurde zum 01.09.2004 das Gesetz zur Modernisierung der Justiz mit den bekannten Zielen der „Vereinfachung, Effizienzsteigerung und Erhöhung der Flexibilität" bei andererseits gleichzeitiger „Beibehaltung rechtsstaatlicher Standards" im Bundesgesetzblatt veröffentlicht.[152] Vor dem Hintergrund der bürger- und wirtschaftsseitig immer „lauter werdenden" Forderungen nach einer verbesserten Effizienz der Gerichte vor allem im Bereich des Verfahrensablaufes und des Personaleinsatzes, wurden deshalb unter anderem Einzelrichter- anstatt Kammerentscheidungen vorgesehen und die Reduzierung oder Vereinfachung von unnötigen, bremsenden Formalien vorangetrieben sowie die Verfahrensleitung direkt dem Gericht übertragen.[153]

Für das Beweisrecht relevante Änderungen gab es nur in geringem Umfang, vielmehr stand die Erneuerung der Zuständigkeitsverteilung im Fokus. Eingeführt wurde die unmittelbare Verwertbarkeit von rechtskräftigen Urteilen und Gutachten anderer Gerichtsverfahren, unter anderem durch § 411a und dem seinerzeitigen § 415a ZPO (Beweis einer Tatsache

---

149 *Prütting/Gebauer* in Wieczorek/Schütze, S. 10 Rn. 13; *Wallimann* S. 2, 266.; *Oestmann*, S. 279; Musielak/Voit/*Musielak*, ZPO, Einleitung Rn. 77.

150 BT-Drs. 14/4722 S. 79.

151 BT-Drs. 14/4722 S. 82.

152 BT-Drs. 15/1508 S. 1; Musielak/Voit/*Musielak*, ZPO, Einleitung Rn. 77; vgl. *von Preuschen*, NJW 2007, 321 (321).

153 BT-Drs. 15/1508 S. 1, 12; *Oestmann*, S. 279.

durch ein rechtskräftiges Strafurteil), ohne die Zustimmungsnotwendigkeit der Parteien, sodass doppelte Beweisaufnahmen und -ergebnisse sowie die damit verbundene unnötige Doppelbelastung der Justiz verhindert und die Prozesskosten geschont werden.[154] Des Weiteren wurde das einverständliche Abweichen vom Strengbeweis und damit die flexible, von Formalitäten unabhängige Nutzung von Beweismitteln erlaubt.[155] So war es möglich, auf anderen Kommunikationswegen, also per Telefon oder E-Mail, schnell und effektiv ohne erneuten Beschluss Sachverständige zu befragen, falls aus einer bereits erfolgten Beweisaufnahme weitere Untersuchungen oder Abstimmungen notwendig waren.[156]

### 3. Zweites Justizmodernisierungsgesetz (2006)

Erneut relativ schnell nach dem ersten Justizmodernisierungsgesetzes (JuMoG) und als dessen Erweiterung beziehungsweise Fortsetzung angesehen, trat das zweite Justizmodernisierungsgesetz zum 31.12.2006 mit der Maßgabe der Anpassung an die stetige „inhaltliche Weiterentwicklung des Rechtes" und sich daraus ergebende neue technische Fortschritte in Kraft.[157] Hintergrund für die schnelle Abfolge der Gesetzesänderungen war ausweislich der Gesetzgebungsmaterialien die Gefahr des Auslaufens von bestimmten Übergangsvorschriften, die einer schnellen Implementierung von nationalen Vorschriften bedurften.[158] Neben Anpassungen des Zahlungsverkehrs mit Gerichten und Justizbehörden sowie der Aus- und Fortbildung und Anerkennung europäischer Juristentitel gab es vor allem Änderungen der Wertgrenzen für Rechtsmittel und technische Eingangsformen für Mahnanträge, die der Verbesserung und Beschleunigung des elektronischen Rechtsverkehrs und der Entlastung der Justiz dienen sollten.[159] Für das Beweisrecht von Relevanz war unter anderem die Erweiterung des Anwendungsbereiches des § 411a ZPO dahingehend, dass zur Verfahrensbeschleunigung neben gerichtlichen Gutachten auch solche, durch die Staatsanwaltschaft in Strafverfahren eingeholte Begutachtungen im Zivilprozess anerkannt werden sollten.[160] Diese vorteilhaften Regelun-

154 BT-Drs. 15/1508 S. 1, 12, 21; *Wallimann* S. 3.
155 BT-Drs. 15/1508 S. 13; *Wallimann* S. 3.
156 BT-Drs. 15/1508 S. 13, 18.
157 BT-Drs. 16/3038, S. 1; *von Preuschen*, NJW 2007, 321 (321, 325).
158 BT-Drs. 16/3038, S. 25, 32, 35; *von Preuschen*, NJW 2007, 321 (321 f.).
159 BT-Drs. 16/3038, S. 1f; vgl. *von Preuschen*, NJW 2007, 321 (321 ff.).
160 BT-Drs. 16/3038 S. 10, 24, 38; vgl. *von Preuschen*, NJW 2007, 321 (321, 323).

gen haben trotz der Gegenwehr der Praxis, welche das Fehlen der Parteibeteiligung und des rechtlichen Gehörs einwandten, Einzug in die Prozessordnung gefunden.[161] Des Weiteren wurde die abweichende Gutachtentendenz des strafrechtlichen Ermittlungsverfahrens moniert[162] und bedurfte zukünftig einer genauen Prüfung des Gutachtenergebnisses. Neben Änderungen in anderen Rechtsbereichen ist durch das zweite JuMoG die verpflichtende Fristsetzung für die Fertigstellung und Übersendung schriftlicher Gutachten als Regelfall festgeschrieben worden. Der bis vor kurzem bekannte Wortlaut der Sollvorschrift, nach welcher „das Gericht dem Sachverständigen eine Frist zur Übermittlung des Gutachtens setzen soll" (vgl. Wortlaut § 411 Abs. 1 ZPO a.F.) wurde eingeführt, um der extremen Verfahrensverlängerung aufgrund der Einholung von Gutachten entgegenzuwirken.[163]

Aus der seinerzeitigen Gesetzesbegründung ergibt sich, dass der Gutachter bei Übersendung seine Kapazitäten für die Übernahme des Auftrages zu überprüfen und gegebenenfalls das Gericht auf eine entsprechende Absage zu reagieren habe.[164] Zur frühzeitigen Übereinkunft über eine realistische Frist solle auch hier ein Kontakt erfolgen. Eine weitere Änderung für das Sachverständigenrecht ergab die Einführung des § 72 Abs. 2 ZPO, der die damalige Implementierung des § 839a BGB in das materielle Recht und häufig darauf begründete Streitverkündungsanträge gegen den Sachverständigen nach erfolglosen Befangenheitsanträgen zur (versuchten) Beeinflussung als unzulässig verfallen lassen hat.[165] Die gesetzlich verpflichtende, wenn auch abzustimmende Fristsetzung sowie die Klarstellung der Streitverkündung gelten als die beiden „Lichtblicke" des zweiten Justizmodernisierungsgesetzes.[166]

### 4. Zwischenfazit

Die Gesetzesreformen direkt nach der Jahrtausendwende waren stets von dem Wunsch der Verfahrensbeschleunigung und Effizienzsteigerung geprägt. Aufgrund der vorgenannten Gesetzesänderungen sind durch die

161 *Von Preuschen*, NJW 2007, 321 (323).
162 *Von Preuschen*, NJW 2007, 321 (323).
163 BT-Drs. 16/3038, S. 10, 24, 38; *von Preuschen*, NJW 2007, 321 (323).
164 *Von Preuschen*, NJW 2007, 321 (323); BT-Drs. 16/3038, S. 38.
165 BT-Drs. 16/3038, S. 1, 24, 36 ff.; *von Preuschen*, NJW 2007, 321 (322 f.).
166 Vgl. *von Preuschen*, NJW 2007, 321 (325).

Einführung von Einzelnormen auch das Beweisrecht und mithin das Sachverständigenrecht teilweise geändert worden, indem zum Beispiel die audiovisuelle Vernehmung von Sachverständigen (§ 128a ZPO) sowie die Verwertung von bereits in anderen Gerichtsverfahren eingeholten Gutachten (§ 411a ZPO) eingefügt wurde.[167] Keine der vorgestellten Reformen scheint die genannten Ziele umgesetzt zu haben, was sich an den Zahlen der Untersuchung der Studie in 1. C. widerspiegelt. Dennoch wurden die Gesetze in der nicht wenig kritisierten, kurzen Abfolge und ohne oder nur mit geringer Einbeziehung der Praktiker, Gremien und zuständigen Ausschüsse geändert.[168] Die Justizmodernisierungsgesetze nach der Jahrtausendwende gaben in der Praxis trotz einiger sinnvoller Regelungen im Großen und Ganzen das Gefühl eines „Schnellschusses".[169]

### III. Gesetz über den Rechtsschutz bei überlangen Verfahren (2011)

Durch das Gesetz über den Rechtschutz bei überlangen Verfahren und strafrechtlichen Ermittlungsverfahren, welches aus dem sogenannten „Pilot-Urteil" des Europäischen Gerichtshofes für Menschenrechte (EGMR) in der Rechtssache „Rumpf"[170] resultierte und am 03. 12. 2011 in Kraft trat, wurde die wohl bekannteste Sanktionierungsnorm für langsame Verfahren eingeführt; der § 198 Gerichtsverfassungsgesetz (GVG)[171]. Hintergrund der Einfügung war, die grundgesetzlich normierte Erlangung von Rechtsschutz in angemessener Zeit umzusetzen und die Gerichte zum entsprechenden Abschluss von Prozessen zu verpflichten, da zuvor neben Dienstaufsichtsbeschwerden oder Verfassungsbeschwerden keine effektiven Rechtsbehelfe zur Verfügung standen, was durch den EGMR bemängelt wurde.[172]

Dabei müssen auch nach Art. 13 EMRK sogenannte innerstaatliche Rechtsbehelfe vorhanden sein, die entweder präventiv, auf schnellere Prozessabwicklung ausgerichtet sind oder durch eine angemessene Entschädi-

---

167 *Wallimann*, S. 3.

168 Vgl. *von Preuschen*, NJW 2007, 321 (325).

169 Vgl. *von Preuschen*, NJW 2007, 321 (325).

170 Vgl. *Gaier/Freudenberg*, ZRP 2013, 27 (28); *Althammer/Schäuble*, NJW 2012, 1 (1).

171 Im Folgenden nur noch mit GVG abgekürzt.

172 BT-Drs. 17/3802 S. 1, 15; *Link/van Dorp/Haas*, S. 1, S. 3 Rn. 5; vgl. *Althammer/Schäuble*, NJW 2012, 1 (1).

gung eine kompensatorische Wirkung haben sollten.[173] Durch die Einführung der Sanktionierung überlanger Verfahren über die §§ 198 ff. GVG soll die Verfahrensverzögerungsursache nicht bekämpft, sondern ein (unangemessen) langes Verfahren im Nachhinein und damit „repressiv" sanktioniert und durch einen verschuldensunabhängigen, pauschalen Anspruch entschädigt werden.[174] Auf Drängen der europäischen Institutionen, wurde ein solcher Anspruch in einem Verfahren vor dem BGH mit Urteil vom 05.12.2013 (BGH III ZR 73/13), initial geprüft.

Das zur Geltendmachung ausschlaggebende Tatbestandsmerkmal[175] ist die „unangemessene Verfahrensdauer eines Gerichtsverfahrens", die sich in einer einzelfallbezogenen Gesamtabwägung an Schwierigkeit, Bedeutung und Umständen des Verfahrens auch für die Allgemeinheit, der Auswirkungen auf die Beteiligten unter Berücksichtigung der gegenseitigen Interessen sowie des Verhaltens der Beteiligten und Dritter, orientiert und in einer Verletzung des Staates, Verfahren in angemessener Zeit abzuschließen, münden muss.[176] Neben anderen Gründen wie etwa fehlende Ressourcen, Klagewellen und Musterverfahren[177] oder einer sonstigen fehlenden Prozessförderung werden an dieser Stelle lediglich die sachverständigenbezogenen Gründe näher betrachtet. So soll die häufige Verzögerung durch einzuholende Gutachten oder bestimmtes Verhalten der Sachverständigen sowie ungenutzte beschleunigende Einwirkungs- beziehungsweise Überwachungsmöglichkeiten und Alternativvorgehen einer Einzelfallbetrachtung unterliegen.[178] Es findet aber keine Überprüfung der Erforderlichkeit der Beauftragung eines Sachverständigengutachtens statt, sodass die begründete Einholung keine unverhältnismäßige Verfahrensverzögerung darstellt.[179]

---

173 BT-Drs. 17/3802 S. 1, 15; *Link/van Dorp/Haas*; S. 3 Rn. 6.

174 *Keders/Walter*, NJW 2013, 1697 (1698); *Althammer/Schäuble*, NJW 2012, 1 (1); *Schlehe*, DS 2013, 337 (338).

175 BGH, Urt. v. 12.02.2015, III ZR 141/14 Rn. 24; *Althammer/Schäuble*, NJW 2012,1 (2, 6).

176 BT-Drs. 17/3802 S. 18; BT-Drs. 18/2950 S. 7; BGH, Urt. v. 12.02.2015, III ZR 141/14 Rn. 16, 24, 26 f.; *Link/van Dorp/Haas*, S. 13 Rn. 35; *Althammer/Schäuble*, NJW 2012,1 (2); *Keders/Walter*, 2013, 1697 (1697); *Walter*, DS 2013, 385 (385); *Lehmann*, DS 2014, 232 (234).

177 BGH, Urt. v. 12.02.2015, III ZR 141/14 Rn. 17; *Althammer/Schäuble*, NJW 2012,1 (2, 5).

178 BT-Drs. 17/3802 S. 18; *Link/van Dorp/Haas*; S. 13 Rn. 35; *Walter*, DS 2013, 385 (385).

179 BGH, Urt. v. 12.02.2015, III ZR 141/14 Rn. 19, 36.

Sanktionierbar ist auch nur ein Fehlverhalten des Spruchkörpers, etwa indem die Kapazitäten bei dem jeweiligen Gericht nicht vollumfänglich ausgenutzt wurden oder eine falsche Priorisierung erfolgt ist, jedoch unter der Maßgabe, dass es keinen Anspruch des Rechtssuchenden auf optimale Verfahrensförderung gebe.[180] Insofern kann ihm das Verhalten Dritter mangels Beeinflussbarkeit nicht vorgeworfen werden, entbindet aber auch nicht von der beschleunigenden Einwirkung.[181]

Zusammenfassend wird vom BGH festgestellt, dass die Verfahrensbeschleunigung kein Selbstzweck sei, denn es gebe im Verfahren auch gegenläufige Rechtsgüter, wie die aus dem Rechtsstaatsprinzip (Art. 20 Abs. 3 GG) resultierende Gewährung der inhaltlichen Richtigkeit einer Gerichtsentscheidung, die der richterlichen Unabhängigkeit nach Art. 97 Abs. 1 GG und dem gesetzlichen Richter (Art. 101 Abs. 1 S. 2 GG) gegenüberstünden.[182] In einer Aufstellung aus dem Jahre 2014 hat der Bundestag ein Resümee aus der Einführung und Wirkung des Gesetzes gegen überlange Verfahren gezogen. Danach war keine der Verzögerungsrügen- und Beschwerden erfolgreich.[183] Darüber hinaus konnte auch keines der Ziele einer Verfahrensbeschleunigung und Nachteilskompensation erreicht werden, da die gewünschte Beschleunigungswirkung weder in präventiver noch repressiver Wirkung ermittelbar seien und es vielmehr der Bekämpfung der Ursachen bedürfe.[184] Von einigen Autoren in der Literatur wird festgehalten, dass durch das Gesetz und dessen Umsetzung zusätzlicher Druck hinsichtlich der Beschleunigung von Prozessen und der Erledigung von Verfahren in die Justiz eingegangen ist.[185] Jedoch werden die Auswirkungen dieses Anspruchs sowie eine daraus resultierende Verfahrensbeschleunigung als sehr gering angesehen, da die Tatbestandsmerkmale auf untätige Richter abzielen.[186]

---

180 BGH, Urt. v. 12.02.2015, III ZR 141/14 Rn. 25 f., 33, 36; *Gaier/Freudenberg*, ZRP 2013, 27 (28); *Althammer/Schäuble*, NJW 2012, 1 (5).

181 *Althammer/Schäuble*, NJW 2012, 1 (2).

182 BGH, Urt. v. 12.02.2015, III ZR 141/14 Rn. 25.

183 BT-Drs. 18/2950 S. 32.

184 BT-Drs. 18/2950 S. 8 f..

185 *Lehmann*, DS 2014, 232 (234); *Keders/Walter*, 2013, 1697 (1698); vgl. *Gaier/Freudenberg*, ZRP 2013, 27 (28).

186 Vgl. *Gaier/Freudenberg*, ZRP, 2013, 27 (28).

### IV. Deutscher Juristentag 2014 und seine gesetzgeberischen Folgen

Auf dem 70. Deutschen Juristentag im Jahr 2014 wurden, bezugnehmend auf eine Auswertung der oben genannten Studie verschiedener Oberlandesgerichte, die Ursachen der überlangen Verfahren diskutiert. In diesem Zusammenhang ist am 15.10.2016 das Gesetz zur Änderung des Sachverständigenrechts[187] in Kraft getreten und beinhaltet Änderungen zum Sachverständigenbeweis, die neben der Verfahrensoptimierung auch der Verbesserung der Qualität sowie mittels erhöhter Transparenz im Auswahlverfahren der Gewährleistung von Unabhängigkeit und Neutralität der Gutachtenerstattung der gerichtlich beigezogenen Sachverständigen dienen sollten.[188] Zur Erreichung dieser Ziele wurde die Möglichkeit einer Anhörung der Parteien vor Beauftragung des Sachverständigen, eine Pflicht des Gutachters zur unmittelbaren Prüfung und Offenlegung von Konflikten oder Hinderungsgründen sowie eine verpflichtende, gerichtsseitig vorzunehmende Fristsetzung bei schriftlichen Gutachten und der verstärkten Ahndung von Fristversäumnissen mit einer Verdreifachung der Ordnungsgeldobergrenze implementiert.[189] Eine in der Literatur als selbstverständlich angesehene, als Verpflichtung eingeführte Erklärung bezüglich der Fristwahrung sowie der Prüfung und Bestätigung der Unparteilichkeit gemäß § 407 a Abs 1 und 2 ZPO dienten ebenfalls den genannten Zwecken.[190] Auch die Fixierung der bisher bereits in der Praxis umgesetzten Freiheit der Anordnung einer schriftlichen Erläuterung oder Ergänzung des Gutachtens gemäß § 411 Abs. 3 ZPO war Ausbildung des gesetzgeberischen Beschleunigungswunsches.[191]

---

187 Gesetz zur Änderung des Sachverständigenrechts und zur weiteren Änderung des Gesetzes über das Verfahren in Familiensachen und in Angelegenheiten der freiwilligen Gerichtsbarkeit sowie zur Änderung des Sozialgerichtsgesetzes, der Verwaltungsgerichtsordnung, der Finanzgerichtsordnung und des Gerichtskostengesetzes; im Folgenden „Gesetz zur Änderung des Sachverständigenrechts".

188 BT-Drs. 18/6985 S. 1.; NJW-Spezial, 2016, 715; *Linz*, DS 2017, 145 (149); *Blendinger*, DS 2015, 211 (211); *Bleutge*, GewArch 2017, 266 (266, 272); *Lehmann*, DS 2019, 121 (127); Musielak/Voit/*Musielak*, ZPO, Einleitung Rn. 77a; *Gaier*, JurPC Web-Dok 133/2015, Abs. 3.

189 BT-Drs. 18/6985 S. 2.; *Blendinger*, DS 2015, 211 (211); NJW-Spezial, 2016, 715; *Bleutge*, GewArch 2017, 266 (272); *Lehmann*, DS 2019, 121 (127); Musielak/Voit/*Musielak*, ZPO, Einleitung Rn. 77a.

190 NJW-Spezial 2016, 715; *Keders/Walter*, NJW 2013, 1697 (1701); *Linz*, DS 2017, 145 (149).

191 BT-Drs. 18/6985 S. 2.; NJW-Spezial 2016, 715.

Die zwingende Fristsetzung und die Erhöhung des Druckes wurden und werden in der Praxis kritisiert. Eine mangels Beurteilungsmöglichkeit der Kapazitäten des Gutachters sowie des technischen und zeitlichen Umfanges zu kurz gesetzte Frist und die Erhöhung des Druckes ohne Rücksicht auf die tatsächlichen Umstände der Begutachtung haben eher abschreckende Wirkung und führen dazu, dass die Gutachter Aufträge ablehnen und sich vermehrt aus dem Gerichtsgutachtenwesen zurückziehen, wodurch sich die ohnehin schwierige Ressourcenlage weiter verschlechtert.[192] Schon in der ersten ZPO-Vereinfachungsnovelle war die verpflichtende Fristsetzung insbesondere vor dem Hintergrund der Zweifelhaftigkeit des Erfolges diskutiert worden und seinerzeit mit guten Gründen abgelehnt worden.[193] Dies vor Allem mit den Argumenten einer zwar schnelleren, aber weniger gründlichen Begutachtung nach dem Motto „Quantität vor Qualität" sowie unter dem Hinweis der eventuellen Notwendigkeit von Ergänzungsgutachten mit dem gegenteiligen Effekt der Verlängerung der Prozessdauer.[194] Vielmehr hätte der damalige Gesetzgeber eher den Weitblick auf das Gesamtverfahren haben müssen, als einzelne Repressalien zu erschaffen.[195] Die oben vorgestellte Studie hat belegt, dass eine verpflichtende Fristsetzung und ein Ordnungsmitteleinsatz nicht zwangsläufig zu einer Beschleunigung des Verfahrens führen, sondern vielmehr die gegenteilige Wirkung haben.[196]

Die ursprünglich vorgesehene verpflichtende Anhörung der Parteien zur Person des vom Gericht vorgeschlagenen Sachverständigen ist nicht umgesetzt worden, sondern durch eine Kann-Bestimmung ersetzt worden. Mangels Verbindlichkeit der Parteivoten und der Gefahr der frühzeitigen Streitbarkeit der gegnerischen Bewertung sowie der ohnehin aufgrund grundrechtlich gewährleistetem Gehörsrecht, bestehenden Möglichkeit der Stellungnahme zu einem Vorschlag war die Zweckmäßigkeit und der rechtspolitische Bedarf der verpflichtenden Regelung in der Literatur nicht erkennbar und vielmehr eine prozessverzögernde Wirkung und Ausnutzung einer vorgeschriebenen Anhörung moniert worden.[197]

---

192 *Volze*, DS 2016, 21 (21 f.); *Blendinger*, DS 2015, 211 (216 f.); *Sadler-Berg*, DS 2018, 177 (178), *Jacobs*, DS 2016, 67 (67); *Schlehe*, DS 2013, 337 (338; 339).

193 BT-Drs. 7/2729 S. 144.

194 BT-Drs. 7/2729 S. 144.

195 Ähnlich *Jacobs*, DS 2015, 257 (258).

196 *Keders/Walter*, NJW 2013, 1697 (1702), „seltene Sinnhaftigkeit von Ordnungsmitteln".

197 Vgl. *Volze*, DS 2016, 21 (21); *Jacobs*, DS 2016, 67 (67); *Blendinger*, DS 2015, 211 (213 ff.).

Zudem haben die Parteien bis zum Ausgleich des Auslagenvorschusses genügend (zeitliche) Möglichkeiten des Einwandes, da vor der Zahlung keine Beauftragung erfolgt.[198]

Das Ziel des Justizministeriums, das gerichtliche Auswahlverfahren transparenter zu machen sowie den Bestellungsprozess für geeignete, qualifizierte Sachverständige zu verbessern, um die Neutralität und Qualität von Sachverständigen zu erhöhen und durch die Beschleunigung der Beweisgewinnung der Verkürzung der Verfahrensdauer zu dienen, wurde durch die besprochenen Änderungen nicht erreicht.[199] Vielmehr wurden verfahrensverzögernde Anforderungen an die Prozessbeteiligten gestellt, die den Nährboden für eine Verwässerung und Belastung des Verhältnisses zwischen Gerichten und Sachverständigen sowie der Parteien untereinander bilden, anstatt das Verhältnis zu vereinfachen und zu fördern oder bei den Sachverständigen „Anreize zu schaffen".[200]

Zusammenfasend ist mit den Meinungen aus der Literatur zu konstatieren, dass auch dieser Gesetzesentwurf das Ziel der Verfahrensbeschleunigung nicht erreichte, sondern aufgrund des Mehraufwandes eher den gegenteiligen Effekt einer Verfahrensverzögerung hat.[201] Die Gesetzgebungsinitiative scheint nicht auf den wahren Tatsachengrundlagen des Prozessalltages abgestimmt zu sein und beruht nach eigenen Angaben des Gesetzgebers somit nicht auf den Ergebnissen des Juristentages und der oben genannten empirischen Studie der Oberlandesgerichte, sondern auf zugetragenen Berichten und Einzelfallmissständen.[202] Bereits vor dem Inkrafttreten haben die diesmal einbezogenen Verbände und Gremien die Praktikabilität der Gesetzesinitiative in Frage gestellt, was jedoch trotz der Kritik nicht berücksichtigt wurde.[203]

---

198 *Blendinger*, DS 2015, 211 (213).

199 *Jacobs*, DS 2015, 257 (258); *Blendinger*, DS 2015, 211 (211, 214 f.).

200 *Blendinger*, DS 2105, 211 (217).

201 *Jacobs*, DS 2015, 257 (258); *Volze*, DS 2016, 21 (21 f); *Blendinger*, DS 2015, 211 (212, 216f.).

202 *Blendinger*, DS 2015, 211 (212); *Bleutge*, GewArch 2017, 266 (272).

203 Vgl. *Volze*, DS 2016, 21 (21); *Jacobs* DS 2016, 67 (67 f.); *Jacobs*, DS 2015, 257 (257 f.); *Bleutge*, 2017, 266 (272).

## V. Letzte Gesetzesänderungen in den Jahren 2018, 2020 und 2021

### 1. ZPO-Änderung 2018 und 2020

Neben einer Anpassung des Gerichtsverfassungsgesetzes zur Einführung einiger „Spezialspruchkörper" zum 01.01.2018[204] wurde die ZPO mit Wirkung zum 01.01.2020 aufgrund Gesetzes[205] unter anderem dahingehend geändert, dass der Wortlaut des § 144 Abs. 1 Satz 1 ZPO nicht mehr die Anordnung des Gerichtes zur „Begutachtung" von Sachverständigen vorsieht, sondern deren „Hinzuziehung" erfasst. Ausweislich der Gesetzesbegründung soll diese Umformulierung zur Verdeutlichung beitragen, dass sich Gerichte „zur fachlichen Unterstützung in einem frühen Verfahrensstadium zu Beratungszwecken verfahrensbegleitend der besonderen Sachkunde von Sachverständigen bedienen können", ohne dabei das förmliche Beweisverfahren in Anspruch nehmen zu müssen.[206] Dies hat zur Folge, dass die Einbeziehung des Sachverständigen nicht nur zur eigentlichen Begutachtung, sondern in komplexen Sachverhalten auch außerhalb der förmlichen Beweiserhebung zur Beratung des Gerichtes unterstützend erfolgen kann.[207] Dabei sei der Gutachter kein förmliches Beweismittel, sondern in Beraterfunktion.[208] Den Gesetzgebungsmaterialien lässt sich entnehmen, dass diese Möglichkeit der frühzeitige Einbeziehung eines Gutachters als Berater zur Eruierung des Sachverhaltes und des Parteivorbringens bereits *de lege lata* im Ermessen des Gerichtes bestehe, davon jedoch trotz des erkennbaren Mehrwertes in umfangreichen Prozessen bisher zu selten Gebrauch gemacht werde.[209]

Darüber hinaus wurde den Landesregierungen weitergehende Befugnisse zur Einrichtung weiterer Spezialgerichte beziehungsweise entsprechender Kammern in Bezug auf die Rechtsbereiche des IT- und Kommunikations-; Erb-; Insolvenz-; Anfechtungs- und Presserechts sowie der Kon-

204 Gesetz zur Reform des Bauvertragsrechts, zur Änderung der kaufrechtlichen Mängelhaftung, zur Stärkung des zivilprozessualen Rechtsschutzes und zum maschinellen Siegel im Grundbuch- und Schiffsregisterverfahren, vgl. BT-Drs. 19/13828 S. 14.

205 Gesetz zur Regelung der Wertgrenze für die Nichtzulassungsbeschwerde in Zivilsachen, zum Ausbau der Spezialisierung bei den Gerichten sowie zur Änderung weiterer prozessrechtlicher Vorschriften.

206 BT-Drs. 19/13828 S. 18.

207 BT-Drs. 19/13828 S. 1.

208 BT-Drs. 19/13828 S. 18.

209 BT-Drs. 19/13828 S. 18 f., 27; vgl. *Bogan*, GRUR 2021, 140 (140 f.).

zentration fachlich gleicher Rechtsstreitigkeiten an bestimmten Gerichten zugesprochen.[210]

Insgesamt wird diese Gesetzänderung als eine „kleine Reform“[211] bezeichnet, die im Einklang mit dem bisherigen Ansatz der Verfahrensbeschleunigung steht.

### 2. KostRÄG 2021

Zum 01.01.2021 trat das Kostenrechtsänderungsgesetz (KostRÄG) in Kraft, durch welches neben den Rechtsanwaltsgebühren auch die Vergütung der Sachverständigen angehoben wurden. Dies führt zu einer durchschnittlichen Erhöhung der Honorare von 20–30 % und einer Reduzierung des Justizrabattes, also des Abschlages aufgrund der gerichtlichen Beauftragung, von 10 auf 5 %. Grund der Anpassung ist die Angleichung an die „wirtschaftliche Entwicklung“ und die Vergütung auf dem freien Markt.[212] Zudem wird auf die Wichtigkeit der Berufsgruppe der Sachverständige als Helfer des Gerichtes und zur Sicherstellung der „qualitativ hochwertigen Rechtspflege“ abgestellt.[213] Der reduzierte Abschlag wird vor allem mit den durch die Pandemie geänderten Marktbedingungen und Ausfallrisiken begründet, im Vergleich zur Justiz als solventem Schuldner.[214] Die zuvor geltenden Honorare waren zuletzt im Jahr 2013 angepasst worden.

## VI. Fazit

Die CPO war zum Zeitpunkt des Inkrafttretens ein modernes Verfahrensrecht[215], dass in vielen Aspekten noch *„state of the art“* ist. Dennoch bedurften und bedürfen neuere Anforderungen auch einer entsprechenden Weiterentwicklung des Rechts. Die Zivilprozessordnung wurde in den Jahren seit Inkrafttreten stetig modernisiert und weiterentwickelt.[216] Die bisherigen Reformversuche zeichnen sich durch Gesetzesänderungen aus, die vor allem mit den Ansätzen die Verfahrensabläufe zu vereinfachen oder zu

210 BT-Drs. 19/13828 S. 1, 14.; *Von Oppen*, WM 2019, 1332 (1332).
211 *Schultzky*, MDR 2020, 1 (1); *Von Oppen*, WM 2019, 1332 (1332).
212 BT-Drs. 19/24740 S. 1 f., 75.
213 BT-Drs. 19/24740 S. 75.
214 BT-Drs. 19/24740 S. 77.
215 *Gaier/Freudenberg*, ZRP 2013, 27 (29).
216 *Gaier*, NJW 2013, 2871 (2871, 2876).

komprimieren und die Möglichkeit der Einlegung von Rechtsmitteln einzuschränken das Verfahren insgesamt zu beschleunigen versuchten, dem jedoch schuldig blieben und letztlich zu keiner spürbaren Verkürzung der Verfahrensdauer geführt haben.[217]

Insbesondere die letzten Gesetzesinitiativen zeugen von einer Praxisferne, da sie in der Regel ohne oder entgegen der Anmerkungen der angefragten Verbände Vorschriften eingefügt haben, die vor allem das Verhältnis der Verfahrensbeteiligten belasten und entgegen dem gesetzgeberischen Wunsch den Prozess in der Realität verlängern.[218] Einzelne Reformen, insbesondere der Jahre 2002, 2004 und 2006, brachte punktuelle Verbesserungen ohne jedoch grundsätzliche Änderungen zu bewirken.[219] So ist festzustellen, dass die bisherigen Initiativen etwa durch die Einführung von Einzelvorschriften unter anderem zur Sanktionierung überlanger Verfahren vielfach eher repressiver Natur als der Ursachenbekämpfung dienlich waren und keine Verfahrensbeschleunigung an sich gebracht haben und bringen werden.[220] Darüber hinaus haben die Vielzahl an Veränderungen und Novellen dazu geführt, dass die Praxis eher träge in der Umsetzung ist und sich kein Beschleunigungseffekt einstellen konnte.[221]

Insofern wurde eindeutig dargestellt, dass Gesetzesänderungen nicht das Mittel der Wahl sein können, da die letztendliche Wirkung immer an der Anwendung und Auslegung der Regelungen durch die Gerichte gemessen werden. Es bedurfte keiner weiteren gesetzlichen Neuregelung, da die dem Gerichtsverfahren immanenten Vorstellungen und Notwendigkeiten eine eigene Bedarfsdarstellung sind und ein Eigeninteresse an richtiger Auswahl festlegen.[222] Das Ziel der Verfahrensbeschleunigung und der Effizienzsteigerung des Zivilprozesses scheint demnach nicht durch die Änderung des Regelungsgerüstes erreichbar, sondern durch Änderungen der praktischen Handhabungen der gesetzlichen Vorschriften. Vielmehr bedarf es nach einer eingehenden Analyse der bestehenden Abläufe auf Hindernisse und Schwachstellen, einer Überlegung, wie diesen mit praktischen wirkungsvollen Mittel begegnet werden kann. Selbst mit den bisherigen Sachverhalten ist das deutsche Prozessrecht in Bezug auf die Beweiserhebung bereits an seine Grenzen gekommen. Im Zuge der schnell

---

217 *Weth* in FS Lüke, S. 961; *Kury* ZRP 2018, 1 (1); *Greger*, NZV 2016, 1 (5); vgl. *Calliess* A19, 22 f..
218 Vgl. *Volze*, DS 2016, 21 (22); vgl. *Calliess* A19, 22 f..
219 *Gaier/Freudenberg*, ZRP 2013, 27 (27).
220 Vgl. *Gaier/Freudenberg*, ZRP 2013, 27 (28); vgl. *Weth* in FS Lüke S. 961.
221 *Oestmann*, S. 277.
222 *Blendinger*, DS 2015, 211 (212, 217).

fortschreitenden Technisierung stehen jedoch noch größere Herausforderungen an.[223]

### *D. Zusammenfassung Kapitel 1 und Praktikererfahrung*

Die Prozessordnung stammt aus dem 19. Jahrhundert. Seitdem haben sich Rechtsstreitigkeiten an Komplexität und Inhalt extrem weiterentwickelt.[224] Das derzeitige Vorgehen im Zivilprozess bindet aufgrund seines Umfangs umfassende Ressourcen bei allen Prozessbeteiligten und kann somit die Vorgabe des Art. 6 EMRK zu einer Entscheidung in angemessener Zeit nicht erfüllen.[225] Nach der Auswertung der Studie und den Erfahrungen der Praktiker haben folgende Faktoren im Bereich des Sachverständigengutachtens einen verzögernden Einfluss auf den Zivilprozess.

Neben der Überlastung der Gerichte aufgrund Richtermangels ist die Auswahl des richtigen Sachverständigen entsprechend dem zu begutachtenden Sachverhalt für die Prozessdauer relevant. Die Bestimmung ist einerseits aufgrund der fachlichen Einordnung durch das Gericht sowie der Spezialisierung des Sachverständigen und der Zuordnung zum Bestellungsgebiet zeitaufwändig und fehleranfällig, wenn unzuständige oder nur teilweise geeignete Experten mit der Folge der Ablehnung und Neuanfrage angeschrieben werden müssen.[226] Die Einbeziehung der Bestellungskörperschaften dauert aufgrund schriftlicher statt telefonischer Kommunikation sehr lange, um aufgrund des (teilweise ungeeigneten) Beweisbeschlusses oder der Gerichtsakte die richtige Fachrichtung und damit auch die Zuständigkeit abzuleiten und im Rahmen ihres Bestellungsbereiches überhaupt Sachverständige zu finden. Insgesamt ist die Suche häufig mit fachlichen oder zeitlichen Ablehnungen verbunden, sodass vielfach auf Generalisten statt Spezialisten zurückgegriffen wird, zeitraubende Eigenrecherchen und direkte Kontaktaufnahmen beim Gutachter notwendig sind und es zu mehrfachen Hin- und Rücksendungen der Akten kommt ohne letztlich in der Bearbeitung einen Fortschritt erreicht zu haben.[227]

Weiterhin beschränkt sich die Auswahl unter der ohnehin geringen Anzahl an Sachverständigen häufig auf die wenigen, kompetenten und eta-

---

223 *Gaier / Freudenberg*, ZRP 2013, 27 (28).
224 *Vorwerk*, NJW 2017, 2326 (2326).
225 *Vorwerk*, NJW 2017, 2326 (2326).
226 Ri8; Ra4; Sv18.
227 Ri8; Sv19.

blierten Gutachter, die aufgrund entsprechender Erfahrungen als Gerichtsgutachter und den damit zusammenhängenden Erwartungen des Gerichts von diesen verstärkt und wiederholt in Anspruch genommen werden.[228] Diese Einschränkung führt zu einer Aus- und Überlastung der geeigneten Sachverständigen, die zudem teilweise nur nebenberuflich als Gutachter tätig sind, und damit zu weiteren Verfahrensverzögerungen.[229] Ein zusätzlicher verlangsamender Faktor ist, dass einige Sachverständige aufgrund von Vorträgen und Fortbildungen, ihren Haupttätigkeiten oder Anfragen von anderen Gerichten nicht für Gerichtsaufträge bereitstehen (wollen). Aus finanziellen Erwägungen beziehungsweise durch wettbewerbsschädigende, sichernde Handlungen wurden darüber hinaus (aufstrebende) Konkurrenten aus dem Markt gedrängt, indem trotz Auslastung und die eigenen Kapazitäten übersteigend, weitere Aufträge und Vorschüsse angenommen wurden, ohne die Bearbeitung zeitgerecht sicherzustellen.[230]

Zudem ist beziehungsweise war bis zur Gesetzesänderung zum 01.01.2021 die finanzielle Vergütung des Sachverständigen unattraktiv, weil nicht kostendeckend sowie aus unternehmerischer Sicht uninteressant und folglich auch nicht Anreiz genug, schneller zu arbeiten oder überhaupt für Gerichte tätig zu werden.[231] Daraus folgen weitere verzögernde Umstände, wenn der Gutachter einen höheren als vom Gericht aufgrund fehlender oder fehlerhafter Aufwandsschätzung festgelegten Vorschuss fordert.[232]

Der nächste verzögernde Aspekt ist die inhaltliche Komplexität des Sachverhaltes aufgrund der Einbeziehung vieler Beteiligter (zum Beispiel Streitverkündete, (Rechtsschutz-)Versicherungen etc.) mit entsprechenden vor- oder innerprozessualen Schriftsätzen, taktischen Prozesshandlungen und grundgesetzlich gewährleisten Verfahrensrechten, sowie dem daraus resultierenden Umfang des Beweisbeschlusses und der Anzahl der zu untersuchenden Themen.[233]

Dessen Begutachtung bedarf einer strukturierenden Planung und Organisation mit allen Beteiligten und macht (mehrere) örtliche Besichtigungen oder die Einbeziehung weiterer Gutachter zur Aufteilung notwendig.[234] Die kontinuierliche Einbindung des Gerichtes als Mittler und Or-

228 Ri1; Ri3; Ri4; Ri5; Ri6; Ri7; Ri 8; Ra1; Ra2; Ra4; Ra6.
229 Ra2; Ra3; Ra4; Ra6; Ri6; Ri7; Ri 8; Sv8; Sv9; Sv10; Sv11; Sv12; Sv18; Sv19.
230 Ra1; Sv18.
231 Sv11; Sv12; Sv19; Ri8.
232 Ra3; Sv4; Sv12; Sv16.
233 Ra2; Ra4; Sv12; Sv17.
234 Ra1; Ra4; Sv11; Sv18, „fehlende Beherrschbarkeit".

ganisator inklusive der eigenen Befassung mit dem Fall und die damit einhergehen umständlichen Versand- und Kenntnisnahmewege haben nach Erfahrung der Praktiker einen zeitverzögernden Einfluss auf die Dauer des Sachverständigenbeweises und führen damit zu unüberschaubarer Komplexität und langwierigen, zum Teil fehlerhaften Gerichtsverfahren.[235]

Darüber hinaus sind nach Erfahrungen einiger Gesprächspartner große Teile der Beweisbeschlüsse missverständlich, unpräzise oder fehlerhaft, weil sei mit ungefiltert weitergegebenen, nicht nur auf Sachfragen bezogenen Anträgen oder mit Rechtsfragen versehen wurden und die Sachverhalte zum Teil künstlich durch die Partei aufgebläht wurden und erst ausgefiltert werden müssen.[236] Vor allem die verschiedenen Prozessinteressen und das bewusst verfahrensverzögernde oder nicht verfahrensförderndе Verhalten durch eine fehlende Mitwirkung beziehungsweise teilweise kollusive Gegenarbeit der Parteien, die zum Teil grundlos Anträge wegen Befangenheit oder fehlender Geeignetheit stellen, werden als wichtiger, zur weiteren Verzögerung beitragender Punkt gesehen.[237] So ist auch die Zahlung des Kostenvorschusses neben der Zugänglichmachung der zu untersuchenden Gegenstände oder Gegebenheiten der wichtigste in der Parteisphäre liegende Faktor mit Einfluss auf die Prozessdauer und bietet je nach Bonität die Möglichkeit eines Verlangsamungsprozederes.[238] Deshalb wird der wesentliche Punkt der Verfahrensverzögerungen bei den Entscheidungsprozessen im Gericht mit den Parteien gesehen, also im Vor- und Nachfeld der eigentlichen Beweiserhebung.[239]

Ein zusätzlicher wesentlicher Verzögerungsfaktor wird neben der häufig (zu) späten Einbindung des Gutachters vor allem in der fehlenden oder sehr umständlichen und aus Sicht der Gutachter vom Gericht teilweise unerwünschten und damit zur Hemmschwelle führenden Kommunikation während der Begutachtung gesehen.[240]

Die zeitintensiven Hauptprobleme im Bereich der Ausarbeitung des schriftlichen Gutachtens liegen einerseits insbesondere in der aufgrund Einhaltung zu vieler Formalia langsamen Bearbeitung der Gutachten, der nicht konsequent und einheitlich mit Prozessmaßnahmen und -verfügungen wie Fristsetzung oder anderen Druckmitteln begegnet würde[241] und

---

235 Ra1; Sv16; Sv18.
236 Ri3; Ri4; Ri5; Ra4; Sv11.
237 Ri2; Ri3; Ri4; Ri5; Sv8; Sv9; Sv11; Sv12; Sv17; Ra6.
238 Vgl. *Jäckel*, S. 177 Rn. 590.
239 Sv12.
240 Ri8; Sv3; Sv9; Sv10; Sv11; Sv15.
241 Ri1; Ri2; Ri7; Sv9; Sv10; Sv18.

andererseits in der aufwändigen An- beziehungsweise Nachforderung von Unterlagen, die zur Begutachtung nötig aber nicht zur Verfügung gestellt worden sind.[242]

Zusammenfassend basieren die Probleme auf sachverhaltsbezogenen, organisationsbezogenen und prozessbeeinflussenden Faktoren sowie auf dem Verhalten aller Prozessbeteiligten. Die Bearbeitungszeit hängt nach Ansicht der Befragten von

1. den Kapazitäten beziehungsweise eher der Überlastung der Gerichte (Verantwortung der Gerichtsverwaltung) und der häufig in Anspruch genommenen Sachverständigen (Verantwortung der Gutachter selbst und der Bestellungskörperschaften) sowie
2. den zu geringen Stundensätzen und der daraus resultierenden Favorisierung von Privatgutachten;
3. der (fehlerbehafteten) Auswahl der Gutachter;
4. der Art und Anzahl der Fragestellungen und Prozessbeteiligten sowie der dafür erforderlichen Art der Begutachtung;
5. der fehlenden Beweissortierung, Trennung der Themen;
6. fehlerhaften, unvollständigen oder missverständliche Beweisbeschlüssen;
7. der unzureichenden Ausnutzung der Beschleunigungsmöglichkeiten inklusive fehlender Fristüberwachung und Sanktionierung durch das Gericht sowie
8. der Kommunikation mit den Verfahrensbeteiligten, und
9. der taktisch (un)gewollten, fehlenden oder notwendigen Mitwirkung der Parteien ab.[243]

Die zuvor aufgezeigten Probleme im Zusammenhang mit dem Sachverständigenbeweis treffen nicht pauschal auf alle Rechtsgebiete zu, sodass grundsätzlich bei der Betrachtung von Ursachen und Lösungen nach Sachgebieten zu differenzieren ist.[244] Dennoch lassen sich allgemeine Aussagen treffen.

Es konnte dargestellt werden, dass die auf eine Beschleunigung bezogenen Reformen zur Änderung der Zivilprozessordnung in der Vergangenheit zu keiner nennenswerten Entlastung und Verkürzung der bestehenden Prozesse und damit zu einer Lösung der Probleme langdauernder Verfahren geführt haben und der Status quo verbesserungsbedürftig ist. Der zuletzt erfolgte Anstieg der Verfahrensdauer trotz Rückgang der Ver-

242 Ra3; Sv4; Sv12; Sv16.
243 Sv1; Sv11; Sv12; Sv13; Sv14; Sv16; Sv17; Sv18.
244 Sv8.

fahrenszahlen ist Grund genug, sich Gedanken um die Effizienzsteigerung der zivilprozessualen Verfahren zu machen, um dem in der Rechtspolitik bereits in den vorherigen Jahrzehnten aufgeworfenen, aber scheinbar wieder in die Ferne gerückten Ziel eines effizienten und bürgernahen Prozesses[245] gerecht zu werden.

Neben dem Anspruch aus §§ 198 ff GVG soll die Verzögerung von Gerichtsverfahren weiter sanktioniert werden[246], sodass es rascher und praktischer Abhilfe für den bestehenden Zivilprozess bedarf. Die ZPO sieht ausreichende „Werkzeuge" vor, um das bestehende Recht umzusetzen, sodass es keiner erneuten Verschärfung der Normen bedurfte.[247] Vielmehr sind andere, langfristige Lösungswege in Betracht zu ziehen, um die Verfahrensabläufe dauerhaft zu optimieren.[248]

Solche Lösungsvorschläge sollen in den folgenden Kapiteln untersucht werden.

---

245 So entsprechend die Gesetzesbegründungen der entsprechenden Gesetzesnovellen; *Greger*, NZV 2016, 1 (1, 3, 5).

246 *Schlehe*, DS 2013, 337 (338).

247 Vgl. *Weth* in FS Lüke, S. 961; *Gaier/Freudenberg*, ZRP 2013, 27 (28); *Schobel*, MDR 2014, 1003 (1007).

248 *Calliess* A 41 „kontinuierlicher Verbesserungsprozess"; *Greger*, NZV 2016, 1 (4).

# Kapitel 2: Bewertung der Lösungsvorschläge

## A. *Einleitung*

Wie im ersten Kapitel erläutert, steht die Justiz vor neuen, wachsenden Herausforderungen, denen mit einer Anpassung der gesetzlichen Regelungen allein nicht effektiv genug begegnet werden kann. Im Folgenden sollen Lösungsvorschläge aufgezeigt werden, um die oben dargestellten Verfahrensverzögerungen zu unterbinden und zu einer Beschleunigung der Gerichtsprozesse beizutragen. Der Fokus darf dabei nicht ausschließlich auf die quantitative Steigerung der Bearbeitung der Gerichtsfälle gelegt werden. Ziel muss es sein, dass sich der Spruchkörper durch die Beseitigung bremsender Faktoren und Einführung von Standardisierungen auf die tatsächlich entscheidungsrelevanten Prozessschritte konzentrieren kann und die Gerichtsverfahren bei gleichbleibender materiell-rechtlicher Qualität schneller und effizienter werden.

Der Druck auf die Bearbeitungskapazitäten der Gerichte[249] aufgrund von Einsparungsmaßnahmen und angespannter öffentlicher Haushaltslage sowie der steigenden Komplexität der Rechtsgebiete[250] nicht zuletzt durch die Rechtsetzung auf europäischer Ebene dürfte mittelfristig eher hoch bleiben oder gar steigen. Daher gilt es Lösungsansätze zu schaffen, die mit den derzeitigen gesetzlichen Rahmenbedingungen und vorhandenen Kapazitäten realisierbar wären[251], bevor weitere nur langfristig umsetzbare, gesetzliche Veränderungen angeregt werden. Bei diesen Überlegungen ist zu berücksichtigen, dass die Anzahl der für die Gerichte verfügbaren Sachverständigen bundesweit gegenwärtig eher rückläufig ist.[252] Bei vielen Gutachtern handelt es sich nicht um hauptberufliche, sondern um lediglich nebenberuflich tätige Sachverständige, sodass die vorhandenen Gutachter einem erhöhten Nachfragedruck ausgesetzt sind. Darüber hinaus muss sichergestellt sein, dass die aus Sicht der Streitbeteiligten ohnehin bereits hohen Sachverständigenkosten nicht durch neue Maßnahmen weiter stei-

249 *Gaier/Freudenberg*, ZRP 2013, 27 (28).
250 *Von Preuschen*, NJW 2007, 321 (321); *Gaier/Freudenberg*, ZRP 2013, 27 (28).
251 So auch der Ansatz bei *Schobel*, MDR 2014, 1003 (1003).
252 *Schlehe*, DS 2013, 337 (337, 341); *Sadler-Berg* DS 2018, 177 (178).

gen, damit die Verhältnismäßigkeit der Prozesskosten in Relation zum Streitwert gewahrt bleibt.

Die im ersten Teil ausfindig gemachten „Neun Faktoren“ sind entscheidend zur Beschleunigung gegenwärtiger Gerichtsprozesse, nämlich die Auswahl des Sachverständigen und Verwendung stets gleicher Gutachter, die Art der Gutachten, die Festlegung seiner Vergütung, die Sachverhaltsaufbereitung und Überführung in die Aufgabenstellung, die abschließende, begleitete Begutachtung und die Fristsetzung durch das Gericht sowie die Reaktion darauf. Die Lösungsansätze der Untersuchungskommission[253] sollen dabei ebenso Bestandteil der Diskussion sein, wie die Ansätze von Calliess, die im Rahmen seines Gutachtens zum Zivilprozessrecht zum 70 Juristentag vorgebracht wurden.

Die hier gemachten Vorschläge sind zuerst genereller Natur. Im Weiteren handelt es sich um Ansätze mit direktem Prozessbezug, die bei der Darstellung in zeitlicher Reihenfolge des Prozessverlaufes gegliedert werden. Sie beziehen sich ausschließlich auf den Bereich der gerichtlichen Beweiserhebung in Zusammenhang mit Sachverständigen, sodass andere, häufig diskutierte Ansätze, wie etwa die vorbeweisliche oder vorprozessuale Sachverhaltssortierung[254] beziehungsweise die streitwertabhängige Verfahrensführung, zwar erwähnt werden, jedoch nicht Gegenstand dieser Untersuchung sind.

## *B. Methodik und Kriterien*

Im ersten Kapitel wurde verdeutlicht, dass die bisherigen Maßnahmen – hauptsächlich Gesetzesänderungen – praktisch keine Verbesserung der Situation gebracht haben. Folglich war es neben der Berücksichtigung der Literatur unumgänglich, durch eingehende empirische Untersuchungen mittels Befragungen der relevanten Prozessbeteiligten, insbesondere Richtern, Rechtsanwälten sowie Praktiker verschiedener Bestellungskörperschaften als auch der Sachverständigen selbst, eine direkte Einschätzung der konkreten, berufsspezifischen Auswirkungen und der Umsetzbarkeit der Verbesserungsvorschläge zu erhalten. Zu den vorgestellten Lösungen gibt es bisher soweit ersichtlich, außer den im Anschluss an

253 Siehe 1.D.V. S. 19 f..

254 Vgl. *Gaier/Freudenberg*, ZRP 2013, 27 (29); *Gaier*, NJW 2013, 2817 (2874 ff.); vgl. *Ulrich*, DS 2017, 315 (316 f.).

die Ergebnisse der empirischen Untersuchung teilweise dargestellten Literaturbeiträgen kaum relevantes Datenmaterial.

Die Untersuchung begann mit der inhaltlichen Festlegung von Fragen sowie der Auswahl von Gesprächspartnern, deren Tätigkeit in Zivilprozessen am häufigsten den Sachverständigenbeweis zum Gegenstand hat und die Rechtsgebieten angehören, in denen eine Begutachtung die größte Prozessrelevanz hat. Deshalb handelt es sich bei den Gesprächspartnern um bundesweit, in Zivilprozessen mit Beweisverfahren tätige Berufsgruppen, wie Richter am Amtsgericht sowie verschiedener Landgerichte und Oberlandesgerichte und Rechtsanwälte aus unterschiedlichen Fachrichtungen und Regionen Deutschlands. Sie stammen vorwiegen aus den Bereichen des Medizin- und Betreuungsrechtes, des Versicherungsrechtes sowie des besonders beweisrelevanten Baurechtes. Daneben wurden Befragungen mit Sachverständigen selbst als auch mit Ansprechpartnern aus Rechtsabteilungen verschiedener Industrie- und Handelskammern geführt.

Insgesamt nahmen an den Befragungen 37 Personen aus den genannten Berufsgruppen teil. Die Gesprächspartner werden im Folgenden zur Wahrung der Anonymität mit Richter (Ri), Rechtsanwälte (Ra), Sachverständige (Sv) und Mitarbeiter der Bestellungskörperschaften als weitere Verfahrensbeteiligte (Vb) bezeichnet.

Die Gesprächsteilnehmer wurden auf Grundlage eines selbstentwickelten Fragebogens[255] einerseits im direkten Gespräch befragt und die Antworten in persönlichen Notizen niedergelegt. Andererseits wurde, sofern direkte Gespräche nicht mit vertretbarem Aufwand möglich waren, der Fragebogen versandt und von den Experten beantwortet. Neben der Bewertung der vorgegebenen Lösungsvorschläge wurden die Befragten auch gebeten, eigene zielführende Vorschläge zu machen.

Die Antworten der jeweiligen Befragten wurden thematisch in Abschnitte zusammengefasst und nach den Berufsgruppen unterteilt. Aufgrund der beruflichen Nähe werden die Verfahrensbeteiligten der Bestellungskörperschaften und die Gutachter selbst unter der Rubrik „Gutachter" vereint.

Da die Autoren der Literaturquellen zum Teil ebenfalls Praktiker im Sinne der vorgenannten Berufe sind und diese widerspiegeln, wird – wo möglich – zur Verhinderung von Doppelungen auf die expliziten Ausführungen der empirischen Erkenntnisse verwiesen und im Übrigen nur die Abweichungen, Neuerungen und Zusammenfassungen dargestellt.

255 Siehe Muster im Anhang.

## C. *Allgemeine, verfahrensunabhängige Vorschläge*

Im folgenden Abschnitt werden Lösungsansätze untersucht und bewertet, die zeitlich und inhaltlich unabhängig von einem bestimmten Prozess zu betrachten und eher genereller Natur sind.

Zur Beseitigung der beschriebenen Probleme gibt es in der Literatur Lösungsvorschläge, die anders als das Vorgehen des Gesetzgebers ein Vorgehen unter Nutzung der derzeitigen Rechtslage vorschlagen. So hat Calliess in seinem Gutachten zum Zivilprozessrecht zum 70. Juristentag folgende These aufgestellt: „Die Vorschriften der ZPO zum Sachverständigenbeweis sind mit dem Ziel zu reformieren, das hoheitliche Zwangsverhältnis zwischen Gericht und Sachverständigen durch ein anreizgesteuertes Marktverhältnis zu ersetzen. Hierzu soll eine Expertenkommission beim BMJ einen Entwurf erarbeiten. [..]“[256]

Diesem Erfordernis Rechnung tragend wird nachfolgend mit der Untersuchung genereller Einwirkungsmöglichkeiten auf den Gutachter in positiver (Aufwertung der Position, Setzung von Anreizen) als auch negativer Form (Druck) begonnen, gefolgt von der Prüfung der Notwendigkeit der Erhöhung der Anzahl von Sachverständigen und der Förderung des Wettbewerbes. Abschließend wird die (weitere) Errichtung von Spezialkammern oder situative Besetzungsänderung sowie die gegenseitige Unterstützung von Gerichten und Gutachtern untersucht.

### I. Einwirkungsmöglichkeiten - positive Anreize oder Druck

Im Folgenden wird untersucht, welche Einwirkungsmöglichkeiten auf den Gutachter zu einer Beschleunigung der Bearbeitung des gerichtlichen Auftrages führen können.

Es lässt sich festhalten, dass zwei Formen der Motivation einer Person beschrieben werden, die als intrinsische (eigene) und extrinsische (von außen wirkende) Motivation bezeichnet werden. Zum einen können positive Einflüsse eine Bereitschaft eröffnen oder entgegengesetzt eine Druckerzeugung den Gutachter zum Tätigwerden bringen.

Positive Anreize könnten in der Änderung seiner Stellung im Prozess liegen, durch eine höhere Vergütung oder in anderen Formen der Selbstbestimmung bestehen. Negative Anreize könnten in der Form der Ausübung von mehr Druck zu sehen sein. Die Idee ist, ausgehend von der

256 *Calliess*, A110, These 16.

These von Calliess zu überprüfen, ob der Gutachter eher durch marktwirtschaftliche Anreize (Wettbewerb, Honorar, etc.) als durch hoheitlichen Druck zu schnellerer Tätigkeit angeregt wird.

Dabei wird zuerst untersucht, welche Stellung der Gutachter im Prozess hat und ob eine Änderung dieser notwendig ist. Im zweiten Unterabschnitt werden die derzeitige Vergütung und die Notwendigkeit der Aufwertung derselben untersucht. Danach folgt die Analyse, ob die Ausübung von Druck oder die Gewährung von mehr Selbstbestimmung förderlich sein können. Abschließend werden ein gemeinsames Fazit und die Evaluierung möglicher Kosten vorgenommen.

### 1. Stellung des Sachverständigen und Verhältnis zum Gericht

Es wird diskutiert, ob das Verhältnis zwischen Gutachter und Richter verbessert oder geändert werden muss. Dabei wurde überlegt, die Stellung des Gutachters zu verändern und aus den formalen Beweismitteln hervorzuheben.

#### a. Ergebnis der empirischen Befragung

##### aa. Ansicht der Richter

Nach Meinung der Richterschaft wird eine Änderung der formalen Stellung des Sachverständigen im Prozess als nicht zielführend angesehen und sollte daher unverändert bleiben.[257] Vor dem Hintergrund des grundgesetzlichen Prinzipes des gesetzlichen Richters wird eine Aufnahme in den Spruchkörper als dessen „Bestandteil“ als kritisch angesehen.[258] Zudem würde eine Aufwertung und Beschränkung der gerichtlichen Auswahl und Steuerung des Gutachters die Freiheit des Gerichtes einschränken.[259] Es bedürfe einer gewissen Distanz zwischen Gericht und Sachverständigem für korrigierende Regelungsmechanismen im Fall von Meinungsverschiedenheiten oder schlechter Arbeit.[260]

257 Ri1; Ri3; Ri4; Ri5.
258 Ri6.
259 Ri3; Ri4; Ri5.
260 Ri3; Ri4; Ri5.

Einige Gesprächspartner beschreiben ein auf Hilfe des Gerichtes angelegtes Vertrauensverhältnis beziehungsweise fast kollegialen Umgang mit und eine gute Stellung und Wertschätzung des Sachverständigen.[261] Teilweise wird die Beziehung zu den Gutachtern als sehr gut beschrieben, was sich auch in der gerichtsseitigen „Vorwarnung" vor parteilichen Prozesshandlungen wie etwa Fristsetzungen widerspiegeln würde.[262] Andererseits gaben die Befragten an, dass es Hemmschwellen zur Kontaktaufnahme mit Richtern gäbe und es aufgrund von Haftungsängsten zur ausbleibenden Weiterbearbeitung des Gutachtens käme.[263] Grundsätzlich sei ein gutes Verhältnis zwischen Gericht und Sachverständigem sehr wichtig, welches durch eine verbesserte Kommunikation ohne Angst vor dem Gericht jedoch unter Beibehaltung der Druckmittel als äußerste Grenzen erreicht werden müsse.[264] Die Gerichte seien sich bewusst, dass sie auf die Hilfe der Gutachter angewiesen seien und man bedanke sich für entsprechende gute Arbeit auch im Rahmen der mündlichen Verhandlung.[265]

#### bb. Ansicht der Gutachter

Die Gutachter haben unterschiedliche Erfahrungen in Bezug auf ihre Positionierung gemacht und sehen zum Teil Verbesserungsbedarf. Einige gaben an, dass die gerichtlicher Begutachtung für ihre Tätigkeit wichtig sei und in der Regel von den übrigen Prozessbeteiligten geschätzt und respektiert werde.[266] Andere wiederum halten fest, dass eine nicht-monetäre Wertschätzung zumindest nicht vermisst werde.[267] Durch den „angemessenen Kontakt" und die Integrierung in den Prozess werde das Gefühl einer Partnerschaft zwischen Gericht und Gutachter vermittelt.[268] Für einige Gutachter sei es eine Ehre und man müsse wertschätzen, dass man als Sachverständiger vom Gericht zu seiner Sachkunde befragt werde.[269]

Mit der entsprechenden Einbringung in den Gerichtsprozess habe er eine wichtige Funktion und einen gesellschaftlichen Auftrag als öffentlich

261 Ri1; Ri2; Ri7.
262 R8.
263 Ri8.
264 Ri1.
265 Ri2.
266 Sv2; Sv10.
267 Sv9.
268 Sv8.
269 Sv2; Sv8; Sv18.

bestellter und vereidigter Gutachter beziehungsweise Gerichtsgutachter inne.[270] Die Zusatzqualifikation als Sachverständiger sei quasi die „Krönung“, weil man sonst bereits alles in seinem Berufsfeld erreicht habe.[271]

Zum Teil gäbe es jedoch auch eine geringe Wertschätzung des Gutachters, die im verbalen Gegenübertreten vom Gericht, vor allem aber durch die Parteivertreter ersichtlich sei.[272] Gerichte und Richter genießen das höchste gesellschaftliche Ansehen, was sich auch moralisch auf gerichtlich tätige Gutachter widerspiegeln sollte.[273]

Von einem Gesprächspartner wird vorgeschlagen, eine zeitlich begrenzte, zu beantragende und durch laufende, qualitativ hochwertige, zeitnahe und transparente Gutachtenleistungen bestätigte Bezeichnung „Gerichtssachverständiger“ für gerichtlich bestellte Sachverständige einzuführen.[274] Als Abhebung von anderen Gutachtern könne ein solches Gütesiegel als Werbung in eigener Sache auf der eigenen Homepage oder in einer Sachverständigendatenbank eine entsprechende Wertschätzung belegen und eine Motivationswirkung auch im Rahmen der Nachwuchsförderung haben.[275] Gerichtliche Gutachtenaufträge müssten dann vorrangig und sofern eine ausreichende Anzahl gegeben ist, ausschließlich an Gerichtssachverständige verteilt werden und durch diese priorisiert bearbeitet werden, um zeitnah zur Urteilsfindung des Spruchkörpers zur Verfügung zu stehen.[276] Aufgrund der Aussicht auf eine vorgezogene und schnellere Bearbeitung durch den Gerichtsgutachter als Grundlage für eine zügigere Entscheidung dürfte die Bereitschaft der Parteien zur Zahlung eines entsprechend erhöhten Honorars keine Hürde darstellen.[277]

In Bezug auf das Verhältnis und dessen Aufwertung wird dargestellt, dass sich die Richter häufiger in den direkten Dialog mit den Sachverständigen begeben sollten[278], vor allem vor dem Hintergrund des Sachverhaltsverständnisses und der Besprechung von Hinweisen zu Fehlern.[279] Von Seiten der Sachverständigen wird auch ein fachlicher Austausch der

270 Sv2; Sv8; Sv18.
271 Sv2.
272 Sv7; Sv8.
273 Sv18.
274 Sv18.
275 Sv18.
276 Sv18.
277 Sv18.
278 Vb1.
279 Sv3.

gerichtlichen Fachkammern mit regional ansässigen Gutachtern in regelmäßigen Abständen nicht nur angeregt, sondern auch gefordert.[280]

Andererseits wird aus den Erfahrungen heraus dargestellt, dass zum Teil auch eine gutachterseitige Kontaktaufnahme mit dem Gericht nicht gewünscht sei, sondern ohne Nachfragen die Abarbeitung des Gutachtenauftrages erwartet werde.[281] Eine unter anderem daraus resultierende Kontaktscheu führe eher dazu, dass Gutachten zu unrichtigen Beweisbeschlüssen erstellt würden, als das Gericht darauf hinzuweisen.[282] Insofern plädierten die Befragten für eine offenere und freiere Kommunikation und dafür, das frühere Tabu der alten Gutachter-Zunft, nicht mit dem Richter zu kommunizieren, (weiter) aufzuweichen.[283] Zudem wird eine Aufwertung der Beziehung und des Kontaktes zwischen Gericht und Gutachter sowie eine verbesserte Wertschätzung auch zur Motivation des Nachwuchses und Steigerung der Attraktivität als unabdingbar angesehen.[284]

Die Gutachter bezeichnen sich selbst als Bindeglied zwischen der Rechtsprechung und dem technischen Sachverhalt beziehungsweise als Puzzlestück dafür, dass das Gericht die Akte schnell vom Tisch bekommt und die Parteien den Prozess beenden könnten.[285] Vor dem Hintergrund der Verfolgung des gleichen Ziels der einvernehmlichen oder rechtlich richtigen Streitbeilegung müsse zwischen Sachverständigen und den beim Gericht tätigen juristischen Prozessbeteiligten häufiger ein partnerschaftliches Verhältnis und eine kollegiale Wertschätzung anstatt der Betrachtung als Gegner oder notwendiges Übel herrschen.[286]

Dies wird damit begründet, dass aufgrund der statistisch belegbaren, vielfachen Übernahme der Gutachten in die Urteile entweder ein hoher Qualitätsstandard oder der Mangel an hinreichender Kontrolle bestehen müsse.[287] In beiden Fällen spreche dies für ein hohes Vertrauen gegenüber den Gutachtern.[288] Eine darüber hinausgehende Änderung der Beziehung zwischen Gericht und Sachverständigem mache keinen Sinn, da dies einen

---

280 Sv18.
281 Sv11.
282 Sv3.
283 Vb2.
284 Sv11; Sv13; Sv17; Sv19; Vb1.
285 Sv2; Sv8.
286 Sv2; Sv8.
287 Sv8.
288 Sv8.

Eingriff in die Gesetzessystematik der ZPO und das Strengbeweisverfahren zur Folge hätte.[289]

Hervorragende Gutachten müssten eine besondere Wertschätzung und Honorierung bei den Bestellungskörperschaften erhalten, wohingegen schlechte Gutachten anonymisiert für Schulungszwecke zur Verfügung gestellt werden sollten.[290]

#### cc. Ansicht der Rechtsanwälte

Die befragten Rechtsanwälte haben eine einheitliche Ansicht. Die Beziehung und Wertschätzung zwischen Gericht und Gutachter ist die Basis der Zusammenarbeit.[291] Es sei klar und allen Beteiligten bewusst, dass der Gutachter im Verfahren notwendig sei und eine zentrale Rolle für den Prozess spiele.[292] Die Stellung müsse nach Ansicht der befragten Anwälte nicht geändert oder generell aufgewertet werden, da sie nicht offensichtlich schlecht sei.[293]

Gutachter seien als „Hilfsinstrumente" der Gerichte anzusehen und gegen das Parteiinteresse an einer bestmöglichen Sachverhaltsaufklärung abzuwägen.[294] Unabhängig davon, dass nicht ersichtlich sei, wie eine Aufwertung der Stellung erfolgen könne, dürfe nicht davon ausgegangen werden, dass durch eine höhere Wertschätzung eine schnellere oder bessere Arbeit geleistet werde.[295] Eine „Bauchpinselei" des Gutachters sei eher kontraproduktiv.[296]

Die Gutachter seien aufgrund ihrer Stellung und der aus der zeit- und kenntnisbedingten, ungeprüften oder selten kritisch hinterfragten Übernahme der gutachterlichen Ausführungen resultierenden gerichtlichen Abhängigkeit teilweise sehr selbstgefällig.[297] Vielmehr sei eine „Abwertung" möglich, da ihre Tätigkeit zum Teil lediglich im Zusammentragen von Informationen liege, nur Berechnungen und Rekonstruktionen vorge-

289 Vb1.
290 Sv18.
291 Ra6.
292 Ra4.
293 Ra1; Ra3; Ra7.
294 Ra6.
295 Ra1; Ra3.
296 Ra5.
297 Ra1.

nommen oder auch nur Einschätzungen ohne nähere Prüfungen abgegeben würden.[298]

### b. Auswertung der Literatur

Zum Teil wird das derzeitige hoheitliche Verhältnis als ausreichend für die Beschleunigung des Zivilverfahrens erachtet, zumal es keinen Zwang gebe.[299] Demgegenüber wird für ein anreizgesteuertes Marktverhältnisses votiert.[300]

Der (Gerichts-)Sachverständige wird einerseits als Helfer beziehungsweise Gehilfe des Gerichtes in Bezug auf die unparteiliche und objektive Beibringung der für eine materiell-rechtlich richtige Entscheidung notwendigen Fachkompetenz angesehen.[301] Andere sehen den Gutachter aufgewertet in der Funktion eines „Beraters“.[302] Aufgrund der Aufgabe der Wissensvermittlung sowie der Ermittlung des rechtlich zu entscheidenden Sachverhaltes sei die Stellung eines Beraters in Bezug auf das effektivste Vorgehen der Beweiserhebung und der dafür notwendigen Fragen zutreffender.[303] Der größere Gestaltungsspielraum seiner Einsetzbarkeit und die selbstständige Tätigkeit sprechen gegen einen bloßen Weisungsempfänger im Rahmen eines hoheitlichen Zwangs- oder Über-Unter-Ordnungsverhältnisses.[304]

Auf die Unterscheidung, ob Berater oder Gehilfe, kommt es jedoch nicht an, da einerseits § 144 ZPO klarstellend hinsichtlich der Beratung angepasst wurde und durch das Verhältnis insbesondere nicht in die

---

298 Ra1; Ra3.

299 *Gehle* in Baumbach/Lauterbach; § 407 Rn. 2.

300 *Calliess*, A110, These 16.

301 *Katzenmeier* in Prütting /Gehrlein, Vor § 402 Rn. 1; *Kramarz*, DS 2014, 170 (170, 176) unter Verweis auf BGHZ 168, 380 (383); *Müller* in FS Lüke, S. 499; *Ahrens*, ZRP 2015, 105 (106); *Volze*; DS 2016, 21 (22); *Jandt/Nebel/Nielsen*, DS 2016, 248 (248); *Motzke*, DS 2014, 142 (143 f.); *Pauly*, ZfBR 2021, 16 (16); „Helfer und Berater“: *Gehle* in Baumbach/Lauterbach, Vor § 402 Rn. 5.

302 *Walter*, DS 2013, 385 (390); *ders.*, DS 2020, 77 (79); *Kramarz*, DS 2014, 170 (170, 174, 176), *Schobel*, MDR 2014, 1003 (1003, 1008), „Doppelfunktion Beweismittel und Berater“; *Greger* in Zöller, § 402 Rn. 1, § 404a Rn. 1; *Pauly*, ZfBR 2021, 16 (17); Musielak/Voit/*Huber*, ZPO, § 402 Rn 1.

303 Vgl. *Schobel*, MDR 2014, 1003 (1003, 1005); *Seibel*, NJW 2014, 1628 (1628); vgl. *Kramarz*, DS 2014, 170 (170, 173 ff.); *Walter*, DS 2018, 186 (187).

304 *Schobel*, MDR 2014, 1003 (1003 f.); *Kramarz*, DS 2014, 170 (170, 173 ff.); *Pauly*, ZfBR 2021, 16 (17); vgl. *Mayr*, DS 2013, 128 (129).

Kompetenzverteilung beim Gericht und Stellung der einzelnen Beteiligten eingegriffen werden soll. Zwar obliegt dem Gutachter das Knowhow, welches er initial innehat, ständig durch Seminare persönlich erweitert und dann anbietet, sodass er hierdurch eine besondere Position bekleidet.[305] Jedoch spreche das Gericht nach der freien Beweiswürdigung das Urteil im Namen des Volkes und habe somit die „entscheidende" Rolle im Zivilprozess inne, wozu der Gutachter lediglich mit der vermittelnden Sachkunde beiträgt.[306]

Der in der ZPO verankerte Begriff der Leitung und Weisung des Sachverständigen wird als „unglücklich" und das Verhältnis zwischen Gericht und Gutachter als fehlinterpretiert angesehen, da es vielmehr auf eine „enge, wechselseitige, konstruktive Kooperation" und ein respektvolles, aber unterstützendes Miteinander zwischen dem Spruchkörper und dem Gutachter im gesamten Beweiserhebungsprozess ausgelegt sein müsse.[307] Das Verhältnis erfährt durch die Vorschriften der ZPO die Rahmenbedingungen und schlägt sich in Bezug auf die gegenseitige Kenntnis von Anforderungen und Sichtweisen, der ehrlichen Kundgabe der fehlenden Sachkunde oder Zuständigkeit als auch einem Tätigwerden bei Problemen und notwendigen, „anleitenden" Entscheidungen zur Klarstellung, etwa bei der Abtrennung von Rechtsfragen, nieder.[308]

Gleich den Befragten in der Empirie wird deshalb vor falscher Zurückhaltung gewarnt.[309]

Eventuelle Ressentiments, Ängste vor Konfrontationen und ausbleibenden Folgeaufträgen sowie Ansichten, dass es sich nicht gehöre, als Gutach-

---

305 *Kramarz*, DS 2014, 170 (174); vgl. *Jäckel*, S. 165 Rn. 553; *Katzenmeier* in Prütting/Gehrlein, Vor § 402 Rn. 1.

306 *Mayr*, DS 2013, 128 (129); *Lehmann*, DS 2018, 29 (30); *Kramarz*, DS 2014, 170 (170, 174); *Seibel*, NJW 2014, 1628 (1628); *Gehle* in Baumbach/Lauterbach, Vor § 402 Rn. 2; vgl. *Katzenmeier* in Prütting/Gehrlein, Vor § 402 Rn. 1, 4, 404a Rn. 1.

307 *Seibel*, NJW 2014, 1628 (1628, 1630 ff.); *Schobel*, MDR 2014, 1003 (1003 ff.); *Walter*, DS 2013, 385 (391, 393) „paralleles Miteinander"; vgl. *Volze*, DS 2016, 21 (22), *Blendinger*, DS 2015, 211 (217); vgl. *Walter*, DS 2018, 186 (186ff.) „hohe Bedeutung"; *Jäckel* S. 174 Rn. 584; vgl. *Gehle* in Baumbach/Lauterbach, § 404 Rn. 3; *Katzenmeier* in Prütting/Gehrlein, § 404a Rn. 1.

308 *Kramarz*, DS 2014, 170 (171); vgl. *Hommerich*, DS 2014, 43 (47); vgl. *Mayr*, DS 2013, 128 (130); *Seibel*, NJW 2014, 1628 (1628, 1630 f.); *Schobel*, MDR 2014, 1003 (1003 ff.); *Walter*, DS 2013, 385 (391, 393) „paralleles Miteinander", vgl. *Volze*, DS 2016, 21 (22); *Blendinger*, DS 2015, 211 (217); *Lehmann*, DS 2018, 29 (29 f.); vgl. *Schneider*, DS 2017, 307 (307); *Walter*, DS 2018, 186 (188 f.).

309 Siehe C.I.1. S. 49.

ter mit dem ehrwürdigen Gericht zu sprechen, seien deplatziert und es solle auch keine Scheu bestehen.[310] Vielmehr sei man dankbar über die Zusammenarbeit sowie für Anregungen und sehe eher den prozessfördernden Vorteil in entsprechendem Austausch.[311] Somit bestünden keine hinderlichen Abwertungen oder Empfindlichkeiten zwischen Richtern und Sachverständigen[312], welche das Verhältnis beeinträchtigen würden.

Problematisch ist die Leitung des Gerichtes, wenn bei der Beauftragung durch gerichtsseitige „Anregungen" eine gewisse Erwartungshaltung erzeugt wird, welche der Gutachter, der zum Teil einen Großteil der Einnahmen aus der Erstellung von Gutachten generiert, in der Hoffnung auf weitere Zusatzaufträge nicht enttäuschen will.[313] Da jedoch – auch aufgrund der Strafbarkeit eines sogenannten Tendenzgutachtens und entsprechenden zivil- und strafrechtlichen Folgen – keine inhaltlichen Weisungen zulässig sind[314], kann es sich bei dem Leitungs- und Weisungsrecht nur um für die „Erfüllung des Prüfungsauftrages erforderliche", klarstellende und nur als Anregungen zu verstehende Hinweise und Erläuterungen handeln.[315]

Wie bereits in der Empirie wird auch hier die Bindung der Gerichte an die Gutachten festgehalten.[316] Zum Teil besteht eine Abhängigkeit der Gerichte von den Gutachtern, wenn sich durch diese die Chancen eines arbeitserleichternden Vergleiches erhöhen oder die Auseinandersetzung mit den (Gegen-)Gutachten ein bestimmtes Wissen voraussetzt.[317] Zudem muss das Gericht entscheidungserhebliche Inhalte des Gutachtens im Rahmen des Urteils verstehen und berücksichtigen beziehungsweise darf nicht ohne Nachweis eigener Expertise abweichen.[318]

Dies führt jedoch dazu, dass sich die Gerichte vielfach auf die Feststellungen des Sachverständigen im Gutachten verlassen und diese trotz obergerichtlich festgelegter Prüfungs- und Auseinandersetzungspflicht un-

---

310 *Seibel*, NJW 2014, 1628 (1630 ff.); vgl. *Grossam*, DS 2015, 46 (46).

311 *Seibel*, NJW 2014, 1628 (1631); *Walter*, DS 2020, 77 (81).

312 *Seibel*, NJW 2014, 1628 (1631).

313 *Jordan/ Gresser*, DS 2014, 71 (73, 75, 80 f.); *Gresser*, NJW-aktuell 23/2014 S. 12.

314 *Ahrens*, ZRP 2015, 105 (108 f.); *Mayr*, DS 2013, 128 (129); *Jordan/Gresser*, DS 2014, 71 (76, 81 f.).

315 *Noack*, NZG 2016, 1259 (1260 f.); vgl. *Kramarz*, DS 2014, 170 (172).

316 Siehe C.I.1. S. 50 f..

317 *Zuck*, NJW 2010, 3622 (3623); *Blendinger*, DS 2015, 211 (212); *Hommerich*, DS 2014, 43 (47).

318 *Zuck*, NJW 2010, 3622 (3623); *Blendinger*, DS 2015, 211 (212); *Gehle* in Baumbach/Lauterbach, Vor 402 Rn. 6; *Katzenmeier* in Prütting/Gehrlein, Vor § 402 Rn. 4.

geprüft übernehmen.[319] Andererseits könne sich die Prüfungspflicht nur auf die Vollständigkeit und Überzeugungskraft der gutachterlichen Aussagen beziehen.[320]

Eine Änderung der formalen Stellung ist zudem nicht zweckmäßig. Gutachter genießen im Volksmund einen hohen Stand sowie ein besonderes Vertrauen.[321] Sie stehen in der Regel für Neutralität[322] und ihre Gerichtsgutachten sind interessante Fälle, die die Möglichkeit bieten, eine gute Reputation bei den Gerichten zu erschaffen, um aufgrund guter Erfahrungen lukrative Folgeaufträge und damit eine sichere Einnahmequelle zu erhalten.[323] Jeder gerichtliche Gutachter erfülle eine „staatsbürgerliche Ehrenpflicht"[324] und leiste eine für die Gerichtsentscheidung notwendige Vorarbeit.[325] Er ist jedoch anders als andere Beweismittel austauschbar und hat als öffentlich bestellter Gutachter eine Erstellungspflicht, § 407 ZPO.[326]

In bestimmten Fällen erfolgt zwar eine formale Gleichstellung von Richtern und Sachverständigen etwa in Bezug auf Handlungsverbote, Pflichten und Interessenkonflikte sowie durch eine entsprechende Anwendung der für Richter geltenden Vorschriften.[327] Die Gutachter werden aber in Prozessen teilweise mit Befangenheitsanträgen, Streitverkündungsanträgen und Ansprüchen nach § 839a BGB zu beeinflussen versucht, weshalb der stellungsbezogene Schutz des § 72 Abs. 2 ZPO zur Wahrung der Unabhängigkeit bestehen bleiben sollte.[328]

---

319 *Seibel*, NJW 2014, 1628 (1631); *Jordan/Gresser*, DS 2014, 71 (82); *Linz*, DS 2017, 145 (145) „bis zu 97 % der Richter"; *Klose*, NJ 2019, 373 (374).

320 *Katzenmeier* in Prütting/Gehrlein, Vor § 402 Rn. 4.

321 Vgl. *Schlehe*, DS 2013, 337 (337, 341); *Linz*, DS 2017, 145 (145).

322 So auch *Ahrens*, ZRP 2015, 105 (108 f.); *Linz*, DS 2017, 145 (145).

323 *Kramarz*, DS 2014, 170 (170 f.); *Schlehe*, DS 2013, 337 (337 f.).

324 *Bleutge*, GewArch 2014, 49 (54); vgl. *Braun*, DS 2014, 52 (53); *Lehmann*, DS 2021, 57 (58) mit Verweis auf OLG Düsseldorf.; *Jäckel*, S. 165 Rn. 554.

325 Vgl. *Volze*, DS 2016, 21 (22); *Lehmann*, DS 2014, 271 (273); *Schmidbauer*, DS 2013, 172 (173); *Hommerich*, DS 2014, 43 (45, 47); *Walter*, DS 2018, 186 (186).

326 Vgl. *Schlehe*, DS 2013, 337 (339, 341); *Sadler-Berg*, DS 2018, 177 (178); *Jäckel*, S. 165 Rn. 553.

327 *Lehmann*; DS 2014, 271 (275); *ders.* DS 2021, 57 (64); *Ahrens*, ZRP 2015, 105 (106); vgl. *Linz*, DS 2017, 145 (145), *Milde*, NJW 2018, 1149 (1149).

328 Vgl. *von Preuschen*, NJW 2007, 321 (322 f.); *Ahrens*, ZRP 2015, 105 (108 f.); *Lehmann*, DS 2014, 271 (272 f.).

## 2. Vergütung

Als weiterer positiver Anreiz ist zu überlegen, die Vergütung der Sachverständigen weiter zu reformieren. Durch das kürzlich in Kraft getretene Kostenrechtsänderungsgesetz erfolgte zum 01.01.2021 eine Anhebung der Stundensätze um durchschnittlich 30 %, sodass die häufigsten Argumente der Praktiker zur Notwendigkeit der grundsätzlichen Erhöhung der Vergütung obsolet geworden sind. Dennoch verbleiben Abweichungen zu Privatgutachtern in Form des bestehenden Justizrabattes sowie eine nach wie vor fehlende marktabhängige Anpassung der Vergütung.

### a. Auswertung der empirischen Befragung

#### aa. Ansicht der Richter

Die Vergütung nach dem JVEG sollte am Markt angepasst werden, damit Gerichtsgutachten genauso lukrativ seien wie Privatgutachten.[329] Andere Gesprächspartner sehen die differenzierte Vergütung von Gerichtsgutachtern gegenüber privat beauftragten Sachverständigen als gerechtfertigt an. Die Aufträge würden aus wirtschaftlichen Gesichtspunkten angenommen, die Arbeitsumstände im Rahmen der Privatgutachtung werden jedoch als einfacher angesehen.[330] Zum einen habe der Auftragnehmer im Rahmen der Privatbegutachtung lediglich einen einzelnen Auftraggeber und andere Begutachtungszeiträume, weiterhin müsse er keine direkte Auseinandersetzung mit einer Gegenseite fürchten und die Stundensätze im Privatauftrag seien höher (vereinbart).[331]

Nach Einschätzung einiger Richter wäre eine Bonuszahlung für eine besonders rasche Begutachtung oder bei schwierigen inhaltlichen Aufträgen ein Anreiz und den Aufgabenanforderungen angemessen, sofern sich dies nicht negativ auf die Qualität der Gutachten auswirkt.[332] Eine ausreichende Entlohnung sei eventuell Anreiz für einen Wechsel in die hauptberufliche Gutachtertätigkeit oder weitere Motivation für die Mehrarbeit, welche die meisten der öffentlich bestellten und vereidigten Gutachter und damit

329 Ri3; Ri4; Ri5.
330 Ri2.
331 Ri2.
332 Ri6; Ri7; Ri8.

viele potentiell geeignete Experten im Nebenerwerb und somit neben der vollberuflichen Haupttätigkeit tätigen.[333]

Dies werde als Problem erkannt und sei als bedauernswert einzuschätzen.[334] Schließlich wird in Frage gestellt, ob höhere Honorare überhaupt einen Anreiz darstellen könnten, da viele der Gutachter einfach überlastet seien.[335]

### bb. Ansicht der Gutachter

Die Angleichung des Honorars des Gerichtsgutachters sollte nach Ansicht der Praktiker dazu führen, dass ein vergleichbares Niveau mit dem Bereich der Privatgutachten erreicht wird, da sich der Staat und das Gericht auch mit diesem privaten Auftragswesen in einem konkurrierenden Verhältnis um die Gutachter befinde.[336] Allein der von einigen dargestellte vermeintliche, auch „Justizrabatt“ genannte Vorteil, des sicheren und entsprechend pünktlich zahlenden Auftraggebers, welcher entsprechende Abschläge gegenüber Privatgutachten rechtfertige[337], sei „irrelevant und nicht belegbar“ und die gute (außergerichtliche) Auftragslage bewirke eine Auslastung der Gutachter mit lukrativeren Anfragen,[338] sodass auch kein Bedarf an Akquise bestehe.[339]

Hervorgehoben wird auch, dass es Berufs- und Nebentätigkeitssachverständige gebe, was zeitlich und kostentechnisch zu berücksichtigen sei und somit pauschale Kosten für alle nicht zielführend seien.[340] Der „normale“ öffentlich bestelle und vereidigte Gutachter, der kein Berufssachverständiger sei, müsse sich die Zeit neben der Haupttätigkeit freischaufeln, weshalb er Kosten und Nutzen abzuwägen habe und das Geld eine entsprechende Motivation sei.[341]

Ein Teil der befragten Sachverständigen plädierte auch für ein streitwertorientiertes Kostensystem beziehungsweise eine Vergütung in Bezug auf den Aufwand und die Schwierigkeit des Beweisthemas und der Erhe-

333 Ri1; Ri6.
334 Ri1; Ri6.
335 Ri1.
336 Sv2; Sv8.
337 Vb1.
338 Sv8; Sv9; Sv12.
339 Sv9; Sv14.
340 Sv2.
341 Sv2.

bung.[342] Der Anknüpfungspunkt für die Honorargruppen in der Anlage 1 zu § 9 JVEG sei dahingehend zu ändern, dass anstatt der Tätigkeit die Qualifikation des Begutachters der entscheidende, den Gruppen zuordnende Faktor ist.[343]

Dies würde eine Verbesserung der Situation und Steigerung der Attraktivität, als Gerichtsgutachter tätig zu sein, bedeuten.[344]

Darüber hinaus werden von einigen Gutachtern auch weitere finanzielle Anreize wie etwa ein Bonusverfahren angeregt, wonach etwa bei termingerechter und entsprechend qualitativ hochwertiger Begutachtung eine Belohnung in Höhe eines 30–50 %igen Aufschlages auf die anzusetzenden, geltenden Honorarsätze ausgelobt wird.[345] Die Bewertung und Festlegung der Voraussetzungen sollte nach ihrer Ansicht durch entsprechende Gremien oder nach Absprache mit den Parteien erfolgen.[346] Der Vorschlag sei auch geeignet, der Sicherungsmentalität einiger Sachverständiger, indem Gutachten ohne die Bearbeitungskapazitäten zu haben angenommen werden, entgegenwirken.[347] Die anfallenden Mehrkosten der Boni würden nach ihrer Einschätzung auch nicht von den Parteien beanstandet.[348]

Einige der befragten Gutachter weisen darauf hin, dass für sie aufgrund der hohen gerichtlichen Qualitätsanforderungen und Inhaltswünsche an die Gutachten eine notwendige Fortbildungspflicht und Anschaffungsverpflichtung für technische Ausstattung (u.a. Messtechnik / Geräte) besteht.[349] Bei diesen Kosten und Aufwand sei der Sachverständige finanziell und durch eine Beauftragung zu unterstützen, da sonst die kostenintensive Weiterbildung bei geringer Gutachtenauslastung und Gerichtsverwendung nicht erfolgen würde.[350] Ein entsprechender Mehraufwand sollte auch durch „Gerichts-Gutachter" geltend gemacht werden dürfen.[351]

342 Sv8; Sv12; Sv18.
343 Sv8; Vb1; Sv18.
344 Sv8.
345 Sv1; Sv18.
346 Sv18.
347 Sv18.
348 Sv18.
349 Sv2; Sv8; Sv11; Sv12; Sv13; Sv18.
350 Sv2.
351 Sv18.

#### cc. Ansicht der Rechtsanwälte

Die befragten Rechtsanwälte halten weitere Erhöhungen oder Anpassungen für nicht erforderlich. Die Tätigkeit des Gerichtsgutachters ist aus Sicht der Parteivertreter interessant und gut vergütet.[352] Die Vorschüsse seien stets aufgebraucht, sodass entsprechende Erhöhungen und Boni nicht klar vorteilhaft sind.[353] Die Parteien bezahlen nur das, was gesetzlich angeordnet werde.[354] Die derzeitigen Gebühren seien insgesamt bereits hoch genug.[355]

### b. Auswertung der Literatur

Gleich den befragten Sachverständigen wird der Justizrabatt als ungerechtfertigt angesehen.[356] Aufgrund der Insolvenzsicherheit des Staates, zugleich „Großauftraggeber", wurde vor dem Hintergrund leerer Haushaltskassen der Länder ein Justizrabatt von 10 % auf die außergerichtliche Vergütung, nunmehr mit 5 % avisiert, und auf die staatsbürgerliche Ehrenpflicht abgestellt, die eine Abstufung rechtfertigen würde.[357] Dem widersprechen jedoch andere Autoren und kontern, dass die Regelmäßigkeit und Auskömmlichkeit der Einnahmen nicht belegbar ist, nicht genügend Aufträge vorhanden sind und die Gutachter nicht gezwungen werden können, ihre Leistungen für qualitativ hochwertige Gutachten mit entsprechender Haftung zu derartigen Tagessätzen, die weniger geeignete Fachkräfte anbieten können, zu erbringen.[358] Somit müssen dem Luxus der Wahl des qualifizierten Gutachters entsprechend auch höhere Summen gezahlt werden.[359] Die Insolvenzabsicherung erfolge in Privataufträgen durch vertraglich vereinbarte Vorschüsse.[360] Die Ansicht der Ehrenpflicht, nach welcher die Sachverständigen ihrer Verpflichtung zur Begutachtung

---

352 Ra1.
353 Ra1; Ra2.
354 Ra5.
355 Ra5, Ra6.
356 Siehe C.I.2. S. 56.
357 *Bleutge*, GewArch 2014, 49 (54); *ebd.*, 2017, 266 (273); vgl. *Schlehe*, DS 2013, 337 (338).
358 *Kramarz*, DS 2014, 170 (174); *Jordan/Gresser*, DS 2014, 71 (77 ff., 81.) „nicht leistungsgerecht", *Bleutge*, GewArch 2014, 49 (54), *ebd.*, 2017, 266 (273).
359 Vgl. *Bleutge*, GewArch 2014, 49 (54).
360 *Bleutge*, GewArch 2017, 266 (273).

zugunsten der Gesellschaft und aufgrund fehlender Staatsmittel (gerechtfertigt) reduziert nachkommen müssen, wird von Einigen als „antiquiert" und „bedenklich" angesehen.[361]

Es wird darauf abgestellt, dass es im Rahmen der Sachverständigengebühren einen Wettbewerb gibt, da auf dem freien Markt vor allem im Rahmen von Privatgutachten die Möglichkeit besteht, eine über den Sätzen des JVEG liegende Vergütung zu vereinbaren.[362] Die Annahme dieser häufig lukrativeren, weil über den gesetzlichen Maßstäben liegenden Privataufträge[363] führt dazu, dass die Gutachter für die gerichtliche Begutachtung sowohl zeitlich als auch durch eine parteiseitige Vorbefassung nicht mehr zur Verfügung stehen – sie sind im Fachjargon „verbrannt".[364]

Zusammenfassend wird konstatiert, dass die fehlende Festlegung einer marktgerechten und damit auch regelmäßig angepassten, angemessenen, kostendeckenden Vergütung und transparenter Gebührentatbestände dem Ziel der „zügigen und qualifizierten Rechtspflege" nicht gerecht werden.[365] Zudem wirken sie der dringenden Erforderlichkeit der Gewinnung weiterer fachlich und persönlich geeignete Kapazitäten für die Begutachtung entgegen.[366] Nur durch eine vergleichbare Vergütung, die zudem in zeitlichen Intervallen an den Marktgegebenheiten angepasst wird, können qualifizierte Gutachter weg von Privataufträgen zu Gerichtsgutachten überzeugt werden.[367]

### 3. Mehr Druck oder Selbstbestimmtheit und Belohnung

Schließlich ist zu prüfen, ob zusätzlicher Druck auf die Gutachter zu einer schnelleren Bearbeitung des Gutachtens führen könnte oder positive Faktoren eine Besserung hervorrufen.

---

361 *Bleutge*, GewArch 2014, 49 (54), *ebd.*, GewArch 2017, 266 (273).

362 Vgl. *Ahrens* ZRP 2015, 105 (108); *Grossam*, DS 2015, 46 (48).

363 Vgl. *Blendinger*, DS 2015, 211 (217); vgl. *Ahrens*, ZRP 2015, 105 (108); *Bleutge*, GewArch 2017, 266 (273).

364 Vgl. *Ahrens* ZRP 2015, 105 (107).

365 *Bleutge*, GewArch 2014, 49 (54 f.); *ebd.*; GewArch 2017, 266 (273); vgl. *Walter*, DS 2018, 186 (191).

366 *Bleutge*, GewArch 2014, 49 (54 f); *ebd.*; GewArch 2017, 266 (273).

367 *Bleutge*, GewArch 2014, 49 (55); *ebd.*, GewArch 2017, 266 (273); *Walter*, DS 2018, 186 (191).

### a. Auswertung der empirischen Befragung

#### aa. Ansicht der Richter

In Bezug auf die Fristsetzung oder Druckausübung gibt es unter den Gesprächspartnern zwei Meinungsrichtungen: Trotz des grundsätzlich guten Verhältnisses müsse das Gericht die Oberhand behalten.[368] Es bedürfe aus der Erfahrung heraus in einigen Bereichen – vor allem bei den aufgrund öffentlicher Bestellung gesetzlich verpflichteten Gutachtern – der Möglichkeit, gewisse Druckmittel beziehungsweise größere Härte gegenüber den Sachverständigen einsetzen zu können.[369] Zudem fehle ein konsequenter Umgang mit den Fristsetzungen.[370]

Einige Gutachter seien sich ihrer besonderen Stellung und ihres öffentlichen Auftrages nicht bewusst und würden mangels Dringlichkeit oder für Vorträge, Fortbildungen oder Anfragen anderer Gerichte, bereits laufende Aufträge verzögern, vor sich herschieben oder neue Aufträge ablehnen.[371] Insofern sei eine entsprechende Ermahnung sowie die Androhung und der Einsatz von Druckmitteln bei Sachverständigen, die nicht schnell genug arbeiteten, sich verleugnen ließen oder partout nicht auf ausstehende Sachstandsanfragen (50 % der Anfragen werden erst gar nicht beantwortet) oder die Frage nach der Fertigstellung reagierten, notwendig und angebracht.[372] Bei weiterer ausbleibender Reaktion würde man mit formeller Fristsetzung und Ordnungsgeldandrohung reagieren.[373] Bestätigt wird auch, dass die Gerichte für willentliches Fehlverhalten sanktionierte Gutachter für zukünftige Verfahren nicht mehr berücksichtigten.[374]

Andererseits wurde nach Berichten einzelner Richter der Einsatz von Ordnungsmitteln zum Schutz vor einem „Wegfall des Sachverständigen" durch zu viel Einwirkung in einigen Rechtsgebieten sehr restriktiv gehandhabt und zum Teil davon abgesehen und nicht einmal Fristen gesetzt.[375] In der Regel werde im Medizinrecht vor dem Druckmitteleinsatz ein Anruf getätigt und unbeantwortete Sachstandsanfragen auch mal verziehen.[376]

---

368 Ri1; Ri2; Ri3; Ri4; Ri5.
369 Ri1; Ri2; Ri3; Ri4; Ri5.
370 Ri1.
371 Ri1; Ri7.
372 Ri1; Ri2; Ri8.
373 Ri1.
374 Ri2.
375 Ri3; Ri4; Ri5, Ri8.
376 Ri3; Ri4; Ri5.

Andere berichteten, dass einige Gutachter auch ganz ohne Druck arbeiten würden.[377] Wenn der Gutachter vom Gericht unter Druck gesetzt werde, arbeite er nicht schneller und häufiger für das Gericht.[378] Schneller arbeite er eher von sich selbst aus.[379] Bei den wenigen guten und erfahrenen Sachverständigen sei der Einsatz von Ordnungsmitteln „Gift" und zuvor seien vielmehr die Gründe für die Verzögerung zu erfragen.[380] In der Regel werde trotz der gesetzlichen Intention und im Sinne einer effektiven Zusammenarbeit vom Einsatz dieser Ordnungsmittel abgesehen, was andererseits von den eingesetzten Gutachtern nicht wertgeschätzt, sondern eventuell sogar wissentlich ausgenutzt werde.[381] Sofern die Parteien dies jedoch verlangten, würden Ordnungsmittel gegen den Sachverständigen formal eingesetzt, dieser jedoch im gleichen Atemzug telefonisch angefragt und von den Ordnungsmitteln in Kenntnis gesetzt.[382]

Vor einem „Vergraulen" der Gutachter habe man – in speziellen Rechtsgebieten – keine Angst, da es sich zum Teil um reines Vergessen handele und andererseits davon auszugehen sei, dass je nach Erfahrung und Rechtsgebiet sich der Sachverständige seiner Stellung als Beweismittel im Rahmen eines Prozesses und damit verbundener Rechte und Pflichten nicht bewusst sei.[383] Deshalb wurden zum Teil informative Musterschreiben entworfen, welche die Rechte und Pflichten eines Sachverständigen zusammenfassen und durch die Geschäftsstellen der Beauftragung beigelegt werden sollen.[384]

Nach Erfahrung eines befragten Richters wird mittlerweile dazu übergegangen, lang im Voraus liegende Termine zu vereinbaren und vorher alle Erklärungen der Parteien (etwa eine Schweigepflichtentbindung bei Arzthaftungsprozessen) sowie eine Auflistung aller Beteiligten schriftlich einzuholen, um Kollisionen zu vermeiden und mögliche Einwendungen und Bestellungshindernisse auszuräumen.[385]

Die Fristen für die Wiedervorlage werden bisher zum Teil durch Datenverwaltung an den Gerichten automatisch durch den Computer gesetzt,

377 Ri3; Ri4; Ri5.
378 Ri3; Ri4; Ri5; Ri8.
379 Ri3; Ri4; Ri5; Ri8.
380 Ri8.
381 Ri8.
382 Ri8.
383 Ri1; Ri7.
384 Ri1.
385 Ri1.

dann jedoch an den Gutachter kommuniziert.[386] Einige der befragten Richter bestätigten, dass zum Teil pauschale Fristen mit der Bitte um Reaktion angesetzt werden oder von unterinstanzlichen Gerichten auch direkte Terminabsprachen zwischen Gericht und Sachverständigem erfolgen.[387] Eine Aufwertung der gutachterlichen Stellung könne somit nach ihrer Ansicht durch freiwillige Selbstbindung erfolgen, indem der Gutachter eine kurzfristige Rückmeldung gebe.[388]

Schließlich wird von den Gesprächspartnern klargestellt, dass die Druckmittel eines Ordnungsgeldes und der Auftragsentziehung durch das Gericht nicht pauschal, sondern als *Ultima Ratio* angewendet werden. Dies erfolge unter anderem erst, wenn es nach einen Fristablauf trotz Sachstandsanfragen und Kooperationsangeboten wiederholt keine Reaktionen gebe.[389]

### bb. Ansicht der Gutachter

Die befragten Gutachter sehen sowohl eine positive als auch negative Stimulierung als notwendig an. Einerseits wird der Druck als nicht notwendig erachtet. Nach Ansicht der Gesprächspartner haben Gutachter bereits ein eigenes Interesse an der zeitgerechten und qualitativ hochwertigen Abarbeitung der Aufträge.[390] Die Verzögerung resultiere daraus, dass Gutachter überlastet seien. Sie können nicht noch mehr oder noch schneller arbeiten.[391] Ein besonderer Druck biete somit keinen zusätzlichen und ohnehin nicht notwendigen Antrieb.[392]

Die Druckerhöhung zu schnellerem und besserem Arbeiten sei auch nicht zielführend. Dies wäre nur dann erfolgreich, wenn die Bearbeitungsweise und das Zeitmanagement des Gutachters verbesserungswürdig seien.[393] Eine zeitbezogene Ordnungsgeldandrohung würde zwar zu schnelleren, aber oberflächlicheren Gutachten führen[394], mit der Folge von Nacharbeiten oder Folgegutachten.

386 Ri3; Ri4; Ri5.
387 Ri2; Ri3; Ri4; Ri5.
388 Ri3; Ri4; Ri5.
389 Ri2; Ri6.
390 Sv8; Sv19; Sv20.
391 Sv7; Sv8; Sv13.
392 Sv8; Sv15; Sv19; Sv20.
393 Sv8.
394 Sv8.

In der Praxis werde die Ordnungsgeldandrohung und -festsetzung sehr selten vorgenommen, da eine negative Stimmung befürchtet werde und die ohnehin überlasteten Kapazitäten vergrault würden.[395] Der Einsatz von Druckmitteln beschädige als „drastische Verschlechterung" eher das Verhältnis der Zusammenarbeit als motivierend zu wirken.[396] Die Androhung und Anwendung der Druckmittel vor allem eine Verkürzung von Bearbeitungszeiten oder Verringerung der Vergütung wird von den Befragten als unangemessen und nicht wertschätzend beziehungsweise kontraproduktiv für eine Effektivitätssteigerung angesehen.[397] Sie führe vielmehr zu Verdruss und damit steigender Unattraktivität der Gerichtstätigkeit gegenüber der Privatbegutachtung, was perspektivisch eine ablehnende Haltung und sinkende „Bereitschaft zur Gutachtenerstattung" auch bei Folgeanfragen für Gerichtsgutachten nach sich ziehen könne.[398] Zudem verhindere es den Zugang zum ohnehin schwachen Nachwuchs oder zu Bewerbern für die nicht einfache öffentliche Bestellung und dezimiere damit letztlich den Kreis der potenziellen Gerichtsgutachter weiter.[399] Gleiches gilt für die Repressalien, die aus der fehlenden Befolgung der vorgegebenen Formalia gefürchtet werden.[400]

Andererseits werden von einigen Gesprächspartnern neben den bestehenden Ordnungsmitteln weitere regulierende, klare und transparente Sanktionsmöglichkeiten und Maßnahmen bis hin zur finalen Entziehung bestehender Aufträge und Versagung künftiger Berücksichtigung befürwortet.[401] Gefordert wird dies vor allem, sofern die Nichteinhaltung vereinbarter (Zeit-)Vorgaben des Gerichtes, ein Ausbleiben einer Reaktion auf Gerichtsanfragen oder Fristen und die Nichtlieferung oder mehrfache (unbegründet) verspätete Abgabe von Gutachten auf ein Verschulden des Sachverständigenbüros zurückzuführen sei oder in dessen Verantwortungsbereich falle.[402]

Der Sanktionierung bedürfe es auch, um anzuprangernde Verhaltensweisen, wie etwa die Sicherung der Aufträge, das Verschweigen fehlender Kenntnisse und die bewusste Verfahrensverzögerung durch Dritte zu

---

395 Vb1; Vb2.
396 Sv7; Sv8; Sv11; Sv12; Sv13; Sv17; Sv19.
397 Sv7; Sv8; Sv11; Sv19.
398 Sv7; Sv8; Sv11; Sv19.
399 Sv5; Sv8; Sv11; Sv19.
400 Sv9; Sv10; Sv11.
401 Sv1; Sv18, „erforderlich".
402 Sv1; Sv18.

verhindern.[403] Ein entsprechend beobachtetes Verhalten von Sachverständigen, sich bestimmte Aufträge zu sichern ohne fachlich oder mangels vorhandener Kapazitäten die zeitnahe Abarbeitung zu ermöglichen, sollte aus Gründen eines fairen Wettbewerbs und der gleichmäßigen Verteilung der Aufträge auf alle geeigneten Gutachter geahndet werden.[404] Insbesondere zur Missbilligung dieses Gebarens und als Wertschätzung der übrigen Sachverständigen muss die Abwehr dieses Verhaltens durch eine terminliche Bindung, Entziehung sowie negative Bewertung und entsprechende Nichtberücksichtigung in zukünftigen Beweisverfahren erfolgen.[405]

Nach Ansicht einzelner Gesprächspartner sind eine negative Reputation oder fehlende Aufträge durch Nichtberücksichtigung die größten Risiken des Gutachters.[406] Die Androhung von Ordnungsmitteln habe keinen einschüchternden Effekt auf die Sachverständigen und sei somit nur ein „stumpfes Schwert". Die gesetzlichen Ordnungsgelder werden von einigen Praktikern als zu gering eingestuft und nicht negativ stimulierend wahrgenommen, um gewissem Verhalten entgegenzutreten.[407] Bußgelder würden in anderen Aufträgen verrechnet oder anderweitig aufgerechnet.[408]

Vielmehr sind nach Einschätzung einiger der befragten Sachverständigen stimulierende und motivierende Anreize sowie geeignete Motivationsmittel für eine schnelle Arbeit und zur Anhebung eines entsprechenden Gutachterbestandes durchaus sinnvoll.[409] Eine solche Stimulation und höhere Wertschätzung wird durch eine höhere Mit- und Selbstbestimmung sowie in einem Bonussystem für zügige Bearbeitung gesehen.[410]

Daher wird auch für die Abschaffung der gerichtsseitig vorgegeben, Druck auslösenden Fristen zur Vorlage des fertigen Gutachtens im Zusammenhang mit der Aktenversendung votiert.[411] Diese Praxis der gerichtlichen Fristsetzung und Bestimmbarkeit der Zeiträume sei aufgrund von Mitwirkungspflichten Dritter (z.B. Ortsterminen) fremdbestimmt und habe sich nicht bewährt.[412] Durch eine selbstbestimmte Fristsetzung im Dialog zwischen Gericht und Sachverständigem sowie Festlegung der Be-

403 Sv1; Sv18.
404 Sv18.
405 Sv18.
406 Sv18.
407 Sv18.
408 Sv18.
409 Sv1; Sv8; Sv18.
410 Sv8; Sv18.
411 Sv8.
412 Sv8.

arbeitungsdauer für ein Gutachten werde zum einen die Verbindlichkeit gegenüber einer reinen Vorgabe durch das Gericht gesteigert und zum anderen erfahre der Gutachter durch diese Mitbestimmung eine psychologische Wertschätzung und ein Vertrauen der Gerichte.[413]

Demgemäß wird die vorherige Einholung von Feedback zur Annahme des Auftrages durch telefonische Kontaktaufnahme mit dem Gutachter und offene Anfrage eines möglichen Zeithorizontes angeregt.[414] Der angefragte Sachverständige müsse in solchen Fällen ehrlich die fachliche Kompetenz und Kapazitäten im eigenen Büro hinterfragen beziehungsweise validieren sowie mit entsprechender Erklärung und ohne Angst vor einer späteren, dauerhaften Ablehnung, die eigenständigen Fristvorschläge begründen.[415] Schließlich dürfe insgesamt, auch bei der Fristsetzung und der Wertschätzung, nicht vergessen werden, dass der Auftrag zur Beweiserhebung in den laufenden Bürobetrieb integriert werden müsse, da schließlich nicht auf den Auftrag gewartet werde.[416] Dennoch soll zur Fixierung und Planungssicherheit die Vereinbarung fester Termine erfolgen.[417]

Die Wertschätzung seiner Rolle gegenüber dem Gericht muss den Gutachter auch dazu berechtigen und verpflichten, im Falle außergewöhnlicher nicht zu vertretender Situationen (Krankheiten, Havarien etc.) das Gericht über entsprechende Umstände zu informieren und um Verlängerung der Bearbeitungszeit zu bitten.[418] Die Gerichte sollten verständnisvoll reagieren.[419]

Erst im Falle der nicht rechtzeitigen Fortführung der Begutachtung aufgrund der genannten Schwierigkeiten und einer damit verbundenen unverhältnismäßigen Verzögerung sollte hier der Gutachter einer gerichtlichen Mandatsentziehung durch Bitte um Abgabe und Neuverteilung zuvorkommen.[420]

Folglich wird von den Gesprächspartnern dafür plädiert, als Zeichen der Wertschätzung die Ordnungsmittel sachgebietsabhängig und auf „sehr besondere“ Ausnahmefälle zu reduzieren.[421] Weiterhin soll auch die stets zufriedenstellende Erstattung qualitativ hochwertiger, verwertbarer Arbeit

413 Vb1; Sv18.
414 Vb1.
415 Sv18.
416 Sv12.
417 Vb2.
418 Sv18.
419 Sv12.
420 Sv18.
421 Sv8; Sv11.

sowie (Nicht-)Einhaltung zeitlicher und inhaltlicher (selbst gesetzter) Anforderungen stimulierende oder sanktionierende Berücksichtigung finden und in der gerichtlich zugänglichen Datei einer Datenbank hinterlegt werden.[422]

Die Erhöhung der Verfahrenskosten aufgrund der Motivationsbelohnung wird nicht als problematisch angesehen, da hier kein Missverhältnis zu den andererseits durch langsame Bearbeitung entstehenden höheren Verfahrens- und Anwaltskosten bestehen dürfte und wenig Einfluss auf den vom Gutachter aufgerufenen und später abgerechneten Arbeitsaufwand besteht.[423]

Anstatt vermehrter Druckausübung wurden bei der Kommunikation zwischen dem Sachverständigen und dem Gericht als auch beim Austausch im Rahmen von Tagungen weitere Verbesserungsmöglichkeiten gesehen. Vor dem Hintergrund der kontinuierlichen Einbeziehung der Gerichte in die Arbeit und den Fortschritt spürten einige Gutachter auch keinen Druck.[424] Die Einbeziehung aller Verfahrensbeteiligten inklusive der Sachverständigen und Rechtsanwälte an Gerichtssachverständigentagen ist ein weiterer Verbesserungsvorschlag.[425] Vielfach fände auch bereits Bundesland-übergreifend ein Austausch zwischen den Bestellungskörperschaften und den Land- und Oberlandesgerichten statt.[426]

### cc. Ansicht der Rechtsanwälte

Die Ausübung zusätzlichen Drucks auf die Gutachter führt nach Einschätzung einiger der befragten Rechtsanwälte nicht zur Verbesserung des Verhältnisses zwischen Gericht und Sachverständigem und höchstens in Einzelfällen zu einer schnelleren und qualitativ besseren Begutachtung.[427] Vielmehr bestehe die Gefahr, dass die Gutachter aus Angst vor dem Zwangsgeld und zur Umgehung dessen ein qualitativ untaugliches Gutachten abliefern, welches dann zu Ergänzungsfragen oder eine Neuvergabe des Gutachtens führt.[428] Die schnellstmögliche Bearbeitung folge dem eigenen Interesse des Sachverständigen, Gutachten abzuschließen, um sich

422 Sv18; siehe einzurichtende Datenbank unter D. II.
423 Sv18.
424 Sv2.
425 Vb2.
426 Vb2.
427 Ra1; Ra4.
428 Ra1; Ra4.

neuen Aufträgen widmen zu können.[429] Zudem würden die Gutachten teurer werden, sofern sie schneller erstellt werden müssten.[430] Gutachten seien bereits jetzt sehr kostenintensiv und aufgrund von Einzelfallbezug nur wenigen Standardisierungen zugänglich.[431] Die steigenden Kosten müssten in Bezug zum Streitwert betrachtet werden.[432]

Fristen werden seitens der Gerichte oft lediglich aufgrund von Erfahrungswerten pauschal und nicht nach tatsächlicher Abstimmung gesetzt und von den Gutachtern mit Standardformulierungen zur erwarteten Fertigstellung erwidert.[433] Die Sachverständigen seien häufig überlastet und nehmen dennoch Gerichtsaufträge zur Gutachtenerstattung an.[434] Selbst wenn das Gericht eine Frist gesetzt habe, werde die Bearbeitung nicht (zügig) begonnen.[435] Insofern scheint es kein Korrektiv und keine Qualitätskontrolle für schlechte oder (nachweislich) langsam arbeitende Gutachter zu geben.[436] Es fehle während der Bearbeitung bis zum letztlichen Eingang des Gutachtens an einer gerichtlichen Überwachung der Einhaltung der Fristen, und Androhung einer Sanktionierung, durch zeitlichen und finanziellen Druck.[437]

Diese wird von den Interviewpartnern als hilfreich angesehen, da eine solche in der Regel nur auf Initiative der Parteien erfolgen würde.[438] Somit sei es notwendig, neben einer Fristenabsprache vom Gutachter eine kurzfristige, verbindliche Reaktion einzufordern, ob der Auftrag angenommen werde und wie lange die Bearbeitung dauere.[439] Des Weiteren müsse eine entsprechende Erklärung abgegeben werden, das Gutachten in angemessener Zeit erledigen zu können und von dieser Kundgabe die Auftragsvergabe abhängig zu machen.[440] Entsprechende Zeitangaben des Sachverständigen zum Fertigstellungstermin sollten – mit Ausnahme von besonderen Umständen wie etwa Krankheiten etc. – als verbindlich ange-

429 Ra4.
430 Ra7.
431 Ra3; Ra7.
432 Ra7.
433 Ra6.
434 Ra1; Ra6.
435 Ra1.
436 Ra1; Ra6.
437 Ra1; Ra4; Ra6.
438 Ra6.
439 Ra1; Ra4.
440 Ra1; Ra4.

sehen werden.[441] Sinnvoll wäre auch ein überprüfbares Vergütungs- und Zeitmanagement.[442]

Das derzeitige gerichtliche Vorgehen mit Formblättern und Fristsetzungen sowie der Aufforderung zur Kontaktaufnahme verläuft nach den Erfahrungen der Praktiker nicht zielführend.[443] Sachstandsanfragen führten zu für die Parteien unbefriedigenden Zeitangaben (auf die mit einer Ordnungsgeldandrohung reagiert werden sollte) oder der Rückgabe der Akte und Nichtfertigstellung, da eine zeitnahe Bearbeitung nicht gewährleistet werden kann.[444] Eine Möglichkeit zur Anreizsteuerung sei die anfängliche Vereinbarung einer überschaubaren, aber vernünftigen Frist zwischen Gericht und Gutachter mit einer eventuellen einmaligen Verlängerungsmöglichkeit aus wichtigen Gründen.[445] Die Frist müsse ein Anhaltspunkt sein, der bereits mit dem Anschreiben festgelegt werde und mit Druck durchgesetzt werden könne.[446] Die striktere Termineinhaltung könne der besseren Planung und Disziplinierung des Gutachters dienen.[447] Die Verspätungsvorschriften der ZPO sollten nach Auffassung der befragten Rechtsanwälte auch für die Stellungnahme der Gutachter gelten, weshalb auf die Präklusion bei der Fristsetzung hingewiesen werden sollte.[448]

Es gebe keinen Grund der Gerichte, sich aus Angst vor Gutachterflucht zu verstecken, da es sich bei der Fristsetzung um einen gesetzlichen Zwang handle.[449] Auch Rechtsanwälte seien Organe der Rechtspflege. Trotzdem werden ihnen Fristen gesetzt.[450]

Die gesetzlich fixierten Ordnungsgelder berührten nach Erfahrungen der Praxis die Gutachter meist nicht, da Strafen in der nächsten Abrechnung durch vermeintlich längere Arbeit „verrechnet“ würden.[451] Deshalb bedürfe es der Festsetzung extremerer Geldbußen in Höhe von 5.000 EUR.[452]

---

441 Ra4.
442 Ra1.
443 Ra4; Ra6.
444 Ra4.
445 Ra1; Ra2.
446 Ra2.
447 Ra2.
448 Ra2.
449 Ra2.
450 Ra2.
451 Ra1.
452 Ra1.

### b. Auswertung der Literatur

Von den Autoren der Literatur wird neben der Anzahl der Gutachter deren Motivation als relevanter Faktor für eine Verfahrensbeschleunigung angesehen.[453] Der Gutachter habe in der Regel ein eigenes Interesse an der schnellen aber auch qualitativ überzeugenden Bearbeitung des Gutachtens und einer Verfahrensbeschleunigung.[454]

Daneben sei es – auch zur Zufriedenstellung des Gerichtes als Kunden – seine Aufgabe, die Bearbeitungszeit durch Verhinderung von Parallelaufträgen und zu spätem Beginn zu verkürzen.[455] Eine gewollte oder ungewollte Verzögerung und zu langsame Begutachtung führe lediglich zur eigenen Schädigung.[456] Viele bekannte und bewährte Gutachter arbeiten aufgrund hoher Nachfrage und wiederholter Beauftragung an der Belastungsgrenze, sodass die Bearbeitung entsprechende Zeit in Anspruch nimmt.[457]

Für die verfahrensoptimierte Bearbeitung des Gutachtens besteht die grundsätzliche Notwendigkeit des Gerichtes zur Prüfung von Bearbeitungshindernissen und der Überwachung des Fortschrittes des Gutachtens, des Einsatzes von Fristen sowie deren Kontrolle und eventuelle Androhung beziehungsweise letztendliche Vollziehung einer Sanktionierung.[458] Dies ergibt sich aus den Anforderungen aus dem Justizgewährungsanspruch (Artt. 2 Abs. 1 iVm. 20 Abs. 3 GG) an das Gericht, diesen umzusetzen und sich nicht seinerseits Entschädigungsklagen gegenüberzusehen.[459]

Bei der Festlegung der erforderlichen Bearbeitungszeit für die Begutachtung wird auf einen mit der Materie vertrauten Gutachter mit durchschnittlichen „Kenntnissen und Fähigkeiten" sowie durchschnittlicher Arbeitsintensität abgestellt.[460] Mangels Beurteilungsmöglichkeit darf dabei jedoch keine „uninspirierte" Festlegung seitens des Gerichtes in Unkennt-

---

453 Vgl. *Blendinger*, DS 2015, 211 (216 f.); *Hommerich*, DS 2014, 43 (47); vgl. *Kramarz*, DS 2014, 170 (171).

454 *Lehmann*, DS 2014, 232 (235); *Walter*, DS 2013, 385 (392); vgl. *Blendinger*, DS 2015, 211 (217).

455 *Lehmann*, DS 2014, 232 (235); *Walter*, DS 2013, 385 (392).

456 *Lehmann*, DS 2014, 232 (235); *Walter*, DS 2013, 385 (392); vgl. *Blendinger*, DS 2015, 211 (217).

457 *Blendinger*, DS 2015, 211 (216).

458 *Walter*, DS 2013, 385 (385); *Keders/Walter*, NJW 2013, 1697 (1701 f.); *Bleutge*, GewArch 2014, 49 (56); *Linz*, DS 2017, 145 (149); *Lehmann*, DS 2018, 29 (35).

459 Vgl. *Lehmann*, DS 2014, 232 (234).

460 *Bleutge*, GewArch 2017, 266 (266).

nis der Auslastungslage, der Untersuchungsnotwendigkeiten und des damit verbundenen Aufwandes des Gutachters sowie der Bereitschaft der Parteien zur Mitwirkung erfolgen.[461] Diese Unbekannten zwingen den Gutachter rein vorsorglich zu Verlängerungsanträgen oder das Gericht zu langen Fristvorgaben, was aufgrund des Arbeitsbeginns erst nach positiver Bescheidung dem Ziel der Verfahrensbeschleunigung entgegenwirkt.[462] Eine zu kurze Frist führt dazu, dass der gewünschte Gutachter den Auftrag unter Hinweis auf die nicht-fristgemäße Bearbeitung ablehnen wird und es einer aufwändigen beziehungsweise verzögernden Rücksprache mit den Parteien und / oder erneuten Entscheidung in Bezug auf eine Fristverlängerung oder Beauftragung eines anderen Gutachters bedarf.[463] Vielmehr besteht somit das Erfordernis der gemeinsamen Vereinbarung eines einzelfallbezogenen, realistischen Bearbeitungszeitraumes nach persönlicher Einschätzung des Zeitaufwandes durch den Gutachter.[464]

Insofern wird angeregt, neben der Prüfung des Sachgebietes sowie etwaiger Bearbeitungshindernisse und Bestätigung der Übernahme des Gutachtens vom Sachverständigen mit dem Gericht einen Abgabetermin abzustimmen.[465] Aus den Erfahrungen in der Praxis werden die zwischen Gericht und Gutachter abgestimmten Fristen häufiger eingehalten.[466] Ein weiterer Vorschlag zur Verfahrensbeschleunigung ist eine nur einmalige, von der Gegenseite nicht abhängige oder beeinflussbare Verlängerung der Bearbeitungsfrist.[467] Gleichzeitig wird von den Gutachtern im Sinne der Dienstleistung aber auch die Reaktion im Falle von Bearbeitungshindernissen gefordert.[468] Hierfür wurde im Rahmen des Qualitätszirkels – einer Zusammensetzung von am Prozess beteiligten Praktikern – eine Formularvorlage entwickelt, die auf entsprechende Fristenabsprachen und Kom-

---

461 *Volze*, DS 2016, 21 (21 f.); vgl. *Sadler-Berg*, DS 2018, 177 (178); *Jacobs*, DS 2016, 67 (67).

462 Vgl. *Volze*, DS 2016, 21 (22); *Jacobs*, DS 2016, 67 (67); vgl. *Blendinger*, DS 2015, 211 (216); *Weder*, DS 2020, 112 (113 f.).

463 *Blendinger*, DS 2015, 211 (216 f.).

464 *Schobel*, MDR 2014, 1003 (1005); *Walter*, DS 2015, 205 (208); *Walter*, DS 2013, 385 (392); vgl. *Sadler-Berg*, DS 2018; 177 (178); *Jacobs*, DS 2016, 67 (67); *Weder*, DS 2020, 112 (114); *Jäckel*, S. 173 Rn. 582.

465 *Keders/Walter*, NJW 2013, 1697 (1701); *Schobel*, MDR 2014, 1003 (1005); *Walter*, DS 2013, 385 (392); *Vorwerk*, NJW 2017, 2326 (2330); *Walter*, DS 2020, 77 (78); *Jäckel*, S. 173 Rn. 582; *Milde*, NJW 2018, 1149 (1150).

466 Vgl. *Gärtner*, NJW 2017, 2596 (2599).

467 *Vorwerk*, NJW 2017, 2326 (2330); *Weder*, DS 2020, 112 (114).

468 *Walter*, DS 2013, 385 (392); *Linz*, DS 2017, 145 (147); *Lehmann*, DS 2018, 29 (35); *Weder*, DS 2020, 112 (114).

munikationsaufnahmen hinweisen.[469] Die Reaktion der Gerichte sollte in Abhängigkeit von den Verzögerungsgründen erfolgen, die mittels moderner Kommunikationsmittel in Erfahrung gebracht werden sollten.[470] In den begründeten Ausnahmen der Verzögerung und kurzfristigen Rückmeldungen mit (neuer) Fristabsprache wird an die "Flexibilität" der Gerichte appelliert.[471]

Dennoch muss als *Ultima Ratio* die Möglichkeit bestehen, nach mehrfach unbeantworteten Sachstandsanfragen, Nachfristsetzungen und nichteingehaltener Fristen, Ordnungsmittel zu verfügen.[472] Diese könnten im Höchstmaß bis zum entschädigungslosen Entzug des Auftrages, Ersatz der aufgrund der gutachterlichen Untätigkeit entstandenen Kosten und zukünftigen Nichtberücksichtigung bestehen.[473]

Die besondere Stellung und die damit einhergehenden Pflichten lassen auch eine Abmahnung, dem Widerruf der Bestellung oder der Ablehnung einer Verlängerung oder Wiederbestellung als zweckmäßig erscheinen.[474] Bei entsprechender wirtschaftlicher Abhängigkeit von Gutachten ist ein „Entzug“ oder eine Nichtberücksichtigung und Ansehensverlust ein wirksames Mittel zur Bestrafung oder Beeinflussung des Gutachters.[475] In diesem Zusammenhang wird sogar dazu aufgerufen, gegenüber den Gutachtern, die absichtlich oder aufgrund zu vieler Aufträge die Bearbeitung der Gutachten und damit den Verfahrensfortgang verzögerten, entsprechende Anträge auf Fristsetzungen oder Sanktionen nach § 411 ZPO zu stellen.[476] Diese würden die Gutachter nur anfänglich „verärgern“, langfristig aber hilfreich sein.[477]

Nach Einschätzung der Autoren der Literatur bedarf es jedoch, wie auch bereits in der Empirie dargestellt, eines dosierten Einsatzes der Druckmit-

---

469 Vgl. *Walter*, DS 2015, 205 (209); Musielak/Voit/*Huber*, ZPO, § 407a Rn 3.

470 Vgl. *Walter*, DS 2020, 77 (78); vgl. *Gehle* in Baumbach/Lauterbach, § 407 Rn. 2; 411 Rn. 6.; *Jäckel*, S. 173 Rn. 583; *Bruinier* in Seitz/Büchel, S. 92 Rn. 59; *Greger* in Zöller, § 411 Rn. 8; *Katzenmeier* in Prütting/Gehrlein, § 411 Rn. 15.

471 *Sadler-Berg*, DS 2018, 177 (178); vgl. *Jäckel* S. 173 Rn. 583.

472 *Jäckel*, S. 174 Rn. 584 ff.; vgl. *Schobel*, MDR 2014, 1003 (1005); *Schlehe*, DS 2013, 337 (338); *Walter*, DS 2020, 77 (79); *Gehle* in Baumbach/Lauterbach § 411 Rn. 2; *Bruinier* in Seitz/Büchel, S. 92 Rn. 59; *Greger* in Zöller, § 411 Rn. 8.

473 *Ebd.*

474 *Ebd.*

475 *Schlehe*, DS 2013, 337 (338 f.); *Gresser*, NJW-aktuell 23/2014 S. 12; *Hommerich*, DS 2014, 43 (45); *Lehmann*, DS 2019, 121 (126, 128 ff.); *Bleutge*, GewArch 2014, 49 (50 f., 57); *Blendinger*, DS 2015, 211 (212).

476 *Lehmann*, DS 2014, 232 (235); vgl. *Bleutge*, GewArch 2014, 49 (50).

477 *Lehmann*, DS 2014, 232 (235); vgl. *Bleutge*, GewArch 2014, 49 (50).

tel. Eine Maßregelung und Unterdrucksetzung führt bei ohnehin bestehender Unterbesetzung und Belastung der vorhandenen Gutachter sowie begründeter oder drittbestimmter Verzögerung etwa durch Krankheit oder fehlende Zuarbeit beziehungsweise parteilich verursachte (gewollte) Verlangsamung nicht zu einer Beschleunigung.[478] Es resultiert eher in einer Abschreckung und Verdruss mit der Folge des sofortigen oder zukünftigen Rückzuges aus der gerichtlichen Gutachtertätigkeit oder Zusagen mit langen Fristen, was dem Gesetzeszweck einer Verfahrensbeschleunigung nicht zuträglich ist.[479] Zudem wird dem ohnehin nur schleppenden Nachwuchs keine positive Perspektive offenbart, wodurch sich je nach Abdeckung die ohnehin schwierige Ressourcenlage weiter verschlechtert.[480] Der vermeintlichen Beschleunigung eines einzelnen Verfahrens steht der zukünftige Wegfall dieses Gutachters gegenüber, was genau abzuwägen ist.[481]

Im Wissen um diese praktische Gefahr haben viele Gerichte die Androhung und den Einsatz entsprechender Ordnungsmittel zurückhaltend angewandt und erachten eine konsequente Anwendung als nicht zielführend.[482] Vor dem Hintergrund, dass der Gutachter für das Gericht eine „interessengerechte, ökonomische und zielgerichtete" unterstützende Tätigkeit vornimmt, lässt sich diese durch Fristsetzungen und Ordnungsmittel sowie deren Verschärfung nicht realisieren und stellen ein falsches Bild dar.[483] Zudem wird darauf hingewiesen, dass aufgrund des verfahrensbegleitenden, engen Verhältnisses zwischen dem Sachverständigen und dem Gericht eine verbesserte Kommunikation der Beteiligten erfolgreich ist, sodass ein solcher Ordnungsmitteleinsatz in der Regel unnötig sein wird.[484]

In Zusammenhang mit auftretenden, inhaltlichen Ergebnisvorgaben auch mit dem Ziel der Vermeidung weiterer Gutachten zu bisher aufgeworfenen Fragen, wird gefordert, den Gutachter zur Wahrung der Eigen-

---

478 Vgl. *Jacobs*, DS 2016, 67 (67); *Volze*, DS 2016, 21 (22); *Blendinger*, DS 2015, 211 (216 f.); *Schlehe*, DS 2013, 337 (339); *Weder*, DS 2020, 112 (114).

479 *Ebd.*

480 *Volze*, DS 2016, 21 (22); *Blendinger*, DS 2015, 211 (217); *Sadler-Berg*, DS 2018, 177 (178); *Jacobs*, DS 2016, 67 (67).

481 Vgl. *Blendinger*, DS 2015, 211 (217).

482 *Keders/Walter*, NJW 2013, 1697 (1702); *Walter*, DS 2015, 205 (205); *ders.*, DS 2013, 385 (390); *Volze*, DS 2016, 21 (22); vgl. *Blendinger*, DS 2015, 211 (217).

483 Vgl. *Volze*, DS 2016, 21 (22).

484 Vgl. *Schlehe*, DS 2013, 337 (338 f.); *Bleutge*, GewArch 2014, 49 (51); *Lehmann*, DS 2019, 121 (127); *Schobel*, MDR 2014, 1003 (1005); vgl. *Blendinger*, DS 2015, 211 (217); *Walter*, DS 2018, 186 (187); *Weder*, DS 2020, 112 (114); *Volze*, DS 2016, 21 (22).

ständigkeit und Objektivität ohne Druck und inhaltliche Erwartungen sowie unabhängig und ohne Angst vor Haftungsansprüchen oder Vergütungsverlust tätig werden zu lassen.[485] Solche Tendenzgutachten sollten mit einer erhöhten Untersuchung und Bestrafung versehen werden.[486]

Es wird somit vor dem Hintergrund der bestehenden Nachwuchsprobleme wahrscheinlich wichtiger denn je, sich positiv mit den Gutachtern zu arrangieren und den Druck zu lockern ohne die Leitplanken abzubauen, um an die notwendigen Gutachten zu kommen.[487]

#### 4. Fazit und Kosten

Schlussfolgernd lässt sich festhalten, dass eine Änderung der Stellung des Gutachters im Prozess nicht erforderlich ist, da er gerade aufgrund seiner Doppelrolle als Beweismittel in beratender Funktion eine wichtige Position im Verfahren einnimmt und von keiner Seite ernsthaft an dieser formalen Positionierung gezweifelt wird. Zu der Diskussion, ob er eher eine Berater- oder Gehilfenfunktion hat, bedarf es nach der klarstellenden Änderung des § 144 ZPO keiner weiteren Ausführungen. Für den Schutz durch die ZPO-Vorschriften ist auch formal der Verbleib als Beweismittel erforderlich.

Dennoch ist – ohne eine Änderung der ZPO – eine Anpassung der Stellung des Gutachters entsprechend seiner Bedeutung für den Gerichtsprozess und der kenntnisbedingten, fachlichen Abhängigkeit des Gerichtes notwendig. Einige Sachverständige beziehen einen Großteil ihrer Einnahmen aus der Erstellung von (gerichtlichen) Gutachten und sind somit auch von diesen wirtschaftlich abhängig. Daher muss es das vorrangige Ziel und Privileg eines Gutachters sein, für das Gericht zu arbeiten und sein Wissen unkompliziert zur Verfügung zu stellen sowie Anreiz, die Aufträge schnell zu beenden, um sich möglichst dem nächsten lukrativen Auftrag zuwenden zu können. Für das Gericht muss es einen Antrieb geben, nicht ein Auftraggeber „zweiter Wahl" zu sein. Um diesen Willen eines Gutachters, seine Tätigkeit als Mehrwert für die Gesellschaft einzusetzen, zu fördern, bedarf es positiver und negativer Anreize. Positive Anreize werden in

485 Vgl. *Noack*, NZG 2016, 1259 (1259 f.); *Jordan/Gresser*, DS 2014, 71 (76 ff., 80); *Lehmann*, DS 2014, 271 (272 f.) „innere Unabhängigkeit".

486 *Jordan/Gresser*, DS 2014, 71 (75 ff., 80 ff.); *Gresser*, NJW-aktuell 23/2014 S. 12; *Linz*, DS 2017, 145 (145).

487 *Volze*, DS 2016, 21 (22); *Sadler-Berg*, DS 2018, 177 (178).

einer besseren Wertschätzung in Form einer persönlichen Anerkennung, einer nicht rabattierten, dem Privatgutachten gleichrangigen Bezahlung mit einem eventuellen Bonussystem sowie einer mitbestimmten Fristengestaltung in Absprache mit dem Gericht gesehen. Die negativen Anreize erfolgen durch eine subsidiäre Ordnungsmittelstaffelung und Sanktionierung von wettbewerbsschädigendem Verhalten.

Der Gutachter hat für die Entscheidungsfindung im Zivilprozess eine wichtige Bedeutung, sodass etwaige aus falsch verstandenen Hierarchien bestehende Hemmschwellen vor allem durch Kontaktaufnahmen und Gespräche sowie Teilnahmen an Tagungen abzubauen sind. Für die Zusammenarbeit ist dieses langlebige, konstruktive Arbeitsverhältnis und die dafür notwendige Kommunikation elementar notwendig.

Die Vergütung bedarf trotz der Erhöhung der Anpassung an die für Privatgutachten gezahlten Honorare, da diese Auftraggeber in Bezug auf die Kapazitäten der Gutachter als „Konkurrenz“ zu den Gerichten zu sehen sind. Um die Gutachter zum einen von den Privatgutachten weg und zu den Gerichtsgutachten hin zu bewegen, müssen zumindest die Entscheidungsgrundlagen vergleichbar sein. Dem Gericht sollten alle möglichen Gutachter zur Verfügung stehen und nicht nur diejenigen, die nach der monetären Entscheidung übriggeblieben sind und die laufenden Kosten auf anderen Wegen absichern. Dabei ist auch zu berücksichtigen, dass nicht alle Gutachter im Hauptberuf Sachverständige sind und somit die daneben für Gerichtsgutachten aufzubringende Zeit wertzuschätzen ist. Zur Gewährleistung des Gleichlaufes der Vergütung wird an eine Indexlösung mit turnusmäßiger Anpassung gedacht, die aus einer regelmäßigen Marktbetrachtung resultiert. Eventuell ist eine völlige Überarbeitung des Vergütungssystems unter Berücksichtigung der benötigten Ausbildung und Qualifikation sowie der notwendigen Materialien und Geräte erforderlich. Zur Verfahrensbeschleunigung und Motivation des Gutachters wird weiter angeregt, in Absprache mit den Parteien ein Bonussystem für zügige (vorfristige), aber gleichzeitig qualitativ hochwertige und verwertbare Gutachten oder andere prozessbeschleunigende Schritte einzuführen. Dies dient einerseits dazu, gemäß dem eigenen Interesse des Gutachters an der schnellen Bearbeitung für eben diese honoriert und andererseits von der Neuaufnahme weiterer Aufträge oder Widmung der Haupttätigkeit abgehalten zu werden. Die genaue Ausgestaltung und Grundlagen machen weitere Überlegungen notwendig, die jedoch nicht Gegenstand dieser Untersuchung sind.

Des Weiteren wird mit dieser Arbeit vorgeschlagen, zur Wertschätzung und formalen Erkennbarkeit des besonderen Stellenwertes ein neues Institut des „Gerichtsgutachters" einzuführen, welches einerseits eigene Kapazitäten für die gerichtliche Begutachtung bereitstellt, andererseits ausschließlich beziehungsweise vorrangig von den Gerichten in Anspruch genommen werden sollte. Dieses „Gütesiegel" würde auch eine „Überschwemmung" des Gerichtsprozess mit ungeeigneten und fachfremden Gutachtern verhindern und somit der Qualitätssicherung dienen. Die Etablierung und Überprüfung, etwa durch laufende Bewertungen, sind in Absprache mit den relevanten (Bestellungs-)Körperschaften und Gerichtsgremien zu eruieren.

Die angstbefreite, wertgeschätzte Bearbeitung führt einerseits zu schnellerer Erledigung und andererseits dazu, dass Aufträge überhaupt angenommen werden. Dennoch ist eine Druckausübung in laufenden Verfahren situationsbedingt notwendig. Als Wertschätzung einerseits und als negativer Anreiz andererseits scheint eine gestaffelte, dem Verhältnis zum Sachverständigen angepasste Anwendung von Sanktionsmitteln im Sinne einer Kaskade die beste Variante zu sein. Beginnend mit der Abstimmung einer zur Planbarkeit gerichtlich festgesetzten Frist und verbindlichen Zusage der Bearbeitung gegenüber dem Gericht, sollte im Falle von Versäumnissen die Kommunikation zur Klärung der Gründe die erste Stufe sein. Dabei ist die Einbeziehung des Gutachters bei der Fristenbestimmung aufgrund der besseren Kenntnis der eigenen Kapazitäten und Aufwände je nach Umfang des Beweisauftrages sowie die Einhaltung der selbstgesetzten Frist gleichzeitig Wertschätzung und Qualitätsmerkmal im Wettbewerb.

Weitere Stufen der Ahndung von Fehlverhalten sind die Androhung und der Einsatz von Ordnungsmittels, etwa in Form der Vergütungsreduktion. Die ausschließliche Sanktionierung mit finanziellen Ordnungsmitteln erscheint aufgrund der Quersubventionierung durch Parallel- und Folgeaufträge jedoch nicht immer sinnvoll. Vielmehr sollte final eine Entziehung des Auftrages mit interner Bewertung und Nichtberücksichtigung für Folgeaufträge sowie wettbewerbsrechtliche Konsequenzen durch Meldung an die Aufsichts- beziehungsweise Bestellungsbehörden angedacht werden. Ausbleibende Aufträge – als Folge schlechter, also nicht zeitgerechter oder qualitativ minderwertiger Arbeit – treffen den Sachverständigen in den Grundfesten seiner Arbeit und bilden darüber hinaus einen natürlichen Anreiz qualitativ hochwertige und zeigemäße Gutachten abzuliefern. Zur Ermöglichung einer gerechten Verteilung der Gutachtenaufträge ist die oben aufgeführte Staffelung vor allem bei verleugnenden, generell verfahrensverzögernden oder Aufträge „hortenden", beziehungsweise sonst wettbewerbsschädlichen Verhalten zum Nachteil anderer Sachverständiger streng anzusetzen.

Diese Kaskade und die daraus resultierende Reduzierung der eventuell „brauchbaren“ Gutachter funktioniert jedoch nur, wenn eine entsprechende Anzahl an gleichwertigen, geeigneten Sachverständigen vorhanden und die Erstellung von Gerichtsgutachten gesichert ist.

Wichtig ist, dass die Kommunikation im Vordergrund steht, um eventuelle Verzögerungen und zugrundeliegende Faktoren schnell aufzuklären, sodass der Einsatz von Druck- und Ordnungsmitteln erst gar nicht notwendig wird. Die Druckausübung soll eine einzelfallbezogene Härtefallmaßnahme darstellen und keine Generallösung. Insofern plädiert der Autor auch nicht für eine Gesetzesänderung, sondern vielmehr für eine psychologische sowie organisatorische Neuausrichtung und Wertschätzung mit veränderten Rahmenbedingungen. Diese dürfte auch auf Nachvollziehbarkeit bei den Gutachtern stoßen und demnach auch den Nachwuchs nicht abschrecken.

Zusammenfassend lässt sich konstatieren, dass nicht zusätzlicher Zwang zu einer Verbesserung der angespannten Situation oder der Prozessbeschleunigung bei der Gutachtenerstellung beiträgt, sondern vielmehr die Schaffung von (weiteren) marktwirtschaftlichen Anreizen notwendig ist, damit Gutachter schneller und / oder häufiger für das Gericht tätig sind. Besonders gefragte Sachverständige sind von einer hohen Arbeitsauslastung geprägt und werden sich perspektivisch die Gutachtenaufträge aussuchen können. Drucksituation, wie zum Beispiel durch pauschale Fristen oder niedrige Vorschusszahlungen, werden neben der Abarbeitung von bestehenden (Privat-)Aufträgen über Zu- oder Absage von Gerichtsanfragen entscheiden. Im wissenschaftlichen Sinn erscheinen die intrinsischen Faktoren (Eigenmotivation des Gutachters) vorhanden zu sein. Bei den extrinsischen Faktoren, also den von außen wirkenden Einflüssen, besteht erhöhter Anpassungsbedarf.

Abschließend ist zu darzulegen, wie die hier dargestellten Lösungsvorschläge prozessual und kostenseitig umzusetzen sind und ob sich eine solche Anpassung aus praktischer Sicht lohnt. Die Umsetzung der genannten Vorschläge führt nicht zwangsläufig zu einer Erhöhung der Kosten, da sie zum einen psychologischer und organisatorischer Natur sind, und zum anderen eine veränderte Vorgehens- und Denkweise der Gerichtsverwaltung betreffen. Lediglich durch die gleichstellende Honorarerhöhung und das einzuführende Bonussystem entstehen für die Parteien direkt oder mittelbar über Prämienerhöhungen bei rechtschutzversicherten Verfahrensbeteiligten höhere Kosten.

Dem Argument der fehlenden Sättigung der Gutachter und unendlichen Erhöhung der Vergütung auch nach einer Angleichung kann die

Marktbetrachtung mit Anpassung an die Üblichkeit und der daraus resultierende, argumentativ nur schwer zu belegende Mehrbedarf entgegengehalten werden. Den Parteien, denen an der Gerichtsentscheidung gelegen ist, dürften die für eine höhere Sachkunde und eine insgesamt beschleunigte, weil priorisierte Bearbeitung bei den Gerichtsgutachtern entstehenden Mehrkosten zuzumuten sein. Dieser vermeintlich negativ zu bewertende Aspekt der höheren Kosten könnte auch der Erhöhung der Vergleichsbereitschaft und damit dem Rechtsfrieden dienen.

## II. Erhöhung der Anzahl von Sachverständigen, mehr Wettbewerb und bessere Verteilung

Eine weitere Möglichkeit zur Beschleunigung des Beweisverfahrens ist die rein quantitative Erhöhung der Anzahl der Gutachter und eine bessere Verteilung der Aufträge auf die vorhandenen Ressourcen. Wie sich gezeigt hat, ist der Bedarf an qualifiziertem Sachverstand sehr groß, da sich bei den bestehenden Kapazitäten Bearbeitungsengpässe aufbauen. Dabei ist zu berücksichtigten, dass sich an dieser Situation aufgrund altersbedingter Fluktuation nicht grundsätzlich etwas ändern wird. Daraus resultiert, dass vor dem Hintergrund der bereits dargestellten, steigenden technischen und inhaltlichen Anforderungen die Aufgabenlage somit brisanter wird. Dem könnte nur durch die Erweiterung der Anzahl an qualifizierten Gutachtern entgegengewirkt werden.

Zudem scheint es auch eine ungerechte Verteilung der Gutachten zu geben, was ebenfalls zur nicht zeitgerechten Fertigstellung und damit zur Verfahrensverzögerung führen kann. Deshalb ist zu prüfen, ob es nicht notwendig ist, neben einer Erhöhung der Anzahl an Sachverständigen auch hinsichtlich der vorhandenen Kapazitäten zur besseren Verteilung einen größeren Wettbewerb anzuregen. Durch eine Konkurrenz der vorhandenen Ressourcen und Erhöhung des Bestandes soll der bestehenden Nachfrage einerseits und der Qualitätsansprüche andererseits nachgekommen werden.

Schließlich wird auch überlegt, aufgrund der Vielfalt an Fachgebieten und Bestellungs- und Ausbildungskörperschaften sowie der großen Anzahl an Berufen und der andererseits benötigten Standards, eine generelle, einheitliche Zertifizierung aller Gutachter einzuführen, um Qualitätsstandards sicherzustellen und das Wissen für die Gericht besser nutzbar zu machen.

### 1. Ergebnis der empirischen Untersuchung

#### a. Ansichten der Richter

Die Anzahl der vorhandenen Gutachter wird rechtsgebietsspezifisch differenziert bewertet. Die einen sehen den Bestand als zu gering an, sodass die Erhöhung der Anzahl an Gutachtern grundsätzlich befürwortet wird.[488] Andererseits wurde die rein nummerische Erhöhung der Sachverständigen als nicht sinnvoll erachtet, da es bereits jetzt zu viele Experten gebe; zum Teil auch solche, deren Nutzen für das Gericht nur schwer nachvollziehbar sei.[489] Vielmehr werde eine zielgerichtete Förderung für notwendig erachtet.[490] Je nach Hauptberuf sollte überdies eher eine Kapazitätsschaffung durch Freistellung von der Primärtätigkeit erreicht werden.[491]

Nach den Erfahrungen einiger Richter bestehe das Problem darin, dass es – branchenbedingt und je nach Spezialisierung – zu wenige qualifizierte, erfahrene und bewährte Gutachter gebe.[492] Diese würden sich zudem wegen hoher Nachfrage durch wiederkehrende Anfragen einerseits sowie Weitergabe von positiven Erfahrungen und Empfehlungen im Richterkreis andererseits einer überproportionalen Inanspruchnahme gegenübersehen.[493] Aufgrund des Verhältnisses zu Privatgutachten, Fortbildungen und dem Rückgriff der Gerichte entstehe bei diesen bevorzugten Sachverständigen ein hohes Arbeitsaufkommen bis zur Überlastung, was wiederum zur Verlängerung der Bearbeitungszeiten führe.[494]

Das Ansehen der Gerichtsgutachter und Sachverständigen orientiere sich an der Qualität der Gutachten, welche damit ein wesentlicher Faktor bei der Auswahl eines Sachverständigen sei.[495] Die von den Gerichten erwarteten Fähigkeiten und Kenntnisse auch hinsichtlich der rechtlichen Probleme, zur richtigen Schwerpunktsetzung, zu klaren und fundierten Ergebnissen sowie der fachlichen Unterlegung der Aussagen werden vermutlich nur von einem kleinen Anteil der verfügbaren Gutachter, hauptsächlich der häufiger eingesetzten Gerichtsgutachter erfüllt.[496] Bei den

488 Ri1.
489 Ri3; Ri4; Ri5.
490 Ri3; Ri4; Ri5.
491 Ri1.
492 Ri1; Ri3; Ri4; Ri5; Ri6; Ri7; Ri8.
493 Ri1; Ri2, Ri3; Ri4; Ri5; Ri6; Ri7; Ri8.
494 Ri1; Ri2; Ri6; Ri7; Ri8.
495 Ri2; Ri8.
496 Ri7; Ri8.

Gerichten gebe es nicht genügend Zeit, sich mit den unerfahrenen beziehungsweise weniger qualifizierten Gutachtern zu befassen und diese anzuleiten, um durch Ergänzungsfragen und persönlicher Initiative ein vergleichbares Ergebnis zu erhalten.[497] Aufgrund eines damit verbundenen höheren Aufwandes für das Gericht wird eher auf erfahrene Gutachter zurückgegriffen.[498] Jungrichter orientierteren sich anfangs ebenfalls meist an den Empfehlungen von erfahrenen Richter-Kollegen und bilden sich dann eine eigene Meinung.[499] Andere ebenfalls geeignete Sachverständige blieben wegen fehlender Empfehlungen mangels „Bekanntheit" im Hintergrund.[500]

Eine Auswahl an geeigneten, qualifizierten und erfahrenen Gutachtern sei fachbereichsbezogen sehr unterschiedlich; zum Teil stehe ein gewisser Pool an Sachverständigen zur Verfügung, andererseits derzeit nicht.[501] Je nach Rechtsgebiet gibt es zum Beispiel in den Krankenhäusern extra Kapazitäten für entsprechende Gerichtsanfragen.[502] Darüber hinaus sei auch rechtsgebietsspezifisch eine Nachfrage nach einer Vielzahl von Experten gegeben, da etwa im Medizinrecht der Sachverständige des Erstgutachtens nicht für ein Ergänzungsgutachten genutzt werden könne und es somit eines weiteren Gutachters bedürfe.[503] Aufgrund bestehender Kompetenzanforderungen wird immer ein bestimmter Fachbereich benötigt, in dem je nach Sachgebiet kein großes Wechselkontingent besteht.[504]

Nach Einschätzung eines befragten Richters, hätten in einigen Fällen angesprochene Sachverständige es nicht nötig gehabt, Gutachten anzufertigen und erst nach langem Suchen aufgrund von Urlaub oder Überlastung habe sich ein Sachverständiger im Rechtsgebiet unter Zureden und Druck (Zeitnot des Gutachtens, kurzes Gutachten reicht) bereit erklärt.[505] Zum Teil mussten durch die Richter selbst Recherchemaßnahmen in Form von Auffinden und Abtelefonieren der Gutachter vorgenommen sowie im Zuge dessen, bereits die Anforderungen an den Sachverständigen und Nachfragen und Unklarheiten geklärt werden.[506] Dieser Zeiteinsatz sei

497 Ri1; Ri2; Ri3; Ri4; Ri5; Ri8.
498 Ri3; Ri4; Ri5.
499 Ri7.
500 Ri7.
501 Ri2; Ri8.
502 Ri3; Ri4; Ri5.
503 Ri6.
504 Ri3; Ri4; Ri5.
505 Ri8.
506 Ri1.

aufwändig und führe zum Stillstand beziehungsweise zu einer Verzögerung in anderen Verfahren.[507]

Da es sich bei Gerichtsverfahren um öffentliche Verhandlungen ohne „Geheimjustiz“ handele,[508] sollte dies auch zum Wohle der Gutachter genutzt werden, die unter Hinweis auf Zertifizierungen und Erfolge für sich Werbung machen können.[509] Davon werde bereits vereinzelt Gebrauch gemacht, sodass einige Gutachter mit diversen Zertifizierungen für ihre Qualitäten werben. Es müsse jedoch weiter ausgebaut werden.[510] Zum Teil gebe es auch Gutachterpraxen, bei denen sich eine Vielzahl an Gutachtern sammeln und damit ein breites Spektrum an Fachthemen abdecken würden.[511]

Eine allgemeine Zertifizierung bewerten die befragten Richter fachgebietsbezogen differenziert. Grundsätzlich werde ein solcher Nachweis zur Gewährleistung einheitlicher Qualitäts- und Formstandards als sinnvoll angesehen.[512] Den Gerichten sei jedoch die formale Durchführung bei einzelnen Bestellungskörperschaften bekannt, ohne inhaltliche Standards und Anforderungen zu kennen.[513] Die Zertifizierung und Wiederholung entsprechender Nachweise sei somit bei den verkammerten Berufen durch die Bestellungskörperschaften ausreichend gewährleistet, sodass eine Zertifizierung nur in den übrigen, nicht in Kammern organisierten Berufszweigen Sinn mache.[514]

Hervorgehoben wird jedoch auch die Fortbildung der Gutachter. So wird seitens einiger Richter gefordert, im Rahmen der Schulungen ein paar rechtliche Probleme und Begriffe einzuführen und zu betonen, da diese häufig ein Bestandteil der Aufträge sind.[515]

Neben der Etablierung weiterer qualifizierter Gutachter besteht die Notwendigkeit zur Entlastung der vorhandenen Gutachter, zum Beispiel durch Rückgriff auf andere Beweismittel zur Klärung von Beweisfragen und Aufklärung des Sachverhaltes, wie etwa der Partei- oder Zeugenbefragung oder der Inaugenscheinnahme.[516]

---

507 Ri8.
508 Ri3; Ri4; Ri5.
509 Ri3; Ri4; Ri5; Ri6.
510 Ri3; Ri4; Ri5; Ri6.
511 Ri3; Ri4; Ri5.
512 Ri6; Ri7; Ri8.
513 Ri6; Ri7; Ri8.
514 Ri2.
515 Ri7.
516 Ri6; Ri8.

### b. Ansicht der Gutachter

Der Bedarf an Nachwuchs ist von den Befragungsteilnehmern nicht einheitlich bewertet worden. Einerseits wird ausgeführt, dass die Anzahl der derzeit verfügbaren Gutachter zu gering sei.[517] Aufgrund der Vielzahl an Verfahren gegenüber der geringen Anzahl an Gutachtern seien die (zu) wenigen tätigen, qualifizierten Sachverständigen völlig überlastet, was Grund für die Verzögerungen anderer Gutachtenaufträge sei.[518] Vor dem Hintergrund der guten bis sehr guten vor allem privatwirtschaftlichen, außergerichtlichen Auftragslage[519] wird die Notwendigkeit von passendem Nachwuchs und – daraus resultierend – der fehlende Wettbewerb unter den Gutachtern weiter deutlich.[520] Insofern wird durch die befragten Sachverständigen sehr unterschiedlich von einer „guten Auftragslage," „totalen Überlastung" und „völlig unzureichenden Anzahl von öffentlich bestellten und vereidigten Sachverständigen" sowie „fehlender Zeit" gesprochen, die die Suche nach geeigneten und verfügbaren Gutachtern schwierig mache.[521] Aus Alters- oder Systemgründen, zum Beispiel durch ausbleibende Aufträge, aussteigende Gutachter werden durch den mangelnden Nachwuchs nicht aufgefangen.[522]

Andere Befragungsteilnehmer sind der Ansicht, dass entsprechende Kapazitäten zur Entlastung grundsätzlich vorhanden seien.[523] So wird von einem befragten Sachverständigen ausgeführt, dass die in seinem Bestellungsgebiet tätigen Kollegen im Bundesland zahlenmäßig unterbesetzt sind, obwohl die Grundausbildung und der ausgeübte Beruf in anständiger Zahl vertreten ist.[524] Den geeigneten Fachleuten fehle es jedoch an der Motivation und es würde bewusst darauf verzichtet, sich als öffentlich bestellter und vereidigter Gutachter zuzulassen.[525] Die damit verbundenen Anforderungen an weitere Prüfungen oder Zertifizierungen zu durchlaufen lohne sich nicht, da die gezahlten Honorare im Vergleich zur sonstigen Vergütung zu gering ausfallen und Repressalien befürchtet würden.[526]

---

517 Sv8.
518 Sv1; Sv3; Sv8; Sv10; Sv13; Sv19.
519 Sv9.
520 Sv16.
521 Sv2; Sv8; Sv9; Sv19.
522 Sv8.
523 Sv3.
524 Sv8; Sv11.
525 Sv3; Vb2; Vb1.
526 Sv3; Vb2; Vb1; Sv9; Sv10.

Einige Gutachter sehen in der druckgetriebenen Tätigkeit als Gerichtsgutachter gegenüber der Privatgutachtertätigkeit keine Vorteile.[527]

Seitens der Gesprächsteilnehmer wird dafür plädiert, durch eine Steigerung der Attraktivität die unbedingt notwendigen (neuen) Sachverständigen für die gerichtliche Gutachtertätigkeit und eine Bestellung zu gewinnen, um die Anzahl der Gutachter auszubauen und die bestehende Arbeitslast zu verteilen.[528] Zudem bedürfe es zusätzlicher Bestellungsgebiete, um die Bandbreite an Anforderungen abzudecken.[529] Möglicher Nachwuchs werde nicht durch die Beauftragung durch Gerichte, sondern durch die deutlich „besseren Möglichkeiten", welche private Auftraggeber bieten, angelockt.[530] Für den Nachwuchs sei die Förderung von Ausrüstung und Weiterbildung ausschlaggebend.[531] Wichtig für die Nachwuchsförderung sei zudem, eine Altersgrenze einzuführen, da der Markt an Sachverständigen regional gesättigt und tendenziell überaltert sei.[532] Gleichzeitig gäbe es in manchen Bereichen auch keine Altersgrenze nach unten, um – trotz der Gefahr, die Erfahrungen und Kenntnisse der Gutachtertätigkeit vermitteln zu müssen – den Nachwuchs möglichst jung zu erreichen.[533]

Durch den Aufbau eines Pools an Sachverständigen und eine bessere Verteilung könnte die vorhandene Arbeitslast der Gutachtenaufträge besser aufgeteilt und damit schneller bearbeitet werden.[534] Von einem Befragungsteilnehmer wird außerdem angeregt, die Gerichte von der Verwendung ihrer „Hausgutachter" wegzubringen, indem etwa nur vereinzelte Sachverständige in einem Fachgebiet als Gerichtsgutachter beauftragt werden können.[535] Dies sei von großer Bedeutung, da einige Gutachter eher wenig gerichtliche Begutachtungsaufträge erhielten, wohingegen sich bei Anderen die „Aktenberge türmten".[536]

Insgesamt sei der Wettbewerb, der nur über die Qualifikation und Tätigkeitsschwerpunkte möglich sei, jedoch vorhanden und gut.[537] Andererseits wurde ein Kostenwettbewerb nur zur Verfahrensbeschleunigung

527 Sv8, Sv9, Sv10.
528 Sv7; Sv8; Sv11; Sv19; Vb1; Vb2.
529 Sv2; Sv18.
530 Sv8.
531 Sv2.
532 Sv2.
533 Sv2.
534 Sv8.
535 Vb1.
536 Sv15.
537 Sv2.

abgelehnt, da diese eher im Interesse der Gerichte oder der Parteien sei, die Akte vom Tisch zu bekommen und den Prozess abzuschließen.[538] Einige der befragten Sachverständigen haben angeregt, bei fehlender Kenntnis im entsprechenden Fachgebiet Arbeitsgemeinschaften zu bilden und dem Gericht für Spezialgebiete und bestimmte Untersuchungen entsprechend fokussierte Gutachter vorzuschlagen.[539]

Einer weiteren Zertifizierung stehen die befragten Sachverständigen ambivalent gegenüber, da in den Bestellungsvoraussetzungen für öffentlich bestellte und vereidigte Sachverständige bereits entsprechende Regelungen vorgesehen sind.[540] Der bisherige Bestellungs- und Fortbildungsprozess bei den zuständigen Kammern bilde aufgrund der Vereinheitlichung der Anforderungen und Prüfungen eine ausreichende und funktionierende Grundlage zur Qualitätssicherung.[541] Vielmehr wird die öffentliche Bestellung gegenüber der Zertifizierung als „höherwertig“ angesehen und damit letztere für die bereits öffentlich bestellten und vereidigten Gutachter abgelehnt.[542]

Vor dem Hintergrund der fehlenden Kapazitäten an öffentlich bestellten Sachverständigen seien Gerichte jedoch auch zum Rückgriff auf „andere Personen“ ohne entsprechende Bestellungsverfahren angewiesen.[543] Deren Gutachten entsprächen jedoch nicht den Maßstäben von anerkannten und öffentlich bestellten Gutachtern, sodass aufgrund der Qualitätseinbußen das Bestellungsverfahren einen Mehrwert darstelle.[544] Zudem sei der Begriff des Gutachters nicht geschützt.[545] Darüber hinaus bedürfen nicht alle gutachtenden Berufe zur Ausübung von Sachverständigentätigkeit einer zusätzlichen, speziellen Ausbildung oder Bestellung, zum Beispiel Ärzte.[546] Es gibt eine Vielzahl von angestellten Sachverständigen, die zwar nicht öffentlich auftreten, wohl aber auch gerichtsrelevante Sachverhalte beurteilen.[547]

Dementsprechend sind einige Gesprächsteilnehmer der Ansicht, dass eine Zertifizierung oder eine Vereinheitlichung der Qualifizierung für alle

538 Sv2; Sv17.
539 Sv2; Sv18.
540 Sv6; Sv12; Sv13; Sv20.
541 Vb2; Sv2; Sv9; Sv11; Sv12; Sv13; Sv15; Sv16; Sv18; Sv19.
542 Sv16; Sv17; Sv19.
543 Sv19.
544 Sv19.
545 Sv18.
546 Sv7; Sv8.
547 Sv7; Sv8.

für Gerichte tätigen Sachverständigen und damit auch für die nicht öffentlich bestellten und vereidigten Gutachter oder Freiberufler in bestimmten Sachgebieten zur Gewährleistung eines einheitlichen Qualitätsstandards sinnvoll und unabdingbar ist.[548] Hintergrund ist, dass die Gutachter einen großen Einfluss auf gerichtliche Entscheidungen und damit in das Vertrauen der Bevölkerung in den Rechtsstaat haben.[549] Um diesem Vertrauen nachzukommen, wird gefordert, im Gleichlauf mit den Aus- und Fortbildungsmaßnahmen der Bestellungskörperschaften für alle gerichtlich tätigen Gutachter regelmäßig Schulungen und Überprüfungen zu Aktualität und Fachentwicklungen durchzuführen.[550] Negativ betrachtet wird jedoch der dezentrale Zulassungs- und Überwachungsprozess ohne Einbeziehung der Gerichte in die Qualitätsprüfung und der fehlenden Kommunikation zwischen Gerichten und Gutachtern.[551] Somit würden die Kammern zwar hinreichend die Sachkunde jedoch keine weiteren erforderlichen Gutachterkenntnisse prüfen, wofür es spezieller, dringend notwendiger Kurse bedürfe.[552]

Diese könnten in besonderen von Richtern unterstützten Schulungen für Sachverständige, die als Gerichtsgutachter eingesetzt werden sollen, vermittelt werden.[553]

Hingewiesen wird jedoch darauf, dass die Vereinheitlichung des Bestellungs- und Prüfungsprozesses mit den noch nicht in Kammern organisierten Berufen vor dem Hintergrund der geschilderten Arbeitsumstände nach Ansicht einiger Praktiker nicht zu einem Anstieg der Anzahl der öffentlich bestellten und vereidigten Gutachter führen wird.[554] Auch eine verfahrensbeschleunigende Auswirkung wird stark angezweifelt.[555]

#### c. Ansicht der Rechtsanwälte

Die Rechtsanwälte erachten die Erweiterung der Kapazitäten der Gutachter als zwingend notwendig. Die Verzögerung basiere – fachgebietsspe-

---

548 Sv7; Sv8; Sv14; Sv18; Vb1.
549 Sv18.
550 Sv18.
551 Sv2; Vb2; Sv11.
552 Sv2; Vb2; Sv11.
553 Sv18.
554 Sv19.
555 Sv1.

zifisch – auf der Überlastung des einzelnen Gutachters.[556] Es gebe nur wenige gute Sachverständige, die jedoch von den Gerichten als „ihre Gutachter“ aufgrund positiver Vorerfahrungen oder Nennung durch die jeweilige Körperschaft (trotz bekannter Überlastung) inflationär in Anspruch genommen werden.[557] Die Überwachung und Nachverfolgung dieses Vorgehens erfolge aufgrund richterlicher Freiheit nicht.[558] Zur Verfahrensbeschleunigung ist bei der Auswahl eine Berücksichtigung der Belastung und daraus folgend eine breite Verteilung des Auftragsanfalls erforderlich.[559]

Weiterer Aspekt ist das hohe Alter vieler Gutachter, was dazu führt, dass aufgrund demografischen Wandels eine Vielzahl an Kapazitäten wegfallen wird.[560] Zum Teil sind mangels Altersgrenze aber auch langsame Gutachter tätig, sodass die Einführung einer Altersgrenze sinnvoll(er) ist.[561] Zudem sollten die Bestellungsgebiete der Gutachter nach Meinung der Rechtsanwälte ähnlich dem Fachanwaltskonzept erweitert werden.[562]

Es wird von mehreren befragten Rechtsanwälten kritisiert, dass einige Gutachter trotz entsprechender Aus- und Überlastung dennoch Aufträge annehmen, ohne mit der Arbeit zu beginnen, und dadurch die Konkurrenz ausgestochen und den Wettbewerb vernichtet haben.[563] Darüber hinaus, werden einige Gutachter für Privatgutachten in Anspruch genommen, die dann für das Gerichtsverfahren als Gerichtsgutachter unter anderem wegen Befangenheit nicht mehr verwendbar sind.[564] Dementsprechend sei neue Konkurrenz notwendig.[565]

Zur Beschleunigung und Abschichtung der Arbeitslast sei ein „ordentlicher Nachwuchs“ bei den Sachverständigen notwendig.[566] Erforderlich ist nicht nur die reine Erhöhung der Anzahl der Gutachter, sondern vielmehr muss auch eine Art der Zertifizierung oder andere Sachkundeprüfung erfolgen.[567] Diese könnte dann als Zutrittskriterien für den Gerichtsgutachterstatus dienen, damit gemäß der Forderung der Anwaltschaft von den

---

556 Ra1; Ra2; Ra3; Ra4; Ra6.
557 Ra1; Ra2; Ra4; Ra6.
558 Ra6.
559 Ra6.
560 Ra1.
561 Ra1.
562 Ra2.
563 Ra1; Ra2; Ra4.
564 Ra1.
565 Ra1; Ra2; Ra4.
566 Ra4.
567 Ra1; Ra3.

Gerichten nicht irgendwer, sondern nur die „wirklich guten“ Sachverständigen für die gerichtlichen Aufträge ausgewählt und ernannt werden.[568] An die Gutachter würden bestimmte Anforderungen gestellt, wonach diese zur Qualitätssicherung unter Aufsicht bestimmte Sachkundeprüfungen abgelegt und empirische Erfahrungen erworben haben müssen.[569] Es gebe Fortbildungen und Zertifizierungen im Bereich der Bestellungskörperschaften, welche die Sachverständigen im Regelturnus zur Erneuerung ihrer Zulassung zwingen.[570] Bei einem Gerichtsgutachten komme es zwar für das Renommee und die Auswahl auf die fachspezifische, praktische Marktkenntnis an, die wichtiger und entscheidender sei als Zertifikate.[571] Eine Verbesserungsmöglichkeit ergebe sich jedoch aus der mangelnden (Prozess-)Kompetenz einiger beauftragter Gutachter, die zuvor Unternehmer waren und nur aufgrund Praxiserfahrung, aber ohne fachliche Ausbildung und Kenntnisse in Bezug auf die Gestaltung und Schwerpunktsetzung der Gerichtsgutachten tätig sind.[572]

Insofern wird zur Qualitätssicherung dieser Vorschlag der grundsätzlichen Zertifizierung als sehr sinnvoll erachtet.[573] Andererseits sei eine weitere Zertifizierung allein für die Tätigkeit vor Gericht bei gewissen Rechtsgebieten und entsprechenden gutachterlich tätigen Personen unwahrscheinlich.[574] Für Privatgutachten sei eine Zertifizierung ohnehin irrelevant.[575]

Nach Einschätzung eines Gesprächspartners haben einige Gutachter eine Vielzahl an vor allem technischen Zertifizierungen, die für die übrigen Verfahrensbeteiligten intransparent sind. Eine weitere Zertifizierung würde zu dieser „Unübersichtlichkeit“ beitragen.[576] Des Weiteren stellen sich die Interviewpartner vor allem vor dem Hintergrund der mannigfaltigen Fachrichtungen wiederum die Frage der Überwachung und Einrichtung eines entsprechenden Prozesses.[577] Eine Beschleunigung des Verfah-

568 Ra1; Ra3.
569 Ra3.
570 Ra1.
571 Ra5.
572 Ra1.
573 Ra3.
574 Ra7.
575 Ra5.
576 Ra4.
577 Ra4.

rens wird hierdurch nicht gesehen.[578] Eher würden weitere Zertifikate, die sich die Gutachter bezahlen ließen, zu einer Kostensteigerung führen.[579]

### 2. Auswertung der Literatur

Die Anzahl der Gutachter wird als relevanter Faktoren für eine Verfahrensbeschleunigung angesehen.[580] Ein Problem der überlangen Verfahren und prozessverzögernder Bearbeitung ist eine Kapazitätsengpass. Dieser basiert darauf, dass die Anzahl der öffentlichen Bestellungen und der für Gerichtsgutachten zur Verfügung stehenden Sachverständigen gering beziehungsweise rückläufig ist und dies zu einer Konzentration von zu vielen Aufträgen bei den wenigen verfügbaren und geeigneten Sachverständigen führt.[581] Demgegenüber steigen die Anforderungen und Nachfragen nach qualifizierter Expertise.[582]

Des Weiteren besteht ein Wettbewerb um die Gutachter auch zu anderen Verfahren und (privaten) Aufträgen.[583] Durch zusätzliche Möglichkeiten etwa im Bereich außergerichtlicher Streitbeilegungsverfahren als Mediator oder Schiedsgutachter tätig zu sein, stehen weitere lukrative Betätigungsfelder zur Verfügung,[584] die zu zusätzlichen Kapazitätseinbußen führen können.

Wie auch bereits von den Gesprächspartnern der empirischen Untersuchung dargelegt, favorisieren die Gerichte stets bestimmte Sachverständige aufgrund positiver Erfahrungen und einem Mangel an (alternativ) ausreichend qualifizierten und zuverlässigen, zur Verfügung stehenden Gutachtern.[585] Dies geschieht vor dem Hintergrund einer erhofften, un-

---

578 Ra4.

579 Ra5.

580 Vgl. *Blendinger*, DS 2015, 211 (216 f.); *Hommerich*, DS 2014, 43 (47); vgl. *Kramarz*, DS 2014, 170 (171).

581 *Jäckel*, S. 168 f. Rn. 567; *Schlehe*, DS 2013, 337 (337, 341); *Sadler-Berg* DS 2018, 177 (178).

582 *Schlehe*, DS 2013, 337 (337, 341); *Jacobs*, DS 2016, 67 (67); *Blendinger*, DS 2015, 211 (215, 216 f.); *Lehmann*, DS 2019, 121 (127); *Sadler-Berg*, DS 2018, 177 (178); *Volze*, DS 2016, 21 (22).

583 Vgl. *Bleutge*, GewArch 2017, 266 (268).

584 Vgl. *Schlehe*, DS 2013, 337 (339, 341); *Schmidbauer*, DS 2013, 172 (174).

585 Vgl. C.II.1.a. S. 79 f. (Ri), b. S. 84 (Sv), c. S. 86 (Rechtsanwälte); *Walter*, DS 2013, 385 (390 f.); *Blendinger*, DS 2015, 211 (212 f., 216 f.); *Walter*, DS 2015, 205 (205); *Keders/Walter*, NJW 2013, 1697 (1702); *Lehmann*, DS 2014, 232 (235); vgl. *Kramarz*, DS 2014, 170 (171).

komplizierten Bearbeitung und im Bewusstsein, dass sich aufgrund des Bekanntheitsgrades und der damit verbundenen überdurchschnittlichen Auslastung die Erstellungsdauer verlängert.[586] Bei den Gerichten gebe es, wie auch in der Befragung festgestellt, nicht genug Zeit sich mit der intensiven Anleitung unerfahrener Gutachter zu befassen.[587] Durch die wiederholte Inanspruchnahme sind diese Gutachter häufiger überlastet als andere.[588]

Zudem gibt es eine hohe Anzahl an älteren Sachverständigen[589], die früher oder später ausscheiden. Deshalb wird auch – wo zulässig – für Altersgrenzen[590] beziehungsweise eine verstärkte, regelmäßige, eventuell befristete, altersunabhängige Überprüfung der in einem „dynamischen" Umfeld relevanten Fähigkeiten und Fachkenntnisse plädiert, da sie sonst als veraltet und nicht mehr als überdurchschnittliche Sachkunde anerkannt werden.[591]

Somit bedarf es eines ausreichend großen Sachverständigenpools, um mit den vorhandenen Ressourcen die entsprechenden Gutachtenanforderungen innerhalb der vorgegebenen Fristen abarbeiten zu können.[592]

Das Gericht ist auf qualifizierte und überzeugende sowie neutrale Sachverständige angewiesen, da es sich so die Chancen eines arbeitserleichternden Vergleiches oder weiteren Verfahrensverlaufes erhält und ansonsten mit zeitraubenden und damit verfahrensverzögernden Befangenheitsanträgen befassen muss.[593]

Die Engpässe an ausreichend qualifizierten und zuverlässigen Gutachtern liessen sich einerseits durch eine bessere Verteilung der Aufträge auf die vorhandenen Kapazitäten abmildern, um mit „Vertrauen und positiven Erfahrungen" weitere Ressourcen für kommende Aufträge zu

---

586 *Walter*, DS 2013, 385 (390 f.); *ders.*, DS 2015, 205 (205); *Keders/Walter* NJW 2013, 1697 (1702); *Jordan/Gresser*, DS 2014, 71 (82).
587 Vgl. C.II.1.a. S. 80; vgl. *Jordan/Gresser*, DS 2014, 71 (82); *Walter*, DS 2013, 385 (391).
588 *Walter*, DS 2013, 385 (390 f.); vgl. *Blendinger*, DS 2015, 211 (212, 216 f.); *Walter*, DS 2015, 205 (205); *Keders/Walter*, NJW 2013, 1697 (1702); *Lehmann*, DS 2014, 232 (235).
589 Vgl. *Schlehe*, DS 2013, 337 (337).
590 Exemplarisch zur Altersverteilung *Jordan/Gresser*, DS 2014, 71 (72, 78).
591 *Bleutge*, GewArch 2014, 49 (50, 55.); *ebd.*; GewArch 2017, 266 (267).
592 Vgl. *Vorwerk*, NJW 2017, 2326 (2330).
593 *Blendinger*, DS 2015, 211 (212, 215); *Linz* DS 2017, 145 (145); *Greger*, NZV 2016, 1 (4).

gewinnen.[594] Andererseits sei durch die Schaffung von Aus- und Fortbildungsanreizen und der verstärkten Werbung um neue öffentlich-bestellte Gutachter der Aufbau von Nachwuchs in den Vordergrund zu rücken, um der Nachfrage nach qualifizierten Gutachtern auf immer neuen Fachgebieten mit entsprechenden Bestellungen gerecht zu werden.[595]

Die Aus- und Weiterbildung der Sachverständigen obliegt den entsprechenden Institutionen. Deren übergreifende Aufgabe müsse sein, mit Unterstützung der Justizverwaltung gemeinsam mit den Bestellungskörperschaften, Richter sowie Sachverständigen unter Abgleich der „gegenseitigen Erwartungshaltungen" und vor dem Hintergrund der allgemeinen Themen der Globalisierung und Digitalisierung ein sinnvolles „Aus- und Weiterbildungskonzept" aufzubauen.[596] Durch Ausweitung auf neue Gebiete sei der Bestellungsprozess auch für zukünftige Sachverständige attraktiv zu machen.[597] Darüber hinaus ist die Fortbildung der Sachverständigen auch zur möglichst optimalen Umsetzung der neben den fachlichen Anforderungen stehenden, gerichtsseitigen formalen und inhaltlichen Erwartungen an die Gutachtenerstellung und -einreichung notwendig, um dem Gericht durch ein einfach zu verwertendes und verständliches Gutachten eine vollwertige Unterstützung zu sein.[598]

Falsche oder missverständliche Gutachten können ein Grund für Verständnisfragen und Ergänzungsgutachten sowie Vergütungsverlust bei Pflichtverletzungen sein sowie zur Besorgnis der Befangenheit oder Gefälligkeitsgutachten und darauf beruhenden Ablehnungsanträgen führen.[599] Deswegen sollten diese Schulungen unter Verwendung von kammer- oder verbandsseitigen Materialien und der (Muster-)Sachverständigenordnungen stattfinden.[600] Dort sind die Voraussetzungen der Ablehnungsgründe und die als zulässig anerkannten Umstände einer Vorbefassung sowie

---

594 Vgl. *Jordan/Gresser*, DS 2014, 71 (82); *Lehmann*, DS 2014, 232 (235); *Schlehe*, DS 2013, 337 (339); *Walter*, DS 2013, 385 (391); *Linz*, DS 2017, 145 (145).

595 *Lehmann*, DS 2014, 232 (235); vgl. *Blendinger*, DS 2015, 211 (217); *Schlehe*, DS 2013, 337 (341); *Sadler-Berg* DS 2018, 177 (178); vgl. *Hommerich*, DS 2014, 43 (47f.); *Bleutge*, GewArch 2014, 49 (56).

596 *Walter*, DS 2013, 385 (391); *Schlehe*, DS 2013, 337 (341); *Schmidbauer*, DS 2017, 265 (266).

597 *Schlehe*, DS 2013, 337 (341); *Sadler-Berg*, DS 2018, 177 (178).

598 *Ahrens*, ZRP 2015, 105 (107); *Walter*, DS 2013, 385 (391); *Seibel*, NJW 2014, 1628 (1629); *Mayr*, DS 2013, 128 (128f.); *Kramarz*, DS 2014, 170 (170ff., 176); vgl. *Bleutge*, GewArch 2017, 266 (267).

599 *Mayr*, DS 2013, 128 (128ff.); *Grossam*, DS 2015, 46 (46, 49); *Linz*, DS 2017, 145 (145, 147, 150); *Schlehe*, DS 2013, 337 (339).

600 *Mayr*, DS 2013, 128 (128, 130); *Braun*, DS 2014, 52 (53).

weitere fachliche und inhaltliche Anforderungen an die Gutachten dargelegt.[601]

Schließlich wird von der Literatur auch die Konkurrenz zwischen den Gutachtern angeregt, indem sich der Sachverständige bei gleichen Voraussetzungen im Wettbewerb mit anderen als Dienstleister gegenüber dem Kunden "Gericht" sehen sollte. Anhand der gesetzten Anforderungen (Qualifikation, Qualität, Zeit und Kommunikation) müsse er sich von anderen absetzen und den Kunden unter Abwendung von der bisherigen Favorisierung und dessen Überlastung von sich überzeugen.[602] Da jeweils ein wirtschaftliches Interesse an der Erstellung gewinnbringender Gutachten vorliegt, besteht auch ein entsprechender Wettbewerb einerseits und eine Abhängigkeit von den Gerichten andererseits.[603] Daher wird auf die zulässigen Möglichkeiten zur Werbung in eigener Sache hingewiesen.[604] Die negative Seite des Wettbewerbs bei einem Überangebot an Gutachtern führt dazu, dass es in bestimmten Fachbereichen, in denen die Begutachtung auch von nicht öffentlich bestellten Sachverständigen möglich ist, die Preise gedrückt und „Dumpingpreise sowie fragwürdige Leistungen, wie Kurzgutachten", angeboten werden.[605] Bei Gerichtsgutachten sei eine solche Folge des Wettbewerbs nicht möglich, da bei der Beauftragung bereits ein Gutachter bestimmt und die Vergütung durch das JVEG vorgegeben werde.[606]

Neben dem Wettbewerb wird jedoch auch zur Sicherstellung der aus der Globalisierung, Digitalisierung und Zentralisierung resultieren Anforderungen für die Bildung von Bürogemeinschaften und (interdisziplinären) Zusammenschlüssen und Netzwerke plädiert.[607]

Eine weitere Forderung besteht darin, dass jeder Gutachter als Qualitätsmerkmal eine fachbezogene Form der Zertifizierung oder Qualifizierung nachweisen können sollte.[608] Der Begriff des Sachverständigen oder des Gutachters unterliege weder einer gesetzlichen Normierung noch

---

601 *Braun*, DS 2014, 52 (53); *Schlehe*, DS 2013, 337 (339 f.).

602 *Walter*, DS 2013, 385 (392; 393); vgl. *Schlehe*, DS 2013, 337 (340) für Privatgutachter; vgl. *Bleutge*, GewArch 2017, 266 (269) „seriöser Wettbewerb".

603 *Gresser*, NJW-aktuell 23/2014 S. 12.

604 *Bleutge*, GewArch 2017, 266 (270f.); *Weder*, DS 2020, 112 (113).

605 *Schlehe*, DS 2013, 337 (340), *Bleutge*, GewArch 2017, 266 (268 f.).

606 *Schlehe*, DS 2013, 337 (338, 340).

607 *Schmidbauer*, DS 2017, 265 (265 f.); *Hommerich*, DS 2014, 43 (47 f.); *Jordan/Gresser*, DS 2014, 71 (77 ff.).

608 *Hommerich*, DS 2014, 43 (48 f); *Jordan/Gresser*, DS 2014, 71 (77 ff.), „Festlegung einer Mindestqualifikation".

einer Definition oder eines Schutzes, sodass eine Täuschung mit Qualifikationen möglich sei.[609] Gerichte sind aufgrund des beschrieben Kapazitätsengpasses ohne anderweitige Alternativen zu einer Reduzierung der Anforderungen gezwungen und beauftragen Gutachter, welche als reine Praktiker oder aufgrund ausschließlich theoretischer Kenntnisse keine ausreichenden Fähigkeiten und Erfahrungen aufweisen können.[610] Aus Mangel an einer im Bestellungsprozess zwingenden Aus- und Fortbildung in Gerichtsgutachten haben diese Gutachter Probleme, wodurch sich das Verfahren initial oder durch die notwendige Einbindung weiterer, ergänzender Gutachter verzögern und verteuern würde.[611] Da eine Überprüfung und Qualitätssicherung durch die Justiz nicht mehr erfolgt[612], bedarf es einer anderweitigen dauerhaften Sicherstellung der Qualität sowie Zuverlässigkeit, Neutralität, Objektivität und Glaubwürdigkeit und einem Nachweis der „persönlichen Eignung und fachlichen Qualifikation". Hierfür wurden vor dem Hintergrund der Vielschichtigkeit der fachlichen Bereiche öffentliche Bestellungen und Vereidigungen durch die zuständigen Körperschaften eingeführt.[613]

Die Bezeichnung des öffentlich bestellten und vereidigten Gutachters soll in der „Gesellschaft und der Rechtspflege" einen durch strafrechtlichen Schutz gewährleisteten Qualitätsstandard, eine besondere Wertschätzung und Vertrauen sowie eine vom Gesetzgeber hervorgehobene Stellung und bevorzugte Auswahl im Prozess erzeugen.[614] Die Verbände haben deshalb darauf hingewirkt, eine Begründungspflicht für die Auswahl von nicht-öffentlich bestellten Gutachtern einzuführen.[615] Nicht alle unter § 407 ZPO fallenden Sachverständigen unterliegen einer öffentlichen Be-

609 *Böttger* in Bayerlein, S. 6 Rn. 6, 9; *Schmidbauer*, DS 2013, 172 (173); vgl. *Bleutge*, GewArch 2017, 266 (269 ff.).

610 Vgl. *Schlehe*, DS 2013, 337 (340); *Jordan / Gresser*, DS 2014, 71 (73, 77 ff., „Hobbygutachter"); vgl. *Blendinger*, DS 2015, 211 (212 f., 216 f.).

611 Vgl. *Volze*, DS 2016, 21 (22); vgl. *Bleutge*, GewArch 2017, 266 (269).

612 *Braun*, DS 2014, 52 (53).

613 *Braun*, DS 2014, 52 (53); *Schlehe*, DS 2013, 337 (337); *Walter*, DS 2013, 385 (391 ff.); *Schmidbauer*, DS 2013, 172 (173 f.); *Hommerich*, DS 2014, 43 (49); *Bleutge*, GewArch 2014, 49 (50 ff.) „besondere Sachkunde"; *ders.*, 2017, 266 (266); *Blendinger*, DS 2015, 211 (213).

614 *Schmidbauer*, DS 2013, 172 (173, 175); *Linz*, DS 2017, 145 (145 f.); *Schlehe*, DS 2013, 337 (337, 339); *Blendinger*, DS 2015, 211 (213); vgl. *Walter*, DS 2013, 385 (392); *Braun*, DS 2014, 52 (52 f.); *Bleutge*, GewArch 2014, 49 (51, 53) „Gütesiegel"; vgl. *Jäckel*, S. 185 Rn. 621.

615 Vgl. *Volze*, DS 2016, 21 (22).

stellung.[616] Folglich ist bei vielen der in Frage kommenden Gutachtern kein Qualitätssicherungssystem vorhanden und es bedarf eines einheitlich verpflichtenden, übergeordneten und am öffentlichen Bestellungswesen orientierten Zertifizierungsverfahrens.[617]

Die Einführung eines neuen Zertifizierungssystems wird vor dem Hintergrund einer Zersplitterung in verschiedene Systeme skeptisch betrachtet. Gleich den Gesprächspartnern der empirischen Befragung wird kritisiert, dass nicht auf das bestehende, aufgrund angemessener Leistungsüberprüfungen als gutes Qualitätsmerkmal angesehene System von Bestellung und Vereidigung zurückgegriffen wird.[618] Aufgrund einer Flut von Zertifikaten und dubiosen Fortbildungskursen, drohe eine Verwässerung und ein Anerkennungsverlust des Sachverständigenstatus.[619] Die Gemeinsamkeiten und Unterschiede der öffentlichen Bestellung und Zertifizierung sowie Vorteile der Zertifizierung für ein Gerichtsverfahren sind nicht immer transparent und scheinbar vielen Richtern nicht geläufig.[620] Unterschiede bestehen vor allem in Bezug auf die Bestellung und Qualitätsstandards sowie den begrifflichen Schutz, die Berechtigungen und Verpflichtungen sowie der Überwachung und Fortbildung. Alles ist bei der öffentlichen Bestellung aufgrund gesetzlicher Grundlage vorgegeben, wohingegen die Zertifizierung allein auf privatrechtlicher Grundlage erfolgt.[621]

Nur teilweise sind Zertifizierungssysteme in puncto Qualitätsmaßstäben mit der öffentlichen Bestellung vergleichbar, sodass nach Ansicht einiger Autoren der Literatur die daraus resultierenden Unterschiede zu einem Vorteil für das Bestellungsverfahren und die Wiederverwendung der Sachverständigen führen.[622]

Im Rahmen der ISO-Zertifizierung wird nirgends der genaue Aufgabenbereich einer Zertifizierungsstelle definiert und die Durchführung einer fachlich ordnungsgemäßen Zertifizierung des Sachverständigen geprüft, auch weil für den Vergleich notwendige Qualitätsstandards und Vorgaben

616 *Ahrens*, ZRP 2015, 105 (107).

617 *Jacobs* DS 2016, 67 (67); *Bleutge*, GewArch 2017, 266 (272 f.); *Walter*, DS 2018, 186 (187).

618 Vgl. C.II.1. S. 81 (Ri), 84 (Sv); *Böttger* in Bayerlein, S. 5 Rn. 5; *Schmidbauer*, DS 2013, 172 (172 ff.); vgl. *Volze*, DS 2016, 21 (22).

619 *Schmidbauer*, DS 2013, 172 (172 ff., 174).

620 Vgl. *Walter*, DS 2013, 385 (392).

621 *Böttger* in Bayerlein, S. 93 Rn. 19; vgl. *Schlehe*, DS 2013, 337 (337); *Schmidbauer*, DS 2013, 172 (174); *Ahrens*, ZRP 2015, 105 (107).

622 *Ahrens*, ZRP 2015, 105 (107); *Schmidbauer*, DS 2013, 172 (174).

fehlen und diese nicht kontrolliert werden.[623] Daher könne „jeder jeden für jedes Sachgebiet zertifizieren“[624], was dem eigentlichen Zweck der Qualitätssicherung zuwiderläuft.[625] Aufgrund der fehlenden normativen Grundlage und Regelung des Zertifizierungssystems bleiben Zweifel am vollständigen Ersatz des bestehenden Systems im Sinne einer europaweiten Anerkennung, sondern es wird ein weiteres („Billig“-)System eingeführt.[626]

Zur Sicherstellung des Wettbewerbs bedarf es flächendeckender und staatenübergreifender, gleichwertiger Qualitätssicherungs- und Zulassungsstandards. Somit sind weitere, regulierende Schritte und Regelungen zur Aufklärung, Vereinheitlichung der Anerkennung auf nationaler oder internationaler Ebene nötig.[627] Dabei soll der Standard der öffentlichen Bestellungen als Grundlage für die „Institutionen“ beibehalten werden, um nicht (wieder) eine staatliche Kontrolle erforderlich zu machen.[628] Die Etablierung der Zertifizierung ist auch von der Akzeptanz und Nachfrage bei den Kompetenzsuchenden, etwa den Gerichten, Unternehmen wie Versicherungen oder Privatleuten abhängig.[629] Bis dahin werden die Institute in Form des öffentlich bestellten und vereidigten neben dem zertifizierten Sachverständigen bestehen bleiben.[630]

### 3. Fazit

Die Untersuchung hat gezeigt, dass es zur Belastungssteuerung der gleichmäßigen Verteilung der vorhandenen Kapazitäten und der fachgebietsspezifischen Schaffung neuer Ressourcen bedarf. Für die etablierten und häufig angefragten Gutachter sind gleichgeeignete Kollegen bereitzustellen.

Die bestehenden Kapazitäten sind erschöpft, da es zum einen nicht genügend Gutachter gibt und diese entweder aufgrund Auftragsfülle und

623 Vgl. *Böttger* in Bayerlein, S. 89 Rn. 17; *Schmidbauer* DS 2013, 172 (172).
624 *Böttger* in Bayerlein, S. 89 Rn. 17; *Schmidbauer* DS 2013, 172 (172).
625 *Schmidbauer* DS 2013, 172 (172).
626 Vgl. *Böttger* in Bayerlein, S. 89 Rn. 17; *Schmidbauer* DS 2013, 172 (174); *Walter*, DS 2013, 385 (392); *Bleutge*, GewArch 2014, 49 (52 f., 56); *ders.*, 2017, 266 (269).
627 Vgl. *Böttger* in Bayerlein, S. 90 Rn. 6, S. 95 Rn. 27; vgl. *Schmidbauer*, DS 2013, 172 (174 f.), vgl. *Bleutge*, GewArch 2017, 266 (269 ff.).
628 *Schmidbauer*, DS 2013, 172 (175); *Hommerich*, DS 2014, 43 (49); vgl. *Jordan/Gresser*, DS 2014, 71 (78 ff.); vgl. *Bleutge*, GewArch 2017, 266 (269, 272).
629 Vgl. *Böttger* in Bayerlein, S. 95 Rn. 29; „Marktnachfrage“.
630 *Böttger* in Bayerlein, S. 96 Rn. 30.

wiederholter Inanspruchnahme oder ihrer Berufssituation als Nebengutachter im Gegensatz zu hauptberuflich tätigen Sachverständigen nur teilweise verfügbar sind. Eine Verteilung auf und ein Wettbewerb von gleichgeeigneten Gutachtern kann hier für Entspannung sorgen. Zum anderen besteht vor dem Hintergrund des demografischen Wandels und des Fehlens einer Altersgrenze ein hohes Wegfallpotenzial einer Vielzahl von noch aktiven Gutachtern im hohen Alter, deren Austritt absehbar ist. Anscheinend ist die Altersgrenze satzungsmäßig jedoch in beide Richtungen offen, was dem jungen Nachwuchs einen frühen Einstieg ermöglichen soll, aber auch älteren oder in anderen Berufen nicht mehr tätigen, dennoch technisch auf dem neusten Stand befindlichen Personen ein Auffangbecken bietet. Zwar können die jungen Nachwuchskräfte mit überschaubarem Schulungs- und Hospitationsaufwand an die Gutachtertätigkeit herangeführt werden. Insgesamt scheinen aber zur Ressourcensicherung eine Altersgrenze nach oben und unten und/oder ein Wissensnachweis die praktisch sinnvollsten Lösungen zu sein.

Die im Medizinrecht funktionierende Lösung einer Vorhaltung von Kapazitäten und Aufbau eines Pools an Sachverständigen zur schnellen Bereitstellung von Ressourcen für Gerichtsbegutachtungen könnte höchstens für Zusammenschlüsse von Gutachtern relevant sein. Hierfür bedarf es einer Gutachtertätigkeit im Nebenberuf und keiner laufenden, hauptberuflichen Beschäftigung, da die wirtschaftliche Existenz nicht durch die „Begutachtung auf Abruf“ gesichert ist.

Weiterhin besteht die Notwendigkeit der Aus- und Fortbildung (neuer) Sachverständiger in Bezug auf die Anforderungen und Erwartung der Spruchkörper vor allem hinsichtlich der Erstellung fachgerechter und aussagekräftiger Gutachten. Damit siedelt sich auch auf der Ebene der gefragten Experten eine breite Masse an, um der Nachfrage an guten, geeigneten Sachverständigen gerecht zu werden.

Für die Gewinnung von neuem Nachwuchs sind jedoch Vorteile und Anreize zu verdeutlichen. Denn durch einen Wettbewerb besteht die Chancen auch als „Novize“ durch entsprechende Leistungen für eine schnelle Etablierung am Markt und Folgeaufträge zu sorgen. Aufgrund der voranschreitenden Digitalisierung und dem Entstehen neuer Wissensgebiete sowie den daraus resultierenden neuen Anforderungen ist ähnlich dem Fachanwaltskonzept gleichzeitig auch die Schaffung neuer Bestellungsgebiete durch Etablierung einer Kommission zur Untersuchung und Festlegung entsprechender Gebiete erforderlich. Deren Zusammensetzung und Ansiedlung soll nicht Gegenstand dieser Untersuchung sein.

Zur Gewährleistung einer besseren Vergleichbarkeit der Qualifikationen für die Gerichte und um eine geeignete Verteilung der gerichtlichen Anfragen als auch die Einführung von neuen Fachgebieten zu ermöglichen, müssen allgemein gleiche Qualitätsstandards gegeben sein. Dazu gibt es mit der öffentlichen Bestellung einerseits und mit der ISO-Zertifizierung andererseits Institute, die nebeneinander bestehen sollten. Eine generelle Zertifizierung ist nicht für jeden Gutachter zusätzlich notwendig, da in den Bestellungsgebieten durch etablierte Verfahren bereits eine ausreichende Qualitätssicherung erfolgt oder je nach Fachgebiet (Medizinrecht) ein zusätzliches „Gütesiegel“ nicht notwendig ist.

Vielmehr sollte eine „Entweder-Oder-Lösung“ zu einer Absicherung der Qualitätsstandards ausreichend sein. Dafür ist jedoch die Konsolidierung der Fortbildungs- und Prüfungsverfahren und Bezeichnungen einerseits sowie die Gleichstellung durch Angleichung der zertifizierten Gutachter im Rahmen der Auslegung der vorhanden gesetzlichen Regelungen notwendig. Eine dadurch erzielte übergreifende Sicherstellung verhindert auch den Rückgriff auf von der Praxis monierte, nicht-qualifizierte und selbst-ernannte Gutachter mit entsprechenden negativen Folgen der Nachbesserung oder Neuvergabe von nicht den Standards entsprechenden Gutachten. Es sind einheitliche Qualifikationskennzeichen und Abweichungen festzulegen, um im Rahmen der Gutachterauswahl eine fundierte Entscheidung treffen zu können.

Diese Lösungsvorschläge, der Erhöhung der gutachterlichen Kapazitäten und besseren Verteilung derselben durch mehr Wettbewerb, dienen der mittelbaren Beschleunigung des Prozesses durch ausreichende Kapazitäten an Fachkenntnissen, sowie durch die Gewährleistung von Qualitätsstandards die Gefahr von Fehlgutachten und einer zeitaufwändigen Neubeauftragung zu reduzieren. Es ist vorstellbar, dass die Verfahren dadurch günstiger werden. Zwar würden sich die Gutachter die Zertifizierung bezahlen lassen, sodass sich diese auf vergleichbarem Stand befinden und es keine günstigen, von den Gutachtern als Dumpingpreise bezeichneten, Honorare geben würde. Eine einheitliche Qualitätssicherung könnte auch die Akzeptanz steigern und damit die Chance erhöhen, dass sich die Parteien auf einen Gutachter einigen oder ein Parteigutachten für ausreichend halten und damit seltener geneigt sind, noch ein Gerichtsgutachten einzuholen.

## III. Spezialkammern, situative Besetzungsänderung und gegenseitige Unterstützung

Die Notwendigkeit von Sachverständigen könnte auch dadurch verringert werden, dass die Gerichte selbst eine höhere Sachkunde aufweisen. Dies könnte durch weitere auf bestimmte Sachgebiete ausgerichtete Zivilkammern (Spezialkammern) sowie eine situative Besetzungsänderung mit entsprechend versierten Richtern oder Gutachtern erfolgen. Die hinter diesem Lösungsansatz stehende Idee ist, die Fachkenntnisse der Gerichte aufzubauen, um das Verständnis des Sachverhaltes und der damit zusammenhängenden Probleme einerseits sowie die Übertragung auf den rechtlich zu würdigenden Sachverhalt andererseits in einer Person zu vereinen. Somit wäre vielleicht die zeitintensive, ausgelagerte Begutachtung obsolet und das Verständnis beim Gericht „ohne Übertragungsfehler" vorhanden.

Ein weiterer Vorschlag zur Verbesserung des Prozessablaufes ist, dass es anstatt einer „Druckausübung" vielmehr einer Unterstützung des Gutachters durch das Gericht und *vice versa* bedarf. Unter Ausnutzung dieser Synergien zwischen Spruchkörper und Sachverständigem könnte das Zivilverfahren von der gegenseitigen Unterstützung profitieren und beschleunigt werden.

### 1. Ergebnis der empirischen Untersuchung

#### a. Ansicht der Richter

Ein Teil der befragten Richter bewertet die Einführung der Kammern, die in bestimmten Rechtsbereichen bereits installiert worden sind, und die spezialisierte Besetzung mit fachlich geschulten Richtern grundsätzlich eher positiv.[631] Die Spezialkenntnisse der Kammern werden für die Verbesserung der wichtigen Zusammenarbeit zwischen Gericht und Sachverständigem auf fachlicher Ebene als hilfreich erachtet. Eine bessere Sachkunde wirke sich einerseits vor allem auf einen schnelleren Einstieg in den Fall und die relevanten Fragen positiv aus und münde in gezielteren Beweisbeschlüssen.[632] Andererseits sei die eigene Kenntnis für das Verständ-

631 Ri2; Ri7; Ri8.
632 Ri7; Ri8.

nis und die Bewertung des Gutachtens überhaupt und bei der fachlich tiefgreifenderen Sachverständigenbefragung zuträglich.[633]

Von den befragten Richtern wird jedoch darauf hingewiesen, dass dadurch der Sachverständige nicht ersetzt werden kann, sondern dies zu einer Verbesserung der gerichtlichen Fähigkeiten führt, das Gutachten zu verstehen und zu erfassen, um eine gute Basis für etwaige Vergleichsverhandlungen zu haben.[634] Eine eigene Fachkenntnis der Gerichte ist im Verfahren darzulegen und dient dazu, die Erfolgsaussichten des Prozesses besser beurteilen zu können und damit in Vergleichsverhandlungen frühzeitig einsteigen zu können.[635] Es gebe jedoch zu viele spezifische Fachbereiche und zu viele fachliche Details, als dass diese von den Richtern abgedeckt und aufgebaut werden könnten.[636] Insofern sei man auch bei entsprechender Erfahrung aus vielen Verfahren zu einem bestimmtem Rechtsgebiet stets auf externe Kenntnisse und somit auf Sachverständige angewiesen und greife auf diese zurück.[637]

In einer ad hoc-Besetzung mit Laienexperten sehen einige Richter keine Mehrwerte und Vorteile, da sich entsprechende Spezialisten berufen fühlten, besonders aktiv zu werden, ohne auf die konkreten Fragestellungen einzugehen.[638]

Hinsichtlich des weiteren Vorschlages einer gegenseitiger Unterstützung anstatt einer Druckausübung sehen die Gerichte eine lenkende Beeinflussung durch die Justizverwaltung vor allem vor dem Hintergrund der gesetzlich fixierten richterlichen Freiheit als abwegig.[639] Die Einbeziehung und Auswahl des Gutachters sowie die Leitung und Förderung des Verfahrens seien Gegenstand der richterlichen Freiheit und Erfahrungswerten unterlegen.[640] Die richterliche Freiheit sei zwar sehr weit, sodass man keinen Anweisungen und Vorgaben unterläge. Gewisse Verpflichtungen nach dem Gesetz zur Verfahrensförderung bestehen aber selbstredend.[641] Weiterhin hänge die Vorgehensweise bei der Lösung von Zweifelsfragen sehr vom Richter ab. Wo einerseits schnell und unbürokratisch das Telefon

---

633 Ri7; Ri8.
634 Ri3; Ri4; Ri5; Ri8.
635 Ri2.
636 Ri1; Ri8.
637 Ri1; Ri3; Ri4; Ri5.
638 Ri1; Ri2.
639 Ri1, Ri3; Ri4; Ri5.
640 Ri3; Ri4; Ri5; Ri8.
641 Ri2.

genommen werde, lösten andere Richter entsprechende Probleme nicht gern telefonisch, sondern auf anderem Kommunikationsweg.[642]

Dennoch wird auch von den befragten Richtern selbst eine Unterstützung der Gerichte für notwendig erachtet. Bereits die Frage, welcher Gutachter für die Beantwortung der relevanten Frage zuständig und geeignet sei, führe zu Unklarheiten.[643] In der Regel finde die Auswahl anhand des Merkmals der tatsächlichen Tätigkeit in dem Fachgebiet statt.[644] Die Einbeziehung und Rückmeldung der relevanten Bestellungskörperschaft sei oft zeitlich verzögert und erfolge schriftlich anstatt auf dem schnelleren telefonischen Weg. Deshalb seien einige Richter dazu übergegangen, eigene Recherchen und Abfragen zu starten, um Kapazitäten und Anforderungen zu klären und Nachfragen und Unsicherheiten auszuräumen.[645] Die richterliche Beurteilung und Auswahl eines Gutachters unterliegt somit gewissen Risiken, die bei der Unterstützung minimiert werden können.[646]

Nach Auffassung der befragten Richter sind die auf Fachwissen basierenden Sachverständigengutachten für sie als fachliche Laien vor allem auf einem fremden Sachgebiet schwer zu verstehen und in das Urteil umzusetzen.[647]

Gerichte stünden grundsätzlich unter Zeitdruck und seien nicht in der Lage andere Verfahren abzuwarten oder sich mit besonderen Umständen jedes Einzelfalls zu beschäftigen und hätten somit auch nicht die Möglichkeit sich jungen, unerfahrenen Gutachtern zu widmen und diese anzuleiten.[648] Aufgrund eines damit verbundenen höheren Aufwandes wird eher auf die erfahrenen, aber ausgelasteten Gutachter zurückgegriffen.[649] Deswegen besteht die Forderung an die Gerichtsverwaltung, die entsprechenden Kommunikationsschnittstellen zu verbessern.[650] Zudem bedürfe es einer Unterstützung der Gerichte durch Bereitstellung der personellen und sachlichen Ressourcen, da zum Teil nicht einmal Dienstwagen zur Verfügung stünden und Fahrkarten auszulegen seien.[651]

642 Ri8.
643 Ri8.
644 Ri2.
645 Ri8.
646 Ri2.
647 Ri7.
648 Ri1; Ri2, Ri8.
649 Ri3; Ri4; Ri5.
650 Ri3; Ri4; Ri5.
651 Ri8.

Die befragten richterlichen Gesprächspartner erachten auch die Unterstützung der Gutachter als notwendig. Es sei bekannt, dass die Parteien eine hohe Streitbereitschaft hätten und einige Parteivertreter je nach Rechtsgebiet und Spruchkörper zu einer „Sachverständigenschlacht" beraten oder instruieren würden.[652] Entsprechend werde seitens des Gerichtes in solchen Fällen mit den bekannten Parteivertretern vorgegangen und versucht, die Parteiinteressen zu eruieren.[653] Durch die Parteiautonomie läge zwar das Verfahren in ihrer Hand. Jedoch könne nur durch ordentliche Schriftsätze mit schlüssigem Vortrag und erheblichen Fragestellungen das Gericht und der Gutachter bei der schnellen Bearbeitung und Entscheidungsfindung unterstützt werden.[654] Durch die Parteien erfolgt nicht unbedingt eine Prozessförderung, sogar durch Nachfragen oder Prozesshandlungen ein gewolltes Ausbremsen, sodass häufig aus rein taktischen Gründen die Einholung von Gutachten erfolge.[655] Da es sich bei den Gutachterkosten immer um Prozess- und damit Parteikosten handele und Kapazitäten binde, werde das Verfahren kostenseitig und aufwandsseitig durch Gutachten unnötig aufgebläht.[656]

### b. Ansicht der Gutachter

Die Mehrzahl der sachverständigen Gesprächspartner befürworten den Lösungsvorschlag der Einführung von weiteren Spezialkammern grundsätzlich. Sie weisen auf deren bereits teilweise erfolgte Umsetzung bei höheren Gerichten hin, etwa durch die Einführung von Baukammern, bei denen diese auch zur Steigerung der Effektivität beitrugen.[657] Der Einsatz spezieller Kammern und erfahrener, kompetenter Gerichte fördere die „Effektivität und Professionalität" des Verfahrens.[658] Die Spezialisierung helfe in der Praxis vor allem zur richtigen fachlichen Einordnung und Sortierung des Sachverhaltes[659], zur „zielgerichteten Auswahl der Gutachter" und somit

652 Ri1; Ri6.
653 Ri6.
654 Ri3; Ri4; Ri5.
655 Ri3; Ri4; Ri5.
656 Ri3; Ri4; Ri5.
657 Sv2; Sv5; Sv6; Sv7; Sv9; Sv10; Sv11; Sv12; Sv13; Sv14; Sv16; Sv17; Sv18; Sv19; Vb1; Vb2; eher schwierig von Sv15 angesehen.
658 Sv18.
659 Sv4; Sv5; Sv18.

zur Verhinderung damit häufig in Zusammenhang stehender Fehler[660] sowie zur Vermeidung von fachlichen Rückfragen.[661] Die extern eingeholten oder bei den Gerichten intern selbst erweiterten Kenntnisse würden insbesondere in technischen Gebieten zu erheblichen Verbesserungen, Qualitätssteigerungen und Klarheiten bei der inhaltlichen Formulierung der zum Teil unpräzisen, aber für den Gutachter bindenden Beweisbeschlüsse führen.[662]

Von den Gesprächsteilnehmern wird jedoch in Frage gestellt, ob diese Kammern aufgrund ihrer Kenntnisse einen „Gegenpol" zu den spezialisierten Fachanwälten darstellen könnten.[663] Zwar würden die Richter die rechtliche Materie besser durchdringen. Trotz der Spezialisierung sei jedoch, vor allem hinsichtlich der technischen Fragen, in der Regel noch ein Gutachten erforderlich.[664] Darüber hinaus wird auf die höheren Anforderungen an und vermehrten Druck auf diese Kammern hingewiesen, da vermutlich aufgrund der größeren Spezialisierung auch eine höhere Erledigungsquote erwartet werde.[665]

Dennoch machen die befragten Gutachter darauf aufmerksam, dass aufgrund des Richtermangels und der Unterbesetzung der Geschäftsstellen bisher zu wenig Kammern errichtet wurden und die notwendige Anzahl von zu errichtenden Spezialkammern beeinflusst wird, sodass diese nach Ansicht der Interviewpartner ein Luxusgut sein dürften.[666] Gefordert wird eine beständige, inhaltlich spezifische Fachkenntnis und entsprechende Zuordnung der Kammern.[667] Durch häufige, in der Praxis übliche Richterwechsel aus anderen Rechtsgebieten verschwinde diese schnell, was neben dem Abbau der Personaldecke der Gerichte angegriffen wird.[668] Insofern wird angeregt, hier besonders interessierte, geeignete Richter einzusetzen und die eigene Sachkunde der Entscheider mit zusätzlichem fachbezogenem Wissen unter anderem durch regelmäßigen Austausch mit Sachverständigen, den Bestellungskörperschaften und Fachverbänden aufzubauen.[669]

---

660 Sv2; Sv14; Sv18.
661 Sv4; Sv5.
662 Sv1; Sv6; Sv9; Sv10; Sv11; Sv18.
663 Vb1.
664 Vb1.
665 Vb2.
666 Sv12; Sv16; Sv19; Vb1.
667 Sv11; Sv13; Sv18.
668 Sv12; Sv16.
669 Sv18.

Die Gerichte zur Verfahrensbeschleunigung unter Druck zu setzen wird von einer Vielzahl der Interviewpartner sowohl als unmöglich als auch nicht zweckmäßig angesehen. Aufgrund für die Anzahl der Verfahren nicht ausreichender Kapazitäten der Richter und fehlender Fachkenntnisse führe die (wiederholte) Einarbeitung in den Sachverhalt und die Überforderung mit den Details des Einzelfalls zur Favorisierung formaler Prozessabläufe.[670] Daher seien vielmehr Schulungen und eine Wissensverteilung, eine angemessene Ausstattung der Gerichte sowie deren Unterstützung notwendig und ein höherer „Druck" auf die Gerichte und innerprozessuale Rügen nicht zielführend.[671] Für die gutachterlichen Praktiker ist erkennbar, dass an dieser Stelle die verfahrensverzögernden Faktoren liegen, die nicht vom Sachverständigen abhängig sind.[672] Von einem Gutachter wird offen von einem aus der „Verlangsamung resultierendem Verlust der gesellschaftlichen Bedeutung" und der Schaffung von „Barrieren" in Bezug auf die Inanspruchnahme der Gerichte gesprochen.[673]

Die Entscheidung über die Einbeziehung eines Sachverständigen obliege alleinig dem Gericht, sodass eine diesbezügliche „Druckausübung" oder Motivationssteigerung nicht beim Gutachter gesehen wird.[674] Insbesondere sollte kein Einfluss auf die Rechtsprechung erfolgen, sondern vielmehr das Verfahren insgesamt sowie durch Einfügung von Bewertungskriterien die Transparenz und Qualität der Begutachtungen unterstützt und gefördert werden.[675]

Nach Einschätzung einiger befragter Gutachter sind die Gerichte bei der fachlichen Filterung, Sortierung und Strukturierung der parteiseitig vorgebrachten Sachverhaltsinformationen und bei der Überführung und Formulierung der relevanten, technischen Fragen zur Verhinderung unrichtiger Beweisbeschlüsse zu unterstützen.[676] Zu Beginn des Verfahrens sei eine Hilfe bei der Auswahl der richtigen Gutachters vor allem in Bezug auf die fachliche Tiefe und das Bestellungsgebiet erforderlich, da die Gerichte vermutlich auch durch die fehlende Abgrenzung zwischen den Bestellungskörperschaften auf falsche Sachverständige zurückgreifen würden.[677] Für eine Erhöhung der Sachverhaltstransparenz und Reduzierung

670 Sv3; Sv4; Sv8; Sv10; Sv11; Sv12; Sv16; Sv18.
671 Sv3; Sv4; Sv8; Sv10; Sv11; Sv12; Sv16; Sv18.
672 Sv12.
673 Sv8.
674 Sv3; Sv11; Sv16; die Gutachter werden sich „hüten", Druck auszuüben.
675 Sv18.
676 Sv2; Sv3; Sv8; Sv11; Sv12; Sv18; Sv19; Vb1, Vb2.
677 Sv2; Sv18; Sv19.

von Aufwänden bei den Gutachtern helfe insbesondere in komplexen Großverfahren eine Auf- und Unterteilung auf mehrere fachspezifische Gutachter.[678] Den Gerichten wird zur Verfahrensbeschleunigung und vor allem wegen der Möglichkeit einer praktischen, zügigen Erledigung in geeigneten Fällen die verstärkte Nutzung der Möglichkeiten der ZPO zur Inaugenscheinnahme und der frühzeitigen Einbindung von Sachverständigen anstatt eines Begutachtungsauftrages vorgeschlagen.[679] Durch die hohe Auslastung beziehungsweise zur Verhinderung von Folgeaufwänden aufgrund von Parteianträgen werden nach Erfahrung einiger Gutachter vor allem von jungen Richtern zu viele Beweise über unstreitige oder offensichtliche Sachen („Kratzer)“ erhoben.[680] Vor gleichen Hintergründen werden Beweisanträge vermutlich lediglich unkommentiert übernommen oder mittels unkonkreteren Begutachtungsaufträgen „den Sachverhalt zu ermitteln“ versucht, die Akte „vom Tisch zu bekommen“.[681]

Weiterhin bestehe eine unbedingte Notwendigkeit zur Kommunikation zwischen Gericht und Sachverständigem zum besseren Sachverhaltsverständnis und der Vermeidung von Fehlern gesehen, da auch die Praktiker eine „engere Zusammenarbeit“[682] als prozessbeschleunigend und damit förderlich ansehen.[683] Neben der besseren Kommunikation diene auch eine Vereinfachung der Begutachtung vor Ort durch Reduzierung der Anwesenheiten und der damit einhergehenden schwierigen Terminvereinbarung mit allen Beteiligten der Verfahrensbeschleunigung.[684] Die Gerichte könnten auch in der Weiterverarbeitung der Gutachten sowie einer eventuellen Ablage und Archivierung unterstützt werden, wenn die Gutachten formal in einer technischen, spezifischen Form eingereicht würden.[685]

Nach Ansicht der befragten Gutachter bedarf es auch der Unterstützung der Sachverständigen im Prozess durch die Gerichte. Sie seien lediglich Bestandteil des Gerichts- und Parteiziels der Verfahrensbeschleunigung und müssten deshalb in die Lage versetzt werden, die Arbeit auftrags- und fristgemäß zu erbringen.[686] Zeitraubende Entscheidungen im „Verantwortungsbereich der Parteien und Gerichte“ über die Rechte und die Pflich-

---

678 Sv8; Sv11; Sv12; Sv18; Sv19.
679 Sv3; Sv8.
680 Sv2; Sv3; Sv8; Sv11; Sv12; Sv19; Vb1, Vb2.
681 Sv2; Sv3; Sv8; Sv11; Sv12; Sv19; Vb1, Vb2.
682 Sv6.
683 Sv3.
684 Sv2.
685 Sv18.
686 Sv2; Sv17; Sv19.

ten der Parteien in Zusammenhang mit Terminabsprachen und vorzunehmenden Handlungen bei Ortsbesichtigungen seien frühzeitig vor der eigentlichen Beweiserhebung notwendig.[687] Die Gutachtertätigkeit könne erst im Anschluss begonnen werden. Konkret fordert ein Gesprächspartner eine angemessene Zeit und „gute Akten, passende, konkrete Fragen ohne bewusste oder unbewusste juristischen Fangfragen, Fallstricke oder Stolpersteine", die seitens der Parteivertreter ausgelegt würden.[688] Die Parteien verzögerten die Begutachtung praktisch durch „Hinhaltetaktiken", mit bewusster oder unbewusster fehlender Mitwirkung in Bezug auf bestimmte Anträge und faktische Verzögerungen, etwa bei der Einzahlung von Vorschüssen, die Durchführung von Ortsterminen oder zeitnahe Einreichung geforderter Unterlagen, wesentlich.[689]

Es wird gerügt, dass keine beschleunigte Bereitstellung und Verfolgung der notwendigen Informationen und angeforderten Unterlagen geschweige denn eine Sanktionierung eines Unterlassens erfolge.[690] In solchen Fällen bedürfe es eines Einschreitens der Gerichte.[691] Die Gutachter sehen sich des Weiteren häufig Anfeindungen oder Befangenheitsanträgen durch die aufgrund des Gutachtens benachteiligte Partei ausgesetzt. Richtig sei, dass die Parteien aufgrund der prozessrechtlich gewährleisteten Maxime „Herren des Verfahrens" sind.[692] Dennoch sollte sich diese „Macht" nur auf sachliche oder prozesstaktische Faktoren und Mittel beziehen dürfen.[693] Somit sei ein regelnder Einfluss der Gerichte notwendig, sodass eine Anerkennung eines (Gutachten-)Ergebnisses erfolgen möge, sofern man sich für die Beweiserhebung entschieden habe.[694]

### c. Ansicht der Rechtsanwälte

Der Ausbau von Spezialkammern ist nach Auffassung der befragten Rechtsanwälte sinnvoll, da fachlich sehr komplexe Verfahren schon vor entsprechend spezialisierten Kammern verhandelt werden müssen und aufgrund der Sonderzuständigkeiten für bestimmte Rechtsgebiete positive

687 Sv12; Sv17.
688 Sv2.
689 Sv1; Sv7; Sv8; Sv9; Sv11; Sv13; Sv14, Sv17; Sv18; Sv19; Vb1.
690 Sv12; Sv17; Sv19.
691 Sv14; Sv19.
692 Sv7; Sv9; Sv13; Sv17.
693 Sv9.
694 Sv9.

Erfahrungen in Bezug auf eine schnellere Bearbeitung und einen beschleunigten Verfahrensablauf gemacht wurden.[695] Eine Erweiterung der Spezialbesetzung wird als wichtig angesehen, denn so könnte in bestimmten Bereichen die Einholung von Gutachten obsolet werden.[696] Die Kammern sollten mit ausschließlich auf diesem Fachgebiet vorgebildeten und erfahrenen Richtern mit fachlichen Qualifikationen oder Zusatzkenntnissen besetzt werden.[697] Sie sollten jedoch auch in dem Fachgebiet geschult werden und die Fortbildungen wahrnehmen können.[698]

Aus dem höheren Fachwissen resultiere eine schnellere Problemerkenntnis und Sensibilisierung sowie eine präzisere Beweisbeschlussformulierung, die zu einer höheren Parteiakzeptanz und weniger Einwendungen führen.[699]

Des Weiteren würden auch Kenntnisse über und Erfahrungen mit den in dem Fachgebiet spezialisierten und erfahrenen Sachverständigen gemacht, welche zu einer schnelleren Fachgebietszuordnung und Auswahl führten, wodurch sich die Verfahren insgesamt beschleunigen lassen.[700] Dennoch wird auch bei Spezialkammern nach wie vor im Regelfall die Einbindung externen Sachverstandes erfolgen müssen, da die Richter auch einer Haftung ausgesetzt seien.[701] Der Grundablauf werde jedoch insgesamt beschleunigt.[702] Andererseits bestehe auch das Problem, dass die Kammern nach Erfahrung eines befragten Rechtsanwaltes schnell eine feste, schwer erschütterbare Rechtsmeinung haben.[703] Eine situative Besetzung der Kammern hingegen könnte nach Ansicht der befragten Rechtsanwälte gegen den Grundsatz des gesetzlichen Richters verstoßen.[704]

Nach Meinung der Gesprächspartner wird anstatt einer beschleunigenden Einwirkung auf die Richter eine Unterstützung als sinnvoll angesehen, zumal es Druck auf Gerichte nur durch Gesetzesänderungen geben werde.[705] Die Gerichte würden Kosten vermeiden und agierten in der

695 Ra1; Ra4; Ra7.
696 Ra3.
697 Ra1.
698 Ra4.
699 Ra4; Ra6.
700 Ra1; Ra4.
701 Ra3; Ra4; Ra5.
702 Ra4.
703 Ra2.
704 Ra5; Ra7.
705 Ra1; Ra5.

Regel nicht ohne die Parteien angehört zu haben.[706] Sofern bestimmte verfahrensbeschleunigende Mittel, wie etwa die Einbeziehung eines Gutachters, praktikabel und für die Parteien ohne Mehrkosten seien, würde das Gericht im eigenen Interesse einen Vergleich zu erlangen und bei Erkennbarkeit eine Nutzung anstreben.[707]

Die Gerichte, die durch viele kleine Verfahren wenig Zeit für große, gravierende Prozesse hätten, müssten entlastet werden.[708] Sie sind häufig derart überlastet, dass die initiale Sachverhaltsbewertung und Suche nach dem richtigen Sachverständigen bereits Monate dauern kann.[709] Eine Erhöhung der Richterstellen und damit mehr Kapazitäten wird als notwendig angesehen.[710] Eine Entlastung könnte auch durch schnelle, mündliche Verfahren bei einfachen Konflikten mit geringem Streitwert ohne Instanzenzug erfolgen.[711]

Aus Sicht der Rechtsanwälte ist eine Motivationssteigerung auch zum Einsatz von selbstständigen Beweisverfahren mit der kurzfristigen Beweissicherung und einem eigenen Interesse an einem schnellen Abschluss erforderlich.[712] Nach der Bestellung müsse die Verfahrensbeschleunigung durch die Gerichte überwacht und vollzogen werden.[713] Gewisse Verfahren hätten nach der Erfahrung der Gesprächsteilnehmer in der Gerichtsverwaltung eine niedrige Aufmerksamkeit.[714] Die Richter scheuen zudem nach Einschätzung eines Interviewpartners – vermutlich aus Kapazitäts- und Zeitgründen – den Weg aus dem Gericht.[715]

Die Verfahren werden seitens der Parteien und deren Vertreter häufig taktisch durch „Nebelkerzen“ in Form von Formulierungen und Anträgen aufgebläht und dadurch verzögert, was nur mit entsprechender Erkennbarkeit aufgrund von Erfahrungen verhindert werden könne.[716] Durch die häufig ausufernde Einbeziehung von weiteren Parteien sowie die Zuleitung aller Unterlagen und (Ergänzungs-)Fragen an und die Einholung der Stellungnahmen von allen Verfahrensbeteiligten in einen Prozess ver-

706 Ra5.
707 Ra5.
708 Ra7.
709 Ra3.
710 Ra4.
711 Ra7.
712 Ra1.
713 Ra6.
714 Ra1.
715 Ra1.
716 Ra4.

langsamt sich das Verfahren und die Gutachtenfertigstellung weiter.[717] Insofern wird vorgeschlagen, etwa durch eine gesetzliche Verpflichtung, den Parteien zur Unterstützung des Gerichtes und des Gutachters, selbst die Sortierung des Sachverhaltes aufzutragen anstatt die Arbeit zu überlassen.[718] Eine Verlagerung des Streitschauplatzes auf das Beweisverfahren müsse verhindert werden.[719]

Nach dem gerichtsseitigen Vorschlag eines geeigneten Sachverständigen haben die Parteien häufig Einwendungen und Anträge bezüglich der Befangenheit aufgrund vorheriger Tätigkeit für eine Seite oder Abweisung aufgrund fehlender Spezifikation, welche die Auswahl und Beauftragung stark verzögern.[720] Daraus ansonsten resultierende Verzögerungen des Verfahrensfortschrittes, vor allem bis zur Bestellung des Gutachters, sind von den Parteien zu tragen.[721]

Schließlich dauere die abschließende Bewertung des eingegangenen Gutachtens und der von den Parteien in ihren Stellungnahmen zum Gutachten aufgeworfenen Fragen und Einwendungen in Bezug auf den konkreten Sachverhalt aufgrund der Überlastung der Gerichte sehr lange.[722]

Ein Schutz der Gutachter vor den Parteien wird auf Seiten der Rechtsanwälte zum Teil aber nicht zwingend als notwendig angesehen.[723] Andere sehen die Unterstützung und Bereitstellung der richtigen Bearbeitungsgrundlage für die Gutachter als essentiell an.[724]

### 2. Auswertung der Literatur

Einige Autoren der Literatur befürworten die vermehrte Einrichtung von fachgebietsbezogenen Spruchkörpern als eine Form der Erweiterung und Spezialisierung der eigenen Sachkunde, die notwendig ist, um einerseits aufgrund geringerer Kapazitätsanforderungen sowie andererseits den fallbezogenen „Kunden“-Bedürfnissen aus der Wirtschaft und der Gesellschaft

---

717 Ra1; Ra3; Ra6.
718 Ra5.
719 Ra6.
720 Ra4.
721 Ra6.
722 Ra4.
723 Ra1.
724 Ra5.

gerecht zu werden.[725] Kritiker der Spezialkammern verweisen auf Erkenntnisse, dass prozessbeschleunigende Auswirkungen einer derartigen fachlichen Fokussierung (noch) nicht bekannt seien.[726] Vielmehr würde die Verweisung an das zuständige Gericht nur zu einer mittelbaren Prozessoptimierung führen und dem Rechtssuchenden bei der Auffindbarkeit des richtigen Forums Hürden aufgelegt.[727]

Die Errichtung von Spezialkammern hat nach Ansicht einiger Autoren als Beitrag zur „Effektivität des Rechtsschutzes" beschleunigendes Potenzial, da durch die Wiederholung und Vertrautheit mit den typischen Fragestellungen und Sachverhalten einerseits sowie der Literatur und Judikatur des jeweiligen Rechtsgebiets andererseits die fachliche Vorbereitung des Spruchkörpers optimiert und der relevante Sachverhalt schneller aus dem eigenen Verständnis heraus festgestellt wird.[728]

Auch vor dem Hintergrund einer einheitlichen Rechtsprechung werde eine spezialisierte Besetzung der Richterbank befürwortet.[729] Sie kann verhindern, dass die Gutachter aufgrund überlegenen Fachwissens unüberprüfbare Gedankengänge vorgeben und somit zum Entscheidungsorgan avancieren.[730] Darüber hinaus gilt es, dem wachsenden Knowhow auf Seiten der Parteien und Rechtsanwälte mit spezialisierten „Boutique"-Kanzleien entgegentreten zu können.[731] Die beschriebenen Vorteile der Spezialisierung der Gerichte finden sich auch in den Auswertungen internationaler Studien wieder.[732]

Durch eine Spezialisierung wird dem Kammervorsitzenden ermöglicht, anstatt der pauschalen Fallzuweisung nach der ZPO eine fundierte und einzelfallbezogene Filterung und Verteilung der Fälle auf das Gremium oder einen Einzelrichter vorzunehmen.[733] Zudem erfolgt innerhalb des

725 *Schobel*, MDR 2014, 1003 (1006); *Hoffmann*, IWRZ 2018, 58 (58 ff., 62); *Gaier*, NJW 2013, 2871 (2875 f.); *Greger*, NZV 2016, 1 (5) „Kompetenzzentren"; vgl. *Calliess* A 27 ff.; *Hirtz*, NJW 2014, 2529 (2532); *Pfeiffer*, DRiZ 2021, 46 (47); *ders.* IWRZ, 2020, 51 (52).

726 *Hirtz*, NJW 2014, 2529 (2532).

727 Vgl. *Hirtz*, NJW 2014, 2529 (2532).

728 *Schobel*, MDR 2014, 1003 (1006); vgl. *Gaier*, NJW 2013, 2817 (2875); *Hirtz*, NJW 2014, 2529 (2532); *Walter*, DS 2018, 186 (189); *ders.*, DS 2020, 77 (80).

729 Vgl. *Greger*, NZV 2016, 1 (4 f. „Kompetenzzentren"); *Pfeiffer*, IWRZ, 2020, 51 (53).

730 Vgl. *Gehle* in Baumbach/Lauterbach, § 404a Rn. 5.

731 *Schobel*, MDR 2014, 1003 (1005 f.); *Calliess* A 104; ähnlich *Gaier*, NJW 2013, 2871 (2875); *Hirtz*, NJW 2014, 2529 (2532).

732 Beispielhaft: OECD Working Paper No. 1060 S. 29 f., 30.

733 *Schobel*, MDR 2014, 1003 (1006).

Spruchkörpers eine Sicherung der (Fach-)Kenntnisse, zumindest in der Person des Vorsitzenden, die einem grundsätzlichen Wissensverlust bei Personalveränderungen und des aufgrund Personalmanagements bedingten Paralleleinsatzes der Richter in anderen Kammern entgegenwirkt.[734] Deshalb wird vorgeschlagen den Vorsitz an die längste fachliche Erfahrung im entsprechenden Rechtsgebiet zu koppeln und die übrigen Kammermitglieder, vor allem Jungrichter, durch Mindestzeiten an die Spruchkörper zu binden.[735]

Die Autoren der Literatur empfehlen zur Bildung und Erhaltung von Spezialkammern personalwirtschaftliche Maßnahmen sowie einen größeren Fokus auf den Aufbau fachlich-technischer Sachkunde im speziellen Rechtsgebiet unter anderem durch Integration von Spezialwissen in die Juristenausbildung, eigene digitale Recherche und neu zu entwickelnde Fortbildungen mit allen Beteiligten nach dem Vorbild der rechtsberatenden Zunft zu legen.[736]

Dennoch wird einschränkend hinzugefügt, dass die Spezialkenntnisse oder das aus der Fachliteratur erworbene Wissen höchstwahrscheinlich lediglich „bruchstückhaft" vorhanden sein wird und nicht ausschließlich zur Bewertung von kompliziertesten Fragestellungen herangezogen werden kann, sondern lediglich vorbereitend und zur Aneignung eines Grundverständnisses dienen kann und es nach wie vor gutachterlicher Unterstützung bedarf.[737]

Der Vorschlag einer situativen, interdisziplinären Anpassung der Besetzung eines Spruchkörpers mit ehrenamtlichen Richtern oder durch die Implementierung von Sachverständigenbeiräten wurde bereits mehrfach diskutiert, ist jedoch nie in den Status des Reformvorschlages gelangt.[738] Eine solche Besetzungsänderung könnte das grundrechtlich gewährleistete Recht auf den gesetzlichen Richter (Art. 101 Abs. 1 S. 2 GG) verletzen, welches aufgrund einer „generell-abstrakten, gesetzlichen Zuständigkeits-

---

734 *Schobel*, MDR 2014, 1003 (1006); vgl. *Greger*, NZV 2016, 1 (5); vgl. *Hoffmann*, IWRZ 2018, 58 (61 f.) „personelle Kontinuität"; vgl. *Pfeiffer*, DRiZ 2021, 46 (49); vgl. *ders.*, IWRZ 2020, 51 (54); *Weder*, DS 2020, 112 (113).

735 *Schobel*, MDR 2014, 1003 (1006); vgl. *Keders/Walter*, NJW 2013, 1697 (1703).

736 *Jordan/Gresser*, DS 2014, 71 (77 f.); *Keders/Walter*, NJW 2013, 1697 (1703 f.); *Schobel*, MDR 2014, 1003 (1005 f.); vgl. *Hoffmann*, IWRZ 2018, 58 (61); *Greger*, NZV 2016, 1 (5).

737 *Jäckel*, S. 165 f. Rn. 555, S. 184 Rn. 618; *Schobel*, MDR 2014, 1003 (1004); vgl. *Bogan*, GRUR 2021, 140 (140); Musielak/Voit/*Huber*, ZPO, § 402 Rn 12; *Walter*, DS 2020, 77 (80); *Greger* in Zöller, Vor § 402 Rn. 15.

738 *Schobel*, MDR 2014, 1003 (1007); *Calliess* A14; vgl. *Burwick*, DS 2020, 135 (139).

ordnung und daher ohne Rücksicht auf die Person der Beteiligten" die Bereitstellung eines neutralen, von den Parteien unabhängigen Richters gewährleistet.[739] Zur Verhinderung einer verdeckten Einzelzuweisung oder einzelfallbezogenen Auswahl des Richters muss die Zuständigkeit der jeweiligen Spruchkörper und die diesem angehörenden Richter in sachlicher, örtlicher und instanzieller Weise „so eindeutig wie möglich" in den Regelungen des Geschäftsverteilungsplanes im Voraus für jeden Einzelfall festgelegt sein.[740] Dennoch steht dem Gesetzgeber ein Ermessensspielraum bei der Bestimmung des gesetzlichen Richters zu.[741] Insgesamt wird in einer situativen Besetzungsänderung jedoch eine „unflexible" Möglichkeit der Einbringung von Sachkunde gesehen, die schneller durch die *de lege lata* bestehende Möglichkeit der Einbindung des Sachverständigen nach § 144 ZPO zu erzielen sei, sodass es keiner Schaffung neuer Gremien unter Veränderung der Zivilprozessordnung bedürfe.[742]

Die Druckausübung auf die Gerichte wird von den Autoren der Literatur ebenfalls nicht für zweckmäßig angesehen und vielmehr auf eine Motivation und gegenseitige Unterstützung abgestellt. In der Entscheidung unter den bestehenden möglichen Verfahrensabläufen sowie in der „Auswahl, Führung und Anleitung" des geeignetsten Gutachters bestehe eine zentrale Rolle im Zivilprozess und die Notwendigkeit eines einzelfallspezifischen, „differenzierten und flexiblen" Vorgehens des Gerichte in seiner Verantwortung.[743] Bei „zunehmender Verfahrensdauer" gibt es jedoch für den Spruchkörper eine steigende Verpflichtung zur Beschleunigung und Hinwirkung auf eine Beendigung des Verfahrens, unter anderem durch Überwachung und eventuelle Fristsetzung oder unter Einbindung eines überzeugenden Sachverständigen.[744]

Es fehlt jedoch nach Ansicht einiger Autoren aufgrund der haushaltsbedingten Kürzungen und ausbleibender Nachbesetzung von Richterstellen, Richterwechseln sowie Verschiebungen von Kapazitäten an Kontinuität

---

739 BeckOK GG/*Morgenthaler* Art. 101 Rn. 3 ff., 11, 17, 19.

740 BeckOK GG/*Morgenthaler* Art. 101 Rn. 11, 13, 17, 19.

741 BeckOK GG/*Morgenthaler* Art. 101 Rn. 15.

742 Vgl. *Hirtz*, NJW 2014, 2529 (2531); *Schobel*, MDR 2014, 1003 (1007 f.).

743 Vgl. BGH, Urt. v. 12.02.2015, III ZR 141/14, Rn. 26; *Schobel*, MDR 2014, 1003 (1003 ff., 1007); vgl. *Jandt/Nebel/Nielsen*, DS 2016, 248 (248); vgl. *Klose*, NJ 2019, 373 (373).

744 BGH, Urt. v. 12.02.2015, III ZR 141/14 Rn. 27; *Greger*, NZV 2016, 1 (3,5); *Lehmann*, DS 2014, 232 (234); *Schobel*, MDR 2014, 1003 (1004); *Walter*, DS 2013, 385 (393), *Jandt/Nebel/Nielsen*, DS 2016, 248 (248), *Blendinger*, DS 2015, 211 (212); *Linz*, DS 2017. 145 (145); Musielak/Voit/*Huber*, ZPO, § 404a Rn. 1.

und bedarfsgerechter, verfahrensbeschleunigender Personalabdeckung.[745] Der daraus folgende, erforderliche höhere Einsatz- und Leistungsaufwand mache eine bessere Steuerung der Kapazitäten durch die verantwortlichen Gremien mit ausschließlich notwendigen Veränderungen in der Besetzung notwendig.[746] Der Bundesgerichtshof geht in Bezug auf die Ressourcen der Richter davon aus, dass sich bei Verzögerungen nicht auf fehlende Kapazitäten berufen werden könne, da die Justizverwaltung für die Bereitstellung hinreichender materieller und personeller Ressourcen grundsätzlich verpflichtet ist. Auf eine grundsätzliche Überlastung der Gerichte zurückzuführende Verfahrensverzögerungen würden strukturelle Mängel darstellten, für die der Staat verantwortlich sei.[747] Daher wird auch im Personalaufbau eine Maßnahme zur Verfahrensbeschleunigung gesehen.[748]

Neben dem justizpolitischen Druck lastet auf den Richtern auch ein erhöhter Erledigungsdruck, was neben „taktischen“ Auswahlprozessen und unnötigen Verfahrenshandlungen zu Zeitmangel für optimale Fallbearbeitung komplexer Sachverhalte führt.[749] Den Richtern ein Mehr an Prozessorganisation und Verfahrensvorbereitung aufzulegen ist somit kontraproduktiv und würde zu reiner Selbstverwaltung führen.[750] Druck auf Richter auszuüben könnte lediglich dahingehend von Vorteil sein, das Verhältnis mit dem Gutachter aufzuwerten und die Kommunikation zu verbessern beziehungsweise dessen Leitung in Bezug auf den Inhalt effektiv, vollständig und eindeutig zu gestalten.[751]

Dennoch gibt es einige Ansätze, die neben dem Aspekt der Ressourcenschonung auch auf Richterseite eine effizientere Arbeitsweise ansprechen.[752] So entsteht bei vielen Praktikern der Eindruck der fehlenden Befassung mit dem Sachverhalt und eines Einsatzes „irgendwelcher“ Verfahrenshandlungen, indem die Beweissicherungsverfahren ohne konkretes

---

745 *Kury* ZRP 2018, 1 (1); vgl. *Keders/Walter*, NJW 2013, 1697 (1703); vgl. *Hoffmann*, IWRZ 2018, 58 (61); *Greger*, NZV 2016, 1 (5); *Gaier*, NJW 2013, 2871 (2872 f); *Gärtner*, NJW 2017, 2596 (2596, 2601); *Schlehe*, DS 2013, 337 (339).

746 *Ebd.*

747 BGH, Urt. v. 12.02.2015, III ZR 141/14 Rn. 17, 34; *Althammer/Schäuble*, NJW 2012, 1 (2, 5).

748 *Keders/Walter*, NJW 2013, 1697 (1704).

749 *Gärtner*, NJW 2017, 2596 (2596 f.); *Keders/Walter*, NJW 2013, 1697 (1697, 1702); *Greger*, NZV 2016, 1 (4 f.).

750 Vgl. *Gärtner*, NJW 2017, 2596 (2596 f.); vgl. *Schobel*, MDR 2014, 1003 (1007).

751 *Walter*, DS 2013, 385 (393); *Jandt/Nebel/Nielsen*, DS 2016, 248 (248); *Greger*, NZV 2016, 1 (3, 5), *Blendinger*, DS 2015, 211 (212); *Linz*, DS 2017,145 (145); vgl. *Grossam*, DS 2015, 46 (46).

752 *Gaier*, NJW 2013, 2871 (2871 ff., 2875); *Gärtner*, NJW 2017, 2596 (2596 ff.).

Beweisthema oder Gutachten zu offensichtlichen Fehlern beauftragt werden, damit der Eindruck der vorübergehenden Bearbeitung entsteht.[753] Andere Richter-Autoren wollen die Kollegen ermuntern und auffordern, in relevanten Verfahren häufiger eine Einbeziehung von Gutachtern zur Unterstützung auch bereits vor der Terminierung in Betracht zu ziehen.[754] Zum einen helfe dies, den einer Entscheidung zugrundeliegenden Akteninhalt sowie vorgebrachte Fragen der Parteien besser zu verstehen und zum anderen, um die eventuell zu erlassenden Beweisbeschlüsse zielführender zu gestalten.[755] In Bezug auf die richtige, fachgerechte Auswahl des oder der Sachverständigen, vor allem bei grenznahen oder grenzüberschreitenden Sachverhalten, ist die frühzeitige Einbindung eines Gutachters aus Zeit- und Kapazitätsgründen sinnvoll.[756]

Darüber hinaus fehle dem Gericht die für eine ausreichende, angemessene Fristsetzung erforderlichen Kenntnisse der zeitlichen und inhaltlichen Anforderungen des Gutachtenauftrages.[757] In sinnvollen Situationen, sollte der Spruchkörper zur eigenen ungefilterten Wahrnehmung und einfacheren Beweiswürdigung eine Inaugenscheinnahme durchführen oder an notwendigen Ortsterminen teilnehmen. Dies kann letztlich zu einer früheren, gütlichen Einigung des Rechtsstreites führen.[758]

Einige Autoren der Literatur fordern eine Erweiterung der Aus- und Fortbildung der Richter, wofür es bisher aufgrund der Auslastung zeitlich nur noch eingeschränkten Möglichkeiten und wenig Anreize gibt.[759] Vor allem junge Richter sollten in effizienter Arbeitsweise und Möglichkeiten der Verfahrensbeschleunigung, sowie in der Abfassung von Beweisbeschlüssen und anderen prozessrelevanten- und fördernden Tätigkeiten im Rahmen der Beweiserhebung geschult werden. Dies soll dazu dienen, den Prozess richterseitig in Bezug auf unverzichtbare Verfahrensschritte zu beschleunigen und zeitraubende Nachfragen der Sachverständigen wegen unklarer Beschlüsse oder entsprechender Anträge zur Ergänzung des

---

753 *Greger*, NZV 2016, 1 (4); vgl. geschilderte Fälle in *Mayr*, DS 2013, 128 (128, 131).

754 *Gärtner*, NJW 2017, 2596 (2599); vgl. *Jordan/Gresser*, DS 2014, 71 (77, 79).

755 Vgl. *Grossam*, DS 2015, 46 (46 f.); *Jordan/Gresser*, DS 2014, 71 (77, 79); *Kramarz*, DS 2014, 170 (171 f.).

756 Vgl. *Grossam*, DS 2015, 46 (47).

757 Vgl. *Volze*, DS 2016, 21 (22).

758 *Walter*, DS 2015, 205 (208); *Jandt/Nebel/Nielsen*, DS 2016, 248 (252); *Seibel*, NJW 2014, 1628 (1631); vgl. *Greger* in Zöller, Vor § 402 Rn. 9.

759 Vgl. *Jordan/Gresser*, DS 2014, 71 (77, 79); *Hirtz*, NJW 2014, 2529 (2532 f.); *Calliess*, A 102, 110; *Gärtner*, NJW 2017, 2596 (2596); *Schlehe*, DS 2013, 337 (339).

Beschlusses durch die Parteien zu verhindern.[760] Entsprechende Schulungen werden bereits in einigen Proberichterworkshops umgesetzt und als Maßnahme zur Verfahrensbeschleunigung angesehen.[761]

Gleich den Gesprächsteilnehmern in der Empirie sieht die Literatur eine Notwendigkeit zur Unterstützung der Gutachter.[762] Die Gerichte sind durch höchstrichterliche Entscheidungen gehalten, dem Gutachter unter anderem den Inhalt in Form von bewiesenen Tatsachen oder von Alternativsachverhalten umfassend und eindeutig vorzugeben und die Begutachtung zu erleichtern sowie gleichzeitig Ergänzungsaufträge oder bewusste, nicht entscheidungserhebliche und verfahrensverzögernde Prozesshandlungen der Partei zu vermeiden.[763]

Durch das Gericht ist die immer starker werdende, versuchte Beeinflussung von Sachverständigen durch Befangenheitsanträge und unzulässige Streitverkündungsanträge oder Vorwürfe von inhaltlich falschen oder parteiischen Gutachten zu unterbinden.[764] Vielmehr ist die Arbeit des Sachverständigen durch eigene Handlungen des Gerichtes sowie eine Einflussnahme auf die Parteien, insbesondere der Rechtsbeistände, zur Förderung des Verfahrens und die stärkere, eventuell mit Fristen belegte Einforderung der notwendigen Mitwirkungshandlungen der Parteien, etwa durch zur Verfügungstellung der notwendigen Unterlagen, zu beschleunigen und zu unterstützen.[765] Zudem bedürfe es der Unterstützung des Nachwuchses durch Inanspruchnahme und Förderung durch die Gerichte, da Hauptauftraggeber in vielen Fällen das Gericht sei.[766]

---

760 *Schlehe*, DS 2013, 337 (339); vgl. *Gärtner*, NJW 2017, 2596 (2596 f.); *Walter*, DS 2013, 385 (391 f.); vgl. *ders.*, DS 2015, 205 (210); *Keders/Walter*, NJW 2013, 1697 (1704); vgl. *Kramarz*, DS 2014, 170 (171); *Walter*, DS 2018, 186 (189).

761 *Keders/Walter*, NJW 2013, 1697 (1704); *Walter*, DS 2018, 186 (189).

762 Siehe C.III.1.a. S. 100 (Ri), b. S. 104 (Sv), c. S. 108 (Ra).

763 *Schobel*, MDR 2014, 1003 (1005); vgl. *Jäckel*, S. 177 Rn. 590; *Jandt/Nebel/Nielsen*, DS 2016, 248 (248); *Seibel*, NJW 2014, 1628 (1632 f.); vgl. *Jordan/Gresser*, DS 2014, 71 (77 ff.); *Kramarz*, DS 2014, 170 (171, 176); vgl. *Gaier*, NJW 2013, 2871 (2874); vgl. *Walter*, DS 2018, 186 (187 f.); *Pauly*, ZfBR 2021, 16 (17); vgl. *Lehmann*, DS 2019, 318 (321, 324); *Weder*, DS 2020, 112 (141).

764 Vgl. *Grossam*, DS 2015, 46 (48 f.); vgl. *Lehmann*, DS 2014, 271 (276); vgl. *Linz*, DS 2017, 145 (145 ff.); *von Preuschen*, NJW 2007, 321 (322); *Schlehe*, DS 2013, 337 (339); vgl. *Burwick*, DS 2020, 135 (137 f.); *Weder*, DS 2020, 140 (147); *Jäckel* S. 171 Rn. 577.

765 Vgl. *Grossam*, DS 2015, 46 (49 f.); *Jordan/Gresser*, DS 2014, 71 (78 f.); *Walter*, DS 2015, 205 (208); *ders.*, DS 2013, 385 (393).

766 *Kramarz*, DS 2014, 170 (170); *Jordan/Gresser*, 2014, 71 (73, 75).

### 3. Fazit und Kosten

Es lässt sich festhalten, dass die Erhöhung der Sachkunde bei den Spruchkörpern vor dem Hintergrund der steigenden Komplexität und grenzüberschreitenden Ausweitung der relevanten Sachverhalte durch eine weitere Einführung von Fachkammern, wie bereits durch Ergänzung der entsprechenden Ziffern in die relevanten Vorschriften des GVG vollzogen worden, zur Verbesserung der Situation beitragen kann und unbedingt befürwortet wird.

Ein zusätzlicher Aufbau von Fachkenntnissen bei eingesetzten Richtern kann durch Fortbildungs- und Schulungsmaßnahmen sowie die dafür erforderliche technische Ausstattung erfolgen, um das für die Rechtsanwendung und Entscheidung benötigte Verständnis zu entwickeln. Eine Teilnahme wird jedoch vor allem an den fehlenden Kapazitäten der Richter scheitern, die in der Regel neben der Kammertätigkeit auch mit Einzelrichterfällen belegt sind. Die erworbene Sachkunde wird vermutlich auch nicht zu einer Begegnung auf Augenhöhe mit den Gutachtern und Fachanwälten führen.

Insgesamt werden die fachspezifische Zusammensetzung und eigene Fachkenntnisse der Spruchkörper somit nichts daran ändern, dass detaillierte, neutrale Sachkompetenz durch Gerichtsgutachten eingeholt werden muss. Der Mehrwert ist in der aufgrund höherer Sachkunde verbesserten Erfassung und Bearbeitung des Sachverhaltes, der qualitativ besseren Instruktion und Zusammenarbeit mit dem Sachverständigen sowie der Verarbeitung des Gutachteninhaltes zu sehen.

Die Einführung einer anlassbezogenen Besetzung mit ehrenamtlichen Richtern oder Sachverständigen anhand des Vorbilds des Schiedsgerichtsverfahrens ist situativ vorteilhaft. Zwar wird sie vor dem Hintergrund einer möglichen Gefährdung des Prinzips des gesetzlichen Richters und dem vermeintlichen „Wichtigmachen" Einzelner als kritisch gesehen. Es handelt sich zudem um eine Möglichkeit der Einbringung von zusätzlicher Expertise in die Spruchkörper, die durch die Einbeziehung von Gutachtern flexibler möglich wäre. Die Fachbesetzung sollte dennoch aufgrund der Vorteile weiterer Sachkunde im Spruchkörper in geeigneten Fällen unbedingt in Betracht gezogen werden. Eine Verletzung des Prinzips des gesetzlichen Richters kann durch die vorherige Bestimmung der expliziten Zusammensetzung nach Spezialkenntnissen (auch unter Einbeziehung von Laienrichtern) im Geschäftsverteilungsplan ausgeschlossen werden. Insofern ist lediglich die unbestimmte ad hoc-Besetzung als Manipulation der Richterbank anzusehen und damit ein Verstoß gegen diesen Grundsatz.

Die Spruchkörper sollten grundsätzlich auf die Beschleunigung ihrer Verfahren einwirken und müssen dabei unterstützt werden. Der Richter ist ein freies Organ der Rechtspflege und somit in seiner Entscheidung geschützt. Eine Druckausübung durch etwaige Rechenschaftsberichte und Erledigungsvorgaben etc. ist nicht zielführend oder verfahrensfördernd, da die Richter nach praktischer Einschätzung mit den bestehenden Verfahren überlastet sind. Vielmehr bedarf es einer gegenseitigen Unterstützung während des Verfahrens, einerseits der Gerichte bei der Sortierung des Sachverhaltes und der richtigen Zuordnung zum Sachverständigen, sowie dessen Beauftragung durch Formulierung des Beweisbeschlusses, um dem aufgrund Richtermangel und Aktenfülle entstehenden mittelbaren Druck zu begegnen.

Anderseits sollten die Gerichte die Gutachter vor prozesstaktischen oder beeinflussenden Einwirkungsmöglichkeiten der Parteien schützen und letztere im Rahmen der Prozessförderung zur Mitwirkung beziehungsweise Unterstützung des Gutachters animieren oder notfalls entsprechendes Unterlassen sanktionieren. Ein Eingriff in die Parteimaxime kann daraus argumentativ nicht vorgebracht werden, da es nach Wahl des Zivilverfahrens kein Recht auf Prozessverschleppung gibt, vor allem nicht, wenn ein parteiseitiges Sanktionsrecht gegenüber dem Gericht nach § 198 GVG besteht. Zu der genannten Unterstützung zählen auch zeitnahe eigene Entscheidungen und Prozesshandlungen der Gerichte gegenüber dem Sachverständigen. In dieser Unterstützung des Gutachters wird auch eine Aufwertung des Gutachters und Wertschätzung gesehen.

Die Ermessensausübung zur Wahl der Beweismittel sowie der konsequenten Anwendung der Präklusionsvorschriften durch die Gerichte sollte auch unter dem Gesichtspunkt der Verfahrensförderung und nicht aus Gründen der Aktenverwaltung oder Verhinderung möglicher Parteisanktionen getätigt werden. Die Begutachtung von Unstreitigem oder Offensichtlichem und durch richterlichen Augenschein Wahrnehmbarem zum Zwecke der vermeintlichen Prozessbearbeitung ist nur kostenauslösend, eine Verschwendung andernorts benötigter Kapazitäten und nicht prozessfördernd. Die Fristen und deren Überwachung sollte hinsichtlich allen Verfahrensbeteiligten gleich ablaufen. Schließlich führt auch die frühzeitige Erledigung des Rechtsstreites durch Vergleich oder Klagerücknahme zu einem schnelleren Fallabschluss für den Richter im Rahmen „seiner" Kennzahlen.

Eine Drucksauübung kann hier nur aus der rechtsschutzsuchenden Gesellschaft heraus durch die Politik auf die Justizverwaltung erfolgen, ausreichende persönliche, sachliche und monetäre Ressourcen für eine adäquate Verfahrensführung bereitzustellen. Dazu gehört auch, den Richtern Fortbildungsmöglichkeiten sowohl in fachlicher Hinsicht als auch in Bezug auf den Umgang mit modernen Medien zu schaffen. Damit besteht die Möglichkeit der Verfahrensführung unter inhaltlicher und nicht zeitlich günstigster Wahl der Prozessmittel.

## IV. Ergebnis der allgemeinen, verfahrensunabhängigen Lösungsvorschläge

Aus dem vorstehenden Abschnitt lässt sich in Bezug auf die generellen, prozessunabhängigen Lösungsvorschläge folgendes konstatieren. Die Einbeziehung von Sachverständigen in die Beweiserhebung führt dazu, dass die Verfahren verzögert werden. Dies ist darauf zurückzuführen, dass einerseits zu wenig geeignete Gutachter für die gerichtlichen Gutachtenaufträge zur Verfügung stehen, und sich andererseits die Aufträge bei bestimmten Gutachtern gewollt oder ungewollt häufen, die jedoch mit der Bearbeitung nicht hinterherkommen. Eine fehlende Wertschätzung und pauschale Druckausübung führt dazu, dass sich die Gutachter tendenziell von den Gerichtsaufträgen abwenden.

Die Untersuchungen und Bewertungen der Lösungsvorschläge ergaben, dass dieser Situation mit wertschätzendem Umgang und monetären Anreizen wie etwa Bonuszahlungen oder finanziellen Unterstützungen bei Anschaffungen oder Fortbildungen begegnet werden kann. Dies kann dazu beitragen, dass sich die Gutachter von den lukrativeren Privatgutachten zur gerichtlichen Tätigkeit wenden. Hierzu kann auch die formale Implementierung eines „Gerichtsgutachter-Instituts“ beitragen, dessen genau Aufgaben und Ansiedlung nicht Gegenstand der Untersuchung sind. Weitere Aspekte, die eine Beschleunigung herbeiführen können, sind die Sicherstellung der Qualität der Gerichtsgutachten, die Nachwuchsförderung und eine bessere Verteilung der bestehenden Anfragen auf die gleich geeigneten Ressourcen unter Sanktionierung von sammelndem Verhalten einiger Gutachter. Insgesamt wird das Sanktionierungssystem von allen Seiten als notwendige Leitplanken gesehen. In dieser Arbeit wird eine ansteigende Wirkung der Ordnungsmittel bis hin zu drastischen persönlichen, nicht finanziellen Maßnahmen vorgeschlagen. Zu einer Verbesserung der Zusammenarbeit zwischen den Gerichten und dem eingesetzten

Sachverständigen führen unter anderem auch die Maßnahmen der Erweiterung der Spezialkammern und fachlichen Besetzung der Gerichte sowie der Aufbau von interner Sachkunde aufgrund von Fortbildungen als auch eine gegenseitige Unterstützung.

## *D. Prozessbezogene Lösungsvorschläge*

Im folgenden Abschnitt sollen nun praktische Lösungsansätze untersucht werden, die direkt eine Auswirkung im Prozess haben können. So werden Möglichkeiten gesucht, die beginnend mit der Festlegung des zu prüfenden Sachverhaltes, der Auswahl des Sachverständigen und seiner Kontaktaufnahme zu einer beschleunigten Festlegung des Gutachters führen, den Inhalt des Beweisbeschlusses und die Art der Begutachtung bestimmen sowie die Zusammenarbeit der Prozessbeteiligten fördern.

Ausgangspunkt ist der zweite Teil der von Calliess in seinem Gutachten zum Zivilprozessrecht zum 70. Juristentag vorgeschlagenen These: „[...] Es ist eine bundesweite, gerichtinterne Sachverständigendatenbank mit Bewertungen und Erfahrungsberichten einzurichten".[767] Neben der Einführung einer verbesserten Datenbank wird vor allem die frühzeitige Einbeziehung des Sachverständigen sowie die verbesserte Kommunikation diskutiert, da vor allem in der Literatur falsche Beweisbeschlüsse und die fehlende Kooperation zwischen Gericht und Gutachter als Ursache für Prozessverzögerungen im Zusammenhang mit Gutachten gesehen werden.[768]

Zu Beginn wird die frühzeitige Einbindung des Sachverständigen überprüft. Im Anschluss folgt die Auseinandersetzung mit den Anforderungen an eine neue Datenbank und deren Inhalten. Daran schließen die Bewertung der vermehrten Nutzung von mündlicher Begutachtung und Privatgutachten an. Abschließend werden die Notwendigkeit einer verbesserten Kommunikation und einer Rückmeldung an den Gutachter sowie die Optimierung des Vorgehens nach Einreichung des Gutachtens und der finalen Abrechnung untersucht.

767 *Calliess*, A110.
768 Insbesondere *Seibel*, NJW 2014, 1628 (1630 ff.).

## I. Frühzeitige Einbindung der Sachverständigen

Es hat sich herausgestellt, dass die Gerichte vor dem Hintergrund umfangreicher Akten und fehlender Ressourcen im Rahmen von Zivilprozessen zu unterstützen sind. Deshalb ist überlegenswert, den Gutachter bereits frühzeitig vor oder während eines Prozesses einzubinden, um den Spruchkörpern in diversen Stadien des Verfahrens „unter die Arme zu greifen".

Der Einsatz des Gutachters könnte hilfreich sein, wenn er bereits vor einer mündlichen Verhandlung im Rahmen eines selbstständigen Beweisverfahren oder im Zusammenhang mit dem regulären Erkenntnisverfahren bei der allgemeinen Beratung des Gerichts und Einführung in die Thematik sowie der Sachverhaltssortierung unterstützend zur Seite stehen würde. Im Rahmen des Prozesses könnte seine persönliche oder technische Anwesenheit bei der Beantwortung von Fragen oder im Zuge von Vergleichsgesprächen von Vorteil sein. Für die Beauftragung des notwendigen Sachverständigenbeweises könnte der frühzeitige Einsatz insofern zielführend sein, dass der notwendige Beweisbeschluss so präzise wie möglich und so umfangreich wie nötig ausformuliert wird, damit der Gutachter ohne inhaltliche Hindernisse und zeitliche Verzögerungen die für das Gericht und dessen Entscheidung erforderlichen Stellungnahmen abgeben kann.

### 1. Auswertung der empirischen Untersuchung

#### a. Ansicht der Richter

Die frühzeitige Einbeziehung und Beiziehung von Sachverständigen sei bekannt und werde je nach Standort, Verfahrens- und Parteiziel sowie Prozessstand und Gerichtsvorgehen bereits unterschiedlich intensiv genutzt, sofern sie Sinne mache.[769] Ziel des Gerichtes sei es, abhängig von der eigenen Erledigungspraxis, die in der Regel (zu 60–70 %) eher auf einen Vergleich abzielt, durch eine schnelle und verbindliche Lösung eine frühe und kostengünstige Entscheidung zu erreichen, um den „Kredit der dicken Akte" zu begleichen.[770] Richter hätten viele Verfahren und müssten im Einzelfall im Sinne der Parteien und des Staates die Kosten im Auge behalten und unter Berücksichtigung der Prozessinteressen der Parteien, des

769 Ri1; Ri6; Ri8.

770 Ri1; Ri2; Ri3; Ri4; Ri5; Ri6; Ri7.

Rechtsgebiets sowie der Art des Verfahrens entscheiden.[771] Eine pauschale Einbeziehung sei deshalb nicht möglich oder wird als nicht zielführend und ohne Zeitvorteil erachtet.[772]

Insbesondere gilt diese Einschätzung, wenn noch die Möglichkeit zur Güteverhandlung oder Zeugenvernehmung bestehe oder inhaltlich sowie aus Gründen der Kosten- und Zeitersparnis noch kein Gutachten benötigt werde.[773] Die Anwesenheit und Einbeziehung des Gutachters wird auch dann nicht als hilfreich oder sinnvoll angesehen, wenn gegenläufige Interessen und die übrigen Handlungen der Parteien, etwa kein entsprechendes Beweisangebot zu machen, darauf schließen lassen, dass die Einbindung zu teuer sei und zu lange dauere.[774]

Je nach Verfahrensziel müsse eine Abwägung erfolgen, ob der Gutachter Sinn mache und welcher Gewinn durch den Gutachter erzielt werde.[775] Denn es sei davon auszugehen, dass die – auch nur kurzzeitige – Einbeziehung eines Gutachters, etwa durch Anwesenheit im ersten Termin, hohe Kosten in Höhe von geschätzten 1000–3000 EUR verursacht, die von den Parteien – nach § 144 ZPO selbst ohne eigenen Antrag – zu tragen seien.[776] Dies widerspreche dem Ansinnen der Gerichte, einen Vergleich herbeizuführen und biete die Möglichkeit der Befangenheit des Gutachters als Ausschlusskriterium für eine Gerichtsbegutachtung.[777] Andererseits wird, wenn das Verfahrensziel – wie etwa bei Versicherungen – auf eine streitige Verhandlung und Entscheidung des Gerichtes hinausläuft, die Einholung von Sachverständigengutachten parteiseitig häufig angeboten oder als notwendig erachtet und keine Schnelligkeit gewünscht, da sich Parteien selten vergleichen würden.[778]

Voraussetzung für die frühzeitige Involvierung des Sachverständigen sei somit, dass das Gericht zu dem bestimmten Zeitpunkt weitergebracht würde, die Partei den Aussagen des Gutachter Glauben schenken und dadurch eine Verfahrensbeschleunigung erfolge.[779] Der „ideale" Richter würde vielleicht früh einen Sachverständigen einbeziehen. Der „normale"

---

771 Ri1; Ri3; Ri4; Ri5.
772 Ri1; Ri3; Ri4; Ri5.
773 Ri6; Ri8.
774 Ri6.
775 Ri1; Ri3; Ri4; Ri5; Ri6.
776 Ri1; Ri2; Ri3; Ri4; Ri5; Ri6, Ri8.
777 Ri2; Ri3; Ri4; Ri5; Ri6; Ri7.
778 Ri3; Ri4; Ri5; Ri6.
779 Ri3; Ri4; Ri5.

Richter hingegen würde nach dem ersten Termin und dem Zeugen einen großen Beweisbeschluss für die Beauftragung des Gutachters machen.[780]

Deswegen sei es gängige Praxis, zuerst eine Einbeziehung zu vermeiden und in den ersten Sitzungstagen – in komplexen Sachverhalten unter Anhörung von Zeugen – in der Regel ohne Beweisaufnahme den Sachverhalt zu ermitteln und eine Eingrenzung des Prozessstoffes vorzunehmen, die Parteiinteressen sowie Vergleichsmöglichkeiten zu eruieren und herauszufinden, ob die Einbindung eines Gutachters inhaltlich und kostenseitig gewollt sei.[781] Erst nach diesem „Anverhandeln" sei das Sachverständigengutachten durch „große Aufklärung" anzuregen und die übrigen Fragen dem Sachverständigen mittels Beweisbeschluss aufzugeben.[782] Das sogenannte „Stuttgarter Modell", als besonderes Beweisprozedere im Gerichtsbezirk Stuttgart, sehe bereits eine möglichst frühzeitige Gesprächsaufnahme zur Erörterung von Vergleichsmöglichkeiten ohne Einbeziehung von Gutachtern vor, welche auch erfolgreich genutzt werde.[783]

Wichtig sei auch, zu entscheiden, wann der Gutachter etwas sagen könne.[784] So seien Anknüpfungstatsachen notwendig, da der Sachverständige sonst zu Verwirrungen führen könne.[785] Andererseits würde situationsbedingt, vor allem bei Ortsterminen, die Anwesenheit eines Gutachters die Vergleichsbereitschaft erhöhen.[786]

Die Richter erachten die frühzeitige Einbeziehung von Gutachtern aus eigenem Ermessen ohne vorherigen Antrag oder Beweisangebot der Parteien und unabhängig von deren Interessen in gewissen technischen Fragen im Falle der Notwendigkeit für die Entscheidungsfindung als unentbehrliche und sinnvolle Möglichkeit einer Beschleunigung.[787] Vor allem gelte dies zur Vorbereitung des Verhandlungstermins, als Moderator im Rahmen der Beweiserhebung oder in Vergleichsgesprächen sowie zur Beantwortung eventueller Verständnisfragen des Gerichtes oder der Verfahrensbeteiligten. Eine solche Einbeziehung sei jedoch rechtsgebietsspezifisch selten und zum Teil aufgrund der Angst vieler Sachverständiger, etwas Falsches zu sagen, schwierig.[788]

---

780 Ri3; Ri4; Ri5.
781 Ri1; Ri3; Ri4; Ri5; Ri6; Ri7; Ri8.
782 Ri1; Ri3; Ri4; Ri5; Ri6; Ri7; Ri8.
783 Ri2.
784 Ri3; Ri4; Ri5.
785 Ri3; Ri4; Ri5.
786 Ri1.
787 Ri1; Ri3; Ri4; Ri5; Ri6.
788 Ri1; Ri3; Ri4; Ri5; Ri6.

Darüber hinaus wurde von den Gesprächsteilnehmern die Zusammenarbeit in der Tatsacheninstanz unter dem Aspekt der Ermittlung, Ordnung und Festlegung des Sach- und Streitstandes, vor allem in Bezug auf die Verteilung der Beweislast und die Streiterheblichkeit parteiseitig aufgeworfener Fragen befürwortet.[789] Aufgrund bestehender Zweifel beim Gericht, welcher Gutachter für die Beantwortung der relevanten Fragen geeignet und zuständig ist, sowie zur Verbesserung des häufig durch Unklarheiten die Tätigkeit des Gutachters bremsenden, fehlerhaften Beweisbeschlusses, wird die frühzeitige Einbeziehung als wichtig, hilfreich und vorteilhaft angesehen.[790] Neben einer Beteiligung und Mitformulierung im Rahmen des Beweisbeschlusses sei der Versand des Entwurfs an den Gutachter vorab, verbunden mit einem konkreten Gesprächsangebot zur Eröffnung eines Kontaktes sinnvoll.[791] Andere sind der Ansicht, dass die Einbeziehung des Gutachters in die Formulierung je nach Rechtsgebiet nicht zwingend notwendig sei, da insbesondere erfahrene Gutachter auch ohne nähere Erläuterungen aus dem Zusammenhang heraus die richtige Schwerpunktsetzung und klare, fachlich fundierte Ergebnisse leisten würden.[792] Zwar hätten die Gerichte zu wenig Zeit, sich mit den besonderen Umständen des Falls zu befassen. Sie werden jedoch häufig wissen, welche Fragen beantwortet werden sollen und stellen im Rahmen der Anleitung des Gutachters entsprechende Einzelfragen beziehungsweise Alternativsachverhalte fest und geben Rechtsfragen vor.[793] In Bausachen etwa ginge man dazu über, den Sachverständigen bei Mangelfragen zu Ortsterminen mitzunehmen.[794]

Hilfreich könne ein Gutachter auch sein, wenn es um die Nachprüfung eines anderen Sachverständigengutachtens ginge, ob die entscheidungserheblichen Fragen beantwortet seien.[795]

Die frühzeitige Einbindung eines Sachverständigen im Rahmen des selbstständigen Beweisverfahrens nach § 358a ZPO wird nach Aussage einiger Richter abhängig vom Rechtsgebiet häufig, wenn nicht sogar standardmäßig angewandt, da der Verfahrensfortgang in der Regel vom Gutachten abhänge, und ansonsten kaum eine mündliche Verhandlung

789 Ri2; Ri3; Ri4; Ri5; Ri7.
790 Ri2; Ri3; Ri4; Ri5; Ri7.
791 Ri2.
792 Ri1; Ri3; Ri4; Ri5; Ri7.
793 Ri3; Ri4; Ri5.
794 Ri1.
795 Ri3; Ri4; Ri5.

möglich sei und die Parteien auf eine Entscheidung bestünden.[796] Da es sich andererseits bei diesem losgelösten Vorabverfahren manchmal auch nur um ziellose und unsachgemäße Erhebungen des Antragsstellers zum Zwecke der Beweissicherung ohne Erheblichkeit handele und der Sachverhalt teilweise erst anhand von Zeugen darzulegen wäre, um im Anschluss über die Beweisnotwendigkeit zu entscheiden, werde diesem kein dem Gerichtsgutachten vergleichbarer Beweiswert beigemessen.[797]

Problematisch an der frühzeitigen Einbeziehung sei, dass die Einigung der Parteien auf einen Gutachter im Sinne des § 404 Abs. 5 ZPO aufgrund gegenseitigen Misstrauens praktisch unmöglich ist und demnach die Gerichtsbestimmung ohne Einbeziehung der Parteien der schnellere Weg ist.[798] Zudem sei nachteilig, dass die physische Akte lange nicht verfügbar sei.[799] Darüber hinaus wird angefügt, dass ohnehin in bestimmten technischen und vor allem hoch spezialisierten Bereichen ein Mangel an Gutachtern herrsche, der durch eine frühzeitige, begleitende Prozesseinbeziehung verschärft werde.[800]

### b. Ansicht der Gutachter

Die frühzeitige Einbindung von Gutachtern wird von den hier Befragten mehrheitlich unterstützt.[801] Gespräche zwischen Sachverständigen und dem Gericht sollten nach ihrer Ansicht häufiger zum Verständnis des Sachverhalts und der Ausräumung von Fehlern erfolgen.[802] Die Spruchkörper würden bei der Bestellung vereinzelt falsche Gutachter auswählen, die nicht für das gefragte Sachgebiet zuständig seien und damit würde das Gutachten das inhaltliche Thema verfehlen.[803]

Dies resultiere zum Teil aus der für die Gerichte schwer nachvollziehbaren, fehlenden Abgrenzung der Bestellungskörperschaften.[804] Zudem würde bei einem zusammengesetzten Fall die Sachverständigenwahl sehr

796 Ri3; Ri4; Ri5; Ri6.
797 Ri3; Ri4; Ri5; Ri6.
798 Ri2; Ri7.
799 Ri1.
800 Ri6.
801 Sv9; Sv11; Sv18; Sv19.
802 Sv3.
803 Sv2.
804 Sv2.

schwierig.[805] In einigen Fällen könnten auch die Bestellungskörperschaften erst aus der Akte heraus die genaue Zuständigkeit ermitteln, sodass es bei falscher Auswahl zu einer unnötigen Versendung der Gerichtsakte käme.[806]

Eine Einbindung des Gutachters bei Entscheidungen über die Relevanz von vorgebrachten Tatsachen und die Notwendigkeit der gestellten Anträge sowie zur Überführung in den letztendlichen Beschluss etwa in der filternden Güteverhandlung als auch hinsichtlich der späteren Würdigung von Privat- und Gerichtsgutachten wird ebenfalls befürwortet.[807] Durch Vereinfachung und Strukturierung der vor allem in komplexen Großverfahren sich teilweise wiederholenden Sachverhalte mittels Unterteilung in fachliche Bestandteile und deren Aufteilung auf mehrere fachspezifische Gutachter, sowie durch Aufschlüsselung von Abkürzungen und Fachbegriffen als auch die Nutzung des *„common sense"* könne der Sachverständige zur Beschleunigung beitragen.[808]

Eine Involvierung sei vor allem bei der Abfassung der Beweisbeschlüsse notwendig.[809] Viele Beschlüsse seien falsch, missverständlich, unklar oder unvollständig, sodass es einer verbesserten Formulierung oder der Ergänzung der Fragen beziehungsweise Klarstellung durch das Gericht bedürfe, um eine Prozessverzögerung durch eine spätere, erneute Einreichung des Gutachtens sowie eine Erhöhung des Kostenvorschusses zu verhindern.[810] Aus der Vielzahl der in den Anträgen und Schriftsätzen enthaltenden oder nachgeschobenen Fragen müssten zur inhaltlichen Begrenzung des Gutachtenauftrages „eindeutige, objektiv verständliche Frage- und Aufgabenstellungen" ergehen und nicht prüfungsrelevante Themen sowie Rechtsbegriffe oder andere falsche Formulierungen herausgefiltert werden.[811]

Der Gutachter sei in der Regel fachlich „im Stoff" und könne aufgrund seiner höheren Sach- und Fachkunde den Beweisbeschluss schneller auf das Ziel der Frage reduzieren.[812]

Die frühzeitige Heranziehung wird von einem Befragten auch im Rahmen von Besprechungen und Erörterungen mit den Prozessbeteiligten be-

805 Vb1.
806 Vb1.
807 Vb2; Sv8; Sv12; Sv16; Sv18.
808 Vb2; Sv8; Sv12; Sv16; Sv18.
809 Sv6; Sv8; Sv9; Sv11; Sv18; Sv19; Vb1.
810 Sv1; Sv2; Sv3; Sv6; Sv8; Sv11; Sv13; Sv18.
811 Sv3; Sv6; Sv8; Sv11; Sv13; Sv18; Sv19; Vb1.
812 Sv18.

fürwortet und als verfahrensfördernd bewertet.[813] Die deeskalierende Anwesenheit und Einwirkung der Gutachter wird jedoch nicht grundsätzlich als notwendig angesehen und steht möglicherweise aufgrund der Gegenläufigkeit der prozessbeschleunigenden Einbindung zu dem Parteiwillen und deren Zielen im Verfahren einer Vergleichsbereitschaft entgegen.[814] Ein Vergleich sei auch ohne tiefere materielle Kenntnisse möglich und damit nicht zwangsläufig von der Einbindung externer Fachkenntnisse abhängig.[815] Von anderen Interviewpartnern wird die frühzeitige Einbeziehung und Übertragung von mehr Verantwortung auf den Sachverständigen vor allem in Bezug auf die Mitnahme zum Ortstermin gefordert. Dieses Vorgehen hänge jedoch von der Qualität und den Fähigkeiten des Sachverständigen ab.[816]

In administrativer Hinsicht wird der frühzeitigen, eventuell unvorbereiteten Einbeziehung der Gutachter entgegengehalten, dass die Gefahr weitere Büroeinschränkungen und Wartezeiten durch Terminvorgaben des Gerichtes bestehen.[817] Eine frühe Einbeziehung des Gutachters als fachlicher Berater des Gerichtes in einer solch frühen Phase des Prozesses ohne konkreten Auftrag wird von einem Gesprächspartner als schwierig angesehen. Dies ginge nur in Spezialistenfunktion und mit entsprechenden Fähigkeiten.[818] Es wird hier von einer „unnötigen Belastung" des Sachverständigen und der damit im Zusammenhang stehenden Zeitverzögerung gesprochen.[819]

### c. Ansicht der Rechtsanwälte

Eine frühzeitige Einbindung des Gutachters nach freiem Ermessen des Gerichtes ohne Parteiantrag würde zur Sachverhaltssortierung und -konkretisierung sowie Formulierung des Beweisbeschlusses weitgehend helfen und wird grundsätzlich befürwortet.[820] Diese Einschätzung basiert auf der Erfahrung hinsichtlich Komplexität und Unübersichtlichkeit der Verfahren und damit auch der Gutachten durch die häufige Einbeziehung einer

813 Sv8.
814 Sv8; Vb1.
815 Vb1.
816 Vb1; Sv18.
817 Sv13.
818 Sv18.
819 Sv8.
820 Ra1; Ra3; Ra4; Ra5; Ra6.

Vielzahl von weiteren Beteiligten, welche die Prozesskoordination, vor allem auch bei Untersuchungs- oder Ortsterminen schwieriger machen.[821] Andererseits sei die Einbeziehung von Gutachtern nur für die Sortierung des Sachverhaltes kostspielig und verfahrensverzögernd. Vielmehr sollte dies den Parteien auferlegt werden.[822]

Die Auswahl der Gutachter durch das Gericht erfolge in der Regel aufgrund vorheriger Erfahrung mit dem Sachverständigen oder der Empfehlung durch die jeweilige Bestellungskörperschaft. Dies sei schwierig, da häufig nicht die richtige fachliche Zuordnung möglich sei oder Teilbereiche durch einen anderen Gutachter bearbeitet werden müssten.[823]Dabei spiele die richtige Erfassung der Beweisthematik eine entscheidende Rolle.[824]

Eine Effizienzsteigerung und ein geringerer Kostenaufwand sei vor allem in Bezug auf die Vorabexpertise des Gutachters im Verfahren, ähnlich der richterlichen Vorabeinschätzung nach § 139 ZPO, verbunden mit der daraus resultierenden Steigerung der Vergleichsbereitschaft zu erwarten.[825] Insbesondere die Mitnahme und Einbeziehung des Sachverständigen zu einem Ortstermin wird als sinnvoll erachtet, da eine schnellere Streitschlichtung oder -entscheidung möglich sei.[826] Über die verschiedenen Bundesländer hinweg werde dies unterschiedlich gehandhabt und teilweise bereits vorgenommen.[827]

Von den befragten Rechtsanwälten wird jedoch auf die Parteiherrschaft über das Verfahren und dem damit kollidierenden Aspekt einer Amtsermittlung und frühzeitigen Gutachterexpertise hingewiesen.[828] Es werde befürchtet, dass der Gutachter nach der frühzeitigen Einbeziehung vermutlich mangels Objektivität für den Fall nicht mehr verwendbar ist oder aufgrund der Vorevaluierung Tatsachen nachgeschoben werden und sich der zu entscheidende Sachverhalt damit ausweitet.[829] Da das Gericht meist fachfremd sei und nicht viel von der Materie verstehe, folgen viele Ge-

821 Ra1; Ra3; Ra4; Ra5; Ra6.
822 Ra5.
823 Ra1; Ra4.
824 Ra3.
825 Ra5.
826 Ra1.
827 Ra1.
828 Ra1; Ra3; Ra6.
829 Ra1; Ra6.

richte den Gutachtern blind, übernähmen die Aussagen und hinterfragen selten die Ergebnisse kritisch.[830]

Zudem wird auf die Kosten des Gutachters in diesem Fall hingewiesen.[831] Daher sei eine pauschale frühzeitige Einbeziehung nicht sinnvoll, sondern am Einzelfall des Verfahrens festzumachen.[832] Eine grundsätzlich ablehnende Haltung der Parteien gegen eine frühzeitige Einbeziehung aus Kostengründen sei lediglich fragwürdig, unbegründet und verfahrensverzögernd.[833]

### 2. Auswertung der Literatur

Außerhalb der förmlichen Beweismittel hat der Richter die Möglichkeit, nach § 144 Abs. 1 ZPO zum Verständnis und zur Einordnung der technischen und fachlichen Zusammenhänge sowie den damit einhergehenden Problemen, die erforderliche Sachkunde durch frühzeitige Einbeziehung eines Sachverständigen als neutralen, beratenden Dritten selbstständig von Amts wegen bereits vor dessen förmlicher Beauftragung einzuholen.[834] Insofern wird vor allem bei komplexen Verfahren frühzeitig eine notwendige und prozessfördernde Zusammenarbeit durch Beratung und Unterstützung bei der Beurteilung initiiert, sodass das Gericht nicht erst durch das Gutachten davon profitiert.[835]

Wie auch in der Empirie dargelegt, wird die frühzeitige Einbeziehung vor allem in Vorbereitung oder während der mündlichen Verhandlung zur Erfassung, Filterung und Strukturierung des streitigen Sachverhaltes sowie der daraus resultierenden Beweisbedürftigkeit, Darstellung der Prozesschancen und Einbindung in Vergleichsgespräche gesehen, vor allem wenn hierfür bereits Sachkunde erforderlich ist.[836] Die Sortierung aus den

---

830 Ra1.

831 Ra1.

832 Ra5.

833 Ra5.

834 BT-Drs. 19/13828 S. 18 f., 31; *Hirtz*, NJW 2014, 2529 (2531); *Greger*, NZV 2016, 1 (4); *Kramarz*, DS 2014, 170 (174, 176); *Schobel*, MDR 2014, 1003 (1004); *Seibel*, NJW 2014, 1628 (1631); *Walter*, DS 2015, 205 (207); *Bogan*, GRUR 2021, 140 (140); Musielak/Voit/*Huber*, ZPO, § 403 Rn 1; *Jäckel*, S. 43 Rn. 67a.

835 *Seibel*, NJW 2014, 1628 (1631); vgl. *Kramarz*, DS 2014, 170 (176), *Bogan*, GRUR 2021, 140 (140); vgl. *Burwick*, DS 2020, 135 (138).

836 Siehe D.I.1.a. S. 122 (Ri); b. S. 124 (Sv), c. S. 126 (Ra); *Katzenmeier* in Prütting/Gehrlein, Vor § 402 Rn. 2; 404a Rn. 8.

von den Parteien teilweise auch zu ihren Gunsten fehler- oder lückenhaft dargestellten Tatsachen und bei umfangreichen und fachlich komplizierten Sachverhalten ist für das Gericht mangels Fachkunde schwierig.[837] Die rein physische Anwesenheit erlaube den persönlichen Kontakt mit den Prozessbeteiligten und biete die verfahrensfördernde Möglichkeit der Deeskalation. Eine damit verbundene sofortige fachkundige Beantwortung von technischen Fragen und die Erteilung einer ersten Spontanbewertung auch unter Aus- und Abwertung von sich widersprechenden Gutachten können dem Gericht eine Tendenz für die Begutachtung und Grundlage für Vergleichsverhandlungen geben.[838] Bei etwaigen für das Verständnis des Sachverhaltes erforderlichen Vernehmungen sollte der Sachverständige zur Erlangung von möglichst ungefilterten Eindrücken und direkter Nachfragemöglichkeit anwesend sein.[839]

Für die unmissverständliche und präzise Formulierung des Beweisbeschlusses, als wesentlich Grundlage für die ungehinderte gutachterliche Tätigkeit, ist die Beteiligung des Gutachters nach § 273 ZPO frühzeitig im ersten Verhandlungstermin oder nach § 404a ZPO vor der Abfassung des Beweisbeschlusses insbesondere hinsichtlich der Vollständigkeit und Richtigkeit der erheblichen Beweisfragen und Vorgabe der zugrunde zulegenden Tatsachen ratsam.[840]

Die fehlerhaften, weil ungefiltert von den Parteien übernommenen und auf unzulässige Rechtsfragen anstatt auf Tatsachen ausgerichteten oder hinsichtlich des Inhaltes beziehungsweise Umfangs unkonkreten Beweis-

---

837 Vgl. *Jäckel*, S. 44 Rn. 69, S. 175 Rn. 588; *Schobel*, MDR 2014, 1003 (1004 f.); vgl. *Kramarz*, DS 2014, 170 (171 ff.); *Walter*, DS 2015, 205 (207); *Gaier*, NJW 2013, 2781 (2786); vgl. *Jandt/Nebel/Nielsen*, DS 2016, 248 (248); vgl. *Greger*, NZV 2016, 1 (4 f.); *Seibel*, NJW 2014, 1628 (1631); *Bogan*, GRUR 2021, 140 (140 f.); *Burwick*, DS 2020, 135 (138); Musielak/Voit/*Huber*, ZPO, § 402 Rn. 1, 404a Rn. 3; *Gärtner*, NJW 2017, 2596 (2599); *Laumen* in Baumgärtel/Laumen/Prütting, S. 49 Rn. 53; *Greger* in Zöller, § 403 Rn. 1, 404a Rn. 5.

838 *Schobel*, MDR 2014, 1003 (1004 f.); *Kramarz*, DS 2014, 170 (172); vgl. *Bogan*, GRUR 2021, 140 (141 f.); *Weder*, DS 2020, 140 (142 f.).

839 *Schobel*, MDR 2014, 1003 (1005); Musielak/Voit/*Huber*, ZPO, § 411 Rn 3; *Jäckel*, S. 176 Rn. 589; *Greger* in Zöller, § 404a Rn. 4.

840 *Katzenmeier* in Prütting/Gehrlein, Vor § 402 Rn. 2; 404a Rn. 8.
Siehe D.I.1.a. S. 122 (Ri); b. S. 124 (Sv), c. S. 126 (Ra); *Schobel*, MDR 2014, 1003 (1004 f.); *Kramarz*, DS 2014, 170 (172, 174); *Seibel*, NJW 2014, 1628 (1628 ff., 1630 f.); *Walter*, DS 2015, 205 (207); vgl. *Lehmann*, DS 2019, 318 (321, 324); *Schneider*, DS 2017 307 (307 f.); *Pauly*, ZfBR 2021, 16 (17); *Bogan*, GRUR 2021, 140 (141); *Burwick*, DS 2020, 135 (136 ff.); *Weder*, DS 2020, 112 (116 f.); Musielak/Voit/*Huber*, ZPO, § 404a Rn 3; *Greger* in Zöller, § 404a Rn. 2; *Katzenmeier* in Prütting/Gehrlein, Vor § 404a Rn. 4.

beschlüsse sind ein Mangel bei der Beweiserhebung. Sie erzeugen für den Gutachter eine grundsätzliche Bindungswirkung und lassen nach höchstrichterlicher Rechtsprechung kein eigenmächtiges Handeln zur Auslegung oder Erweiterung zu.[841] Wegen zeitraubender, klarstellender Nachfragen oder etwaiger Ergänzungsgutachten gelten die Beweisbeschlüsse als ausschlaggebender Faktor für die fehlende Beschleunigung von Zivilprozessen.[842]

Folge der fehlerhaften oder unvollständigen Beweisbeschlüsse sind nicht nur ein unbrauchbares Gutachten, sondern auch eventuell angreifbare Ausforschungsbeweise und daraus resultierende Befangenheitsanträge.[843] Im Falle von rechtlichen Würdigungen und daraus resultierende materiellrechtlich unrichtige Entscheidungen könnte darüber hinaus ein Verstoß gegen die gerichtlichen Befugnisse vorliegen.[844] Mit einer Abweichung vom Beweisbeschluss bringt sich der Gutachter durch eine mögliche Unverwertbarkeit des Gutachtens auch in die Gefahr des Verlustes seiner Honoraransprüche.[845] Die Autoren gestehen an dieser Stelle ein, dass häufig erst durch die Einbeziehung des Gutachters die Beweisfragen interpretiert und die fachlich notwendigen Fragen an den Sachverständigen richtig formuliert werden können.[846] Sofern noch nicht durch die vorherige Mitarbeit behoben, kann im Rahmen der frühzeitigen Einbindung die erforderliche umfassende Erklärung des und Einweisung in den Begutachtungsauftrag erfolgen.[847]

Des Weiteren kann die fehlende Notwendigkeit eines aus prozesstaktischen Gründen angeregten respektive verschobenen Ortstermins oder kostspieligen Beweisantrages unter Einbindung eines neutralen Gutachters besser bewertet werden.[848] Die verfahrensbeschleunigende Möglichkeit eines allein mündlichen Gutachtens sowie die Erforderlichkeit zusätzlicher

841 *Seibel*, NJW 2014, 1628 (1628 ff., 1630); *Walter*, DS 2015, 205 (207); *Kramarz*, DS 2014, 170 (171 f.,174); vgl. *Mayr*, DS 2013, 128 (129, 131); vgl. *Grossam*, DS 2015, 46 (48 f.), *Linz* DS: 2017, 145 (152); *Schneider*, DS 2017, 307 (307 ff.).

842 *Ebd.*

843 Vgl. *Lehmann*, DS 2021, 57 (62 f.); *Seibel*, NJW 2014, 1628 (1630 f.); *Grossam*, DS 2015, 46 (48 f.); *Linz* DS: 2017, 145 (152).

844 *Seibel*, NJW 2014, 1628 (1628); *Linz* DS 2017, 145 (149); vgl. *Schneider*, DS 2017, 307 (309 f.).

845 *Seibel*, NJW 2014, 1628 (1630 f.); vgl. auch *Grossam*, DS 2015, 46 (49 ff.), *Linz* DS 2017, 145 (151); *Mayr*, DS 2013, 128 (129); *Schneider*, DS 2017, 307 (310).

846 *Schobel*, MDR 2014, 1003 (1004 f.), vgl. *Kramarz*, DS 2014, 170 (171, 174), vgl. *Mayr*, DS 2013, 128 (131).

847 *Schobel*, MDR 2014, 1003 (1005); *Jandt/Nebel/Nielsen*, DS 2016, 248 (248).

848 *Walter*, DS 2015, 205 (207 f.), vgl. *Grossam*, DS 2015, 46 (49).

für die Auftragsbearbeitung relevanter Dokumente können frühzeitig vorgegeben und schriftlich fixiert werden, damit dies nicht erst im Prozess durch den beauftragten Gutachter erfolgen muss.[849] Sofern die frühzeitige Einbeziehung oder Begutachtung im Rahmen eines selbstständigen Beweisverfahrens nach § 358a ff. ZPO stattfindet, kann hier sogar noch schneller, weil vor einem mündlichen Termin möglich, die Beweiserhebung durch den Sachverständigen erfolgen.[850]

Einige Autoren der Literatur sehen keine Gefahr einer möglichen Ablehnung der frühzeitigen Einbeziehung eines Gutachters, die das Gericht zu einem zurückhaltenden Gebrauch veranlassen könnte, und regen auch mangels des Risikos prozessualer oder taktischer Folgen an, von der Einbeziehung des Gutachters in diesen Fällen Gebrauch zu machen.[851] Die frühzeitige Einbindung des Sachverständigen sei eines der wichtigsten, bereits bestehenden Möglichkeiten der ZPO zur Erreichung des Wunsches der Prozessbeschleunigung und eines früheren Rechtsfriedens.[852] Demgegenüber könnte die frühzeitige Einbeziehung weitere Ressourcenprobleme und Diskussionen zum Umfang der Involvierung hervorrufen.[853] Zudem bedürfe es einer Tatsachengrundlage, um Ausforschungen zu verhindern, eines verpflichtenden Hinweises an die Parteien und auch die entstehenden Kosten müssten berücksichtigt werden.[854] Die frühzeitige, verfahrensfördernde Einbeziehung kann sich somit auch beweisvermeidend und kostenschonend auswirken. Im Übrigen wird von einem Autor eine lediglich zeitliche Verlagerung auf die formalen Beweiskosten prognostiziert.[855]

Dem Ansinnen einer anfänglichen Beteiligung des Gutachters in der Funktion eines Beraters zur Verschaffung einer für das Verständnis des Parteivorbringens sowie der Sachverhaltseruierung notwendigen Fachkenntnis wurde vom Gesetzgeber durch Änderung des Wortlautes in § 144 Abs. 1 Satz 1 ZPO nachgekommen.[856] Der daraus entstehende Vorteil stel-

---

849 *Walter*, DS 2015, 205 (207); *Grossam*, DS 2015, 46 (47, 49).

850 *Schobel*, MDR 2014, 1003 (1004); *Ahrens*, ZRP 2015, 105 (106, 108); *Greger*, NZV 2016, 1 (4); *Gärtner*, NJW 2017, 2596 (2599).

851 *Schobel*, MDR 2014, 1003 (1004); *Walter*, DS 2015, 205 (207); *Burwick*, DS 2020, 135 (136).

852 *Schobel*, MDR 2014, 1003 (1007); vgl. *Walter*, DS 2015, 205 (207); *ders.*, DS 2018, 186 (186).

853 *Bogan*, GRUR 2021, 140 (142).

854 *Jäckel*, S. 43 Rn. 67a; S. 44 Rn. 70 („Hinweispflicht“); a.A. *Bruinier* in Seitz/Büchel, S. 91 Rn. 52; *Bogan*, GRUR 2021, 140 (142 f.).

855 *Bogan*, GRUR 2021, 140 (142 f.).

856 BT-Drs. 19/13828 S. 18 f., 31; *Jäckel*, S. 43 Rn. 67a.

le „vor allem in fachlich komplexen Sachverhalten einen Qualitätsgewinn" dar.[857] Die beratende Einbeziehung des Sachverständigen soll unabhängig von einem Kostenvorschuss möglich sein, da es sich um eine Unterstützung des Gerichtes handle und nicht um eine formale Beweiserhebung im Sinne der § 402 ff. ZPO. Nach dem Wortlaut der Vorschrift gebe es in diesem Stadium noch keinen „Beweisführer", welchem entsprechende Kosten aufzuerlegen wären.[858] Jedoch ist die Einbeziehung des Gutachters durch den Inhalt der Fragestellung zumindest indiziert.[859]

### 3. Fazit

Die frühzeitige Einbindung von Sachverständigen ist *de lege lata* durch die §§ 144 Abs. 1 S. 1, 273 Abs. 2 Nr. 4, 358a und 404a Abs. 2 ZPO bereits vor dem Erlass eines Beweisbeschlusses zulässig und möglich. Die hierzu getätigten Befragungen und Untersuchungen führen zu dem Ergebnis, dass situativ entweder im Einklang mit den Parteien oder von Amts wegen häufiger auf dieses Mittel zurückgegriffen werden sollte.

Hierbei geht es um eine vollumfängliche Gerichtsunterstützung, die in diversen Formen erfolgen kann. Die Einbeziehung des Gutachters ist bereits bei der in komplexeren Sachverhalten erforderlichen Filterung, Sortierung, Strukturierung sowie Auf- und Verteilung der relevanten, später zu begutachtenden Tatsachen erforderlich. Durch den Eingang in einen Beweisbeschluss oder eine gerichtliche Entscheidung kann dies für den Rest des Verfahrens von ausschlaggebender Bedeutung sein. Darüber hinaus ist eine frühzeitige Beteiligung des Gutachters auch in Bezug auf einen exakten, ordnungsgemäßen und in seinem Umfang erfassbaren Beweisbeschluss hilfreich.

Dieser ist Grundlage für eine zügige, fehlerfreie und im Optimalfall abschließende Beantwortung der Tatsachenfrage, die dem Gericht die schnelle materiell-rechtliche Entscheidung ermöglicht. Eine falsche, unzulässige oder unklare Formulierung führt zu Ergänzungsfragen, Falschgutachten oder Anschlussstreitigkeiten und der daraus resultierenden Verfahrensverzögerung.

Die Anwesenheit des Gutachters in der mündlichen Verhandlung oder bei Ortsterminen kann zur Kenntnisnahme des Sachverhaltes für einen

857 BT-Drs. 19/13828 S. 19.
858 BT-Drs. 19/13828 S. 18; 31.
859 Vgl. *Kramarz*. DS 2014, 170 (172).

späteren Begutachtungsauftrag, zur Moderation oder Schlichtung von Streitigkeiten beziehungsweise mit der Möglichkeit der Beantwortung von Fragen oder der Abgabe einer Stellungnahme eine deeskalierende, vergleichs- und verfahrensfördernde Wirkung haben. Ein frühzeitiges Kennenlernen mit den Verfahrensbeteiligten sowie die Einführung als gerichtsnaher Berater sollte den Anschein der Befangenheit erst gar nicht aufkommen lassen und die Schaffung von Vertrauen und Glaubwürdigkeit erreichen sowie die Kompetenz des Gerichts gestärkt wirken lassen. Denn die Schilderungen des Gutachters und eventuelle fachkundige, für das Gericht nicht erkennbare Rückfragen an die Parteien können für die Tatsachenfeststellung und Sachverhaltsbewertung von besonderer Wichtigkeit sein. Darüber hinaus besteht die Möglichkeit der Einbeziehung des Gutachters zur mündlichen Begutachtung, die – wie später zu untersuchen sein wird – ohnehin von vielen unter diesem Aspekt der frühzeitigen Einbeziehung gesehen wird. Die gerichtliche Entscheidung zur Einbeziehung des Gutachters verhindert zudem einen Streit der Parteien, da eine bindende Einigung auf einen gemeinsamen Sachverständigen nach § 404 Abs. 4 ZPO sehr selten ist.

Dennoch ist die pauschale Einbeziehung nicht sinnvoll. Die bestehende Möglichkeit sollte jedoch im Einzelfall in Betracht gezogen werden. Der Ansicht der Richter, dass die frühzeitige Einbindung der Gutachter nur dann sinnvoll ist, wenn eine Verfahrensbeschleunigung erfolgt und das Gericht in der Streitbeilegung bzw. -entscheidung vorankommt, ist zuzustimmen. Die Einbeziehung hängt vom Verfahrensziel der Parteien ab. Diese könnten durch die Kosten einer Einbeziehung von dem aus Sicht des Rechtsfriedens erstrebenswerten Vergleich abgebracht werden. Andererseits kann der Gutachter durch eine Spontanbewertung oder Tendenz die Chancen einer Einigung erhöhen.

Sofern jedoch nach erster Erörterung oder initial ersichtlich ist, dass nach dem Parteibestreben eine Sachentscheidung notwendig wird, macht die frühzeitige Einbeziehung Sinn. Zudem ist der Verfahrensstand entscheidend, da unter Umständen erst eine Sachverhaltsermittlung durch Zeugenbefragung oder dergleichen notwendig ist, um den richtigen Gutachter zu finden oder diesem Anknüpfungstatsachen darzulegen. Weiterhin hängt es auch von der Art des Verfahrens und dem Rechtsgebiet ab, ob eventuell bereits vorab nach § 358a ZPO, wie etwa im Verkehrsunfall- oder Arzthaftungsrecht, der Gutachter eingebunden wird.

Mit Gesetzesänderung zum 01.01.2020 hat sich der Gesetzgeber mit der beratenden Einbeziehung von Gutachtern durch Anpassung des § 144 ZPO befasst und die Vorteile einer frühzeitigen Einbindung des Sachverständigen verdeutlicht. Dieser Vorstoß ist wünschenswert und steht im Einklang mit den zuvor gemachten Ausführungen. Ob sich die zurückhaltende Handhabung der Gerichte durch die gewollte Verdeutlichung ändert, bleibt abzuwarten.

Die Überlegung, einen gerichtsansässigen Prozessgutachter als Helfer zu implementieren, der die oben vorgestellten Prozessschritte begleitet, scheitert zum einen an der fachlichen spezialisierten Kenntnis und zum anderen an den Kosten, den dieser zusätzliche Gutachter in den Gerichtsprozess anteilig einbringt.

Die Frage der Kosten für diese frühe Einbeziehung des Sachverständigen führt zu keiner anderen Einschätzung als der unbedingten Umsetzung dieses Vorschlages. Parteien sind vermeintlich nur gewillt, für vollständige Gutachten zu zahlen. Die vorgenannten Vorteile der Einbeziehung des Gutachters in Form der Sachverhaltsaufbereitung, der beratenden Verfahrensbegleitung sowie der Beweisbeschlusspräzisierung sind separat allerdings ebenfalls kostenauslösend. Der Mehrwert liegt in einem besseren Sachverhaltsverständnis, einer früheren und zielgerichteten Begutachtung oder möglichen Verfahrensförderung durch einen Vergleich. Eine Investition am Anfang des Prozesses kann hier die Kosten im weiteren Prozessverlauf ersetzen. Es erscheint auch nicht unbillig den Parteien die Kosten der frühzeitigen Einbeziehung aufzuerlegen, denn es obliegt ihnen durch geordnete und vorbereitete Sachverhalte, dem Gericht die Arbeit zu erleichtern und eine notwendige Einbindung Dritter zu verhindern.

Der Gutachter soll der Unterstützung des Gerichtes dienen, den Rechtsstreit zügig im Rahmen der gesetzlichen Anforderungen abzuschließen. Die Gerichte sind jedoch angehalten, schnelle und kostengünstige Entscheidungen zu treffen, sodass keine pauschale, sondern eine fallbezogene Einbindung des Sachverständigen praktikabel und damit die richtige Wahl ist.

## II. Einführung einer Datenbank mit Bewertungs- und Bietfunktion sowie der Hinterlegung von Ergebnissen

Ein weiterer Vorschlag zur Beschleunigung des Zivilverfahrens ist, eine umfassende Datenbank zu etablieren oder aus den bestehenden Verzeichnissen der Bestellungskörperschaften und ähnlicher autorisierter Institute zu konsolidieren.

Basierend auf der von Calliess in seinem Gutachten zum Zivilprozessrecht zum 70. Juristentag vorgeschlagenen These „[...] eine bundesweite, gerichtinterne Sachverständigendatenbank mit Bewertungen und Erfahrungsberichten einzurichten“[860], wird an dieser Stelle untersucht, welche Funktionen dieser Datenbank zur Erreichung des Ziels der Effektivitätssteigerung und Verfahrensbeschleunigung notwendig und hilfreich sind. Dabei ist unter anderem festzustellen, inwieweit diese zur Entlastung der angefragten Körperschaften und zur gleichzeitigen Abfrage der Gerichte nach den derzeitigen Anforderungen mit zusätzlichen Funktionen möglichst umfangreich ausgestattet sein sollte.

Zuerst ist zu untersuchen, welche Informationen für den Such- und Auswahlprozess des Gerichtes wesentlich sind, da diese in einer Oberfläche zusammengebracht werden sollen. Weitere Funktionen, wie etwa die Nutzung als Versand- und Kommunikationsmedium sowie eine Sachverhaltssammlung beziehungsweise Urteilsspeicherung und die Bewertung der Gutachter, könnten ebenfalls nützlich sein. Diese Erweiterungen sollen ebenfalls einer Einschätzung unterzogen werden. Abschließend bedarf es der Untersuchung, wie eine Errichtung auch unter eventueller Einbeziehung der vorhandenen Datenbanken erfolgen könnte. Dabei kommt ein neuer Aufbau genauso in Frage wie der Ausbau der bestehenden Datenbanken.

### 1. Auswertung der empirischen Untersuchung

#### a. Ansicht der Richter

Die Einführung der Onlinedatenbank mit vielen Funktionen und bestimmten Inhalten wird von den Befragten zur Beschleunigung der Auffindbarkeit und Bestellung des geeigneten Gutachters als sehr wichtig und positiv erachtet, da vor allem bei atypischen und besonderen Gutachtenfragen bereits die Suche zeitaufwendig, umständlich und prozessverzögernd sei.[861] Es wird bedauert, dass die Bestellungskörperschaften zum Teil sehr lange bräuchten, um Anfragen zu bearbeiten und Vorschläge zu benennen, die in der Regel schriftlich statt schnell telefonisch beantwortet würden, und regelmäßig nach einem langen Hin- und Her ohnehin abgelehnt würden.[862] Insofern gingen einige Richter dazu über, selbst eventuell qualifizierte Gutachter aus dem Internet herauszusuchen und abzutelefonie-

860 *Calliess*, A110.
861 Ri1; Ri6; Ri8.
862 Ri1; Ri6; Ri8.

ren, um durch einen persönlichen Kontakt zum Sachverständigen dessen Kapazitäten und Anforderungen abzuklären sowie Nachfragen und Unsicherheiten zu beseitigen.[863] Diesen Zeiteinsatz von teilweise einem halben Tag in Kauf zu nehmen, zahle sich in der Regel aus, sei aber nicht für jede Verhandlung machbar und führe zur ausbleibenden Bearbeitung anderer Verfahren.[864] Lange Recherchen im Internet über Suchmaschinen würden durch eine umfangreiche Datenbank obsolet.[865] Das Einsparungspotenzial einer Suche ohne die Körperschaften läge „in Standardfällen" bei 2–3 Wochen.[866]

Andere Gesprächspartner sehen die Auffindbarkeit von Gutachtern im Rahmen der kammerbezogenen Berufe als unproblematisch, da insofern der Service der Kammern durch die vorhandene Datenbank ausreichend sei.[867] Sachverständige für bestimmte Sonderthemen bedürfen nach wie vor der Einbindung von entsprechenden Bestellungskörperschaften.[868] In der Regel finde die Auswahl durch das Gericht anhand des Merkmals der tatsächlichen Tätigkeit in dem Fachgebiet sowie eigener Erfahrung und Anschauung statt.[869]

Die richterliche Beurteilung in Bezug auf die Auswahl des richtigen Gutachters unterliegt somit gewissen Risiken, die bei der IHK-[870] oder HWK[871]-Unterstützung minimiert werden kann.[872] In bisherigen Listen der jeweiligen Bestellungskörperschaften seien jedoch nicht alle Berufe, insbesondere nicht Handwerksberufe oder andere verkammerte Berufe, erfasst.[873]

Ferner sei der bisherige Bestand an für die Entscheidung notwendigen Informationen in den vorhandenen Datenbanken zu gering.[874] Jedoch dürfen auch nicht zu viele Informationen bereitgestellt werden, da dies die Auswahl erschweren und den Begründungsaufwand erhöhen würde, wenn ein anderer Gutachter den Vorzug erhielte.[875] Bezüglich der für

863 Ri8.
864 Ri1; Ri8.
865 Ri1.
866 Ri6.
867 Ri2.
868 Ri8.
869 Ri2.
870 Industrie- und Handelskammer, im Folgenden nur noch mit IHK abgekürzt.
871 Handwerkskammer, im Folgenden nur noch mit HWK abgekürzt.
872 Ri2.
873 Ri2; Ri6.
874 Ri3; Ri4; Ri5; Ri6.
875 Ri3; Ri4; Ri5.

die Auffindbarkeit und Auswahl notwendigen Inhalte einer Datenbank werde vor allem die direkte Erkennbarkeit der tatsächlichen Auslastung und Verfügbarkeit der Sachverständigen, etwa in Form eines „Ampelsystems“ und der daraus resultierenden, derzeitigen Bearbeitungsdauer bei Gutachten gewünscht.[876] Es werde jedoch befürchtet, dass die Ampel aus Wettbewerbsgründen immer auf „grün“ stehen werde.[877] Daneben seien andere wertungsneutraler Angaben, vor allem der fachliche Tätigkeitsbereich, Regionen und Referenzen notwendig, um so eine direkte Auswahl und Beauftragung des Spruchkörpers zu ermöglichen.[878] In vielen Gerichten werden bereits Listen und Datenbanken mit Informationen zu Schnelligkeit der Begutachtung, Kostenhöhe und zusätzlichen besonderen Fähigkeiten, wie etwa Sprachkenntnissen, geführt.[879] Problematisch seien die Nachvollziehbarkeit der tatsächlichen Tätigkeit und der Berufserfahrung, da dies wichtige Beurteilungs- und Auswahlkriterien seien.[880] Einen Pool an Gutachtern habe man derzeit nicht, und eine Verfügbarkeit von qualifizierten Gutachtern sei fachbereichsbezogen unterschiedlich.[881]

Zwar sei eine Inanspruchnahme von öffentlich bestellten und vereidigten Gutachtern verpflichtend vorrangig, es könne jedoch auch theoretisch jede Person mit einer gewissen Qualifikation im Sachgebiet, folglich auch jeder Handwerksmeister, beauftragt werden.[882]

Die befragten Richter sehen die angedachte Funktion zur Bewertung von Gutachtern uneinig, vor allem vor dem Hintergrund der auch seitens der Bestellungskörperschaften gewünschten gleichmäßigen Verteilung eher kritisch.[883] So bestehe die Gefahr, dass die Gerichte nur noch die Gutachter mit Bestnoten auswählen und diese noch stärker belastet würden.[884] Darüber hinaus könne es vorkommen, dass die Parteien durch gezielte Auswahl der Sachverständigen für Privatgutachten diese für den Gerichtsprozess „unbrauchbar“ machen.[885] Außerdem sei der Pool der potenziellen Gutachter zumindest bei Standardfragen „überschaubar“ und die entsprechenden negativen Eigenschaften der Sachverständigen kämen

876 Ri1; Ri2; Ri3; Ri4; Ri5; Ri6.
877 Ri3; Ri4; Ri5.
878 Ri1; Ri2; Ri3; Ri4; Ri5; Ri6.
879 Ri8.
880 Ri2.
881 Ri2.
882 Ri1.
883 Ri2; Ri3; Ri4; Ri5; Ri7.
884 Ri2.
885 Ri2.

im Dialog unter Richterkollegen zu tage.[886] Die Fehlerkultur gebiete auch das Eingestehen von und den Umgang mit Fehlern, die nicht gleich zu einer kompletten Unbrauchbarkeit führen dürften.[887]

Andere befragte Richter halten eine Datenbank mit Bewertungsfunktion demgegenüber für sehr wichtig. Die Bewertungseinträge müssten jedoch sachlich ausgestaltet sein, um ein verfahrensverzögerndes und damit kontraproduktives Vorgehen gegen die Beurteilung zu verhindern.[888] Die Erfahrung der Gerichte in Bezug auf bestimmte Gutachter vor Ort sei der erste Anhaltspunkt für Auswahlprozesse.[889] Erste Erkenntnisse und Empfehlungen für zuverlässige und etablierte Gutachter erhielten Jungrichter mangels anderem Bewertungstool in der Regel von erfahrenen Kollegen, sodass jedoch gleich geeignete Sachverständige mangels Bekanntheit im Verborgenen blieben.[890] Es gebe interne Bewertungslisten und „Flurfunk", deren Veröffentlichung aber nicht gewollt sei.[891]

Die Einführung einer Vergabeplattform mit Ausschreibungs- oder Bietfunktion wird eher kritisch betrachtet, da die Auswahl des Gutachters nicht mehr dem Gericht obläge, sondern technisch erfolgen würde.[892] Dadurch wäre die Freiheit des Gerichts eingeschränkt und es würde eine Auswahl getroffen, die den Gerichtsanforderungen im konkreten Fall eventuell nicht gerecht würde und zu unerwünschten Ergebnissen führen könnte.[893] Der entsprechende Vergabeprozess würde aufgrund von Verwaltungsaufwänden und Nachfragen die Verfahrensdauer beeinträchtigen, und eine fehlerhafte Auswahl sich in weiteren Begutachtungen und Folgekosten widerspiegeln.[894]

Die Sammlung und Hinterlegung von Ergebnissen wird als problematisch erachtet, da es in den Gutachten regelmäßig um die Beantwortung von Einzelfragen gehe, folglich nie der gleiche Sachverhalt gegeben sei und das Risiko der Abweichung zu groß sei.[895] Die Gerichte, die einem ständigen Zeitdruck unterlägen, hätten dann die Aufgabe, die Überein-

---

886 Ri6.
887 Ri2.
888 Ri1; Ri8.
889 Ri2.
890 Ri7.
891 Ri2; Ri3; Ri4; Ri5; Ri8.
892 Ri1; Ri3; Ri4; Ri5; Ri7.
893 Ri1; Ri3; Ri4; Ri5; Ri7.
894 Ri7.
895 Ri1; Ri2; Ri8.

stimmung zu überprüfen.[896] Eine Datenbank zur Sammlung von Gutachten (Ergebnisdatenbank) wird zudem vor dem Hintergrund des Unmittelbarkeitsgrundsatzes als schwierig angesehen.[897] Diese könnte höchstens bei abstrakten Sachverhalten mit einem „einigermaßen" aktuellen Gutachten aus einem anderen Verfahren mit Einverständnis der Parteien als Indiz genutzt werden. Das hätte den Vorteil, in solchen Fällen ein Gutachtenergebnis erahnen beziehungsweise voraussehen zu können und zum Lückenschluss beizutragen.[898] In diesem Zusammenhang wird dies als Qualitätssteigerung und von hohem Nutzen betrachtet.[899] Positive Effekte werden auch für die Verwendung der Parteien zur Erreichung einer gütlichen Einigung gesehen.[900]

Eine einzelne, umfassende Datenbank mit diversen Funktionen wird als grundsätzlich hilfreich angesehen. Insbesondere werden die Einbindung beziehungsweise Zusammenführung und der Ausbau der bereits bei den Kammern und Bestellungskörperschaften angesiedelten bestehenden Sachverständigenlisten angeregt.[901] Die Datenbank könnte auch an die geplante elektronische Akte angebunden werden. Durch den Digitalisierungsaspekt sei die elektronische Akte bundeslandabhängig in den nächsten Jahren Standard und beschleunige dann unter anderem mit entsprechenden Vorteilen im Zusammenhang mit der Bearbeitung im Beweisverfahren den Rechtsverkehr.[902]

Ein Teil der befragten Richter ist der Ansicht, dass es sich hierbei dennoch nur um eine gerichtsinterne Datenbank handeln oder ein interner und ein externer Zugang getrennt werden sollte.[903] So könnte eine übergreifende Datenbank mit den entsprechenden Informationen für den „ersten Eindruck" entstehen.[904] Vor dem Hintergrund der richterlichen Unabhängigkeit und Unbefangenheit sowie Sachlichkeit sollte die Bewertung, was gut und schlecht gelaufen sei, intern bleiben.[905] Überhaupt werde angeregt, den Privatpersonen aufgrund emotionaler Reaktionen kei-

896 Ri2.
897 Ri6.
898 Ri1; Ri8.
899 Ri6; Ri8.
900 Ri6; Ri8.
901 Ri6; Ri7.
902 Ri2.
903 Ri8.
904 Ri8.
905 Ri8.

nen Zugriff zu geben.[906] In Bezug auf die Pflege der Datenbank wird der Aufwand und die Zuständigkeit kritisch betrachtet.[907] Vor allem sei beim externen Teil die aktive Erfassung der Daten durch Richter unwahrscheinlich.[908] Deshalb mache zur Vereinfachung eine Einbindung der jeweiligen Homepage des Gutachters unter Umständen Sinn.[909] Da nicht bei jedem Gutachter eine Homepage vorhanden ist, könnte dies ein Anreiz für den Datenbankeintritt und eine entsprechende Angabe und Aktualisierung der Inhalte sein.[910]

### b. Ansicht der Gutachter

Eine weitere oder neue gemeinsame Datenbank mit Filterfunktionen aller Berufsrichtungen zum Auffinden sämtlicher Sachverständigen wird zwar von manchen Befragungsteilnehmern zwiespältig gesehen, vorrangig jedoch eher positiv erachtet.[911] Die Recherche gestaltet sich aus Sicht einiger Gesprächspartner schwierig, da es unterschiedliche Berufsabschlüsse (Meister und Ingenieure) in den diversen Verzeichnissen verschiedener Körperschaften gäbe.[912] Die Gerichte würden vereinzelt in Bezug auf das Bestellungsgebiet falsche Sachverständige auswählen, was auch auf die fehlende Abgrenzung zwischen den Bestellungskörperschaften, insbesondere IHK und HWK, zurückzuführen sei.[913] Demgemäß bedürfe es der Zusammenlegung der Datenbanken, da nicht alle Berufe und Kenntnisse in Verbänden und Kammern vereint seien und über Online-Suchmaschinen ausfindig gemacht werden müssten.[914] Eine Fusion sei auch deshalb sinnvoll, da durch Überschneidungen von Sachgebieten (z.B. im Bauwesen) und den damit verbundenen doppelten Registrierungen die mehrfache Führung in den entsprechenden Suchmaschinen möglich sei.[915] Weiterhin wird von einem Befragungsteilnehmer vermutet, dass gegebenenfalls in den verschiedenen Verzeichnissen der Körperschaften und Bundesländern

---

906 Ri8.
907 Ri4; Ri4; Ri5.
908 Ri8.
909 Ri3; Ri4; Ri5.
910 Ri3; Ri4; Ri5.
911 Sv1; Sv9; Sv14; Sv15; ablehnend Sv20.
912 Vb1; Vb2.
913 Sv2.
914 Sv2.
915 Sv18.

keine einheitlichen Bezeichnungen und Abgrenzungen der Sachverständigen vorhanden sind.[916]

In Bezug auf die Inhalte der Datenbank und die notwendige Verbesserung der Suchfunktion wird gefordert, im Rahmen einer „Selbstauskunft zur voraussichtlichen Bearbeitungsdauer" die derzeitige Auslastung, vorhandene Kapazitäten an Personal und Ausrüstung sowie Büromittel beziehungsweise Bürogröße in der Datenbank zu hinterlegen.[917] Dies diene dazu, die tatsächliche Realisierbarkeit der Gutachtenaufträge transparent zu machen und damit als Bewertungsgrundlage für die Auswahl des geeignetsten Gutachters durch die Gerichte zur Verfügung zu stehen.[918]

Die Eintragung sollte auch die verfügbaren oder angestellten Fachleute und deren fachliche Spezialisierungen sowie Angaben über bisherige Begutachtungen in Form von Art und Umfang als auch Nachweise von Qualifizierungen und Weiterbildungen enthalten.[919] Für eine interne Auswertungsmöglichkeit sind im Zusammenhang mit der Tätigkeit als Gerichtssachverständiger die tadellose Einhaltung des festgesetzten Kosten- und Zeithorizontes als Qualitätsmerkmal, aber auch die wiederholte (verschuldet oder unverschuldet) verspätete Gutachterstattung in der Datenbank zu hinterlegen.[920] Es sollte dort auch eine Übersicht geführt oder ersichtlich sein, welche Gutachter bereits mit gerichtlichen Gutachten betraut sind und wie der Stand der Bearbeitung ist (Monitoring).[921] Daneben sind auch die Fähigkeiten des Gutachters in Bezug auf Überzeugung, Autorität und Kompetenzen sowie die Bereitschaft zu mündlicher Begutachtung in der Datenbank auszuweisen, um im Rahmen des Auswahlprozesses Berücksichtigung zu finden.[922] Integrierte Filter müssten den Suchenden nach Fachgebietsbezug (z.B. Malerarbeiten) oder übergreifende Sachgebiete (Schäden an Gebäuden) sortieren lassen können.[923] Geographisch würde eine Filterfunktion die vorrangige Auswahl von regionalen Gutachtern unterstützen.[924]

Nach Ansicht der sachverständigen Gesprächspartner ist der Lösungsvorschlag einer Ansammlung bereits erfolgter Begutachtungen und der

916 Sv18.
917 Sv2; Sv11; Sv18.
918 Sv2; Sv11; Sv18.
919 Sv18.
920 Sv18.
921 Sv18.
922 Sv18.
923 Sv18.
924 Sv18.

Ergebnisse umstritten, primär negativ angesehen.[925] Dabei wird auf die große Individualität jedes Gerichtsgutachtens mit den spezifischen Fragestellungen abgestellt, sodass es praktisch kaum Mustergutachten oder „Regelschäden“ und damit die Möglichkeit der Vereinheitlichung, Wiederholung oder des Rückgriffs auf mögliche Textbausteine gäbe.[926] Einerseits wird es als theoretische Möglichkeit angesehen, mithilfe von Suchbegriffen ein Archiv an Gutachten oder darauf beruhenden Gerichtsentscheidungen in Bezug auf sich wiederholende Fragen (gleiche Fehler bei gleichem Produkt) in bestimmten Rechtsgebieten zu durchsuchen.[927]

Dies könnte dem Gericht bereits eine gute Darstellung oder als Möglichkeit der Aktenbeiziehung Anhaltspunkte bei der Überprüfung der Gutachterergebnisse durch Vergleich mit ähnlichen oder gleichen Sachverhalten geben.[928] Andererseits sei die Ersetzung einer spezifischen Begutachtung höchst fraglich, sodass stets Sachverständigengutachten eingefordert werden müssten.[929] Überdies wird eine solche Datenbank als positiv angesehen, wenn dadurch auch ein Zugang der Sachverständigen zu den, die eigenen Gutachten verwendenden Gerichtsurteilen möglich wäre.[930]

Die Einführung einer Ausschreibungs- und Bietfunktion wird größtenteils als kritisch angesehen, da ein Auswahlprozess erfolgen würde, welcher nicht den JVEG-Regelungen entsprechend, die aufwands- und kostengünstigsten Gutachten bevorzuge.[931] Bei der Begutachtung komme es nicht allein auf Honorarfaktoren, sondern vor allem auf eine persönliche Qualifikation an, sodass an der Qualität und „Belastbarkeit“ der daraus resultierenden Gutachten gezweifelt werde.[932] Daher müssten Mindestvoraussetzungen zum Nachweis der Qualifikation, der Bürostärke etc. zu Grunde gelegt werden, damit sich vergleichbare Sachverständige um den Auftrag bewerben.[933] Durch diesen Kostenwettbewerb könnte sich ein „Billigsektor“ bilden, wodurch die Gerichtsgutachten durch Dumpingpreise „verramscht“ würden.[934] Außerdem würde ein Kampf um die „angenehmsten“ Aufträge erfolgen, wohingegen andere Gutachten wiederholt

925 Sv2; Vb2; Sv18; Sv19; positiv: Sv9; Sv14.
926 Sv2; Sv5; Sv7; Sv8; Sv9; Sv11; Sv12; Sv18; Vb2.
927 Vb1; Sv3; Sv18.
928 Vb1; Sv3; Sv18.
929 Sv3.
930 Sv10; Sv18.
931 Sv1; Vb2; Sv6; Sv7; Sv13; Sv16.
932 Sv8; Sv19.
933 Sv18.
934 Sv1; Vb2; Sv6; Sv7; Sv13; Sv16; Sv17.

ausgeschrieben werden müssten oder gar nicht bearbeitet würden.[935] Ferner würden die etablierten, ohnehin überlasteten Gutachter an einem entsprechenden Ausschreibungsverfahren nicht teilnehmen.[936] Positiv wird lediglich erachtet, dass eine Ausschreibung Vorteile bringen könnte, wenn diese im Rahmen der Digitalisierung auf einer Plattform mit beschränktem Zugang nur für entsprechend qualifizierte Gutachter und gleichzeitiger Anfrage erfolgen würden.[937]

Die Bewertungsfunktion in der Datenbank wird aufgrund einer Beurteilung der Richter als „spannend" befürwortet und gewünscht, da selten bis nie weitere Informationen über die Zufriedenheit des Spruchkörpers mit dem Gutachten sowie dessen Verwendbarkeit und Einfluss auf die verwendenden Urteile bekannt würden.[938] Inhaltlich wird von einem Befragungsteilnehmer vorgeschlagen, als Basis für eine interne Bewertung ein Managementsystem zur Erfassung und Überwachung von Termin- und Kostentreue sowie der Qualität der Gutachten in die Datenbanken einzubauen. Auch die wiederholte verspätete Gutachterstattung sollte gerichtsintern dort bewertet und hinterlegt werden.[939]

Schließlich wird die Nutzung der Datenbank beziehungsweise Einführung einer digitalen Akte zur Vereinfachung des Schriftverkehrs zwischen und mit den Prozessbeteiligten ebenfalls als vorzugswürdig angesehen.[940]

In Bezug auf die Kosten einer solchen Datenbank sei vor dem Hintergrund der derzeitigen guten außergerichtlichen Auftragslage nur ein Teil der Gutachter bereit, zum Zwecke der schnelleren Auffindbarkeit Mehrkosten für die Einrichtung oder den Ausbau einer (bestehenden) Datenbank zu tragen.[941] Andererseits könnte eine entsprechende Werbung auf der Plattform zu einer verbesserten Auftragslage führen, sodass eine etwaige Aufnahmegebühr vermutlich schnell amortisiert wäre.[942] Die Kosten für die neue Datenbank dürften nicht pauschal für alle Sachverständigen, sondern müssten in Abhängigkeit zur Haupt- oder Nebentätigkeit erhoben werden.[943] Nach Ansicht eines Befragungsteilnehmers sollte die Datenbank von den Gerichten und damit vom Staat finanziert werden, da

935 Sv6.
936 Sv13.
937 Sv18.
938 Sv1; Sv2; Sv6; Sv9; Sv10; Sv11; Sv19.
939 Sv18.
940 Sv16; Vb1.
941 Sv2; Sv9; Sv14.
942 Sv18.
943 Sv2.

sie der Effizienz der Verfahrensabwicklung und nicht der Image-Werbung des Sachverständigen diene.[944] Im Rahmen einer Beweisgebühr oder für den Fall der Beantragung einer gerichtlichen Beweiserhebung, sei eine zusätzliche, die Kosten der Datenbank mitfinanzierende Gebühr anzudenken.[945]

An der Kostenbeteiligung von Sachverständigen werde die Implementierung vermutlich nicht scheitern; jedoch sei die Aktualisierung problematisch.[946] Die Pflege und Ansiedlung der Datenbank sollte nach Ansicht eines Gesprächspartners nur durch das Gericht beziehungsweise einen speziellen Dienstleister im Auftrag des Gerichtes erfolgen.[947] Die inhaltliche Befüllung könne aus Kapazitätsgründen nicht durch die überlasteten Sachverständigen selbst vorgenommen werden, und eine Beteiligung werde vor demselben Hintergrund höchstwahrscheinlich auch nicht erfolgen.[948] Eine regelmäßige Aktualisierung durch die Sachverständigen könnte verpflichtend geregelt werden beziehungsweise steht bereits vor dem Hintergrund der Möglichkeit weiterer Aufträge im werbenden Interesse des Gutachters selbst.[949] Eine Befüllung und Bewertung durch die Partei wird von einem Befragungsteilnehmer als nicht objektiv und deshalb nicht sinnvoll erachtet.[950] Für eine Hinterlegung von Gutachten sei die Einreichung in spezifischer, technischer Form anzuregen.[951] Allerdings werden eine mangelnde Nutzung, Einrichtung und Pflege der Gutachtensammlung als großes Hindernis gesehen, da diese einen gewissen Sachverstand bedürfen.[952]

Insgesamt müsse es sich um eine überregionale Datenbank handeln, da die Erfahrungen der Richter in der Regel territorial sowie auf bestimmte Prozesse sachgebietsbezogen beschränkt seien.[953] Deswegen sollte es auch zur Übersichtlichkeit keine weitere, sondern eine gemeinsame Datenbank geben.[954] Die sachverständigen Gesprächspartner geben zu bedenken, dass es bereits das Verzeichnis www.svv.ihk.de mit entsprechenden übergreifen-

944 Sv18.
945 Sv18.
946 Sv1.
947 Sv18.
948 Sv8.
949 Sv18.
950 Sv18.
951 Sv18.
952 Sv4.
953 Sv18.
954 Vb1; Vb2; Sv15; Sv18.

den Inhalten aller Kammern gibt.[955] Diese Datenbank könne zwar Grundlage für die gerichtliche Suche sein, habe jedoch in der Regel einen anderen Zweck und müsse für die gewünschte Nutzung der Gerichte angepasst werden.[956] Eine Vereinheitlichung der bestehenden Datenbanken diene diesem Zweck nicht.[957]

Wegen der internen Bewertungsangaben ist nach Ansicht eines Befragungsteilnehmers eine „Verlinkung" mit öffentlichen Datenbanken schwierig.[958] Mit einer solchen öffentlichen Datenbank gehen auch Datenschutzprobleme einher, die mit entsprechenden Inhalten zur Arbeitsweise der Gutachter in Bezug stehen.[959] Daher solle es sich bei der Datenbank hauptsächlich um eine interne Hilfe des Gerichtes handeln.[960] Aufgrund bestimmter Funktionen wird jedoch auch eine Unterteilung in einen öffentlichen und einen gerichtsinternen Zugang für zweckmäßig erachtet.[961]

#### c. Ansicht der Rechtsanwälte

Grundsätzlich wird die Einführung einer Datenbank von den Gesprächsteilnehmern als sinnvoll erachtet und begrüßt.[962] In der Regel erfolge die gerichtliche Auswahl aufgrund von Erfahrungen mit bestimmten Gutachtern beziehungsweise durch entsprechende Vorschläge der Bestellungskörperschaften.[963] Die Gerichte bedienten sich zum schnellen Auffinden der vorhandenen Verzeichnisse der Bestellungsorgane, in denen die Qualifikationen der Gutachter hinterlegt sind.[964] Es wird jedoch eingeschränkt, dass dort nicht alle Fachrichtungen aufgeführt seien, sodass eine Datenbank, in welcher die Gutachter nach den Fachrichtungen und Tätigkeitsschwerpunkten sortiert seien, gut wäre.[965] Bei der Auffindbarkeit und Auswahl des Gutachters bestehe je nach Komplexität der zu klärenden Umstände häufig das Problem, dass das Fachgebiet nicht passe oder Teilbereiche

---

955 Sv8.
956 Sv18.
957 Sv18.
958 Sv18.
959 Sv7; Sv8.
960 Sv18.
961 Sv18.
962 Ra3; Ra5; Ra7.
963 Ra1; Ra4.
964 Ra1; Ra4.
965 Ra4.

durch weitere Sachverständige begutachtet werden müssen.[966] Die Bestellungskörperschaften oder je nach Rechtsgebiet ein Gutachteninstitut oder eine Uniklinik mussten folglich mit der Frage, welcher Sachverständige konkret für die fachliche Aufgabe geeignet ist, involviert werden.[967]

Eine Datenbank könne insofern zu einer besseren Verteilung der Aufträge unter den geeigneten Sachverständigen dienen.[968] Die Eintragung von Gutachtern in die Datenbank dürfe allerdings nur nach vorheriger Prüfung und entsprechendem Nachweis der Sachkunde erfolgen und müsste möglichst detailliert das abgedeckte Fachgebiet beschreiben.[969]

Eine Ausschreibung von Aufträgen lehnen einige Befragungsteilnehmer vehement ab, da dies je nach Gegenstand als zu umständlich, zu lang und zu teuer angesehen wird und zu weiteren Verzögerungen und Qualitätseinbußen der Verfahren führen kann.[970] Lediglich ein Bietverfahren hinsichtlich der Bearbeitungszeit wird als denkbarer Faktor angesehen.[971]

Die Bewertung in der Datenbank wird eher kritisch gesehen.[972] Sie sollte sich nach einer Meinung nur auf objektive Merkmale beschränken, so zum Beispiel die Einhaltung vereinbarter Abgabetermine.[973] Andere Gesprächsteilnehmer sehen auch Angaben in Bezug auf Verständlichkeit und Vollständigkeit des Gutachtens sowie die Verbindlichkeit und Zuverlässigkeit des Gutachters als empfehlenswert.[974] Sofern eine Bewertung eingeführt würde, sollte diese nur durch Richter oder Parteivertreter erfolgen dürfen, da Parteien vermutlich unsachlich bewerten würden.[975]

Die Einführung einer Ergebnisdatenbank wird von einem Teil der Befragten in bestimmten Rechtsgebieten als sinnvoll und möglicherweise prozessverhindernd sowie kostenreduzierend angesehen, in andern aber als nicht realisierbar erachtet.[976] Gutachten kosten in der Regel viel Zeit und es gebe wiederkehrende Sachverhalte.[977] Diese bieten jedoch aufgrund des Einzelfallbezugs mit bestimmten Hintergründen und Ursachen sowie

---

966 Ra3; Ra4.
967 Ra3; Ra4.
968 Ra3.
969 Ra1; Ra3.
970 Ra1; Ra4; Ra7.
971 Ra6.
972 Ra2; Ra6.
973 Ra2; Ra6.
974 Ra4.
975 Ra1; Ra6.
976 Ra3; Ra4.
977 Ra4; Ra7.

konkreten Feststellungen durch den Gutachter wenig Möglichkeiten für Standardisierungen.[978]

Bei der Beiziehung dieser Gutachten müssen zudem die gleichen Einwendungsmöglichkeiten wie bei einer Stellungnahme vorhanden und zulässig sein, so auch der Gegenbeweis.[979] Darüber hinaus müssen die Gutachten bestimmte Rahmenbedingungen erfüllen, indem sie anonymisiert sowie zur Auffindbarkeit nach Schlagworten aufbereitet und mit Filtern unterlegt werden.[980]

Die Datenbanken könnten mit einer entsprechenden Funktion oder Anbindung an die zukünftige elektronische Akte auch hinsichtlich der Organisation der Verfahren und notwendiger Termine unterstützen. Die Terminfindung bei vielen Prozessbeteiligten und Streitverkündungen vor allem in Zusammenhang mit einem Ortstermin sei stets schwierig.[981] Derzeit versucht man dies durch modifizierte und technisierte Terminfindung zu verbessern.[982]

Die Organisation, Führung und Pflege der Datenbank wird von den Gesprächspartnern kritisch hinterfragt.[983] Die Befüllung und Führung durch die – ohnehin überlasteten – Gerichte führe zu weiteren Belastungen.[984] Als amtlich verwahrte Sammlung sollte auch die Einführung durch die Parteien beziehungsweise deren Vertreter möglich sein.[985] Insbesondere dürfe es sich nicht um eine rein gerichtsinterne Datenbank handeln, sondern müsste vielmehr jedem Organ der Rechtspflege zugänglich sein.[986] Deshalb wird auch der Gutachter vor dem Hintergrund der vereinfachten Auffindbarkeit nichts gegen eine Aufnahme in ein Verzeichnis haben.[987] Zwar seien einerseits auch regionale Datenbanken aufgrund lokaler Unterschiede sinnvoll. Aufgrund der Kammerzugehörigkeit und überregionaler Interessen mache aber eine übergeordnete Datenbank Sinn.[988]

978 Ra4; Ra7.
979 Ra3.
980 Ra3.
981 Ra2.
982 Ra2.
983 Ra4; Ra5.
984 Ra4.
985 Ra3.
986 Ra3.
987 Ra4.
988 Ra5.

Nach Einschätzung der befragten Rechtsanwälte, wären die Parteien wohl nicht bereit, die zusätzlichen Kosten zu tragen.[989] Die Kostenübernahme wird lediglich als denkbar erachtet, wenn diese im Rahmen der Umwälzung und Aufnahme in die ohnehin anfallenden Gerichtskosten nicht zu einem erheblichen Anstieg der finanziellen Belastungen führen würde.[990] Die Kosten für eine Recherche-Nutzung könnte allerdings auf Seiten der Parteivertretung ähnlich den bekannten Rechtsprechungsdatenbanken (z.B. Juris) oder dem Handelsregister mit Einzelabfragebezahlung getragen werden.[991]

### 2. Auswertung der Literatur

Das Auffinden des richtigen Gutachters für das jeweilige Verfahren ist von „zentraler Bedeutung für die Qualität des Gutachtens" mit direktem „Einfluss" auf die Prozesslänge und sollte effizient ablaufen.[992] Der Sachverständige muss aus der Vielzahl der vorhandenen Experten nach persönlicher und fachlicher Eignung „passgenau" für den speziellen, rechtlich zu würdigenden Sachverhalt ausgewählt werden.[993] Diesem Anspruch wird der Einsatz von Spezialisten immer besser gerecht, anstatt die Übertragung solcher Aufträge auf Generalisten mit allgemeinen Kenntnissen oder vielen Sachgebieten.[994] Bei der Bestimmung des fachlich geeigneten Gutachters muss aufgrund der großen Themenvielfalt neben der eigenen Recherche intern auf erstellte Listen sowie direkte Empfehlungen oder Informationen der im fraglichen Sachgebiet erfahrenen Kollegen zurückgegriffen werden. Extern sollte zumindest „zur Orientierung" die Einbeziehung der Datenbanken und persönlichen oder telefonischen Dienstleistungen der auf bestimmte Fachgebiete spezialisierten Bestellungskörperschaften, Kammern

989 Ra4.
990 Ra4.
991 Ra3.
992 Untersuchung „Langdauernde Zivilverfahren" S. 175; *Greger*, NZV 2016, 1 (4); vgl. *Schlehe*, DS 2013, 337 (338).
993 Allein bei der IHK in der BRD 7996 Gutachter in 280 Sachgebieten (Zahlen nach https://svv.ihk.de/content/home/home.ihk); *Schlehe*, DS 2013, 337 (337) 16000 SV in 400 Gebieten; *Bleutge*, GewArch 2014, 49 (52) "17000"; *Gehle* in Baumbach/Lauterbach § 404 Rn. 5; *Schobel*, MDR 2014, 1003 (1004); *Greger* in Zöller, § 404 Rn. 1.
994 *Schobel*, MDR 2014, 1003 (1003); *Jäckel*, S. 168 f. Rn. 567.

und andere Organisationen, bei denen die Sachverständigen angesiedelt sind, erfolgen.[995]

Ein Fehlgriff bei der Sachverständigenwahl führe in der Regel zu Mehraufwand, weshalb viele Gerichte bewährte Gutachter beauftragen.[996] Umfangreiche Informationen über den Sachverständigen geben dem Gericht die entscheidungsrelevanten Grundlagen, um durch Rückgriff auf „unbekannte und potenziell weniger belastete Sachverständige" eine gleichmäßige Auslastung und Verteilung zu erreichen.[997]

Die bisher in den Datenbanken aufgeführten Informationen beschränken sich in der Regel auf die ohnehin bereits öffentlich zugänglichen Kontaktinformationen und Daten zu den abgedeckten Sach- und Fachgebieten sowie – im Falle von verkammerten Berufen – die Bestellungsdetails.[998]

In der neuen Datenbank müssten die für zukünftige Auswahlkriterien relevanten Informationen zusammengefasst hinterlegt werden. Dazu zählen

- Angaben zum Werdegang, dem ausgeübten Beruf, Interessen- und Tätigkeitsschwerpunkten sowie Spezialkenntnisse,
- die Aufstellung und Nachweise über Fachkenntnisse, eine Zertifizierung beziehungsweise die öffentliche Bestellung, besuchte Fortbildungen und Zertifikate,
- sowie geschäftliche Beziehungen, um damit einhergehende Hindernisse bei bestimmten Auftraggebern auszuschließen.[999]

Weiterhin wäre

- die durchschnittliche Höhe des Stundensatzes und
- der für die Beurteilung der Einsatzbereitschaft erforderliche, derzeitige Auslastungsgrad

995 *Schobel*, MDR 2014, 1003 (1003); *Bruinier* in Seitz/Büchel, S. 91 Rn. 53; *Walter* DS 2013, 385 (391 f.); vgl. *Kramarz*, DS 2014, 170 (170 f.); *Schlehe*, DS 2013, 337 (338), *Walter* DS 2015, 205 (205 ff., 209, 210); BGH, Urt. v. 29.03.2017, VII ZR 149/15, Rn. 12 ff.; Musielak/Voit/*Huber*, ZPO, § 404 Rn 3; *Jäckel* S. 169 Rn. 568, 570; *Gehle* in Baumbach/Lauterbach, Vor 402 Rn. 14.

996 *Ebd.;* Untersuchung „Langdauernde Zivilverfahren" S. 175.

997 *Walter* DS 2013, 385 (391); *ders.*, DS 2015, 205 (206, 207, 210); „zufällige Verteilung durch Losverfahren": *Jordan/Gresser*, DS 2014, 71 (82); *Piper*, DS 2017, 96 (97).

998 *Walter*, DS 2013, 385 (391); *Kramarz*, DS 2014, 170 (171).

999 *Hirtz*, NJW 2014, 2529 (2531); vgl. *Walter*, DS 2013, 385 (391); *Blendinger*, DS 2015, 211 (212 f., 217); *Walter*, DS 2015, 205 (209).

- sowie der regionale Wirkungskreis des Sachverständigen, vor allem aufgrund der in kleinen Gerichtsbezirken fehlenden Kapazitäten,

wesentlich.[1000]

Für die auswählenden Spruchkörper von großem Interesse sei auch

- die Anzahl der bisher – im angefragten Fachbereich – erstatteten Gutachten[1001], unterteilt in mündliche und schriftliche Form,
- sowie eine Bewertung der Arbeit durch Richterkollegen,
- als auch für die mündliche Verhandlung notwendige verbale Fähigkeiten und Konflikttechniken.[1002]

In Bezug auf das regionale Betätigungsumfeld erscheint einerseits aus Kostengründen und Ortspezifikationen eine lokale Beauftragung erstrebenswert.[1003] Andererseits wäre durch die vorzugswürdige und vielfach bewährte, überörtliche Einbeziehung die Gefahr reduziert, dass die Parteien durch eine private Beauftragung den Sachverständigen für ein mögliches Gerichtsgutachten „herausschießen“ sowie das Risiko eines Befangenheitsantrages aufgrund persönlicher oder fachlicher Vorbeziehung minimiert.[1004] Vor dem Hintergrund der Informationsfülle sei eine umfangreiche Auswahl- und Filtermöglichkeit besonders wichtig, um die vorgenannten regionalen Aspekte zur Kostenschonung, den lokalen Anforderungen eines eventuellen Ortstermins und die vorrangige Auswahl der öffentlich bestellten Sachverständigen zu gewährleisten.[1005]

Von Vorteil wäre die Nutzung der Datenbank nach Ansicht einiger Autoren als Kommunikationsmedium zwischen den Beteiligten zur direkten Kontaktaufnahme und Übersendung der notwendigen Gerichtsdokumente sowie um während der Bearbeitung auftretende Fragen beiderseitig zu nutzen.[1006] Dies diene dem Zweck, für beide Seiten eine schnelle Rechtssicherheit und Verbindlichkeit zu gewährleisten sowie als Informa-

---

1000 *Ebd.*

1001 *Walter*, DS 2013, 385 (391).

1002 Vgl. *Walter*, DS 2013, 385 (391); *Schobel*, MDR 2014, 1003 (1005); vgl. Forderung in *Jordan/ Gresser*, DS 2014, 71 (77 ff.).

1003 *Blendinger*, DS 2015, 211 (212).

1004 *Hirtz*, NJW 2014, 2529 (2531); *Ahrens*, ZRP 2015, 105 (106 f.); *Grossam*, DS 2015, 46 (47 f.); vgl. *Jordan/Gresser*, DS 2014, 71 (82); vgl. *Linz*, DS 2017, 145 (146); vgl. *Lehmann*, DS 2019, 121 (127 f.).

1005 *Walter*, DS 2013, 385 (392); vgl. *Blendinger*, DS 2015, 211 (212).

1006 *Walter*, DS 2013, 385 (392); *Kramarz*, DS 2014, 170 (171); *Gaier*, NJW 2013, 2817 (2873 f.), „gesamter Kommunikations- und Speicherprozess“; *Jandt/Nebel/Nielsen*, DS 2016, 248 (248 ff., 253); vgl. *Keders/Walter*, NJW 2013, 1697 (1701, 1704); vgl. *Kesper/Ory*, NJW 2017, 2709 (2710) bzgl. elektronische Akte.

tionsmedium Verzögerungen, Missständen bei der Aktenverwaltung oder Befangenheitsanträgen vorzubeugen.[1007]

Die verspätete Übersendung sowie der fehlerhafte oder unvollständige Inhalt der Akten erfordert Nachfragen beziehungsweise Nachsendungen und verzögert die Begutachtung unnötig.[1008] Durch eine Einbindung in die zukünftige, elektronische Akte wäre eine sofortige und gleichzeitige Anfrage bei mehreren qualifizierten Sachverständigen ohne verfahrensverzögernde Handlungen, wie die Anfertigung von Aktendoppeln und das Abwarten des Eingangs der originalen Gerichtsakte zur Weiterversendung, möglich.[1009] Abschließend könnte auch die Übersendung des Gutachtens an das Gericht schneller und gesichert erfolgen.[1010] Der heutzutage nahezu verpflichtende E-Mail-Kontakt sollte bis zur Implementierung eines rechtssicheren und zulässigen Übersendungsverfahrens für sämtliche Kommunikation genutzt werden.[1011]

Gleich den Auffassungen der empirischen Befragung wird eine Gutachtensammlung durch einige Autoren unterschiedlich bewertet. Die erstatteten Gutachten zählen, unabhängig davon ob von einem öffentlich bestellten und vereidigten oder einem sonstigen Sachverständigem erstellt, rein faktisch als Urkunde, gelten jedoch nicht als Nachweis der Richtigkeit des Inhaltes.[1012] Bei tatsächlich und rechtlich gleichen Sachverhalten und einer Klärung der Beweisfrage ist eine erneute Begutachtung eventuell entbehrlich und somit kann aufgrund der aus der „Rechtsanwendungsgleichheit" resultierenden Rechtssicherheit für die Parteien eine Rechtsvereinheitlichung gewährleistet werden.[1013] Eine darauf beruhende Über-

---

1007 *Walter*, DS 2013, 385, (392) Kontaktaufnahme per E-Mail; vgl. *Keders/Walter*, NJW, 2013, 1697 (1701, 1704); *Linz*, DS 2017, 145 (152); vgl. *Gaier*, NJW 2013, 2781 (2783 f.); vgl. *Jandt/Nebel/Nielsen*, DS 2016, 248 (248 ff.) „E-Akte"; *Schmidbauer*, DS 2017, 265 (266); Zugänge über elektronische Akte.

1008 *Grossam*, DS 2015, 46 (47); *Walter*, DS 2015, 205 (207); *Schlehe*, DS 2013, 337 (339).

1009 Vgl. *Keders/Walter*, NJW 2013, 1697 (1704); vgl. *Walter*, DS 2015, 205 (207 f.); *ders.*, DS 2013, 385 (388); *Jandt/Nebel/Nielsen*, DS 2016, 248 (249); *Walter*, DS 2018, 186 (189).

1010 *Jandt/Nebel/Nielsen*, DS 2016, 248 (253); vgl. *Kesper/Ory*, NJW 2017, 2709 (2710).

1011 Vgl. *Kramarz*, DS 2014, 170 (171); vgl. *Walter*, DS 2013, 385 (392).

1012 *Motzke*, DS 2014, 142 (144); *Greger* in Zöller, Vor § 402 Rn. 4, 11; 411a Rn. 1; *Katzenmeier* in Prütting/Gehrlein, § 411a Rn. 14.

1013 Vgl. *Hirtz*, NJW 2012, 1686 (1687), vgl. *Calliess*, A38; vgl. *Jäckel*, S. 182 Rn. 608.; *Greger* in Zöller, 411a Rn. 3; *Katzenmeier* in Prütting/Gehrlein, § 411a Rn. 1, 5.

zeugungsbildung ist durch das Gericht zu begründen.[1014] Vorstellbar ist eine sachgebietsbezogene Aufschlüsselung und Zuordnung ähnlich der im Arztrecht genutzten Datenbank MERS; eine Sammlung von extern eingeholten Gutachten mit gewissen Parametern.[1015]

Es spricht auch nichts dagegen, die Urteile und die diesen zugrunde liegenden Gutachten hinsichtlich der datenschutzrechtlich relevanten Informationen zu schwärzen.[1016] Die Sammlung von Präjudizien sei, wie bereits bei Schiedsgerichtsentscheidungen und anderen obergerichtlichen Entscheidungen, die in eigenen Datenbanken veröffentlich werden, ein wesentlicher Bestandteil für die Rechtsfortbildung und trage zur Transparenz und Akzeptanz der Entscheidungen bei.[1017] Ferner kann diese Sammlung zur Erweiterung der eigenen Kenntnis verwendet werden, um ein besseres Verständnis für den Sachverhalt zu eröffnen und durch gezielte Einbringung in die mündliche Verhandlung oder den späteren Beweisbeschluss zur Prozessoptimierung beizutragen.[1018]

Die Bewertungsfunktion und der Erfahrungsaustausch werden nach Ansicht einiger Autoren für die Suche nach geeigneten Sachverständigen als sinnvoll erachtet.[1019] Vor dem Hintergrund, dass es sich im Zweifel stets um subjektive, jedoch an den Anforderungen der Gerichte orientierte Bewertungsmaßstäbe handeln wird, werden sie aufgrund fehlender Objektivität als kritisch angesehen.[1020] Bisher werden die Empfehlungen in der Regel gerichtsintern im Kollegenkreis und ohne die offizielle Anfrage bei einer der Bestellungskörperschaften weitergegeben.[1021] Einige Autoren wollen einen virtuellen Platz für Beurteilungen im Sinne eines Forums einrichten. Dort soll die Möglichkeit bestehen, mit den anderen Verwendern der Gutachten, im Sinne von Richtern und Rechtsanwälten, unter Ausschluss der Parteien die Güte und den Nutzen von Gutachten sowie die formalen Faktoren (Dauer, Umfang, Inhalt) zu diskutieren.[1022] Die von den Praktikern der Qualitätszirkel eingeführten Feedback-Bögen mit

1014 *Jäckel*, S. 183 Rn. 611.

1015 *Kols* in Höland / Meller-Hannich, S. 91.

1016 *Walter*, DS 2015, 205 (209); *ders.*, DS 2013, 385 (391); *Calliess*, A38, „durch öffentliche Urteile Präjudizwirkung auch für unbeteiligte Dritte".

1017 Vgl. *Hoffmann*, IWRZ 2018, 58 (60, 62); *Calliess*, A 40; *Weth* in FS Lüke, S. 962.

1018 Vgl. *Schobel*, MDR 2014, 1003 (1004).

1019 *Keders/Walter*, NJW 2013, 1697 (1701), „Foren einführen"; vgl. *Blendinger*, DS 2015, 211 (212); vgl. *Jordan/Greser*, DS 2013, 71 (78).

1020 *Walter*, DS 2013, 385 (391 ff.).

1021 *Kramarz*, DS 2014, 170 (171); *Walter*, DS 2013, 385 (391 f.).

1022 Vgl. *Keders/Walter*, NJW 2013, 1697 (1701).

Bewertungen und Rückmeldungen sowohl an den Gutachter selbst, als auch gegenüber der jeweiligen Körperschaft könnten in Zeiten der Digitalisierung auch direkt an den Gutachter elektronisch versandt oder in der Datenbank hinterlegt werden.[1023]

Hinsichtlich der Umsetzung und Zuordnung dieser neuen Datenbank herrschen unterschiedliche Ansichten. Aufgrund der Vielzahl an Körperschaften, die nur auf den Pool an von ihnen bestellten Sachverständigen zurückgreifen können, und bereits bestehenden Plattformen besteht der Vorteil eines „bundesweit einheitlichen Portals", in dem auch Sachverständige anderer, nicht verkammerter Berufsgruppen (z.B. Ärzte) und nicht öffentlich bestellte Gutachter aufgeführt werden.[1024] Deshalb ist eine Vereinheitlichung und Zusammenlegung zu einer übergreifenden, mit allen relevanten Daten und verschiedenen Funktionen ausgestatten Datenbank notwendig, um dem Gerichten leichter und schneller eine Auswahlentscheidung zu ermöglichen.[1025]

Unterschiedliche Auffassungen bestehen auch in Bezug auf die Zugänglichkeit der Plattform. Indem es sich hier um eine Maßnahme zur Verbesserung des Zivilprozesses handeln soll, bedarf es keines frei zugänglichen Internetportals durch einen privaten Initiator, sodass auch unter Berücksichtigung von Rechtsprechung zu Bewertungen eine öffentlich-rechtliche Betreibung vorteilhaft sei.[1026] Insbesondere hinsichtlich der Bewertungsfunktion, in der Erfahrungen und Wertungen ausgetauscht werden, und der Nutzung als Kommunikations- oder Versandmedium, die nur bestimmten, berechtigten Personen und Gutachtern mit häufiger Gerichtstätigkeit und beschränkten Rechten zur Verfügung stehen sollte, wird für besondere Zugriffsrechte beziehungsweise geschlossene Bereiche plädiert.[1027] Dabei spielen auch Datenschutzaspekte eine zentrale Rolle, die jedoch in dieser Arbeit außer Betracht bleiben.

Eine dauerhafte Übernahme der Pflege der Datenbank durch die Justiz wird aufgrund fehlender Personalkapazitäten dort kritisch gesehen.[1028] Folglich wird vorgeschlagen, von den bereits eingetragenen Sachverständigen bestimmte, die Auswahlentscheidung unterstützende Felder auf frei-

1023 Vgl. *Walter* DS 2013, 385 (393); *ders.*, DS 2015, 205 (209).

1024 Vgl. *Hirtz*, NJW 2014, 2529 (2531); *Walter*, (DS 2013, 385 (388, 391 f.).

1025 Vgl. *Walter*, DS 2015, 205 (206); *ders.*, DS 2013, 385 (391).

1026 *Walter*, DS 2013, 385 (391 f.).

1027 *Keders/Walter*, NJW 2013, 1697 (1701); *Jandt/Nebel/Nielsen*, DS 2016, 248 (250 ff.).

1028 *Walter*, DS 2013, 385 (392).

williger Basis ergänzen zu lassen.[1029] Für den Fall des Bestehens eines Web-Auftritts des jeweiligen Gutachters spricht vieles für eine Integration im Sinne einer Verlinkung der Homepage in der Datenbank.[1030]

Die elektronische Datenbank sollte an einer zentralen Stelle hinterlegt werden, um zum einen die Qualitätssicherung zu gewährleisten und andererseits die Vielfältigkeit der Eintragungen, auch aufgrund fehlendem Kammerbezugs der Berufe, zu sichern. Einige Autoren schlagen eine Unterstellung unter das Bundesamt für Justiz oder die Innenministerien der Länder vor.[1031] Die Zuordnung an exponierter, übergeordneter Stelle steht auch im Einklang mit anderen europäischen Verfahrensordnungen, welche die Implementierung eines „unverbindlichen Verzeichnisses von Sachverständigen" am EPG (Einheitliches Patentgericht) vorgeben.[1032]

### 3. Fazit und Kosten

Die hier vorgeschlagene, zukünftige Datenbank soll eine Vielzahl der aufgeführten, bremsenden Faktoren beseitigen und für den Beweisprozess alle notwendigen Informations- und Kommunikationselemente bereitstellen. Sie würde den Prozess von der Auswahl des Gutachters, über die Verteilung der Unterlagen und des Gutachtens sowie des Feedbacks bis hin zur Abspeicherung der Gutachten beziehungsweise der Urteile selbst begleitend unterstützen, beschleunigen und eine Transparenz gewährleisten.

Für die Suchfunktion der Datenbank ist aufgrund der Wichtigkeit der Auswahl des geeigneten Gutachters nach allen Ansichten die Darstellung der entscheidungsrelevanten Informationen über den Sachverständigen (Eigenschaften, Nachweise von Sachkunde/Zertifikaten, Fachgebiet, Schwerpunkte, Erfahrung, Kapazitäten, usw.) mit entsprechenden Filterfunktionen unbedingt notwendig. Ziel ist es, die andernfalls erforderliche und aufgrund der Zuordnung der Spezialisten zu bestimmten Kammern, zeitaufwändige Einbindung oder eigene Internetrecherche zu verhindern. Daher sollten ausnahmslos alle, vor allem die nicht in Kammern oder anderen Körperschaften organisierten Gutachter auch exotischer Fachrich-

---

1029 *Walter*, DS 2013, 385 (392); *Schlebe*, DS 2013, 337 (341).

1030 Vgl. *Walter*, DS 2013, 385, (392).

1031 Vgl. *Jordan/Gresser*, DS 2014, 71 (78, 82); vgl. *Hirtz*, NJW 2014, 2529 (2531); *Keders/Walter*, NJW 2013, 1697 (1701): Einrichtung bei der Gerichtsverwaltung notwendig.

1032 *Ahrens*, ZRP 2015, 105 (106) unter Verweis auf Art. 57 II EPGÜ.

tungen in dieser Datenbank aufgenommen werden. Dadurch erhält das Gericht, anders als bei der gerichtsinternen Direktbefragung der Kollegen oder Einbeziehung der Körperschaften, einen Überblick über alle gleich qualifizierten Gutachter und deren Auslastung.

Dies verhindert den Rückgriff auf immer gleiche Sachverständige und dient damit einer gleichmäßigen Verteilung auf die vorhandenen oder Etablierung neuer Gutachter. Der Auswahl- und Wettbewerbsprozess wäre auf einer Ebene angesiedelt und könnte durch Hinterlegung der laufenden Verfahren auch das wettbewerbsschädigende Sammeln von Aufträgen verhindern. Durch die direkte Zugriffsmöglichkeit und Kontaktaufnahme beim Gericht selbst fällt das zeitverzögernde Dreiecksverhältnis mit der Bestellungskörperschaft und deren formale Kontaktaufnahme sowie Einarbeitungsnotwendigkeit weg.

Die Nutzung der Datenbank als Kommunikationsmedium für die notwendigen Interaktions- und Versandwege zwischen den Verfahrensbeteiligten wird ebenfalls befürwortet. Insbesondere zur Abklärung der relevanten Punkte im Rahmen der Beauftragung des Gutachters beziehungsweise zur statusabfragenden Kommunikation und dem Dokumentenversand während der Begutachtung und des Gutachtens nach Fertigstellung können die ursprünglichen „Wege“ verfahrensbeschleunigend aufgewertet werden.

Eine Bietfunktion im Sinne einer Auktionsplattform hat nach den vorstehenden Ausführungen keine Relevanz für die Verfahrensbeteiligten. Sie führt aufgrund technischer Vergabe nach eingestellten Filtern zu einer Auslagerung von Gerichtszuständigkeiten und – entgegen dem Gerichtswunsch – mangels Beteiligung aufgrund Überlastung nicht zur Auswahl der qualifiziertesten, sondern des günstigsten Sachverständigen.

Die Gutachtensammlung, welche auch eine Anwendung des § 411a ZPO unterstützt, wird lediglich zur Erweiterung der Kenntnisse der Gerichte beziehungsweise der Darstellung von übergreifenden Themen und Sachverhalten befürwortet. Der Mehrwert liegt in der Abschätzung von Prozessrisiken und der zeit- und kostenreduzierenden Verhinderung von Doppelbegutachtungen in abstrakten Fällen. Die Wahrscheinlichkeit des gleichen tatsächlichen und rechtlichen Einzelfalls wird als gering eingestuft. Positiv ist ein verringerter Gutachtenumfang im Einzelfall durch eingeschränkten Teilauftrag beziehungsweise die Indizwirkung, da diese zur Vergleichsbereitschaft der Parteien beitragen kann. Von Bedeutung ist in diesem Zusammenhang vor allem die Beachtung des Datenschutzes.

Die Bewertungsfunktion wird insbesondere als Auswahlkriterium und Ersatz der internen Bewertungsmuster befürwortet. Sie bedarf jedoch zur

Vermeidung von Folgestreitigkeiten sachlicher, objektiver, nichtdiskriminierender Bewertungskriterien (Einhaltung von Fristen, Aufbau, Formalia, Verständlich- und Verwertbarkeit, etc.) und eines Feedbacks an den Gutachter selbst, um im Rahmen einer Fehlerkultur gezielte Verbesserungsprozesse zu ermöglichen.

Die Vielzahl an bestehenden, überregionalen durch die einzelnen Bestellungskörperschaften geführten Datenbanken führt aufgrund einer unterschiedlichen Kammerzugehörigkeit zu Verwirrungen und Zeitverzug bei den Suchenden. Von allen Beteiligten wird deshalb eine körperschaftsübergreifende Datenbank auch zur Verhinderung von Doppelbeständen an Gutachtern als zielführend erachtet. Eine Zuteilung und Verantwortung der Datenbank mit den vorgestellten Funktionen hat auf zentraler Ebene unter staatlicher Aufsicht durch die Gerichtsverwaltung zu erfolgen, um die Vereinheitlichung zu gewährleisten und um beweisreduzierende Manipulationen durch Private zu verhindern. Zur Gewährleistung der angedachten verfahrensbeschleunigenden und kostenreduzierenden Wirkung muss die Datenbank mit den dargestellten Funktionen mindestens den Gerichten, einige Funktionen bis auf die internen Bewertungen sogar allen Organen der Rechtspflege offenstehen und für entsprechende Mehrwerte sorgen. Die internen und externen Zugänge sind in der vorgestellten Gesamtlösung mit technischem Zugangsmanagement zu gewährleisten. Die Pflege und Aktualisierung der Daten erzeugen Aufwände, welche jedoch für den Einzelnen in Bezug auf Auffindbarkeit beziehungsweise Auswahl einen großen Wert haben können. Jeder einzelne Richter sollte sich für die Bewertung und der Gutachter für die Pflege die entsprechende Zeit nehmen, da der Eintrag für ihn selbst oder einen anderen Suchenden von Vorteil sein könnte.

Die Kosten für die Einrichtung und Unterhaltung der Datenbank sind grundsätzlich in der Gerichtsverwaltung zu verorten. Eine Finanzierung könnte über eine Umlage auf die Gerichtskosten erfolgen, wie vermutlich bereits jetzt bei der Einbeziehung von externen Dritten (z.B. Bestellungskörperschaften) zur Suche. Die Kosten müssten je nach Funktion teilweise auch durch gebührenpflichtige Zugriffe für die Organe der Rechtspflege getragen werden.

Bei der Ergebnissammlung sollten Suchmöglichkeiten, vergleichbar den juristischen Suchmaschinen oder dem Handelsregister, mit entsprechender kostenpflichtiger Einzelabfrage eingeführt werden. Die eigenständige Suche der Parteien nach privat zu beauftragenden Gutachtern könnte in einem öffentlich zugänglichen Bereich der Datenbank nach gleichem Kostenmodell erfolgen. Die Gutachter, die vor dem Hintergrund der Werbung und Wettbewerbsförderung ein berechtigtes Interesse an der Aufnahme in die Datenbank zur besseren Auffindbarkeit haben, würden durch eine einmalige Aufnahmegebühr zur Kostenbeteiligung herangezogen.

## III. Vermehrte Nutzung von mündlicher Erstattung der Gutachten

Zur weiteren Beschleunigung der Zivilverfahren könnte auch die häufigere Nutzung der mündlichen Begutachtung anstatt schriftlicher Ausarbeitung beitragen.

Die mündliche Erstattung des Sachverständigengutachtens ist der gesetzlich in § 402 ZPO vorgesehene Regelfall der Begutachtung. Die Praxis sieht jedoch umgekehrt aus, obwohl die schriftlichen Gutachten – wie bereits in der oben dargestellten Studie belegt – in der Regel zeitaufwändiger sind.

Es stellt sich somit die Frage, weshalb entgegen dem gesetzlichen Grundsatz nicht sachverhaltsabhängig die Auswahl zwischen mündlicher und schriftlicher Begutachtung getroffen wird. Schließlich ist zu untersuchen, ob und wenn ja für welche Fälle die mündliche Begutachtung vorrangig eingesetzt werden sollte. Weiterhin ist festzustellen, ob in diesem Zusammenhang auch eine Protokollierung durch den Gutachter selbst verfahrensfördernde Auswirkung hat.

### 1. Auswertung der empirischen Untersuchung

#### a. Ansicht der Richter

Nach Auffassung der Richter ist die pauschale Erhöhung der mündlichen Begutachtung nicht zielführend.[1033] Je nach Komplexität des Verfahrens, dem Prozessziel und dem Rechtsgebiet seien beide Begutachtungsformen notwendig, beziehungsweise sei eine Form vorzugswürdiger als die andere oder eine spontane Begutachtung ohne Vorbereitung nicht geeignet.[1034]

Die Möglichkeit einer mündlichen Begutachtung werde je nach Rechtsgebiet und Sachverhalt tatsächlich zum Teil zu selten genutzt. Sie könne zur Beschleunigung beitragen, wenn etwa der Sachverhalt ausgeschrieben und/oder ein mündliches Referat im Termin mit entsprechend kürzerem Vorlauf ausreichend sei und es einer umfangreichen schriftlichen Ausar-

1033 Ri2; Ri3; Ri4; Ri5; Ri6; Ri7.

1034 Ri2; Ri3; Ri4; Ri5 (im Medizinrecht eher schriftliche Gutachten); Ri6; Ri7.

beitung nicht bedürfe.[1035] Nach Erfahrung einiger Richter ist es im Verkehrsrecht häufig möglich, dass im ersten Termin die Zeugen und der Sachverständige geladen werden und das Gutachten mündlich mit teilweise druckreifem Diktat durch den Gutachter selbst erstattet wird, sodass der Rechtsstreit schnell abgeschlossen werden kann.[1036] Dies sei möglich, wenn der Gutachter die Akte und Fragen vorab erhalte.[1037]

Andere Verfahren bedürften erst der Sachverhaltsverdichtung oder örtlicher beziehungsweise fachlicher Untersuchungen vor der Begutachtung.[1038] Weiterhin könne die schriftliche Begutachtung auch durch das Verfahren und die Parteien selbst vorgegeben sein, da keine Verhandlung vor der gutachterlichen Stellungnahme, etwa im selbstständigen Beweisverfahren, erfolge.[1039] In einigen Rechtsgebieten, wie etwa bei Arzthaftungsprozessen, würden mündliche Gutachten im frühen ersten Termin keinen Sinn machen, da unspezifische, allgemeine Fragen selten seien und auch nicht zur Lösung des Streites beitragen würden.[1040] Sofern solche Fragen an den Arzt mit der Bitte um Einschätzung gestellt würden, hätten die Sachverständigen im Rahmen von Versuchen das Vorgehen als „ungewöhnlich“ bewertet und nur ungern teilgenommen.[1041] In einigen Fällen verwiesen die angefragten Gutachter darauf, noch einmal prüfen zu wollen und ein schriftliches Gutachten zurückzusenden.[1042] In diesen Fällen gehe es um Einzelfragen, und es sei eine Differenzialdiagnostik notwendig, die einer genauen Anleitung oder der Vorlage und Bewertung von Dokumenten und Fotos bedarf.[1043]Nur deren Beantwortung würde die Vergleichsbereitschaft fördern.[1044]

Überdies sei die jeweilige Art der Begutachtung von der Person des Sachverständigen abhängig und es bedürfe somit geeigneter Experten, welche die aufgeworfenen Fragen auch direkt begutachten und im Prozess beantworten könnten.[1045] Es gebe nur eine geringe Anzahl an guten Sachverständigen, die zu einer derart spontanen, direkten Bewertung in der

1035 Ri3; Ri4; Ri5; Ri6; Ri7; Ri8.
1036 Ri1; Ri3; Ri4; Ri5.
1037 Ri1.
1038 Ri3; Ri4; Ri5; Ri6.
1039 Ri3; Ri4; Ri5; Ri6.
1040 Ri1; Ri3; Ri4; Ri5.
1041 Ri1.
1042 Ri1.
1043 Ri3; Ri4; Ri5.
1044 Ri3; Ri4; Ri5.
1045 Ri3; Ri4; Ri5.

Lage seien und sich hierzu bereit erklärten, sodass man sie zum Termin laden könne.[1046] Für eine schnelle Bewertung, bei der vorgelegte Dokumente oder andere Beweisstücke wie Lichtbilder bewertet werden, etwa bei Verkehrsunfällen, sind Gutachter nach Ansicht der Richter häufig nicht geschult und würden bei unsicherer Begutachtung in die Gefahr der Befangenheit geraten.[1047] Viel häufiger komme es vor, dass sich die Gutachter – wohl aus Haftungsgründen – lieber an den Schreibtisch in die „Recherche der Gerichtsunterlagen zurückziehen" und Literatur auswerteten.[1048]

Aus der Erfahrung der Richter gibt es jedoch auch Sachverhalte, bei denen situativ die mündliche Begutachtung im Termin unter Verwendung unterstützender technischer Hilfsmittel, wie etwa schriftlicher Kurzgutachten, Präsentationen, Handouts oder Sitzungsvorlagen, als Basis für und in Zusammenhang mit der dazugehörigen Erklärung häufig vorteilhafter als eine lange schriftliche Ausarbeitung mit entsprechenden Ausführungen ist.[1049] Die Nutzung der mündlichen Begutachtung berge jedoch die Gefahr von Missverständnissen.[1050] Nach Darstellung einiger Richter ergehen aus der Rechtsprechung auch an diese vereinfachte Begutachtungsform Anforderungen, dass die Grundlagen der Annahmen des Gutachters allen zugänglich gemacht werden müssen.[1051]

Die Übertragung der gerichtlichen Protokollierung auf den Sachverständigen im Rahmen einer mündlichen Begutachtung werde situations-, komplexitäts- und rechtsgebietsabhängig zum Teil regelmäßig positiv als Vereinfachung angesehen und nach Zustimmung der Parteien vorgenommen.[1052]

Sie bringt jedoch aus Sicht der Richter keinen zeitlichen oder inhaltlichen Vorteil und es gebe keine zivilprozessuale Pflicht eines Wortprotokolls, sodass man eher darauf bedacht sei, selbst zu dokumentieren.[1053] Die Protokollierung der mündlichen Begutachtung zur Entlastung des Richters könne auch zu Hemmungen des Gutachters führen.[1054] Das Gericht führe die Sitzung und ihm obliege es, durch die Ausführungen des

1046 Ri1; Ri2; Ri3; Ri4; Ri5.
1047 Ri3; Ri4; Ri5.
1048 Ri1; Ri2; Ri3; Ri4; Ri5.
1049 Ri2; Ri6; Ri8.
1050 Ri8.
1051 Ri6.
1052 Ri1; Ri8.
1053 Ri2; Ri6; Ri7.
1054 Ri8.

Gutachters den Sachverhalt richtig zu erfassen und im Selbstdiktat wiedergeben zu können. Durch Nachfragen und Intervention des Gutachters bei Missverständnissen und dessen abschließender Genehmigung bestehe die Möglichkeit das korrekte Verständnis richtigstellen und bestätigen zu lassen, um später eine materiell-rechtlich richtige Entscheidung treffen und begründen zu können.[1055] Das Eigenprotokoll ermögliche es dem Gericht, eigene Kenntnisse zu erweitern, die auch für die Bewertung der Erfolgsaussichten des Verfahrens und eventuelle Vergleichsvorschläge notwendig seien.[1056]

b. Ansicht der Gutachter

Die vermehrte Nutzung von mündlichen Gutachten wird von den Befragten unterschiedlich bewertet. Von einem befragten Gutachter wird der verstärkte Gebrauch aufgrund der beschleunigenden Aspekte befürwortet.[1057] So seien in einigen Rechtsgebieten, insbesondere Verkehrs- und Ordnungswidrigkeitsverfahren, die mündliche Begutachtung der Regelfall, bei dem auch Dokumentationsfehler in Kauf genommen würden.[1058] Andere Gesprächspartner halten die mündliche Begutachtung je nach Rechtsgebiet nur bei einfachen Sachverhalten für sinnvoll und nutzbar, weshalb ein pauschales Zurückgreifen nur selten zielführend sei.[1059] Sie wird aufgrund der notwendigen hohen Fachkompetenz auch auf Seiten der übrigen Prozessbeteiligten kritisch gesehen, da diese Begutachtungsform viele Interpretationsmöglichkeiten zulasse.[1060] Eine schriftliche Begutachtung biete den Vorteil der allseitigen Befassung mit den Beweisergebnissen.[1061]

Nach Ansicht einiger Befragungsteilnehmer machen die mündlichen Gutachten in der Regel eine vertiefende Vorbereitung und im Fall von Nachfragen und Recherchen eine zeitverzögernde Nachbereitung erforderlich, sodass in diesen Fällen die initiale schriftliche Begutachtung schneller gewesen wäre.[1062] In komplexen Fallgestaltungen sei aufgrund umfangrei-

1055 Ri1; Ri2; Ri6; Ri7.
1056 Ri2.
1057 Sv19.
1058 Vb1.
1059 Sv5; Sv8; Sv9, Sv11; Sv17; Sv20, Vb1.
1060 Sv1; Sv3.
1061 Sv18.
1062 Sv8; Sv9; Sv11; Sv18.

cher Aktenlage eine ad hoc Beantwortung zum Teil gar nicht möglich.[1063] Die fehlenden Möglichkeiten für Berechnungen, Recherchen oder ein Studium der Literatur machen die mündlichen Gutachten zusätzlich weniger praktikabel.[1064] Überdies müsse die Nutzung moderner elektronischer Hilfsmittel ausgebaut werden, um komplexe Sachverhalte auch in mündlichen Verfahren darstellen zu können.[1065]

Die Auswahl, ob im Einzelfall ein mündliches oder schriftliches Gutachten die bessere Wahl sei, hänge auch von den Fähigkeiten des Gutachters in Bezug auf seine Überzeugung, Autorität und Kompetenzen ab.[1066]

Hinsichtlich des Aufwandes wird von einem Befragten dargestellt, dass kaum ein Unterschied zwischen der mündlichen oder schriftlichen Erstellung des Gutachtens besteht.[1067] Der für die objektive Begutachtung notwendige Sachverhalt und die erforderlichen Sachzusammenhänge müssen auch für die mündliche Erstattung bekannt sein, was zum Beispiel im Falle von Gutachten im Bauwesen oder von Grundstücken ohne örtliche Kenntnisse nicht möglich sei.[1068] Somit bedürfe es in diesen Fachgebieten zur Vorbereitung für die mündliche Begutachtung der Herbeiziehung von Dokumenten oder der Inaugenscheinnahme und Vornahme bestimmter Untersuchungshandlungen bei Ortsterminen.[1069] Die eigentliche Ausfertigung des schriftlichen Gutachtens sei nicht das Problem, sondern die zuvor notwendigen Verfahrensschritte und -abläufe.[1070] Von einigen Gesprächsteilnehmern wird festgehalten, dass vor allem nach zuvor erfolgter Schriftbegutachtung eine mündliche Begutachtung in Anwesenheit der Parteien bei Gericht die bevorzugte Variante sein sollte.[1071]

In Bezug auf eine Übertragung der Protokollierung auf den Sachverständigen, wird von einigen Gutachtern die Ansicht vertreten, dass es originäre, hoheitliche Aufgabe des Gerichtes ist, die Beweisergebnisse zu protokollieren und auch zu verstehen, um diese im Rahmen des Urteils zu würdigen.[1072] Bei der Übertragung des Diktierens auf den Gutachter zur Erleichterung des Verfahrens bestehe die Gefahr, dass das richterliche

1063 Sv8; Sv9; Sv11; Sv18.
1064 Sv13.
1065 Sv11.
1066 Sv18.
1067 Sv15.
1068 Sv12; Sv14.
1069 Sv9; Sv18.
1070 Sv19.
1071 Sv16; Sv18.
1072 Sv8; Sv18.

Verständnis der Ausführungen eher „auf der Strecke bleibe“, als wenn dieser selbst diktieren und vom Gutachter korrigiert würde.[1073] Der praktisch bereits durchgeführte Ansatz der Übergabe der Protokollierung an den Gutachter sei bei Ortsterminen schlecht durchführbar, da diese oft chaotisch und ungeordnet ablaufen würden.[1074]

### c. Ansicht der Rechtsanwälte

Nach Ansicht einiger Rechtsanwälte könnte die mündliche Einbeziehung der Gutachter je nach Rechtsgebiet verfahrensfördernd sein. Hierauf sollte in einfach gelagerten Fällen unbedingt häufiger zurückgegriffen werden, da vor allem die schnelle Durchführung von einfachen Streitigkeiten mit geringem Streitwert geeignet ist, die Gerichte zu entlasten und deren Fokus auf gravierende Verfahren zu legen.[1075] Mündliche Gutachten sollten zur Überzeugung der Parteien und der übrigen Verfahrensbeteiligten beitragen.[1076]

Die Übertragung der Protokollierung auf den Sachverständigen wird jedoch von den Befragten nicht als zweckmäßig empfunden, da dies zu einer Vielzahl an Rückfragen durch die Parteien und das Gericht führen würde.[1077] Vielmehr sollte die mündliche Stellungnahme des Gutachters nach Beantwortung der klärungsbedürftigen Fragen der Parteien vom Gericht zu Protokoll genommen werden, da es selbst durch Klärung des Sachverhaltes die Entscheidungsgrundlage zur Beurteilung der Rechtslage legt.[1078]

## 2. Auswertung der Literatur

Die Autoren der ausgewerteten Literaturquellen sehen gleich den Ergebnissen der Empirie eine Umkehr des Regel-Ausnahmeverhältnisses der

1073 Sv8.
1074 Sv4.
1075 Ra1; Ra4; Ra7.
1076 Ra2.
1077 Ra4.
1078 Ra4.

Begutachtungsform.[1079] Sie regen bei thematisch geeigneten „überschaubaren“ Fällen und einfachen Fragen sowie im Falle eines bestehenden Zeitdruckes den Verzicht auf die schriftliche Begutachtung und den vermehrten Rückgriff auf den gesetzlichen Regelfall der mündlichen Begutachtung an.[1080] Diese habe nach Erfahrungen der Praxis einen geringeren, prozessverkürzenden Aufwand und sei kostengünstiger (besseres Zeit-Kosten-Verhältnis) als die schriftliche Begutachtung. Vor allem können im Rahmen des kommunikativen Austausches auch Nachfragen direkt beantwortet werden.[1081] Die Nutzung von mündlichen Gutachten sollte vor allem im Rahmen der Ergänzungsbegutachtung durch mündliche Erläuterung des Schriftgutachtens häufiger in Betracht gezogen werden.[1082]

Die schriftliche Erstattung des Gutachtens ist bei komplexen Sachverhalten das Mittel der Wahl, da sich hier die Sachverständigen für die Begutachtung selbst als auch im Nachhinein die Parteien mit den umfangreichen Ergebnissen der Ausführungen des Sachverständigen länger auseinandersetzen werden müssen.[1083] Schriftliche Gutachten seien in der Regel zeitaufwändiger, da sie häufig umfangreiche Einleitungen und Ausführungen zu Vorfragen beinhalten, die jedoch für die eigentliche Beweisfrage häufig keine Relevanz hätten.[1084]

Grundsätzlich dürfte keine Pauschalisierung, sondern eher eine Einzelfallentscheidung als Maßnahme der richterlichen Prozessleitung zielführend sein.[1085]

---

1079 *Jandt/Nebel/Nielsen*, DS 2016, 248 (253); vgl. *Greger*, NZV 2016, 1 (4); *Gärtner*, NJW 2017, 2596 (2600); *Gehle* in Baumbach/Lauterbach, § 411 Rn. 1; *Jäckel*, S. 178 Rn. 595; *Katzenmeier* in Prütting/Gehrlein, § 411 Rn. 1.

1080 *Schobel*, MDR 2014, 1003 (1005); *Bruinier* in Seitz/Büchel, S. 91 Rn. 56; vgl. *Keders/Walter*, NJW 2013, 1697 (1701); *Schlehe*, DS 2013, 337 (338); vgl. *Blendinger*, DS 2015, 211 (214); *Jäckel*, S. 178 Rn. 595; *Bleutge*, GewArch 2014, 49 (56); *Greger*, NZV 2016, 1 (4); *Walter*, DS 2015, 205 (206 f.); *Burwick*, DS 2020, 135 (136); Musielak/Voit/*Huber* ZPO § 411 Rn 2; *Gärtner*, NJW 2017, 2596 (2600); *Gehle* in Baumbach/Lauterbach § 411 Rn. 1.

1081 *Schobel*, MDR 2014, 1003 (1005); *Bruinier* in Seitz/Büchel, S. 91 Rn. 56; *Greger* in Zöller, § 411 Rn. 1; *Keders/Walter*, NJW 2013, 1697 (1701); *Schlehe*, DS 2013, 337 (338); vgl. *Blendinger*, DS 2015, 211 (214); *Gärtner*, NJW 2017, 2596 (2600); *Walter*, DS 2015, 205 (206 f.); *Katzenmeier* in Prütting/Gehrlein, § 411 Rn. 5.

1082 Vgl. *Walter*, DS 2015, 205 (209); vgl. *Schobel*, MDR 2014, 1003 (1005).

1083 *Jäckel*, S. 178 Rn. 596; Musielak/Voit/*Huber*, ZPO, § 411 Rn. 2; *Greger* in Zöller, § 411 Rn. 1; *Katzenmeier* in Prütting/Gehrlein, § 411 Rn. 1, 5.

1084 *Bruinier* in Seitz/Büchel, S. 91 Rn. 56.

1085 Vgl. Untersuchung „Langdauernde Zivilverfahren" S. 265, Abb. 73; *Katzenmeier* in Prütting/Gehrlein, § 411 Rn. 5; *Bruinier* in Seitz/Büchel, S. 91 Rn. 56; *Greger* in Zöller, § 411 Rn. 1; *Gehle* in Baumbach/Lauterbach § 411 Rn. 4.

Den Bedenken einer nicht vollständigen oder richtigen Protokollierung der Aussagen des Sachverständigen bei mündlichen Gutachten könne dadurch begegnet werden, dass der Gutachter selbst die Protokollierung vornehme, was in der Praxis nicht verboten sei und nicht selten vorkomme.[1086] Entsprechende Fähigkeiten eines Gutachters zur mündlichen Präsentation, spontanen Reaktion auf auftretende Fragen und Verteidigung in der mündlichen Verhandlung vor den Parteien sind damit ein gewinnbringender Faktor und werden zum Teil als unentbehrlich betrachtet.[1087] Andernfalls solle der Gutachter den Richter bei der Protokollierung für dessen eigenes Verständnis unterstützen, indem er Fehlinterpretationen im Diktat richtigstelle.[1088] Zur Vereinfachung der Protokollierung soll dem Gutachter bei der mündlichen Begutachtung aufgeben werden, die Dokumentation und die „Grundlagen des Gutachtens" schriftlich vorzubereiten und diese den Prozessbeteiligten und dem Gericht im Termin auszuhändigen.[1089] Nach dem Telos der erstinstanzlichen Beweiserhebung muss eine nachweis- und überprüfbare Fixierung der Beweisergebnisse erfolgen, was sonst im Vergleich zur schriftlichen Begutachtung den ausschlaggebenden Unterschied darstelle.[1090]

### 3. Fazit und Kosten

Als Schlussfolgerung kann festgehalten werden, dass nach allen Ansichten eine pauschale Einführung der vermehrten mündlichen Begutachtung nicht sinnvoll ist. Dennoch wird die verstärkte einzelfallbezogene Nutzung der mündlichen Gutachten in Abhängigkeit von einer Vorbereitungsnotwendigkeit und den Fähigkeiten des Gutachters vor allem in einfachen Fällen definitiv begrüßt. Sie sollte der gesetzlichen Grundsatzregelung entsprechend unter Ausnutzung der verfahrensbeschleunigenden Vorteile vor allem zum besseren Verständnis des Gerichtes als Grundlage seiner rechtlichen Würdigung häufiger in Betracht gezogen werden. Insbesondere in den Fällen der Ergänzungsbegutachtung wird die mündliche

---

1086 *Bruinier* in Seitz/Büchel, S. 93 Rn. 61 „diktatgewandte Sachverständige".

1087 *Schobel*, MDR 2014, 1003 (1005); *Bleutge*, GewArch 2017, 266 (267); *Walter*, DS 2015, 205 (209).

1088 *Weder*, DS 2020, 140 (146).

1089 Vgl. *Walter*, DS 2015, 205 (207).

1090 Vgl. *Keders/Walter*, NJW 2013, 1697 (1701).

Begutachtung mit der direkten Reaktions- und Konfrontationsmöglichkeit als vorzugswürdig und gewinnbringend angesehen.

Zur allseitigen Absicherung in Bezug auf das richtige Verständnis der Ausführungen des Sachverständigen sowie zur Verhinderung von Missverständnissen ist eine Fixierung der Ergebnisse der mündlichen Begutachtung vorzugsweise in Form der Protokollierung durch das Gericht mit einer Bestätigung durch den Gutachter notwendig. Eine Übertragung des Diktats auf den Sachverständigen wird mangels entsprechender Fähigkeiten, und vor dem Hintergrund der Notwendigkeit des Verständnisses beim Gericht für die materiell-rechtliche Entscheidung nicht als verfahrensbeschleunigend erachtet und befürwortet. Zur Erreichung der Nachvollziehbarkeit bei allen Verfahrensbeteiligten macht im Rahmen der mündlichen Begutachtung auch die unterstützende Zuhilfe- und Bezugnahme von Handouts, Kurzgutachten und anderen Datenträgern Sinn.

## IV. Aufwertung von Privatgutachten

Häufig werden durch die Parteien bereits selbst eingeholte Gutachten in den Rechtsstreit eingebracht. Jedoch wird diesen vor dem Hintergrund der offensichtlichen Befangenheitsdiskussion ein geringerer Beweiswert beigemessen. Da die Privatgutachten in der Regel auch von etablierten Sachverständigen erstellt werden, stellt sich die Frage, ob hier nicht eine Aufwertung sinnvoll ist.

### 1. Auswertung der empirischen Untersuchung

#### a. Ansicht der Richter

Ein Großteil der befragten Richter sieht die Aufwertung der Privatgutachten kritisch, da es sich bei diesen um eine erkaufte Meinung handelt beziehungsweise handeln kann, die selten bis nie unparteiisch und eher zur Gefälligkeit der Partei erstellt worden sind.[1091] Das Parteigutachten stelle einen qualifizierten Parteivortrag dar, der bei materiellen Einwendungen stets zu Problemen führe, sodass eine Einbeziehung nicht zum Abschneiden eines möglichen Gegenbeweises führen dürfe.[1092] Aus der

1091 Ri1; Ri2; Ri3; Ri4; Ri5; Ri6; Ri8.
1092 Ri1; Ri2; Ri8.

Erfahrung heraus würden Privatgutachten in der Regel von der jeweils gegnerischen, meist beklagten Partei beigebracht und jede Partei habe ein anderes Prozessinteresse.[1093]

Die parteiseitig eingebrachten Gutachten seien häufig mit dem Mangel der Unvollständigkeit behaftet, da sie mit unsachgemäßen Erhebungen eher die für die beauftragende Partei relevanten Fragen der Rechtsfolgen bewerteten und damit (wenn überhaupt) nur auf Teilaspekte eingingen. Die aus Sicht des Gerichts erforderlichen, beweiserheblichen Elemente (etwa Kausalität oder Fehler) würden nicht beleuchtetet.[1094] Deshalb können Privatgutachten ein Gerichtsgutachten nicht ersetzen.[1095] Vielmehr führten sie zugunsten der jeweils gegnerischen Partei zu Fehlern, Misstrauen und Unseriösität, was eine Gefahr für das Renommee des Gutachters darstellen könnte.[1096] Entsprechend „ertappte" Gutachter werden nach Meinung eines Gesprächspartners eine Nichtberücksichtigung bei gerichtlichen Neuaufträgen befürchten müssen.[1097]

Ein anderer Interviewpartner hat die Erfahrung gemacht, dass eine Abweichung von Privat- und Gerichtsgutachten bei anerkannten Gerichtsgutachtern selten ist.[1098] Bei Verstößen gegen die Gutachterpflichten bestünde zudem die Möglichkeit, sich an die Schlichtungsstelle zu wenden.[1099] Ein Gerichtsgutachter nehme in der Regel kaum außergerichtliche Tätigkeit vor, sodass die Gefahr, für das übrige Verfahren „verbrannt" zu sein, als gering eingeschätzt werde.[1100] Daneben seien die Privatgutachten zur Fehleranalyse für Gerichtsgutachten wertvoll,[1101] und im Rahmen des Kostenrechtes werde zum Teil auf einfache Privatbegutachtung nach §§ 286 f. ZPO zurückgegriffen, sodass es dann keines Gerichtsgutachtens mehr bedürfe.[1102]

Zusammenfassend wird die Verwertbarkeit von Privatgutachten seitens der Richter als wünschenswert und sinnvoll angesehen.[1103] Problematisch wird jedoch die Sicherstellung der Objektivität und ausreichenden Qua-

1093 Ri2.
1094 Ri3; Ri4; Ri5; Ri6.
1095 Ri6.
1096 Ri2.
1097 Ri2; so bereits oben bei den Sanktionsmittel dargelegt.
1098 Ri1.
1099 Ri3; Ri4; Ri5.
1100 Ri1.
1101 Ri2.
1102 Ri2.
1103 Ri7.

lifikation erachtet.[1104] Dies werde durch die öffentliche Bestellung und Vereidigung lediglich formal gewährleistet.[1105]

### b. Ansicht der Gutachter

Die Gutachter sehen diesen Lösungsvorschlag nur zum Teil befürwortend und zur Verfahrensbeschleunigung geeignet.[1106] Ein Privatgutachten werde stets als qualifizierter Parteivortrag beziehungsweise „Feststellung einer Partei" angesehen, die mittels qualifiziertem Gegenbeweis bestritten und damit unverwertbar gemacht werden könne und folglich für die Beschleunigungsambitionen nicht zielführend sei.[1107] Das Privatgutachten solle die Position der jeweiligen Partei untersetzen und „objektivieren".[1108]

Privatgutachten sind nach Ansicht der befragten Sachverständigen zwar grundsätzlich zur Klärung von fachlichen Fragen geeignet, jedoch vor dem Hintergrund der Parteilichkeit und aufgrund der Befangenheitsdiskussion sehr kritisch.[1109] Die Gutachter allgemein und selbst öffentlich-bestellte und vereidigte Sachverständige hätten eine Bandbreite in der Auslegung und differenzierte Schwerpunktsetzungen, welche sie bei den Aufträgen ausnutzen würden.[1110] Dem Argument der Unparteilichkeit und der vermeintlichen Gefälligkeitsgutachten wird seitens der Befragten entgegengehalten, dass die Gutachter ein eigenes Interesse an der richtigen, unabhängigen sowie unparteiischen Begutachtung haben und entsprechend tätig werden, sodass die Ergebnisse verwertbar sein sollten.[1111] Dieses Interesse resultiere aus der Befolgung der Sachverständigenordnung, deren Einhaltung die Bestellungskörperschaften überwachten, oder aus eigenen Haftungsrisiken.[1112] Von anderen Gesprächspartnern wird hervorgehoben, dass auch der Gerichtsgutachter je nach Auftrag bei der Verarbeitung der Gerichtsakte oder als Überprüfer des Privatgutachtens viel Unrichtiges lesen würde und damit eventuell eine Vorprägung erhielte.[1113]

---

1104 Ri7.
1105 Ri7.
1106 Sv8; Sv20; Sv16, der jedoch die Realisierbarkeit anzweifelt; ablehnend Sv2.
1107 Sv19; Vb1.
1108 Sv18.
1109 Sv1; Sv2.
1110 Sv18.
1111 Sv2; Sv8.
1112 Sv2; Sv8.
1113 Sv2; Vb1.

Ein einseitig, parteiunterstützendes Begutachtungsziel beziehungsweise die Zuweisung zu einer Partei könne in der Regel bereits aus der Zusammenfassung erkannt werden.[1114]

Ein Gesprächspartner weist darauf hin, dass Gerichte bei der Auswahl an den Grundsatz der vorrangigen Beauftragung von öffentlich bestellten und vereidigten Gutachtern gebunden sind,[1115] was bei privaten Aufträgen nicht der Fall ist.

Allerdings gebe es selbst bei der Begutachtung durch einen öffentlich bestellten und vereidigten Sachverständigen aufgrund der Vorgabe des Gutachteninhalts durch den privaten Auftraggeber und der dadurch entstehenden auftragsbezogenen Verbundenheit ein hohes Diskussions- und Angriffspotenzial.[1116] Ein solches Gutachten werde somit vermutlich höchstens in Einzelfällen für eine allseitige Beweisgrundlage und damit als Basis für ein Urteil anerkannt.[1117] Der Gutachter wird vom Gericht nach dem speziellen Aufklärungsbedürfnis und der von diesem beurteilten Beweisbedürftigkeit beauftragt, sodass bereits daraus ein anderes Ergebnis ergehen kann und keine Gleichstellung möglich ist.[1118] Deswegen wird von einigen Befragten vor allem das Argument vertreten, dass auch Privatgutachten von öffentlich bestellten und vereidigten Sachverständigen dem Gericht ausreichend sein sollten, sofern diesen der gleiche Sachverhalt zur Verfügung steht und somit die Vergleichbarkeit grundsätzlich gewährleistet wäre.[1119]

Für eine erste Indikation der Sachlage und der damit verbundenen Steigerung der Vergleichsbereitschaft sowie zur Bewertung und pro forma-Überprüfung von Gerichtsgutachten kann die unterstützende Hinzuziehung eines vorliegenden Privatgutachten durchaus hilfreich sein und wird somit befürwortet.[1120] Aufgrund der freien Beweiswürdigung, wonach sich das Gericht seine Überzeugung aus einem mit notwendiger „Fachkunde und Objektivität“ erstellten Privatgutachten gewinnen könne, seien sehr gute private Gutachten nach der Erfahrung der Gesprächspartner akzep-

1114 Sv1.
1115 Sv6.
1116 Sv9; Sv10; Sv11; Sv13 „Zugewandtheit“ und „Einseitigkeit“; Sv18; Sv19.
1117 Sv9; Sv10; Sv11; Sv13; Sv18; Sv19.
1118 Sv8; Sv11.
1119 Sv4; Sv7.
1120 Sv8; Sv18.

tiert und gerichtsverwertbar.[1121] Nur gegen den Willen der beiden Parteien wird das Privatgutachten nicht ausreichend sein.[1122]

Somit könne das glaubhafte, richtig gewürdigte Privatgutachten und die Gerichtsbegutachtung gleichermaßen überzeugend und beide nach einer Entscheidung des Bundesgerichtshofes gleichwertig sein.[1123] Von einem Gutachter wird jedoch das Problem aufgeworfen, dass das Gericht eventuell fachlich nicht stets zuverlässig die Qualität des privaten Sachverständigengutachtens beurteilen kann.[1124] Aus praktischer Sicht wird somit eine besondere Sachkunde notwendig, um ein fachlich detailliertes Privatgutachten zu verstehen und zu berücksichtigen.[1125] Im Falle einer Aufwertung des Privatgutachtens müsse trotzdem die Möglichkeit eines Korrektives ähnlich dem Obergutachten bei kontroversen Gerichtsgutachten bestehen, um eine Bewertung zu Fall zu bringen.[1126]

c. Ansicht der Rechtsanwälte:

Bei Privatgutachten handelt es sich nach Auffassung der befragten Rechtsanwälte in der Regel um Gefälligkeitsgutachten, sodass eine Aufwertung keinesfalls notwendig und sinnvoll ist.[1127] Sie haben stets den Mangel der fehlenden Objektivität und seien gesetzlich nicht als Beweismittel vorgesehen.[1128] Die in der Praxis von den Gutachtern argumentierte Verpflichtung zur Objektivität aufgrund seiner Vereidigung sei nicht zielführend, da auch der anerkannte Gutachter – soweit vertretbar – die Spielräume zugunsten seines Auftragsgebers ausnutze.[1129] Anderseits seien auch bei gerichtlichen Gutachtern Tendenzen möglich, sodass hier keine Absprache der Objektivität vorgebracht werde.[1130] Zur besseren Beurteilung durch das Gericht sollte der Privatgutachter nachträglich wie ein Gerichtsgutachter angehört werden können.[1131]

1121 Sv3; Sv8; Sv12.
1122 Sv3; Sv8; Sv12.
1123 Sv8; Vb1; Vb2.
1124 Sv11.
1125 Sv18.
1126 Vb1.
1127 Ra3; Ra5.
1128 Ra5.
1129 Ra3.
1130 Ra1.
1131 Ra2.

Privatgutachten seien stets lediglich substantiierter Parteivortrag.[1132] Trotzdem könne man über eine Bindungswirkung nachdenken, wenn nicht mehr als 15 % Abweichung zu einem Gerichtsgutachten gegeben sei.[1133]

Nach Ansicht einiger Befragten ist der Inhalt ein Privatgutachten als unstreitig anzusehen und das Gericht kann dieses seiner Entscheidung zugrunde legen, ohne ein eigenes Gutachten einzuholen, sofern keine Fehler ersichtlich sind, alle klärungsbedürftigen Fragen hinreichend beantwortet werden und ein Einverständnis der Parteien zur Verwertung vorliegt.[1134] Ein Gerichtsgutachten bleibe jedoch erforderlich, wenn das Privatgutachten substantiiert angegriffen werde oder der Gegenvortrag nicht offensichtlich falsch und damit der Sachverhalt klärungsbedürftig sei.[1135] Häufig mangele es dem Privatgutachten an einem der genannten Punkte.[1136] Sie dienen nach Ansicht der Parteivertreter unter anderem der Entscheidung, ob überhaupt ein Gerichtsgutachten erforderlich ist und somit zur Einschätzung des Prozessrisikos.[1137] Ein Sachverständiger, der für das Privatgutachten verwendet wird, sei für das Gerichtsverfahren mangels Objektivität „gesperrt", im Fachjargon „verbrannt".[1138]

### 2. Auswertung der Literatur

Privatgutachten sind von einer der streitenden Parteien außerhalb eines Gerichtsprozesses in Auftrag gegebene Gutachten, die unter Hinweis auf obergerichtliche Rechtsprechung in ihrer Beweiseignung lediglich als urkundlich belegter, substantiierter, qualifizierter Parteivortrag angesehen werden und nicht als Sachverständigengutachten verwertbar sind.[1139] Die Urkunde bestätige lediglich, dass die getroffenen Aussagen vom Ersteller

---

1132 Ra1.
1133 Ra3.
1134 Ra3; Ra4.
1135 Ra4.
1136 Ra4.
1137 Ra3.
1138 Ra1.
1139 Vgl. *Gehle* in Baumbach/Lauterbach, § 402 Rn. 21; *Jäckel*, S. 166 Rn. 556; Musielak/Voit/*Huber*, ZPO, § 402 Rn. 5; *Ahrens* ZRP 2015, 105 (105 ff.,107); *ders.* GRUR 2017, 323 (325); *Lehmann*, DS 2014, 232 (238 f.); *Kopp*, NJOZ 2017, 330 (333); *Ulrich*, DS 2017, 315 (315); *Hille*, DS 2017, 237 (237); *Laumen* in Baumgärtel/Laumen/Prütting, S. 52 Rn. 61; *Katzenmeier* in Prütting/Gehrlein, Vor § 402 Rn. 8.

getätigt wurden, nicht jedoch deren inhaltliche Richtigkeit.[1140] Unter dem Begriff des Sachverständigen nach §§ 402 ff. ZPO wird – anders als bei deren Einführung angedacht – nur der gerichtlich, nicht der privat beauftragte Gutachter verstanden, welcher somit dogmatisch nicht zu den Beweismitteln zählt.[1141]

Die Tätigkeit des Gutachters werde durch den Auftraggeber vorgegeben, sodass sich der vertraglich bestimmte Auftragsinhalt für den Privatgutachter grundlegend von dem durch Beweisbeschluss bestellten Gerichtsgutachter unterscheidet und diesen nicht ersetzen kann.[1142] Vor allem Seitens der Gegenpartei bestehe aufgrund der einseitigen Vorgaben und Interessen des privaten Auftraggebers regelmäßig ein gewisses Misstrauen in die Objektivität und Neutralität der Begutachtung.[1143] Es sei somit nicht geeignet, dem Gericht die für die Entscheidung des Rechtsstreites erforderliche neutrale Sachkunde zu vermitteln.[1144]

Andere Autoren befürworten eine Einbeziehung und monieren die Ablehnung allein aufgrund des Parteiauftrages.[1145] Die von den Parteien häufig als erkauft und parteiisch monierten („Gefälligkeits-")Gutachten, stellen sich in der Regel im Wege der Nachprüfung durch die zuständige Bestellungskörperschaft sowie weiterer Gutachter im deutlich überwiegenden Teil als Falschbehauptung dar.[1146] Von Seiten der Gerichte gebe es ebenfalls Vorgaben zu Gutachten, die jedoch anders als die Privatgutachten selten sanktioniert werden.[1147] Die „neutrale, unparteiische" Begutachtung und die damit einhergehende Verpflichtung zur Objektivität werden als Kardinalspflicht des Gutachters bezeichnet, die im Rahmen einer Beeidung nach § 410 ZPO erneut erfolgen kann.[1148] Die Kammern (IHK, HWK, etc.) seien als Aufsichtsbehörden für die bestellten Sachverständigen beauftragt, die Einhaltung der, auch bei Privatgutachten zu beach-

1140 Vgl. *Motzke*, DS 2014, 142 (144); *Hille*, DS 2017, 237 (237, 239); *Greger* in Zöller, Vor § 402 Rn. 4.

1141 *Ulrich*, DS 2017, 315 (315); *Pfeiffer*, DRiZ 2021, 46 (48); *ders.*, IWRZ 2020, 51 (56).

1142 *Lehmann*, DS 2014, 232 (239); *Ahrens*, ZRP 2015, 105 (107); *Bleutge*, GewArch 2017, 266 (267); *Renninger/Weis/Schauer*, DS 2020, 320 (324); vgl. *Weder*, DS 2020, 140 (144).

1143 *Ahrens*, ZRP 2015, 105 (107); *Linz*, DS 2017, 145 (145 f.); vgl. *Lehmann*, DS 2019, 121 (127 f.); *Gehle* in Baumbach/Lauterbach, Vor § 402 Rn. 22.

1144 *Lehmann*, DS 2014, 232 (238).

1145 *Jäckel*, S. 167 Rn. 560.

1146 Vgl. *Schlehe*, DS 2013, 337 (339).

1147 *Jordan/Gresser*, DS 2014, 71 (75 ff.); *Gresser*, NJW-aktuell 23/2014 S. 12.

1148 *Linz*, DS 2017, 145 (145); *Motzke*, DS 2014, 142 (142, 146).

tenden, Sachverständigenordnung zu überwachen und bei Verstößen zu reagieren, sodass auf die Richtigkeit und Glaubwürdigkeit wie bei einem Gerichtsgutachten vertraut werden könne.[1149]

Die Erstellung eines parteiischen Privatgutachtens habe für die Partei keinen Vorteil, da sie sich einer Erhöhung der Prozesskosten gegenübersieht, wenn das Gericht zusätzlich ein Gerichtsgutachten beauftragt und das Privatgutachten mangels Prozessbezogenheit und Notwendigkeit nicht bei den Kosten angerechnet werde. Der Sachverständige selbst riskiere im Fall einer gegen die Pflicht zur Objektivität und Neutralität verstoßenden Falschbegutachtung, strafrechtliche Sanktionen und zivilrechtliche Regressansprüche sowie disziplinarische Konsequenzen oder die Aberkennung seines Vergütungsanspruch bis zur Entpflichtung.[1150]

Dem Privatgutachten könne eine hohe Gewichtung beigemessen werden, wenn es zur Vermittlung der fehlenden Sachkunde des Gerichtes diene, die Parteien keine Einwendungen haben und dem Inhalt sowie der Verwertung zustimmen, sodass es in das Gerichtsverfahren einbezogen werden könne. Sofern der Spruchkörper bereits aus diesem Gutachten die notwendige Überzeugung und Sachkunde gewonnen habe, anhand der tatsächlich getroffenen Feststellungen, selbst und eigenverantwortlich zu einer zuverlässigen Beantwortung der Beweisfrage zu gelangen", ohne sich den Einwand der Parteilichkeit vorwerfen lassen zu müssen, sei eine Ersetzung durch ein Gerichtsgutachten gar nicht notwendig und von diesem kann abgesehen werden.[1151] Nach ständiger Rechtsprechung haben auch Parteigutachten eine Bindungswirkung, die zu einer Berücksichtigung und Auseinandersetzung durch den Spruchkörper führt, sodass Abweichungen und Widersprüche zum Gerichtsgutachten beziehungswei-

---

1149 *Schlehe*, DS 2013, 337 (339f.); *Bleutge*, GewArch 2014, 49 (54) „garantierte fachliche Qualität und persönliche Integrität"; vgl. *Linz*, DS 2017, 145 (146); vgl. *Lehmann*, DS 2019, 121 (128).

1150 *Ahrens*, ZRP 2015, 105 (106 f.,108); *Mayr*, DS 2013, 128 (129); *Linz*, DS 2017, 145 (145 ff.); *Schlehe*, DS 2013, 337 (339); Musielak/Voit/*Huber*, ZPO, § 402 Rn 9.

1151 *Lehmann*, DS 2014, 232 (239); *Ahrens*, ZRP 2015, 105 (107); *Kopp*, NJOZ 2017, 330 (333); vgl. *Ulrich* DS 2017, 315 (316 f.); *Bruinier* in Seitz/Büchel, S. 90 Rn. 50; *Gehle* in Baumbach/Lauterbach, Vor § 402 Rn. 23; *Jäckel* S. 166 Rn. 556, S. 167 Rn. 560; Musielak/Voit/*Huber* ZPO § 402 Rn 5; *Hille*, DS 2017, 237 (237 f.); vgl. *Pfeiffer*, IWRZ 2020, 51 (56); *Laumen* in Baumgärtel/Laumen/Prütting, S. 52 Rn. 61; *Greger* in Zöller, Vor § 402 Rn. 10; *Katzenmeier* in Prütting/Gehrlein, Vor § 402 Rn. 8.

se der wirklichen Sachlage aufzuklären sind.[1152] Im Urteil müsse das Gericht dann die Anforderungen an die Verwertbarkeit und das Ausreichen des Privatgutachtens begründen.[1153] Parteigutachten können daneben zur Überprüfung, Konfrontation oder Widerlegung von anderen Privat- oder Gerichtsgutachten eingesetzt werden, sodass die Gerichte diese berücksichtigen müssen.[1154]

Die Nichtverwendung des Privatgutachtens führe unter dem Argument der Ressourcenverschwendung dazu, dass diesem trotz eines Aufwandes kein zusätzlicher Nutzen oder Beweiswert zukomme und zudem der Gutachter für eine gerichtliche Begutachtung für das Verfahren mit diesen Parteien rein persönlich nicht mehr zur Verfügung stehen könne.[1155]

Zum Abbau des gegenüber dem Privatgutachten herrschenden Misstrauens und zur Aufwertung dessen wird eine klarstellende Gesetzesänderung vorgeschlagen, wonach das Privatgutachten unter bestimmten Voraussetzungen unter die Beweismittel zu fassen ist. Eine solche Bedingung könne die gerichtliche Anordnung zur Beibringung eines, von einem öffentlich bestellten beziehungsweise zertifizierten Sachverständigen erstellten Gutachtens oder die verpflichtende Erklärung des Gutachters zur Unparteilichkeit sowie zur Kenntnis der Verwendung des Gutachtens im Gerichtsprozess und möglicher damit zusammenhängender Sanktionen sein, sofern eine solche Erklärung nicht bereits im Rahmen einer öffentlichen Bestellung erfolgt ist.[1156] Aufgrund der Überwachung und Sanktionierung durch die Bestellungskörperschaften wird für die Höhergewichtung von durch bestellte Sachverständige oder gerichtsbekannte und bewährte Per-

---

1152 U.a. BGH, Beschl. v. 17.05.2017, VII ZR 36 / 15; gemäß § 84 VVG besteht eine Bindungswirkung von Sachverständigengutachten, sofern keine erhebliche Abweichung zur wirklichen Sachlage (weniger als 10 %) vorliegt, zuletzt u.a. OLG Naumburg, Urt. v. 16.1.2019 – 4 U 35/16; OLG Düsseldorf, Urt. v. 16.10.2020 - 4 U 98/18.

1153 *Jäckel* S. 167 Rn. 560; *Ulrich*, DS 2017, 315 (316); *Volze*, DS 2019, 250 (253); Musielak/Voit/*Huber* ZPO § 402 Rn 5.

1154 *Jäckel* S. 166 Rn. 557; *Ahrens*, ZRP 2015, 105 (107); *Mayr*, DS 2013, 128 (128); *Kopp*, NJOZ 2017, 330 (333, 335); *Greger*, NZV 2016, 1 (4); *Ulrich*, DS 2017, 315 (315 f.) „Kreuzverhör"; vgl. *Pfeiffer*, IWRZ 2020, 51 (56); *Bogan*, GRUR 2021, 140 (142); *Klose*, NJ 2019, 373 (374); Musielak/Voit/*Huber*, ZPO, § 402 Rn. 6, 411 Rn. 7; *Gehle* in Baumbach/Lauterbach, Vor § 402 Rn. 24; *Laumen* in Baumgärtel/Laumen/Prütting, S. 52 Rn. 61; *Katzenmeier* in Prütting/Gehrlein, Vor § 402 Rn. 9.

1155 *Ahrens*, ZRP 2015, 105 (107); vgl. *Ulrich*, DS 2017, 315 (317); vgl. *Bogan*, GRUR 2021, 140 (140).

1156 *Ahrens* ZRP 2015, 105 (105 ff., 107 f.); vgl. *Pfeiffer*, DRiZ 2021, 46 (48); *Jäckel*, S. 167 Rn. 560.

sonen erstellte Parteigutachten votiert, da die Person des Auftraggebers keinen Unterschied machen könne und von einer abweichenden Arbeitsweise nicht auszugehen sei.[1157] Für eine Aufwertung spricht auch, dass nach dem EPGÜ[1158] grundsätzlich eine Anerkennung von Privatgutachtern zur Beweiseignung erfolgt, da dessen prozessuale Ladung zulässig ist und das gerichtliche Gutachten lediglich nachrangig und für den Fall von Unstimmigkeiten einzuholen ist.[1159]

Eine Anerkennung von Privatgutachten könne jedoch eine erweiterte Gutachtenbeauftragung durch jede Partei zur grundrechtlich gestatteten „Untermauerung" der eigenen Ansichten nach sich ziehen.[1160] Dies führe zu dem Endergebnis der „Gutachtenschlacht" und einem notwendigen, finalen Gerichtsgutachten zur Klärung aufgetretener Differenzen.[1161] Ein Autor schlägt deshalb in Zusammenhang mit der Idee zu einem verkürzten Verfahren vor, dass Parteien vor dem Hintergrund der Kosteneffizienz ohne Aufforderung des Gerichts möglichst keine eigenen Sachverständigengutachter beauftragen sollen.[1162]

### 3. Fazit und Kosten

Schlussfolgernd lässt sich festhalten, dass es keiner Aufwertung von Privatgutachten bedarf. Hintergrund ist, dass sich diese oft auf einen vom Auftraggeber vorgegebenen Sachverhalt beziehen und nicht oder nur teilweise die nach dem (Vor-)Verfahren strittigen, erheblichen und nach gerichtlicher Einschätzung beweisbedürftigen Fragen behandeln. Das Privatgutachten macht aufgrund der unterschiedlichen Sachverhalte lediglich als initiale Parteibewertung Sinn oder kann bei feststehenden Tatsachen als Begutachtung bei Einvernehmen der Parteien beziehungsweise zur Überprüfung eines Gerichtsgutachtens dienen.

Darüber hinaus werden vom Gutachter auch bei mit dem Gerichtsauftrag übereinstimmenden Sachverhalt vermutlich bewusst oder unbewusst

---

1157 *Bleutge*, GewArch 2014, 49 (56 f.); *Lehmann*, DS 2019, 121 (127 f.); vgl. *Greger*, NZV 2016, 1 (5).

1158 Übereinkommen über ein einheitliches Patentgericht; im Folgenden EPGÜ.

1159 *Ahrens*, ZRP 2015, 105 (106); *ders.* GRUR 2017, 323 (325); vgl. *Ulrich*, DS 2017, 315 (317).

1160 *Ahrens*, ZRP 2015, 105 (109).

1161 *Ahrens*, ZRP 2015, 105 (107); Musielak/Voit/*Huber*, ZPO, § 402 Rn. 6; *Hommerich*, DS 2014, 43 (44); a.A. *Ulrich*, DS 2017, 315 (317).

1162 *Vorwerk*, NJW 2017, 2326 (2330).

die Möglichkeiten zur Unterstützung der Partei im jeweiligen Prozess in den Grenzen der Wahrheit und Neutralität ausgeschöpft. Daran vermag auch die überprüfte und sanktionierte Verpflichtung zur Objektivität oder die Durchführung von einem gerichtsbekannten und bewährten, möglicherweise auch öffentlich bestellten oder anderweitig zertifizierten Gutachter nichts ändern. Auch dann nicht, wenn die beschworene Objektivität durch eine entsprechende Erklärung verstärkt wird.

Die Arbeit des Gutachters ist jedoch für das Gericht verwertbar, wenn es den in Frage stehenden Sachverhalt vollständig abdeckt und von den Parteien einstimmig übernommen und damit unstreitig wird oder das Gericht ohne Einwendungen der Parteien aus dem Gutachten die Tatsachen zur eigenen Überzeugung frei würdigen kann. Im Übrigen wird die Gegenseite vermutlich stets *pro forma* qualifiziert bestreiten und damit die Wertigkeit des Privatgutachtens aushebeln und das Gericht zur Beweiserhebung durch gerichtliche Bestellung zwingen.

Vor diesem Hintergrund ist die grundsätzliche Aufwertung des Privatgutachtens als einziges Beweismittel, über die vorgenannte einvernehmliche Einbeziehung hinaus, nicht zu befürworten. Privatgutachten sollten nicht pauschal eingebracht werden, sondern erst auf Hinweis des Gerichtes bezüglich der Beweisbedürftigkeit und einer entsprechenden Aufforderung. Die aus der dargestellten Eingrenzung resultierende verringerte Inanspruchnahme könnte des Weiteren der Schaffung notwendiger Ressourcen für die gerichtliche Gutachtertätigkeit dienen. Das ohnehin schlechte Zahlenverhältnis von geeigneten Sachverständigen zu Gerichtsanfragen würde sich durch eine Aufwertung noch weiter verschlechtern, ohne dass der Mehrwert der abschließenden Bewertung gegeben wäre. Seinen zeitlichen Vorteil spielt das Privatgutachten nur bei gleichem Sachverhalt und ausbleibenden Einwendungen der Parteien aus.

## V. Verbesserte Kommunikation und Feedback

Wie bereits in den Voruntersuchungen angeklungen, ist die fehlende Kommunikation zwischen dem Gericht und den Sachverständigen sowie den übrigen Verfahrensbeteiligten eines der Hauptprobleme für die Verfahrensverzögerungen. Deshalb könnte auch ein verbesserter Kommunikationsumfang ein Lösungsansatz sein, um die Anforderungen und Wünsche des jeweils anderen in den Verfahrensbeschleunigungsprozess einzubauen. Zum Thema „Kommunikation“ lässt sich auch das abschließende Feedback sowohl zwischen dem Gericht und dem Gutachter als auch an die überwachende Bestellungskörperschaft zählen.

### 1. Auswertung der empirischen Untersuchung

#### a. Ansicht der Richter

Nach Auflassung der befragten Richter variiert die Kontaktaufnahme zwischen Gericht und Sachverständigem stark. Zum Teil funktioniere die Kommunikation relativ gut, nur Schnittstellen könnten noch verbessert werden.[1163] Andere sehen eine Notwendigkeit zur Verbesserung der Kommunikation, vor allem zur Anpassung des Verhältnisses allgemein und zum Abbau möglicher bestehender Ängste oder Hemmschwellen der Sachverständigen, sich an den Richter zu wenden und etwas Falsches zu sagen. Hierdurch würde eine Kontaktaufnahme regelmäßig verhindert beziehungsweise erschweret und die Zusammenarbeit auf das Schriftgutachten verlegt.[1164] Nach Meinung eines Richters sollte die Kommunikation vor allem zum engen Austausch und zur Gewährleistung von Rückfragen genutzt werden.[1165]

Nach Erfahrung eines Gesprächsteilnehmers sind die Gerichte zum Auffinden des richtigen Gutachters aufgrund von Unklarheiten hinsichtlich der grundsätzlichen Zuständigkeit sowie insgesamt verzögerter, schriftlicher statt telefonischer Unterstützung der Bestellungskörperschaften zu eigener Recherche und Kontaktaufnahme mit den Gutachtern übergegangen.[1166] Die direkte Kommunikation diene vor allem dazu, Anforderungen und Kapazitäten zu klären sowie Unklarheiten wegen Formulierungen im Beweisbeschluss auszuräumen, da diese zu Unsicherheiten und Haftungsängsten, und zum Ausbleiben der Begutachtung und Nachfragen führten.[1167] Die unmittelbare Interaktion sei daneben vor dem Hintergrund der Vorsondierung und Vermittlung von Vorkenntnissen, zum Beispiel durch hilfreiche mündliche Einschätzungen wichtig sowie bei der präzisen Anleitung des Gutachters in besonders prädestinierten

1163 Ri3; Ri4; Ri5; Ri8.
1164 Ri1; Ri8.
1165 Ri1.
1166 Ri1.
1167 Ri8.

Rechtsgebieten.[1168] Zweifelsfragen des Gutachters könnten teilweise direkt am Telefon geklärt werden, wohingegen andere Richter alternative Kommunikationswege nutzten.[1169]

Die Kommunikation und Zusammenarbeit ist nach Ansicht einiger Interviewpartner sehr wichtig und nützlich, wenn es um die Überprüfung geht, ob streiterhebliche Fragen im Sachverständigengutachten beantwortet wurden.[1170] Wenn das Gutachten nicht den gewünschten Erwartungen entspräche oder zu viele Nachfragen auftreten, machen einzelnen Richtern mit dem Sachverständigen einen Termin.[1171]

### b. Ansicht der Gutachter

Die Verbesserung der Kommunikation mit dem Gericht wird von einigen Interviewpartnern gewünscht und gefordert, insbesondere um eine möglicherweise noch vorherrschende Ansicht, nicht mit dem Richter zu kommunizieren, auszuräumen.[1172] Zum Teil werde diese Kontaktaufnahme bereits praktiziert. Ein direkter Kontakt zwischen Gutachter und Gericht wird als „einfachstes, effizientestes Mittel“[1173] und wesentlicher Faktor für vorbeugende oder nachträgliche Qualitätsverbesserungen im Rahmen des Sachverständigenbeweises und folglich zur „Verkürzung der Bearbeitungsdauer“ angesehen.[1174] Vor dem Hintergrund des Wunsches nach einer offenen und freien Kommunikation wurde von einigen befragten Gutachtern die Nutzung digitaler Kommunikations-, Versand- und Abrufwege, vor allem die schnelle telefonische Kontaktaufnahme, als notwendig und elementar bezeichnet.[1175]

Andere Sachverständige weisen darauf hin, dass sehr viel beziehungsweise zu viel kommuniziert wird, sodass sich die Kommunikationsinhalte und deren Qualität auf die notwendigen Prozessbeteiligten reduzieren sollten.[1176] Weiterhin müssten die umständlichen Kommunikationswege

---

1168 Ri1; Ri8.
1169 Ri8.
1170 Ri3; Ri4; Ri5.
1171 Ri3; Ri4; Ri5.
1172 Sv1; Sv11; Sv15; Vb1.
1173 Sv11.
1174 Sv8; Sv11.
1175 Sv1; Sv9; Sv11; Sv15; Sv20; Vb1; Vb2.
1176 Sv16.

„über das Gericht" vereinfacht werden.[1177] Insbesondere sei die jeweilige Einbeziehung des Gerichtes im Rahmen von Kontaktaufnahmen mit den Parteien oder anderen Prozessbeteiligten extrem bremsend und führe zu langen Zeiten für kleinste Abstimmungen.[1178]

Schon vor der eigentlichen Beauftragung sei die Verbesserung der Kommunikation des Richters mit dem Sachverständigen notwendig, etwa im Zuge einer telefonischen Abfrage der relevanten Fachkenntnis und Ermittlung der Kapazitäten sowie Abstimmung eines Zeithorizontes für die Bearbeitung.[1179] Es gebe im Vorfeld nur selten eine Kontaktaufnahme zwischen Gericht und Sachverständigen zur Vorbesprechung oder Kostendiskussion.[1180] Von einem Gutachter wird aus der Erfahrung berichtet, dass einige Richter extrem ungern telefonieren[1181] und somit eine schnelle Abstimmung unterbunden wird. Dies sollte auf jeden Fall geändert und von den Richtern angenommen werden.[1182]

Neben der direkten persönlichen, fallbezogenen Kontaktaufnahme wird von den Gesprächsteilnehmern die notwendige Klärung von verbleibenden Fragen des Gutachters, der weiteren Vorgehensweise und der gewünschten Art der Kommunikation sowie die Aufklärung von juristischen Fachtermini, die im Zuge der Latinisierung üblich sind, zwischen Gericht und Gutachter als hilfreich erachtet.[1183] Zudem wurde von den Sachverständigen der Prozess zur Ergänzung von Fragen des Beweisbeschlusses im Rahmen des Ortstermins als verbesserungswürdig erachtet. Bisher können neue Fragen eingereicht und erneut in einem Ortstermin untersucht werden, was dazu führe, dass die Begutachtung zeitlich bei null beginne.[1184] Durch die direkte Interaktion und die kontinuierliche Einbeziehung der Gerichte im Verlauf der Begutachtung könne Qualitätsmängeln vorgebeugt werden und es entwickle sich zudem kein Bearbeitungsdruck.[1185]

Nicht nur während der Begutachtung, sondern auch im Nachhinein sei eine weitere Kommunikation wünschenswert.[1186] Aus der Praxis ist der Wunsch zur zusätzlichen informativen Unterrichtung über den Verbleib

---

1177 Sv4; Sv8; Sv9.
1178 Sv1.
1179 Sv11; Sv19; Vb2.
1180 Sv12.
1181 Sv17.
1182 Sv17.
1183 Sv11; Sv15; Vb2; Sv18.
1184 Sv2.
1185 Sv2; Sv8.
1186 Sv11; Sv19; Vb2.

und die Verwertbarkeit des Gutachtens sowie dessen Einfluss auf den weiteren Verfahrensablauf zu vernehmen, da entsprechende Informationen fehlten.[1187]

Gleich der im Wirtschaftsleben üblichen Qualitätssicherung sollte nach Ansicht einiger Interviewpartner ein Bewertungs- oder Feedbackkonzept über die Qualität der Leistungen auch an die zuständigen Aufsichtsbehörden eingerichtet werden.[1188]

Insgesamt wird von einigen Befragten der regelmäßige, fachliche Austausch zwischen den involvierten Richtern der spezialisierten Kammern und regional ansässigen Gutachtern sowie den zuständigen Bestellungskörperschaften und Fachverbänden etwa auf Fortbildungsveranstaltungen oder Arbeitskreisen verstärkt gefordert.[1189]

### c. Ansicht der Rechtsanwälte

Die Befragungsteilnehmer sehen ebenfalls Defizite bei der Kommunikation zwischen den verschiedenen Verfahrensbeteiligten. Vor allem fehle es an der Kommunikation des Gerichtes mit dem Gutachter hinsichtlich des Bearbeitungsfortschrittes und der Involvierung der Parteien sowie der Weitergabe von Statusinformationen an die Prozessparteien.[1190]

Eine Verbesserung der Kommunikation ist nach Meinung der Parteivertreter insbesondere auch in Bezug auf die Terminabsprachen mit allen Prozessbeteiligten unter Verwendung telefonischer oder elektronischer Hilfsmittel unbedingt empfehlenswert und wird an den Gerichten unterschiedlich gehandhabt.[1191] Jedoch wird einschränkend hinzugefügt, dass der Rückgriff auf die technischen Hilfsmittel aus Transparenzgründen nur bei „einfachen" Prozesshandlungen sinnvoll sei.[1192] Die stetige Einbeziehung der Parteien und Versendung von Unterlagen wird zur Nachvollziehbarkeit, was letztlich übermittelt wurde und damit dem Gutachten zu Grunde liegt, nach dem bisherigen Weg für notwendig erachtet.[1193]

---

1187 Sv2; Sv6; Sv9; Sv11; SV 19.
1188 Sv11; Sv18.
1189 Sv6; Sv11; Sv18.
1190 Ra6.
1191 Ra4.
1192 Ra4.
1193 Ra4; Ra6.

## 2. Auswertung der Literatur

Zur Erreichung einer Prozessvereinfachung und Beschleunigung plädieren einige Autoren für eine intensive Zusammenarbeit, und animieren die Gerichte zur Verbesserung der Kommunikation mit den übrigen Prozessbeteiligten, an der es zum Teil fehle.[1194] Der Kontakt zwischen Richter und Gutachter sei insbesondere aufgrund nach wie vor bestehender, deplatzierter Befindlichkeiten oder Vorurteile in Bezug auf die Vorrangstellung des Gerichtes keine Selbstverständlichkeit, obwohl auch gesetzlich die Kommunikation und Hinweisrechte des Gutachters an das Gericht vorgesehen sind.[1195] Eine direktere Interaktion ist zum besseren Verständnis der gegenseitigen „Probleme und Erwartungen" sowie zur Erreichung einer „engen und konstruktiven Kooperation" erforderlich. Diese aktive Teilhabe wird explizit eingefordert und kommunikative Fähigkeiten als Kriterium für die zukünftige Gutachterauswahl gesehen.[1196]

In Nordrhein-Westfalen habe man im Rahmen der sogenannten Qualitätszirkel begonnen das Miteinander anhand eines Austausches zwischen den am Prozess beteiligten Personen zu verbessern sowie bestehende Hürden zu besprechen und abzubauen.[1197] Nach diesem Vorbild sollten die modernen Kommunikationsmittel für einen offenen, zielführenden Kontakt zur Zusammenarbeit genutzt werden, um bremsende Faktoren abzubauen und den prozessfördernden Vorteil des Austausches auszunutzen.[1198] Zur Vereinfachung der Kommunikation mit dem Gutachter müsse diesem spätestens mit dem Auftragsschreiben unter Hinweis auf die

1194 Vgl. *Hirtz*, NJW 2014, 2529 (2532 f.); vgl. *Seibel*, NJW 2014, 1628 (1630 ff.); *Grossam*, DS 2015, 46 (46); vgl. *Walter*, DS 2015, 205 (208); *Greger*, NZV 2016, 1 (4 f.); *Schneider*, DS 2017, 307 (312); *Walter*, DS 2018, 186 (187 ff.).

1195 *Grossam*, DS 2015, 46 (46); *Seibel*, NJW 2014, 1628 (1630 ff., 1632 f.); *Walter*, DS 2013, 385 (393); *Kramarz*, DS 2014, 170 (176); *Hirtz*, NJW 2014, 2529 (2531); *Walter*, DS 2018, 186 (188).

1196 Vgl. *Hirtz*, NJW 2014, 2529 (2531); *Seibel*, NJW 2014, 1628 (1630f.); vgl. *Walter*, DS 2015, 205 (208); *Kramarz*, DS 2014, 170 (176); *Lehmann*, DS 2019, 121 (127); *Schobel*, MDR 2014, 1003 (1003); vgl. *Volze*, DS 2016, 21 (22); *Walter*, DS 2013, 385 (391); *Jordan/Gresser*, DS 2014, 71 (77 ff.); *Blendinger*, DS 2015, 211 (217); *Bleutge*, GewArch 2014, 49 (51).

1197 Vgl. *Walter*, DS 2015, 205 (205 f.); *ders.*, DS 2018, 186 (189).

1198 Vgl. *Walter*, DS 2015, 205 (208); vgl. *ders.*, DS 2013, 385 (393); vgl. *Grossam*, DS 2015, 46 (46, 49); vgl. *Kramarz*, DS 2014, 170 (174, 176); *Greger*, NZV 2016, 1 (5); vgl. *Walter*, DS 2018, 186 (188 f.); *ders.*, DS 2020, 77 (78); *Weder*, DS 2020, 112 (117); *Katzenmeier* in Prütting/Gehrlein, § 404a Rn. 15; *Deubner* in FS Lüke, S. 62.

telefonische oder elektronische Erreichbarkeit des zuständigen Richters die entsprechenden Kontaktdaten angeboten werden.[1199]

Nach Ansicht einiger Autoren sollte bereits zur Beauftragung für die notwendigen Abstimmungen zur Zuständigkeit und Übernahmebereitschaft, zu vorhandenen Kapazitäten und bestehenden Hindernisse sowie für eine Einschätzung der Dauer der Begutachtung und der Höhe des Kostenvorschusses eine frühzeitige Kontaktaufnahme mit dem Gutachter auf elektronischem Weg erfolgen.[1200] Der Austausch müsse darüber hinaus bei der Abfassung des Beweisbeschlusses sowie für gemeinsame Absprachen der Bearbeitungsfrist und der begleitenden Formalia der Beauftragung oder nachzureichender Unterlagen stattfinden.[1201] Während der eigentlichen Begutachtung solle die Kontaktaufnahme mit dem Gericht für die Sachstandsmitteilung und Kommunikation beziehungsweise Abhilfe bei Bearbeitungshindernissen, klärende Abstimmungen zum weiteren Vorgehen und Entscheidungen des Gerichtes intensiv verfahrensfördernd und sanktionsverhindernd verwendet werden.[1202] Für die Terminkoordination mit den Prozessbeteiligten bietet sich insbesondere in komplexen Sachverhalten eine technische Unterstützung an.[1203]

Zur Qualitätssicherung und Ausschöpfung bestehender „Optimierungspotenziale" ist nach Ansicht einiger Autoren ein Feedback- und Beschwerdesystem einzurichten, um dem Sachverständigen eine konstruktive Bewertung zum zeitlichen Ablauf, zur Verwendbarkeit des erstatteten Gut-

---

1199 Vgl. *Walter*, DS 2015, 205 (208); vgl. *Kramarz*, DS 2014, 170 (174); Musielak/Voit/*Huber*, ZPO, § 404a Rn 3.

1200 *Walter*, DS 2015, 205 (206); vgl. *Grossam*, DS 2015, 46 (47 ff., 49); *Kramarz*, DS 2014, 170 (171); *Schobel*, MDR 2014, 1003 (1003 f.); *Walter*, DS 2013, 385 (392); *Lehmann*, DS 2014, 232 (235); *ders.*, DS 2018, 29 (30); *Walter*, DS 2018, 186 (188 f.); *Weder*, DS 2020, 112 (113); *Walter*, DS 2020, 77 (78); *Jäckel*, S. 170 Rn. 572, S. 173 Rn. 583; *Bruinier* in Seitz/Büchel, S. 91 Rn. 54.

1201 *Walter*, DS 2015, 205 (206); vgl. *Grossam*, DS 2015, 46 (49 f.); *Schobel*, MDR 2014, 1003 (1003 f.); *Walter*, DS 2013, 385 (392); *Seibel*, NJW 2014, 1628 (1630 f., 1632); *Lehmann*, DS 2014, 232 (235); *Jacobs*, DS 2016, 67 (67); *Kramarz*, DS 2014, 170 (171 f., 176); *Linz*, DS 2017, 145 (152 f.); *Schneider*, DS 2017, 307 (308 f., 312); *Weder*, DS 2020, 112 (113 f., 117).

1202 *Lehmann*, DS 2014, 271 (273 f., 276); *ders.*, DS 2019, 318 (321, 324); *ders.*; DS 2021, 57 (63); *Hirtz*, NJW 2014, 2529 (2531); *Grossam*, DS 2015, 46 (46, 49); *Mayr*, DS 2013, 128 (131); *Linz*, DS 2017, 145 (151 f.); *Bleutge*, GewArch 2014, 49 (51); *Schneider*, DS 2017, 307 (308); *Weder*, DS 2020, 112 (116 f.); *ders.*, DS 2020, 140 (143); *Walter*, DS 2020, 77 (78); Musielak/Voit/*Huber*, ZPO, § 407a Rn. 3.

1203 *Weder*, DS 2020, 140 (141); *Greger*, NZV 2016, 1 (5); *Gärtner*, NJW 2017, 2596 (2599).

achtens und der Erreichung der Anforderungen des Gerichtes zuteilwerden zu lassen.[1204] Um ihre Aufsichts- und Sanktionsaufgabe zu gewährleisten, solle die jeweilige Bestellungskörperschaft wunschgemäß vom Gericht über Erfahrungen mit dem Sachverständigen sowie eventuelle Verstöße oder Zweifel an der persönlichen oder fachlichen Eignung unterrichtet werden, da die öffentliche Bestellung und Vereidigung als Qualitätsmerkmal einen wichtigen Faktor bei der Sachverständigenauswahl darstelle.[1205] Gleichzeitig könne auch vom Sachverständigen gegenüber dem Gericht eine Rückmeldung zur Zusammenarbeit gegeben werden.[1206]

Zusammenfassend wird unter Hinweis auf kaum praktische Gegenargumente und die Fähigkeiten der erfahrenen Sachverständigen zur telefonischen und elektronischen Erläuterung ihrer Aussagen oder Präzisierung ihrer Fragen auf den Mehrwert und die Notwendigkeit der Kommunikation abgestellt.[1207] Das EU-Justizbarometer hält fest, dass die elektronische Kommunikation und Verfolgung des Verfahrensfortschrittes bei Zivilprozessen wichtig ist, um eine Eingrenzung von Verfahrensverzögerungen und Kostensenkung zu erreichen.[1208]

### 3. Fazit

Die Kommunikation zwischen dem Gericht und dem Sachverständigen nimmt einen wesentlichen Platz bei der zeitlichen und inhaltlichen Effizienzverbesserung des Zivilprozesses ein. Über das gesamte Verfahren hinweg bietet die telefonische oder alternativ, vor allem soweit eine Dokumentationspflicht besteht, elektronische Kontaktaufnahme erhebliche Zeitvorteile. Ein eventueller Mehraufwand bei der Begleitung durch das Gericht ist vor dem Hintergrund der schnelleren, verfahrensfördernden Abarbeitung sinnvoll. Nicht nur die Abstimmung des Gerichtes mit dem Sachverständigen, sondern vor allem Absprachen mit allen Verfahrensbeteiligten, wie etwa Terminabstimmungen, sollten durch online- oder E-Mail-basierte Koordinationsverfahren bei gleichzeitig notwendiger Bindungswirkung prozessbeschleunigend wirken. Durch eine direkte, elektro-

---

1204 *Jordan/Gresser*, DS 2014, 71 (74, 78 ff., 82); *Walter*, DS 2013, 385 (392, 393); *ders.*, DS 2015, 205 (209); *Weder*, DS 2020, 140 (147).

1205 *Bleutge*, GewArch 2014, 49 (57); *ebd.*, 2017, 266 (266); *Walter* DS 2013, 385 (393); *Jordan/Gresser*, DS 2014, 71 (74, 77 ff.).

1206 *Weder*, DS 2020, 140 (147).

1207 *Seibel*, NJW 2014, 1628 (1631).

1208 EU-Justizbarometer 2020 S. 32, 48.

nische Abstimmungs- und Übertragungsmöglichkeit könnte die derzeitige Involvierung der Gerichte für die Informations- und Versandwege entfallen.

Die Kommunikation im Rahmen von Fachtagungsgesprächen, Seminaren und Schulungen sowie das in der Wirtschaft übliche, bisher vernachlässigte, gegenseitige Feedback zwischen dem Gutachter und dem Gericht werden als „Schnittstellen“ für die verbesserte, verfahrensfördernde Zusammenarbeit und die (Qualitäts-)Verbesserung immer wichtiger. Insbesondere die Bewertungen bezüglich der Erreichung der gerichtlichen Anforderungen, positiver Erfahrungen mit Zusatzdiensten und der Auswirkung der Gutachten auf die jeweiligen Verfahren als auch vorhandene Verbesserungspotenziale und mögliche Fehler dienen der Wertschätzung des Sachverständigen und der Steigerung des Mehrwertes im Prozess für andere Verfahren durch Verbreitung der guten Erfahrungen. Somit sollten diese auf- und ausgebaut werden. Eine Fehlerkultur ist in der Gesellschaft elementarer Bestandteil einer ständigen Verbesserung. Die für die Rückmeldung genommene Zeit ist ein wichtiges Symbol der Wertschätzung.

*Summa summarum* erscheint es bedeutend, den Gutachter merken zu lassen, dass er als Bestandteil des Rechtsschutzsystems durch qualitativ wertvolle und brauchbare Gutachten einen wichtigen Beitrag zum funktionierenden Rechtsstaat leistet. Demnach entstehen durch diesen Lösungsvorschlag keine zusätzlichen Kosten. Lediglich der persönliche Mehraufwand steigt.

## VI. Weitere Begutachtung und Abschluss des Verfahrens

In diesem letzten Unterabschnitt der prozessbezogenen Lösungsvorschläge soll das Verfahren nach Eingang des Gutachtens bei Gericht bis zum formalen Abschluss der Zusammenarbeit zwischen dem Sachverständigen und dem Gericht auf verfahrensfördernde Maßnahmen untersucht werden.

Dazu wird vor allem zu evaluieren sein, in welchem Umfang und in welcher Form zusätzliche Gutachten prozessbeschleunigend sind. Zur Verhinderung langwieriger Prozesse wird vorgeschlagen, nach initialer, schriftlicher Begutachtung verpflichtend jede weitere beziehungsweise eine abschließende Beweisaufnahme oder Stellungnahme durch mündliche Befragung des Gutachters nach vorheriger schriftlicher Einreichung der Fragen durchzuführen.

Zuletzt soll der Abrechnungsprozess in Bezug auf Optimierungspotenziale untersucht werden.

### 1. Auswertung der empirischen Untersuchung

#### a. Ansicht der Richter

Im Gespräch mit den Richtern hat sich herausgestellt, dass nach Gutachteneingang vermutlich regional abweichende Vorgehensweisen an den Gerichten gelten.[1209] Im sogenannten „Stuttgarter Modell“ werde frühzeitig, entweder nach der schriftlichen Begutachtung oder spätestens nach dem schriftlichen Ergänzungsgutachten, auf eine mündliche Verhandlung abgezielt.[1210] Im Übrigen müsse regelmäßig zwischen der Notwendigkeit zur Einholung eines Ergänzungsgutachtens und dem Ansetzen eines Termins zur mündlichen Verhandlung abgewogen werden.[1211] Die Vorteile einer schnellen mündlichen Beendigung des Begutachtungsauftrages seien vor allem die schnellen Ladungsfristen und die beschleunigte Abarbeitung sowie die schriftliche Basis.[1212] Darüber hinaus könne auch die Abgrenzung der Rechts- und Tatsachenfragen zum Schutz der Parteien und des Gutachters in der mündlichen Verhandlung gut erörtert werden.[1213] Bei komplexeren Fällen arbeite man zudem bei der mündlichen Verhandlung mit einer Tischvorlage, also einem schriftlichen Leitfaden für die mündliche Begutachtung, die vorab zur Vorbereitung der Prozessbeteiligten verteilt werde.[1214]

#### b. Ansicht der Gutachter

Zur Verhinderung einer Neubefassung beziehungsweise Wiedereinarbeitung im Einzelfall wird von einigen Sachverständigen ein zügiger, zeitlich zusammenhängender Abschluss der Beweiserhebung nach der schriftlichen Begutachtung gewünscht. Häufig vergehe nach der Erstellung der

---

1209 Ri2.
1210 Ri2.
1211 Ri2.
1212 Ri2.
1213 Ri2.
1214 Ri2.

Gutachten eine lange Zeit bis die Nachfragen der Parteien oder des Gerichtes zum erstellten Gutachten den Sachverständigen erreichen.[1215] Einige Befragte plädieren für eine abschließende mündliche Begutachtung beziehungsweise Klärung von Ergänzungsfragen in der mündlichen Verhandlung nach zuvor erfolgtem Schriftgutachten.[1216] Das Gericht müsse aber entscheiden, ob noch ein Ergänzungsgutachten erforderlich sei oder die Parteien mit weiteren Fragen auf eine abschließende Befragung des Sachverständigen in der Verhandlung verwiesen werden.[1217]

In Bezug auf den Abrechnungsprozess gaben einige sachverständigen Gesprächspartner an, ab und zu Probleme mit den Kostenbeamten zu haben.[1218] Die Abrechnung solle insgesamt vereinfacht werden, da sie derzeit nicht praxisnah und aufwändig sei.[1219]

### c. Ansicht der Rechtsanwälte

Die Erfahrungen der Gesprächsteilnehmer offenbaren ein erhebliches Verbesserungspotenzial. Nach der Fertigstellung des Gutachtens haben die Parteien die Möglichkeit zur Stellung von Rückfragen an den Gutachter.[1220] Aufgrund der Leitung der Befragung durch das Gericht, müsse sich dieses mit den Fragestellungen der Parteien und den Inhalten des konkreten Prozesses im Vorfeld auseinandersetzen, was aufgrund der Auslastung wiederum einige Zeit dauere.[1221]

Nach der Erfahrung einiger Rechtsanwälte gibt es darüber hinaus zu viele schriftliche Ergänzungsgutachten, deren Eingang in der Regel wiederum mehrere Monate dauern würde.[1222] Trotz der ergänzenden Stellungnahme sei oft eine Anhörung des Gutachters in der mündlichen Verhandlung zur Erläuterung der Ausführungen im Gutachten erforderlich.[1223] Aufgrund der Wartezeiten bei Gericht von mehreren Monaten sowie Terminkollisionen beim Gutachter sei die dafür notwendige Terminfindung schwie-

1215 Sv9; Sv18.
1216 Sv16; Vb1; Vb2.
1217 Sv18.
1218 Sv2.
1219 Sv2; Sv11.
1220 Ra4.
1221 Ra4.
1222 Ra2; Ra4.
1223 Ra4.

rig.[1224] Deshalb wird vorgeschlagen, viel häufiger und schneller direkt zur mündlichen Anhörung des Sachverständigen eventuell unter Zuhilfenahme einer Tischvorlage, die allen Prozessbeteiligten zur Verfügung gestellt wird, überzugehen.[1225] Schließlich wird von einem Gesprächspartner angeregt, stringenter auf die Möglichkeit des Rückgriffs auf andere Gutachten aus anderen Prozessen nach § 411a ZPO zurückzugreifen.[1226]

Ein häufig seitens der Rechtsanwälte kritisiertes Problem ist die Abrechnungsphase, für die eine prüfbare Rechnung mit einem Nachweis einzelner Stunden und Arbeiten gefordert wird.[1227] Die bisherigen Abrechnungen seien häufig intransparent und werden durch die Richter nur kursorisch geprüft. Interventionen beziehungsweise kritische Nachfragen der Gerichte seien selten.[1228] Um eine Disziplinierung der Gutachter zu erreichen, wird von einem Rechtsanwalt gefordert, die Abrechnungen auch den Parteien zur Kenntnis zuzusenden und in der Sachverständigenbewertung zu berücksichtigen.[1229] Eine ordentliche Abrechnung sollte Qualitätsmerkmal eines guten Sachverständigen sein.[1230]

## 2. Auswertung der Literatur

In der Literatur wird, wie auch bereits in der empirischen Befragung, angeregt, nach Eingang des Schriftgutachtens anstelle einer schriftlichen Erklärung direkt mit einer Terminierung zur mündlichen Ergänzung oder Erläuterung gemäß § 411 Abs. 3 ZPO fortzufahren, da die Form der Begutachtung im Ermessen des Gerichtes steht und die Anhörung bei verbleibendem Aufklärungsbedarf ohnehin verpflichtend ist.[1231] Dieses prozessbeschleunigende Vorgehen beruht auf der Erkenntnis, dass in der Regel kein weiteres Vollgutachten nötig sei, sondern vielfach die schriftliche Begutachtung besser mündlich erläutert beziehungsweise hieraus resultierende

1224 Ra4.
1225 Ra2.
1226 Ra2.
1227 Ra1; Ra2.
1228 Ra1; Ra2.
1229 Ra2.
1230 Ra2.
1231 *Walter*, DS 2015, 205 (209); *Schobel*, MDR 2014, 1003 (1005); *Zuck*, NJW 2010, 3623 (3624); *Klose*, NJ 2019, 373 (374); *Katzenmeier* in Prütting/Gehrlein, § 411 Rn. 3, 17, 19; *Greger* in Zöller, § 411 Rn. 3; *Gehle* in Baumbach/Lauterbach, § 411 Rn. 10.

Fragen, Einwendungen oder Gegenargumente in einer zeitsparenden, vollumfänglichen Klärung beantwortet werden können.[1232] Dadurch könne in einem Verhandlungstermin, die Erläuterung der schriftlich getroffenen Ausführungen des Sachverständigen und die Aufklärung von Widersprüchen mit anderen Erkenntnissen vorgenommen werden und gleichzeitig zu einem besseren Verständnis und Sachkunde beim Gericht führen, die für die materiell-rechtliche Bewertung notwendig sind.[1233]

Nach Ansicht eines Autors fehlt es den schriftlichen Ergänzungsgutachten teilweise mangels inhaltlicher Beschäftigung des Gerichts mit dem Erstgutachten an hinreichend qualifizierter Beauftragung.[1234] Den Parteien stehe auch ohne Bedarf zur Erläuterung und trotz schriftlicher Ergänzung ohnehin auf Antrag das „höchstrichterlich manifestierte" Recht zur mündlichen Anhörung des Gutachters zu, dem mit dem vorgeschlagenen Verfahren frühzeitig entsprochen werde.[1235] Die Schnelligkeit dieses Vorgehens müsse jedoch durch die nach § 411 Abs. 4 S. 2 ZPO fristunterlegte Aufforderung zur Mitteilung von Einwendungen oder an den Gutachter zu stellenden Ergänzungsfragen unterstützt werden, damit dessen zielgerichtete Vorbereitung möglich sei.[1236]

Übereinstimmend mit den Befragungsteilnehmern werden nach Darstellung eines Autors seit langem die Überarbeitung der Abrechnungsphase als notwendig erachtet und anhand von Verbesserungsvorschlägen umfangreiche Anpassungen gefordert.[1237] Die bisherigen Abläufe seien wegen intransparenter Modalitäten mit den Kostenbeamten sowie Kürzungen bei den Rechnungsposten und den kurzen Fristen zur Geltendmachung des Vergütungsanspruches immer wieder Streitpunkt im Rahmen des Zivilverfahrens, der zur zukünftigen Ablehnung der Auftragsübernahme durch

---

1232 Vgl. *Walter*, DS 2015, 205 (208 f.); *Schobel*, MDR 2014, 1003 (1005); *Jäckel*, S. 179 f. Rn. 598ff., 602; *Bruinier* in Seitz/Büchel, S. 92 Rn. 60.

1233 *Schobel*, MDR 2014, 1003 (1005); vgl. *Greger* in Zöller, § 411 Rn. 3 f.; *Katzenmeier* in Prütting/Gehrlein, § 411 Rn. 17 ff.; *Jäckel*, S. 180 Rn. 599.

1234 *Greger*, NZV 2016, 1 (4).

1235 *Bruinier* in Seitz/Büchel, S. 92 Rn. 60; vgl. *Jäckel* S. 179 Rn. 599; *Kopp*, NJOZ 2017, 330 (333); *Schobel*, MDR 2014, 1003 (1005); *Zuck*, NJW 2010, 3623 (3624); *Klose*, NJ 2019, 373 (374); Musielak/Voit/*Huber*, ZPO, § 411 Rn. 7; *Laumen* in Baumgärtel/Laumen/Prütting, S. 50 Rn. 58; *Greger* in Zöller, § 411 Rn. 4; *Katzenmeier* in Prütting/Gehrlein, § 411 Rn. 17, 22.

1236 *Jäckel* S. 178 Rn. 598 f.; *Schobel*, MDR 2014, 1003 (1005); *Walter*, DS 2015, 205 (209); Musielak/Voit/*Huber* ZPO § 411 Rn 7; *Greger* in Zöller, § 411 Rn. 7.

1237 *Bleutge*, GewArch 2017, 266 (273).

qualifizierte Sachverständige führen könne.[1238] Die in der Abrechnung aufgeführten tatsächlichen Arbeitsstunden sollten als Multiplikator des Stundensatzes transparent und zeitgenau erfasst werden, da diese häufig für die Gerichte kaum nachprüfbar und grundsätzlich als richtig zu unterstellen sind, sofern keine anderen Anhaltspunkte vorliegen.[1239] Im Falle eines Ausbleibens der Vergütung nach Einreichung der Abrechnung sollte der Gutachter zur Klärung den Kontakt mit dem Gericht und der Geschäftsstelle aufnehmen und erst als *Ultima Ratio* selbst den ausstehenden Betrag mahnen.[1240]

Mit den bestehenden Abrechnungshürden kann die Justiz nach Ansicht eines Autors dem Ziel der „zügigen und qualifizierten Rechtspflege" nicht gerecht werden.[1241]

### 3. Fazit und Kosten

*In conclusio* lässt sich konstatieren, dass auch die finalen Verfahrensschritte im Rahmen des Sachverständigenbeweises Optimierungspotenziale aufweisen. Insbesondere ist die mündliche Begutachtung im Anschluss an ein Schriftgutachten in der Regel die effektivste und verfahrensbeschleunigende Möglichkeit der abschließenden Klärung von offenen Fragen oder von Widersprüchen. Lediglich bei umfangreichen Sachverhalten sollte, sofern nicht eine mündliche Begutachtung mit entsprechenden Hilfsmitteln möglich ist, eine weitere schriftliche Ausarbeitung erfolgen (Ausnahmeprinzip).

Schließlich bedarf das bisherige, intransparente und zeitraubende Abrechnungssystem einer Überholung. Die abschließende Abrechnung der Gutachtenleistung wird unter dem Aspekt der Transparenz und Nachvollziehbarkeit zum einen fristgemäß als auch möglichst detailliert gefordert. Sie könnte digital, ähnlich den Abrechnungssystemen anderer freier Berufe, wie etwa den Rechtsanwälten, direkt aus einer Zeiterfassungssoftware heraus erfolgen. Auf Seiten der Gerichtsverwaltung sind die Prüfungs- und Anweisungsprozesse der Kostenbeamten zu modernisieren. Diese Ver-

1238 Vgl. *Grossam*, DS 2015, 46 (48); *Bleutge*, GewArch 2014, 49 (54); *ebd.*, 2017. 266 (273); *Lehmann*, DS 2014, 271 (279 f.); vgl. *Volze*, DS 2019, 250 (252).

1239 *Lehmann*; DS 2014, 271 (280); *ders.*, DS 2019, 121 (121 f.); *ders.*; DS 2021, 57 (62); *Blendinger*, DS 2015, 211 (212).

1240 *Lehmann*, DS 2014, 271 (277, 279).

1241 *Bleutge*, GewArch 2014, 49 (54 f.), *ders.*, GewArch 2017, 266 (273).

besserung des Abrechnungsprozesses hat keine direkte Auswirkung auf die Prozessbeschleunigung, kann aber aufgrund der Wertschätzung und Zufriedenheit mit dem Abrechnungsverfahren die Bereitschaft von Sachverständigen zur gerichtlichen Gutachtertätigkeit erhöhen und weitere Kapazitäten schaffen.

Die beiden hier untersuchten Vorschläge haben keine Kostenrelevanz, da weder die abschließende Begutachtungsform noch die Verbesserung der Abrechnung eine Auswirkung auf die Prozesskosten hat.

## VII. Zwischenfazit der prozessbezogenen Lösungsvorschläge

Der zweite Abschnitt konnte in Bezug auf die während des Prozesses wirkenden Lösungsvorschläge bestätigen, dass viele der hier vorgestellten Ansätze zur Erreichung des Ziels einer Effizienzsteigerung und Verfahrensbeschleunigung unbedingt umzusetzen sind.

Die frühzeitige Einbeziehung des Gutachters ist in Abhängigkeit vom Verfahrensstand und des Parteiziels zur Unterstützung des Gerichtes im Einzelfall sehr sinnvoll. Die zuletzt erfolgte gesetzliche Klarstellung des § 144 ZPO soll diese Beratungsfunktion unterstützen. Uneingeschränkt umzusetzen ist die Neueinführung der Datenbank mit den vorgestellten, den kompletten Prozess begleitenden Funktionen. In diesem Vorschlag sind die größten Beschleunigungsmöglichkeiten vorhanden.

Im Gegensatz dazu konnten die Überlegungen einer pauschal verstärkten Nutzung von mündlicher Begutachtung und Aufwertung von Privatgutachten in Bezug auf die Praktikabilität der Umsetzung und die beschleunigende Wirkung nicht überzeugen. Dennoch sollte verstärkt die mündliche Begutachtung bei geeigneten Sachverhalten und entsprechend geschulten Gutachtern in Betracht gezogen werden. Nur im Einzelfall, nämlich bei übereinstimmender Einbeziehung und gleichem Sachverhalt, hat sich in Bezug auf das Privatgutachten ein verfahrensbeschleunigender Aspekt herausgestellt, sodass vielmehr von einer Abwertung im Übrigen gesprochen werden kann.

Zur Beschleunigung und Effizienzverbesserung unbedingt erforderlich und bereits intensiv diskutiert, hier aber noch mit konkreten Anwendungsbeispielen und um den Aspekt der bewertenden Rückmeldung für beide Seiten ergänzt, ist die Verbesserung der Kommunikation zwischen dem Gericht und den Sachverständigen. Als Abschluss des Sachverständigenbeweises konnten auch Ansätze einer vorrangigen mündlichen Begutachtung nach initialer schriftlicher Ausarbeitung und die Modernisierung des Abrechnungsverfahrens auf Seiten der Gerichtsverwaltung als auch der Gutachter unter dem Aspekt der Verfahrensbeschleunigung absolut überzeugen.

## *E. Zusammenfassung Kapitel 2*

In diesem zweiten Kapitel wurden eine Reihe von Lösungsvorschlägen herausgearbeitet und bewertet. Es konnte gezeigt werden, dass es keiner Änderung der formalen Stellung des Gutachters bedarf und auch eine Druckausübung kontraproduktiv ist. Ein Mangel an gutachterlichen Ressourcen führt dazu, dass eine Motivation zur vorrangigen gerichtlichen Tätigkeit geschaffen werden muss, die sich vor allem an einer Gleichstellung der Vergütung wie für Privatgutachten sowie einer größeren Wertschätzung durch Mitbestimmung orientiert. Daneben muss sich die Anerkennung in der formalen Einführung eines „Gerichtsgutachters“ und der Unterstützung im Verfahren sowie im Schutz vor parteilichen Beeinflussungen niederschlagen. Andererseits ist eine ansteigende Sanktionierung von persönlichem Fehlverhalten des Gutachters bis hin zur Entziehung und einem zukünftigen Ausschluss in extremen Fällen notwendig. Die Nutzung von Ordnungsgeldern scheint keine Wirkung zu haben. Insofern ist der von Calliess aufgeworfenen These zur Einführung eines anreizgesteuerten Verhältnisses zuzustimmen. Weiterhin wurde festgestellt, dass neben der Rückgewinnung von Gutachtern aus dem privaten Bereich auch ein weiterer Aufbau von Ressourcen und eine bessere Verteilung sowie mehr Wettbewerb notwendig sind, um dem Bedarf an Sachverständigen gerecht zu werden. Zur Sicherstellung eines allgemeinen Qualitätsstandards fand das Erfordernis einer Bestellung oder einer Zertifizierung eines jeden Gutachters ohne eine gegenseitige Ersetzung der Institute ebenfalls eine breite Zustimmung.

Die bereits eingerichteten Spezialkammern sind um zusätzliche Sachgebiete zu erweitern und könnten durch eine im Geschäftsverteilungsplan verankerte Zusammensetzung der allgemeinen Zivilkammer mit fachlich versierten Richtern ergänzt werden. Durch die Spezialisierung der Spruchkörper werden die Gutachten jedoch nicht komplett obsolet. Die Gerichte sind auf das spezifische Knowhow der Sachverständigen angewiesen, da die entsprechenden Kenntnisse intern nie sachgerecht adäquat aufgebaut werden können. Gleichzeitig kann die gegenseitige prozessbegleitende Unterstützung verfahrensbeschleunigende Synergieeffekte erzeugen. Insgesamt wird die Einflussnahme auf die Parteien zur Mitwirkung einerseits und Unterlassung destruktiven Verhaltens zu Lasten der anderen Verfahrensteilnehmer befürwortet.

Im Rahmen des Verfahrens selbst ist die frühzeitige Einbindung des Gutachters einzelfallbezogen sinnvoll und kann in jeder Phase des Prozesses einen Mehrwert leisten. Trotz des größten Umsetzungsaufwand konnte die unbedingte Einführung der neuen Datenbank mit den vorgestellten Funktionen und Inhalten, die für alle Seiten übergreifenden Nutzen generieren kann, vollumfänglich überzeugen. In diesem Zusammenhang ist der diesbezüglichen These von Calliess in seinem Gutachten zum 70. Juristentag, ergänzt um weitere Funktionen, zuzustimmen.

Die vermehrte Nutzung der mündlichen Begutachtung nach den gesetzgeberischen Vorstellungen wurde nicht pauschal befürwortet, aber einzelfallbezogen und unter Verwendung entsprechend geschulter Gutachter für sinnvoll erachtet. Im Gegenteil dazu wurde die Einbeziehung der Privatgutachten im Prozess allseits lediglich für reine Überprüfungszwecke oder bei gleichem Sachverhalt und Einigung der Parteien unterstützt und im Übrigen als parteiseitiges Beweismittel abgewertet.

Für wichtig und notwendig wurde die verstärkte Kommunikation und die Einführung eines Feedbackprozesses erachtet, um Hürden abzubauen und gegenseitige Anforderungen und Wünsche zu erfassen. Zugleich kann durch die Rückmeldung an die Körperschaften eine Qualitätssicherung erreicht werden. Im Fall der nach einem Schriftgutachten bestehenden Notwendigkeit einer ergänzenden Untersuchung oder Beantwortung verbliebener Fragen wird der vorrangige Rückgriff auf mündliche Beantwortung und Begutachtung angeregt und nur im Ausnahmefall weitere schriftlichen Ausarbeitungen in Erwägung gezogen. Das bestehende Abrechnungsverfahren hat sowohl bei den Gerichten als auch auf Seiten der Gutachter Verbesserungspotenziale offenbart.

Insgesamt lässt sich feststellen, dass es nur wenige Abweichungen der Meinungen unter den Berufsgruppen gab und die Auffassungen daneben auch mit den Ansichten der Autoren der Literatur nahezu unisono übereinstimmten. Im Vordergrund sämtlicher vorgeschlagener Beschleunigungsmaßnahmen steht die Verbesserung der Kommunikation und Zusammenarbeit zwischen Gericht und Gutachter. Dies wird auch von vielen Praktikern als der Hauptaspekt eines praktisch umsetzbaren Wandels angesehen.

Einige der genannten Lösungsvorschläge werden bereits an vereinzelten Gerichten umgesetzt, was anhand von Leitfäden der Gerichtsbezirke Stuttgart und Celle sowie Arbeitshilfen der Justizakademie NRW erkennbar ist.

Diese enthalten uneinheitlich mehrere Ansätze zur frühzeitigen Hinzuziehung des Sachverständigen entweder im Rahmen einer frühen Begutachtung vor dem Verfahrensbeginn oder bei geeigneten Fällen im Termin zur mündlichen Verhandlung ohne vorheriges schriftliches Gutachten beziehungsweise beim Ortstermin. Die Leitfäden beinhalten Anregungen zur besseren Verteilung der Aufträge auf weitere, unbekannte Sachverständige unter Zuhilfenahme der Bestellungskörperschaften sowie Hinweise zur Einflussnahme auf den Gutachter in Bezug auf seine Mitwirkung im Prozess einerseits als auch zu dessen Unterstützung durch Einwirkung auf die Parteien oder eigene Maßnahmen der Gerichte andererseits. Ein weiterer Beschleunigungsaspekt wird in der Intensivierung der Kommunikation zwischen Gericht und Gutachter während des gesamten Begutachtungsprozesses gesehen, so auch im Rahmen der gemeinsamen Fristenabstimmung. Einige der genannten Dokumente sehen in Bezug auf nicht eingehaltene Fristen nach einer initialen Kontaktaufnahme eine abgestufte Sanktionierung bis zur Verhängung von Ordnungsmitteln und Einschaltung der Bestellungskörperschaft vor. Die Hilfsvorschläge weisen auch eine Vorgehensweise nach Eingang des Gutachtens auf, in Form einer mündlichen Anhörung des Sachverständigen ohne pauschales weiteres schriftliches Ergänzungsgutachten. Im Zusammenhang mit dem Abschluss des Gutachtenauftrages wird teilweise der ausdrückliche Wunsch und die Notwendigkeit des Feedbacks an den Gutachter zur Verbesserung der Zusammenarbeit dargestellt.

Zusammenfassend enthalten die vorgestellten Leitfäden bereits eine Reihe der hier genannten Vorschläge. Die Dokumente variieren jedoch untereinander und werden vermutlich nur im jeweiligen Gerichtsbezirk und höchstens im regionalen Austausch verbreitet. Es handelt sich aber um inhaltlich wertvolle Vorschläge, die verallgemeinerungsfähig sind und damit, ergänzt um weitere Verbesserungsideen, eine Ausweitung auf andere Bundesländer und die Implementierung in bundeseinheitliche Regelungen wünschenswert ist.

Neben Erweiterungen der vorgenannten Punkte sind darüberhinausgehende Lösungsvorschläge unter anderem die

- Anreizerhöhung durch höhere Wertschätzung und Motivation anstatt Druck,
- Gleichstellung der Vergütung bei Privataufträgen und Einführung von Boni,
- Gegenseitige, nicht nur einseitige Unterstützung,
- Erhöhung der Anzahl der Sachverständigen und des Wettbewerbes,

- Nicht nur monetäre Sanktionierung bestimmter Verhaltensweisen der Gutachter und Parteien
- Einführung weiterer Spezialkammern und gerichtsinterner Kenntnisaufbau,
- Einführung der Datenbank mit den dargestellten Funktionen und Inhalten,
- Abwertung von Privatgutachten,
- positive Rückmeldung an Bestellungskörperschaften sowie ein Feedback an das Gericht,
- Anpassung des Abrechnungsverfahrens.

Die Auswertung der empirischen Untersuchung und der praktischen Handhabung im Rahmen des Leitfadens sowie der Literatur lassen den Schluss zu, dass bereits einige Maßnahmen bestehen, die leider zu wenig genutzt werden. Andere Maßnahmen standen entweder noch nicht im Fokus oder wurden noch nicht umgesetzt, sind aber einer Beschleunigung zuträglich. Zur Realisierung vieler der genannten Lösungsvorschläge bedarf es keiner Gesetzesänderung, sondern vielmehr einiger Anpassungen in der Justizverwaltung, beziehungsweise die zentrale Koordination und Gewährleistung einheitlicher Vorgaben durch das Bundesministerium der Justiz (BMJ)V und die Justizministerkonferenz (JuMiKo). So plädieren auch die befragten Gutachter für die Einrichtung von Arbeitskreisen mit Teilnehmern aus den betroffenen Berufen (Richtern, Rechtsanwälten und den Gutachtern selbst). Daher wird an den Mut der Gerichte appelliert, entsprechende beschleunigende Maßnahmen anzuwenden. Hervorzuheben ist, dass die Beschleunigungsansätze und die Wettbewerbsinitiativen nicht dazu führen dürfen, dass aus diesen heraus übereilte und kurzgefasste Gutachten entstehen. Denn damit wäre den beauftragenden Gerichten für den zu entscheidenden Fall nicht weitergeholfen, sondern es würde in der Regel zu zeitaufwändigen Nachfragen oder sogar Neubegutachtungen führen. Vielmehr sind die Ansätze dazu gedacht, die anstehenden Herausforderungen bei den steigenden Mengen an Gutachtenaufträgen gleichermaßen auf entsprechend qualifizierte Gutachter zu verteilen.

# Kapitel 3: *Best practices* anderer Rechtsordnungen

## A. *Einführung*

Das deutsche Verfahrensrecht gehört im internationalen Vergleich in den Kategorien „Zugang zum Recht“, „Unabhängigkeit“, „Rechtssicherheit“ und „Qualität der Entscheidungen“ zur Spitzengruppe.[1242] Dennoch erscheint es möglich und sinnvoll, gerade in der Schwächedisziplin „Dauer von Verfahren“ das hiesige Procedere mit anderen europäischen und weltweiten Prozessordnungen zu vergleichen sowie zu evaluieren, ob deren Vorgehen nicht auf das deutsche Prozessrecht mit vertretbarem Aufwand gewinnbringend übertragbar wäre.

Diese rechtsvergleichende Einbeziehung anderer erfolgreicher Zivilprozessordnungen ist in vielerlei Hinsicht hilfreich und notwendig, da eine eingeschränkte Betrachtung nur des deutschen Prozesses nicht als zielführend angesehen wird, auf diesem Weg positive und negative Erfahrungen genutzt und übertragen werden können und auch der europäische Gedanke eine Rechtsvereinheitlichung im Vordergrund stehen sollte.[1243] Dies auch vor dem Hintergrund, dass ohnehin bereits ein Wettbewerb um eine leistungsfähige Justiz in den Mitgliedsstaaten und darüber hinaus nicht nur aufgrund von grenzüberschreitenden Sachverhalten entbrannt ist.[1244] Früher war die deutsche Justiz ein „Vorbild“ für andere, vor allem asiatische Rechtsordnungen,[1245] sodass aus Synergiegründen auch der umgekehrte Weg zu erforschen ist.

Über den Ansatz des zweiten Abschnittes hinausgehend, in dem Lösungsansätze unter Beibehaltung der derzeitigen Rechtslage (*de lege lata*) beurteilt wurden, sollen hier extra weitreichende Zukunftsvorstellungen und Verbesserungsvorschläge untersucht werden, die auf Grundlage einer

---

1242 Vgl. *Gaier / Freudenberg*, ZRP 2013, 27 (27); *Gaier*, NJW 2013, 2871 (2873); so auch *Schlehe*, DS 2013, 337 (338); vgl. *Walter*, DS 2020; 77 (81).

1243 Vgl. *Gaier*, NJW 2013, 2871 (2873); vgl. *Stürner* in FS Lüke S. 841; vgl. EJSB 2020 Vorwort S. 5; vgl. *Walter*, DS 2018, 186 (190).

1244 Vgl. *Gaier*, NJW 2013, 2871 (2873); vgl. *Stürner* in FS Lüke S. 842; *Pfeiffer*, DRiZ 2021, 46 (47, 49); vgl. *Walter*, DS 2018, 186 (186); vgl. *Pfeiffer*, IWRZ 2020, 51 (52, 57).

1245 *Gaier*, NJW 2013, 2871 (2873).

Adaption aus anderen Rechtsordnungen in die deutsche ZPO möglich wären.

## *B. Methodik*

### I. Best practice – Ansatz

Nach der zuvor erfolgten Analyse der eigenen Lösungsansätze wird im Folgenden nach dem Ansatz *best practice* – übersetzt vorbildliches Verfahren – der Untersuchungsbereich erweitert. Unter Rückgriff auf schneller und effizienter agierende Rechtsordnungen wird deren Verfahrensablauf analysiert und eine Übertragung der besseren Faktoren in den deutschen Zivilprozess eruiert. Zur Ermittlung der zum Vergleich geeigneten Rechtsordnungen wird eine Vorauswahl getroffen, welche Rechtsordnungen – unabhängig vom Rechtskreis dem sie angehören – ein besseres Zeitmanagement im Zivilprozess haben. Dabei wird zuerst im Kontext der europäischen Union (EU) verglichen, um anschließend andere internationale Rechtsordnungen herbeizuziehen.

### II. Datengrundlage

Als Grundlage zur Vergleichbarkeit der Abläufe der Zivilprozesse hinsichtlich der Beweiserhebung in den einzelnen Rechtsordnungen wird auf die Ergebnisse öffentlich zugänglicher Vergleichsstudien zur Leistungsfähigkeit in Zivilverfahren zurückgegriffen.

#### 1. EJSB

Die erste relevante Studie wird als *European Justice Scoreboard*, auf Deutsch „EU-Justizbarometer“, bezeichnet und stellt seit 2013 eine jährliche Aufstellung der wichtigsten prozessualen Kernfaktoren beziehungsweise Bemessungsindikatoren eines Justizprozesses bereit[1246]. Das Justizbarometer misst die Effizienz einer Rechtsordnung an den Faktoren der Verfahrens-

1246 EU-Justizbarometer 2020 Nr. 1., S. 2 f.; vgl. *Calliess*, A 33.

dauer, der Verfahrensabschlussquote und der Anzahl der anhängigen Verfahren.[1247] Die aktuellste Version wurde am 10.07.2020 vorgestellt.

### 2. CEPEJ

Daneben werden auch Studien anderer internationaler Organisationen etwa der *European Commission for the Efficiency of Justice (CEPEJ)* beleuchtet.

Diese hat in einer Studie die Effizienz und die Qualität der Justiz in Bezug auf die jeweiligen Rechtsordnungen untersucht („*European judicial systems – Efficiency and quality of justice*"). Ausgewertet wurde hier die aktuellste Version von 2020 mit den Daten aus 2018.

### 3. OECD Report

Als weitere statistische Grundlage ist auch der OECD Report von 2013 eine nützliche statistische Grundlage für Auswertungen. Aus ökonomischen Gesichtspunkten wurden in Zusammenarbeit mit den Regierungen aus einer eigenen Untersuchung sowie einer Vielzahl öffentlich zugänglicher Quellen, wie auch der CEPEJ Studie (die zuvor selbst ausgewertet wurde) und der Welt Bank (*World Bank*) ein enormer Datensatz gesammelt.[1248] Dabei wurden 35 Rechtsordnungen, von denen 31 OECD-Mitgliedsstaaten sind, in Bezug auf die Punkte Verfahrensdauer, Zugang zu Gerichten und Vorhersehbarkeit der Entscheidungen untersucht.[1249] Lediglich der erste Punkt ist für die vorliegende Auswertung von Relevanz.

### 4. ROLI

Ein weiteres Instrument, welches zur Darstellung der Vergleichbarkeit untersucht wurde, ist der *Rule of Law Index* (ROLI) des *World Justice Projects*. Durch die Befragung der lokalen Öffentlichkeit, und deren Vertretern, von ortsansässigen Praktikern sowie Akademikern wurde eine Rangliste der

---

1247 EU-Justizbarometer 2020 Nr. 3.1.2., S. 12.

1248 http://www.oecd.org/economy/judicialperformance.htm; OECD Working Paper No. 1060 Nr. 4 S. 6.; OECD ECONOMY POLICY PAPERS, NO. 5 S. 9.

1249 OECD Working Paper No. 1060 Nr. 4 S. 6.

Länder in Bezug auf die Umsetzung der Rechtsstaatlichkeit aufgesetzt.[1250] Diese wird anhand von acht Hauptfaktoren, darunter auch die Zivilgerichtsbarkeit sowie die effektive Anwendung und Durchsetzung des Zivilrechtrechts erstellt.[1251] Hierzu zählt auch die zeitliche Durchführung und Urteilsfindung in Zivilverfahren (siehe Punkt 7.5.).[1252]

### 5. Doing Business

Zudem hat die Welt Bank die Studie „*Doing Business*" veröffentlich, die jedoch zur Vergleichbarkeit nicht unmittelbar herangezogen werden kann. Vorrangig auf die Etablierung eines Unternehmens gerichtet, werden in dem Ranking auch der Faktor der Vertragsdurchsetzbarkeit und die Lösung von Insolvenzfällen berücksichtigt.[1253] Dies scheint jedoch in Bezug auf die Verfahrensdauer nicht eigenständig aussagekräftig. Darüber hinaus, wurden die Daten zumindest in der Vergangenheit in die CEPEJ Studie eingebaut, die separat ausgewertet wird.

Die in den Studien am häufigsten genannten und gleichermaßen aufgeführten Rechtsordnungen sollen im Folgenden detailliert in Bezug auf das Zivilverfahren und den Sachverständigenbeweis untersucht werden. Die Abweichungen zum deutschen Zivilprozess werden dargestellt und eine Übernahme zur Steigerung der Effizienz diskutiert.

## *C. Vergleich mit EU – Rechtsordnungen*

Zur Ermittlung der Rechtsordnungen die dem *best-practice*-Ansatz gerecht werden, bedarf es der Darstellung, welche Rechtsordnungen der europäischen Union bei der Bearbeitung und Erledigung von Zivilprozessen unter Beteiligung von Beweiserhebungen insgesamt schneller agieren als das deutsche Rechtsystem.

---

1250 ROLI 2020, S. 5, 8.
1251 ROLI 2020, S. 5, 8, 11, 14.
1252 ROLI 2020, S. 11, 14.
1253 Doing Business 2020 S. 2 f..

## I. Ergebnisse

### 1. EJSB

Insgesamt ist aus der bisherigen 7-jährigen Entwicklung des EU-Justizbarometers zu erkennen, dass einige Rechtsordnungen in Bezug auf die Verfahrensdauer stetig auf den vordersten Plätzen zu finden waren, während sich Deutschland nahezu konstant im Mittelfeld aufgehalten hat. Die Zahlen aus den Jahren 2012 bis 2018 haben ergeben, dass Litauen (80 bis 90 Tage), Luxemburg (90 Tage im Durchschnitt), Niederlande (110 Tage durchschnittlich), Österreich (120 bis 130 Tage), Estland (circa 130 Tage), Tschechien (150 Tage im Mittel), Ungarn (150 Tage im Schnitt), Slowakei (von über 400 auf 160 Tage im Durchschnitt), Rumänien (150 bis 190 Tage), Schweden (160 bis 180 Tage) und Dänemark (180 bis knapp über 200 Tage) hinsichtlich der Verfahrensdauer ein schnelleres erstinstanzliches Zivilverfahren aufwiesen als Deutschland, welches sich bei der Erledigungsdauer mit durchschnittlich 200 Tagen und steigender Tendenz in den letzten Jahren im Mittelfeld befindet.[1254] Ähnliche Ergebnisse ergeben sich bei der Bertachtung der Verfahrensdauer über alle Instanzen: Hier sind zusätzlich die Rechtsordnungen Bulgariens, Irlands, Portugals, Lettlands und Finnlands effizienter als die Deutschlands.[1255]

Neben der Verfahrensdauer müssen auch die Abschlussquote sowie die Anzahl der anhängigen Verfahren in die Auswertung einfließen. Erst wenn Eingänge und Abschlüsse im gleichen Umfang wie in Deutschland zu verzeichnen sind und dies somit zu einer vergleichbaren Belastung der Justizsysteme führt, kann eine Aussage über die Relevanz der Verfahrenslänge getroffen werden.[1256] Alle drei Faktoren bilden die Effizienz einer Rechtsordnung ab.[1257]

Bei der Verfahrensabschlussquote, also dem Verhältnis der abgeschlossen Verfahren in Bezug zu den eingegangenen Fällen, erreichen von den genannten Rechtsordnungen Litauen, Rumänien, Tschechien, Niederlande, Luxemburg, Österreich, Estland, Dänemark und Schweden eine ähnliche Abschlussquote wie Deutschland von knapp (unter) 100 %. Die Slowakei, Ungarn, Belgien und Portugal weisen eine höhere und zum Teil konti-

1254 EU-Justizbarometer 2020, S. 13, Schaubild 6.
1255 EU-Justizbarometer 2020, S. 13, Schaubild 7.
1256 Vgl. EU-Justizbarometer 2020, S. 12, 24.
1257 EU-Justizbarometer 2020, S. 12, 24.

nuierlich steigende Abschlussrate über 100 % auf.[1258] Bulgarien hat keine Zahlen geliefert. Irland liegt nur bei 60 %. Somit lässt sich konstatieren, dass sich bei der Verfahrensabschlussquote der Großteil der Mitgliedstaaten, vor allem auch viele der oben erwähnten, bei ca. 100 % und darüber befinden.[1259] Folglich lässt sich festhalten, dass diverse Rechtsordnungen bei gleicher Abschlussquote kürzere Verfahrensdauern aufwiesen.

Schließlich muss nun jedoch noch die Anzahl der anhängigen Verfahren betrachtet werden. Denn nur bei einer gleichen oder höheren Anzahl als in Deutschland lässt sich eine Aussage über die Vergleichbarkeit treffen und damit eine Verbesserung zum Status quo erzielen. Deutschland rangiert mit circa 1 Verfahren pro 100 Einwohnern im Mittelfeld. Bei Ungarn und Litauen sieht es ähnlich aus (1 je 100 Einwohner, leicht fallend).[1260] Von den übrigen genannten Staaten haben die Slowakei, Tschechien und Rumänien eine (viel) höhere Anzahl an anhängigen Verfahren je 100 Einwohner.[1261] Diese höhere Anzahl an Eingängen kann also in kürzerer Zeit abgeschlossen werden. Die übrigen, schnelleren Rechtsordnungen (Luxemburg, Schweden, Niederlande, Dänemark, Österreich, Estland) haben weniger anhängige Verfahren, sodass sich allein hieraus die schnellere Bearbeitung erklären ließe.[1262]

Es lässt sich somit aus der aggregierten Masse vergleichbarer Staaten, die durchschnittlich ähnlich viele anhängige Verfahren pro Einwohner und eine vergleichbare Abschlussquote haben, jedoch trotzdem schneller sind, festhalten, dass der Zivilprozess in Ungarn und Litauen effizienter zu sein scheint und deshalb als Vergleich herangezogen werden sollte. Auch die Rechtsordnungen von Tschechien, der Slowakei und Rumänien sind eine Betrachtung wert. Portugal hat seine Verfahrensdauer in den letzten Jahren von 370 auf circa 220 Tage kontinuierlich reduziert.[1263] Sofern der Beschleunigungstrend anhält, ist dies ein weiterer Kandidat für eingehende Untersuchungen. Bislang bleibt Portugal bei der Analyse außer Betracht.

---

1258 EU-Justizbarometer 2020, S. 15, Schaubild 11.
1259 Vgl. EU-Justizbarometer 2020, S. 24.
1260 EU-Justizbarometer 2020, S. 17, Schaubild 14.
1261 EU-Justizbarometer 2020, S. 17, Schaubild 14.
1262 EU-Justizbarometer 2020, S. 17, Schaubild 14.
1263 EU-Justizbarometer 2020, S. 13, Schaubild 6.

## 2. CEPEJ

Nach der CEPEJ Studie hat sich die Verfahrensdauer im Zivilprozess in Deutschland von ca. 184 Tagen im Jahr 2010 zu 220 Tagen 2018 negativ entwickelt.[1264] Im Vergleich dauern Zivilprozesse in folgenden Ländern kürzer: Litauen (im Durchschnitt um 80 Tage), Luxemburg (von 200 auf unter 100 Tage halbiert), Niederlande (130 bis zuletzt 110 Tage), Österreich (durchschnittlich 130 Tage), Estland (zuletzt 140 Tage im Durchschnitt), Tschechien (130 bis zuletzt 150 Tage), Ungarn (zwischen 100 und 160 Tage), Rumänien (von 220 auf circa 150 Tage verbessert), Slowakei (von über 500 auf zuletzt 157 Tage verbessert), Schweden (von 187 auf 166 Tage beschleunigt), Dänemark (160 bis zuletzt über 200 verschlechtert).[1265] Alle aufgeführten Rechtsordnungen haben eine durchschnittliche Abarbeitungsquote von circa 100 %. Deutschland liegt bei 97 %, Ungarn bei 116, die Slowakei sogar bei 131 % %.[1266] Portugal steht mit zuletzt starker Beschleunigung der Verfahrensdauer bei 229 Tagen und einer Abarbeitungsquote von 109 % knapp hinter Deutschland.[1267]

Der CEPEJ Report gibt darüber hinaus Auskunft über die Arbeitsbelastung der Gerichte durch Fälle pro 100 Einwohner. Dabei ist Deutschland mit durchschnittlich 1,5 eingehenden Verfahren pro 100 Einwohnern angegeben.[1268] In Litauen liegt die Zahl bei 3,6; in Luxemburg und Niederlande bei 0,8; in Österreich bei 0,9; in Estland bei 1,2; in Tschechien bei 3,3; in Ungarn bei 1,4; Rumänien bei 6,4; Schweden bei 0,6 und Dänemark durchschnittlich 0,7 Verfahren.[1269] Für die rechtsvergleichende Auswertung sind somit nach der Studie folgende europäische Rechtsordnungen relevant: Litauen, Luxemburg, Österreich, Niederlande, Estland, Tschechien, Ungarn, Rumänien, Slowakei, Schweden und Dänemark.

## 3. OECD

Im Gegensatz zu der Auswertung der anderen Studien ergab die Auswertung der Erhebung der OECD in Bezug auf die EU-Länder, dass neben

1264 CEPEJ 2020, S. 115, Schaubild 5.9.
1265 CEPEJ 2020, S. 115, Schaubild 5.9.
1266 CEPEJ 2020, S. 115, Schaubild 5.9.
1267 CEPEJ 2020, S. 115, Schaubild 5.9.
1268 CEPEJ 2020, S. 112, Schaubild 5.7.
1269 CEPEJ 2020, S. 112, Schaubild 5.7.

den übereinstimmenden Staaten Dänemark, Österreich, Tschechien und Schweden auch Griechenland in der durchschnittlichen Verfahrensdauer schneller ist als die deutschen Gerichte.[1270] Insgesamt sind die Verfahren in Österreich, Tschechien, Griechenland, Polen, Schweden und Dänemark schneller als in Deutschland.[1271] In der OECD Studie wird festgehalten, dass neben der durchschnittlichen Verfahrensdauer von 238 Tagen, die Verfahren in nordischen Ländern und deutscher Einflüsse kürzer sind als die Common Law-Jurisdiktionen sowie auf französischer Grundlage entstandenen Rechtsordnungen.[1272] Der deutsche Zivilprozess liegt mit durchschnittlich 200 Tagen für die erste Instanz unter dem Durchschnitt der OECD.[1273]

Zudem muss auch in Betracht gezogen werden, wie viele Verfahren in Relation zur Bevölkerungsanzahl anhängig sind. Dabei steht Deutschland mit 0,03 Verfahren im letzten Drittel.[1274] Von den vorgenannten Rechtsordnungen ist lediglich die Tschechische Justiz mit knapp 0,04 ähnlich belastet. Insbesondere die nordischen Rechtsordnungen und Luxemburg sind mit 0,01 Verfahren sehr niedrig. Gleiches gilt für Österreich. Estland, Ungarn, Polen und die Schweiz, die allesamt knapp unter oder über 0,02 sind.[1275] Somit kommen aus dieser Studie als zu untersuchende Referenzrechtsordnungen der EU die Länder Österreich, Tschechien, Griechenland, Polen, Schweden und Dänemark in Betracht.

### 4. ROLI

Nach der Gesamtauswertung des *Rule of Law Index* 2020 über alle Faktoren rangieren in dessen Top 10 alle skandinavischen Länder sowie Deutschland auf Platz 6.[1276] Die Plätze davor belegen Dänemark (1), Norwegen (2), Finnland (3), Schweden (4) und Niederlande (5). Nach Deutschland

1270 OECD Working Paper No. 1060 S. 16.
1271 OECD Working Paper No. 1060 S. 16.
1272 OECD ECONOMY POLICY PAPERS, NO. 5 S. 13; OECD Working Paper No. 1060 S. 13.
1273 OECD Working Paper No. 1060 S. 16; OECD ECONOMY POLICY PAPERS, NO. 5 S. 7, 13.
1274 OECD ECONOMY POLICY PAPERS, NO. 5 S. 30, Figure 13, OECD Working Paper No. 1060 S. 37, Figure 18.
1275 OECD ECONOMY POLICY PAPERS, NO. 5 S. 30, Figure 13; OECD Working Paper No. 1060 S. 37, Figure 18.
1276 ROLI 2020, S. 6, 16.

folgt Neuseeland auf Platz 7, Österreich auf Platz 8, Kanada auf Platz 9 und Estland auf dem 10ten Rang.[1277] Für die Länder der EU sind damit die Plätze 1, 3 bis 6, 8 und 10 relevant. Auf den Punkt des Zivilverfahrens reduziert, ist das Top Ten Ranking: Dänemark (1); Norwegen (2); Niederlande (3) vor Deutschland auf Platz 4. Schweden (5) und Singapur (6) folgen vor Finnland (7), Estland (8), Japan (9) und Neuseeland (10).[1278]

Insofern sind für die Betrachtung der EU-Länder aufgrund der Nennung in beiden Listen aus dieser Studie die Rechtsordnungen Dänemarks, der Niederlande, Schwedens, Estlands und Finnlands relevant.

### 5. Zwischenergebnis

Alle Studien sehen die Verfahrensdauer von Schweden und Dänemark in Bezug auf den Zivilprozess als schneller an als in Deutschland. Drei der genannten Studien weisen die Verfahrensdauer in Österreich, Tschechien, Estland und Niederlande im Vergleich zu Deutschland als schneller aus. Zwei relevante Studien, nämlich OECD und EJSB, stellen zudem die Rechtsordnungen Litauens, Luxemburgs, Rumäniens, Ungarns und der Slowakei vor Deutschland dar. Aufgrund der lediglich einmaligen Nennung werden die Rechtsordnungen Finnlands, Polens und Griechenlands außenvorgelassen.

Diese 11 Rechtsordnungen sollen im Folgenden in alphabetischer Reihenfolge einer Grobuntersuchung des jeweiligen Zivilprozessrechtes in Bezug auf den Sachverständigenbeweis unterzogen werden. Damit können vor dem Hintergrund der dargestellten Reformbedürftigkeit des deutschen Sachverständigenbeweises die Vorteile, welche die Schnelligkeit des jeweiligen Zivilprozesses ausmachen, festgestellt und hinsichtlich der Übernahme in den deutschen Verfahrensablauf diskutiert werden.

## II. Untersuchung der Referenzrechtsordnungen

Die zuvor ermittelten Rechtsordnungen werden nun im Überblick anhand von diversen öffentlich-zugänglichen Quellen zum Ablauf des Zivilprozesses in Bezug auf die Beweiserhebung unter Einbeziehung des Sachverständigenbeweises untersucht.

1277 ROLI 2020, S. 6 f., 16.
1278 ROLI 2020, S. 28.

### 1. Dänemark

#### a. Rechtslage

In Bezug auf eine spezialisierte und damit ökonomische Verfahrensführung hat das dänische Rechtssystem eine Reihe von Spezialkammern und -gerichten eingerichtet.[1279] Weiterhin besteht auch die Möglichkeit der Hinzuziehung von Laienrichtern mit speziellem Fachwissen (*expert judges*), wenn dies für zweckdienlich erachtet wird.[1280] Dies muss in Zusammenhang mit der Klageeinreichung angeregt werden.[1281]

Die Klageeinreichung und Weiterleitung durch das Gericht zur Verteidigungsanzeige erfolgen in der Regel auf elektronischem Wege.[1282] Sämtliche Kommunikationswege der Parteien mit dem Gericht erfolgen digital.[1283] Der Umfang der Beweisaufnahme wird nach der Einreichung der Verteidigungsanzeige im Vorverfahren (*pre-trial-phase*) im Rahmen einer Voruntersuchung, die in der Regel als Telefonkonferenz abgehalten wird, festgehalten.[1284] In diesem Vorverfahren müssen sich die Parteien auch soweit wie möglich auf einen Zeitablauf zur Vorlage weiterer Schriftsätze sowie für das Gerichtsverfahren selbst verständigen.[1285] Bereits in diesem Stadium kann und sollte die Hinzuziehung eines Sachverständiger beantragt werden.[1286]

Nachdem das Gericht das Ende der Vorphase erklärt und ein Datum zur Verhandlung (*final hearing*) anberaumt hat, dürfen zur Verhinderung der Verzögerung der Verhandlung auch trotz Zustimmung der Gegenpartei grundsätzlich keine weiteren Schriftsätze oder andere Dokumente mehr ausgetauscht beziehungsweise eingereicht und der Sachverhalt sowie das Klagebegehren verändert werden.[1287] Ausnahmen gibt es nur in entschuldigten Gründen und im Falle der entsprechenden Abwehrmöglichkeiten der anderen Partei.[1288]

---

1279 ICLG Denmark 1.2,6.1; Denmark Report B (i) S. 2; GPG Denmark 1.2; Lexology Denmark S. 1.
1280 Lexology Denmark S. 1; Denmark Report H (iv) S. 17.
1281 Lexology Denmark S. 2.
1282 ICLG Denmark 3.1; Lexology Denmark S. 3f.; GPG Denmark 3.4.
1283 ICLG Denmark 3.1; Lexology Denmark S. 3f.; GPG Denmark 3.4.
1284 ICLG Denmark 1.3; Lexology Denmark S. 4; GPG Denmark 7.1. f.
1285 Lexology Denmark S. 4 f.; GPG Denmark 7.2.
1286 ICLG Denmark 1.3; Lexology Denmark S. 4.
1287 ICLG Denmark 1.3; 3.4, 6.2; GPG Denmark 3.4.
1288 ICLG Denmark 3.4.

Das Gericht fordert häufig eine Zusammenfassung des Sachverhaltes mit Auflistung aller rechtlichen Argumente und der Beweismittel.[1289] Zwar entscheiden grundsätzlich die Parteien über den zu bewertenden Sachverhalt, doch bestimmt das Gericht, ob Beweisanträgen stattgegeben wird und welche Partei für etwas Beweis zu erbringen hat.[1290] Die Parteien können unter entsprechender Argumentation der Notwendigkeit und Darlegung von Details gegenseitig die Beibringung von Dokumenten oder Vornahme von Handlungen über das Gericht einfordern, welches dann je nach Vortrag über die Relevanz der Bei- und Einbringung der entsprechenden Unterlagen entscheiden kann.[1291] Eine fehlende Mitwirkung oder das Nichtbefolgen einer gerichtlichen Anweisung oder Bereitstellung von Informationen gegenüber dem Gericht kann zwar nicht erzwungen werden, sich aber nachteilig auf das Verfahren auswirken.[1292] Unnötige Beweisanträge können vom Gericht abgelehnt werden, obwohl davon selten Gebrauch gemacht wird.[1293] Dies folgt aus dem Interesse einer Partei an der Beendigung des Verfahrens, welches das Gericht nach der Menschenrechtskonvention zur Beschleunigung durchsetzt.[1294]

Sachverständigengutachten haben einen hohen Stellenwert und sollen in größerem Umfang genutzt werden.[1295] Der Gutachter wird vom Gericht auf Antrag zur Stellungnahme der von den Parteien aufgeworfenen Fragen und aktuellen Gegebenheiten bei einem Ortstermin bestellt und begutachtet häufig sowohl in Form einer schriftlichen Stellungnahme als auch mündlich vor Gericht.[1296] Zum Teil werden regional Listen mit geeigneten Experten vorgehalten.[1297] Die Gutachter werden wie Zeugen vor Gericht auf ihre Wahrheitspflicht hingewiesen und haben sich vor der Gerichtsverhandlung nochmal alle Inhalte des Falles zu vergegenwärtigen.[1298]

Bei der Anhörung steht den Parteien auch das Fragerecht zu, jedoch kann das Gericht eingreifen, wenn die Befragung unangemessen erscheint

---

1289 Lexology Denmark S. 5.

1290 Denmark Report E(a)(i) S. 7, (b)(i) S. 10; ICLG Denmark 8.1; GPG Denmark 7.4; Lexology Denmark S. 2.

1291 Lexology Denmark S. 5; GPG Denmark 5.4, 7.4; ICLG Denmark 7.1, 7.4, 8.1.

1292 ICLG Denmark 6.3, 7.1, 7.4; Denmark Report E (a)(iv) S. 10; GPG Denmark 5.4, 7.4; Lexology Denmark S. 5.

1293 ICLG Denmark 8.1, 8.2.

1294 Lexology Denmark S. 5.

1295 ICLG Denmark, 8.2; GPG Denmark 7.5.

1296 ICLG Denmark 8.4; *Volze*, DS 2019, 224 (225); Denmark Report E (b)(i) S. 10; Lexology Denmark S. 6.

1297 Denmark Report E (b)(i) S. 10.

1298 ICLG Denmark 8.4.

oder nicht zur Erläuterung dient.[1299] Unnötige Fragen an den Sachverständigen werden im Rahmen der Verfahrenskosten bewertet.[1300] Die Parteien können auch auf die Anhörung des Gutachters verzichten, sodass lediglich die schriftlichen Ausführungen als Beweis dienen.[1301]

Da die Bestellung des Gutachters durch das Gericht erfolgen muss und private einseitig eingeholte Gutachten nur in eingeschränktem Umfang zur Beweisdarlegung zulässig sind, werden diese vom Gericht in vielen Fällen nicht berücksichtigt.[1302] Die Einbeziehung von Privatgutachten hängt stark vom Zeitpunkt der Einbeziehung ab, sodass, sofern das Gutachten vor Einleitung des Verfahrens eingeholt wurde, die Anerkennung im Rahmen des Verfahrens mittlerweile steigt.[1303] Eine Einbeziehung nach Einleitung des Verfahrens ist unsicher[1304]; insgesamt ist die Beweiskraft abgeschwächt.[1305] Zudem ist der Gegenpartei bei Einholung eines Gutachtens der anderen Partei vor der Verfahrenseinleitung gestattet, ebenfalls ein Privatgutachten einzuholen.[1306] Zukünftig soll den Parteigutachten mehr Gewicht im Prozess verliehen werden; bisher spielt bei der Entscheidungsfindung aber eher der Gerichtsgutachter die entscheidende Rolle.[1307] Entsprechend gibt es nun auch gesetzliche Änderungen zur Einreichung und Anerkennung privater Gutachten.[1308]

Des Weiteren kann von beiden Seiten auch nach dem Gerichtsgutachten mit Erlaubnis des Gerichts und gegenseitiger Zustimmung jeweils ein Privatgutachten eingeholt werden, obwohl diesen bei gleichzeitigem Gerichtsgutachten ein eingeschränkter Beweiswert zukommt.[1309]

Neuerdings wird bei Gerichtsverfahren auch die Möglichkeit eröffnet, konkurrierende Gutachten zuzulassen und Gutachter in einigen Fällen bei Anhörung oder mündlichen Erstattung von Gutachten anderer Sachverständiger anwesend zu sein und daraufhin ihr eigenes Gutachten zu

1299 Denmark Report E (b)(ii) S. 11.
1300 ICLG Denmark 8.4.
1301 Lexology Denmark S. 6.
1302 Denmark Report E(b)(i) S. 11.; GPG Denmark 7.5.
1303 ICLG Denmark 8.4; GPG Denmark 7.5.
1304 ICLG Denmark 8.4.
1305 *Volze*, DS 2019, 224 (225).
1306 ICLG Denmark 8.4; GPG Denmark 7.5.
1307 GPG Denmark 7.5.
1308 GPG Denmark 7.5.
1309 ICLG Denmark 8.4.

erstatten.[1310] Auch die vorherige Konsultation des anderen Gutachters vor der Beantwortung von Fragen wird zugelassen.[1311]

Die Kosten des Sachverständigen müssen bis zur endgültigen Gerichtsentscheidung grundsätzlich von demjenigen getragen werden, der die Einbeziehung des Sachverständigen beantragt hat.[1312] Sie sind Teil der Verfahrenskosten, die sich nach dem Streitwert richten und vom Gericht je nach Einfluss im Verfahren bestimmt werden.[1313] Deswegen kann es zur Zuerkennung von Kosten gegenüber der obsiegenden Partei und damit einem Ausgleichsanspruch gegenüber der unterliegenden Partei kommen.[1314]

Die Parteien müssen auch im Falle des Obsiegens davon ausgehen, einen Teil ihrer Kosten selbst zu tragen, da nur Gerichtskosten und prozessbezogene Kosten (etwa in Bezug auf die Beweiserhebung), nicht aber zum Beispiel die Anwaltsgebühren zu den Verfahrenskosten zählen und unter Umständen nicht voll zugestanden werden.[1315]

### b. Fazit

Zusammenfassend ist festzuhalten und in den deutschen Prozess zu übernehmen, dass die sachverständigenbezogene Beweiserhebung im dänischen Zivilprozess vorrangig eine gerichtliche Bestellung des Gutachters, zum Teil aus Listen bewährter Experten, vorsieht. Die Einbeziehung von Privatgutachten ist zum einen aufgrund geringeren Beweiswertes nicht intensiv genutzt und andererseits mit der Möglichkeit des Gegengutachtens versehen. Dennoch soll eine steigende Akzeptanz in Dänemark bewirkt werden, um mehrere Expertisen zu erhalten. Bei gleichzeitigem Gerichtsgutachten hat das Privatgutachten jedoch einen geringeren Stellenwert. Darüber hinaus ist ersichtlich, dass die Sortierung und Komprimierung des Sachverhaltes und dessen Festlegung eine große Rolle spielen. Damit entfällt eine Veränderung oder Verschiebung mit den zeitaufwändigen Folgen für die Begutachtung. Diese vermeintliche Beschränkung der Parteifreiheit, welche auch in der gerichtlichen Initiative zur Beweiserhebung und Aufforderung der Partei zu Mitwirkung ersichtlich ist, dient dem

---

1310 ICLG Denmark 8.4.

1311 ICLG Denmark 8.4.

1312 ICLG Denmark 1.5; GPG Denmark 11.1.

1313 Denmark Report I (v) S. 19; Lexology Denmark S. 8; ICLG Denmark 1.5.

1314 Lexology Denmark S. 8; GPG Denmark 11.1; Denmark Report I (ii) S. 18, (iv) S. 19; ICLG Denmark 1.5.

1315 Lexology Denmark S. 8; ICLG Denmark 1.5; GPG Denmark 11.2.

Zweck der Prozessförderung und ist in den deutschen Zivilprozess unbedingt zu überführen. Die in Zusammenhang mit der Initiierung des Prozesses fortlaufende digitale Kommunikation sollte ebenfalls Eingang in den deutschen Zivilprozess finden.

## 2. Estland

### a. Rechtslage

In Estland gibt es keine Spezialisierung der einzelnen Richter, sodass sie Verfahren in diversen Rechtsgebieten verhandeln und ein Aufbau von Fachwissen nur beschränkt möglich ist.[1316] Nach den Prozessvorschriften muss, sofern das Gesetz nicht etwas anderes vorsieht, jede Partei zur Unterstützung der vorgebrachten Fakten eines bestimmten Sachverhaltes Beweis erbringen und diesen im entsprechenden Schriftsatz eindeutig beschreiben sowie alle Dokumente, auf die sie sich zum Zwecke des Beweises berufen wollen, bei Gericht einreichen.[1317] Grundsätzlich ist jede Information, anhand der das Gericht das Vorliegen oder Nichtvorliegen eines Sachverhaltes, auf den die Parteien ihr Vorbringen stützen, bestimmen kann, als Beweismittel zulässig.[1318] Die Parteien können sich, sofern das Gesetz nicht etwas anderes vorgibt, unter Aufteilung der Beweislast in Bezug auf die Beweisbedürftigkeit bestimmter Sachverhalte auf ein Beweismittel oder eine Beweisart einigen.[1319] Die Erhebung kann aufgrund einer Beschaffung der Beweismittel mit illegalen oder grundrechtsverstoßenden Mitteln sowie mangels Relevanz, falscher Beantragung oder Verspätung abgewiesen werden.[1320]

Unter der abschließenden Aufzählung von Beweismitteln (*Numerus clausus*), ist der Sachverständigenbeweis zu finden.[1321] Bereits im Vorverfahren wird über die Anträge der Verfahrensbeteiligten, somit unter anderem auch die Beauftragung eines Sachverständigengutachtens, entschieden.[1322] Zur Klärung des für das Verfahren relevanten Sachverhaltes oder zur Beantwortung der vom Gericht aufgeworfenen Fragen, für welche eine be-

1316 Estonia Report I (i) S. 22.
1317 e-justice EST 1.1; ICLG Estonia 3.3, 4.1, 7.1.
1318 e-justice EST 2.4.
1319 e-justice EST 1.1; ICLG Estonia 7.1.
1320 e-justice EST 2.3; ICLG Estonia 8.2; Estonia Report E (a)(iv) S. 9.
1321 e-justice EST 2.4, 3.1; ICLG Estonia 8.2; Estonia Report E (a)(iii) S. 7 f..
1322 Estonia Report E (a)(iv) S. 9.

sondere Sachkunde erforderlich ist, sowie für Fragen ausländischen Rechts kann das Gericht auf Antrag eines Verfahrensbeteiligten beziehungsweise in bestimmten gesetzlich vorgegebenen Umständen von Amts wegen durch Einholung eines Sachverständigengutachten Beweis erheben.[1323]

Ein Sachverständiger ist eine qualifizierte beziehungsweise offiziell zertifizierte oder anderweitig, zum Beispiel durch Anstellung bei einer staatlichen Gutachtenorganisation, mit dem notwendigen Fachwissen versehene Person, welche aufgrund ihrer Expertise die für den Sachverhalt relevanten Fakten feststellen kann.[1324] Für den Fall, dass ein zertifizierter Gutachter verfügbar ist, dürfen andere Sachverständige nur unter besonderen Umständen und guter Begründung bestellt werden.[1325] Sofern das Gericht die Fachkenntnisse einer bestimmten Person anerkennt oder sich die Verfahrensbeteiligten auf einen Gutachter einigen, kann jedermann als Gutachter ausgewählt werden, falls dieser anhand der geltenden Prozessvorschriften in der Lage ist, als Gutachter zu agieren.[1326].

Der Sachverständige wird vom Gericht bestellt und ist in Bezug auf seine Tätigkeit und Loyalität nur diesem gegenüber verpflichtet.[1327] Er muss vollständig unabhängig sein, sodass auch eine Anleitung seiner Arbeit oder in Bezug auf das Gutachten verboten ist.[1328] Da die Fragen der Verfahrensbeteiligten an den Gutachter durch das Gericht zu stellen sind, entscheidet dieses über die Notwendigkeit einer gutachterlichen Einschätzung und muss eine Ablehnung begründen.[1329]

Inhaltliche Anforderungen an das Gutachten bestehen dahingehend, dass die vorgenommenen Untersuchungen und deren Ergebnisse in Bezug zur Beantwortung der gerichtlich aufgeworfenen Fragen überzeugend argumentiert dargelegt werden müssen.[1330] Für die Erstattung kann der Gutachter auf alle erforderlichen fallbezogenen Gerichtsunterlagen zugreifen, der übrigen Beweiserhebung beiwohnen und weiteres zusätzliches Material bei Gericht anfordern.[1331]

Das Gutachten muss dem Gericht schriftlich zugestellt werden, sofern nicht die mündliche Erstattung oder mit der Zustimmung des Gutach-

---

1323 e-justice EST 1.1, 2.1, 2.5; ICLG Estonia 8.2, 8.4; Estonia Report E (b)(i) S. 11.
1324 e-justice EST 2.5; ICLG Estonia 8.2; Estonia Report E (b)(i) S. 11.
1325 e-justice EST 2.5.
1326 e-justice EST 2.5; Estonia Report E (b)(i) S. 11.
1327 ICLG Estonia 8.2, 8.4.
1328 ICLG Estonia 8.4.
1329 e-justice EST 2.5; Estonia Report E (b)(i) S. 11.
1330 e-justice EST 2.5; Estonia Report E (b)(i) S. 11.
1331 e-justice EST 2.5.

ters eine andere Darreichung angewiesen wird.[1332] Für den Fall, dass von einem Verfahrensbeteiligten eine schriftliche Stellungnahme eines Experten eingereicht wurde und dieser nicht als Zeuge gehört wurde, wird das Schriftstück als Dokumentenbeweis einbezogen.[1333] Das schriftliche Gutachten wird im Verfahren offengelegt und ansonsten in der mündlichen Verhandlung erstattet.[1334] Falls von den betroffenen Verfahrensbeteiligten nach der Prüfung des Gutachtens angefordert, kann das Gericht den Gutachter nach der schriftlichen oder vergleichbaren Begutachtung zur Befragung und Klarstellung in die mündliche Verhandlung laden.[1335] Die Fragen können vorab an das Gericht geschickt werden, damit es diese an den Gutachter weiterleitet.[1336] Irrelevante Frage oder solche außerhalb des Wissensbereichs des Gutachters werden vom Gericht abgelehnt.[1337] Die Parteien können die Inhalte des Gutachtens nur insofern angreifen, als sie die Kompetenz des Gutachters anzweifeln.[1338] Die für Zeugen geltenden Vorschriften finden auf die Anhörung von Sachverständigen ebenfalls Anwendung.[1339]

Gesetzt den Fall, dass das Gutachten unklar oder unvollständig ist, können die Verfahrensbeteiligten eine weitere gutachterlich Prüfung durch den gleichen oder einen neuen Gutachter anfordern.[1340]

Im Falle der Mehrdeutigkeit, Widersprüchlichkeit oder Mangelhaftigkeit des Gutachtens, kann das Gericht auf Antrag einer Partei oder aus eigenem Ermessen eine Neubewertung durch einen anderen Gutachter anordnen.[1341]

Statt der Beauftragung eines Gutachtens können zur Vereinfachung auch in anderen Verfahren auf Gerichtsauftrag erstellte Gutachten herangezogen werden, sofern sich das Gericht ohne Beauftragung eines weiteren Gutachters zur entsprechenden Be- und Verwertung in der Lage sieht.[1342] In diesem Zusammenhang kann dieser Gutachter auch zur Ergänzung oder Beantwortung von Fragen in die mündliche Verhandlung geladen

1332 e-justice EST 2.5.
1333 e-justice EST 2.5.
1334 e-justice EST 2.5.
1335 e-justice EST 2.5.
1336 e-justice EST 2.5.
1337 e-justice EST 2.5.
1338 Estonia Report E (b)(i) S. 11.
1339 e-justice EST 2.5.
1340 Estonia Report E (b)(i) S. 11.
1341 Estonia Report E (b)(i) S. 11.
1342 e-justice EST 2.5; ICLG Estonia 8.2, 8.4.

werden.[1343] Die Anhörung oder eine Verhandlung insgesamt kann auch in Form einer technischen Verfahrenskonferenz stattfinden, mit der Möglichkeit auch Prozesshandlungen direkt vorzunehmen.[1344] Auch die Anhörung eines abwesenden Zeugen oder Sachverständigen beziehungsweise die Befragung von anwesenden Zeugen durch abwesende Verfahrensbeteiligte kann auf diese Weise erfolgen.[1345]

Das Gericht würdigt nach dem Grundsatz der freien Beweiswürdigung alle vorgebrachten Beweismittel vollständig und objektiv und nimmt dabei auch die parteiliche Vereinbarung in Bezug auf bestimmte Beweismittel in seine Bewertung auf.[1346] Insofern hat auch das Gutachten gegenüber den anderen Beweismitteln keine höhere, vorherbestimmte Wertigkeit.[1347]

Die Kosten für den Gutachter sind vorab durch die Partei vorzuschießen, welche die entsprechende Beantragung vorgenommen hat.[1348] Sofern beide Parteien die Beauftragung eines Gutachters beantragt haben oder das Gericht einen Gutachter geladen hat, sind die Kosten unter den Parteien gleich aufzuteilen.[1349] Die Aufwendungen für den Gutachter gehören als Kosten, die für das Verfahren relevant sind und im Bezug zur Sache stehen, zu den Gerichtskosten.[1350]

Grundsätzlich muss jede Partei die eigenen Kosten tragen, jedoch kann unter gewissen Voraussetzungen ein Ausgleichsanspruch bestehen.[1351] Die Entscheidung zur Kostentragung wird auf Antrag vom Gericht nach Unterliegen und Obsiegen getroffen.[1352]

### b. Fazit

Aus dem estnischen Zivilprozess lassen sich eine Reihe beschleunigender Faktoren ableiten, die zur Übernahme in den deutschen Zivilprozess unbedingt überdacht werden sollten. Zuvorderst ist die Vereinbarkeit eines bestimmten Beweiswertes zu nennen, was eine besondere Freiheit und

1343 e-justice EST 2.5; ICLG Estonia 8.4.
1344 e-justice EST 2.12.
1345 e-justice EST 2.12.
1346 e-justice EST 1.3, 2.6; ICLG Estonia 8.1.
1347 Estonia Report E (b)(i) S. 11.
1348 Estonia Report I (i) S. 18; ICLG Estonia 1.5.
1349 Estonia Report I (i) S. 18.
1350 ICLG Estonia 1.5; Estonia Report I (v) S. 19.
1351 Estonia Report I (ii) S. 18.
1352 ICLG Estonia 1.5; Estonia Report I (iv) S. 19.

Ausprägung des Parteigrundsatzes darstellt. Auch in Estland wird die Nichtberücksichtigung von verspäteten Beweisanträgen vor dem Hintergrund der Prozessbeschleunigung festgelegt. Wie auch in anderen Rechtsordnungen ist die unter der gleichen Maßgabe erfolgende Entscheidung über die Beweisanträge im Vorverfahren positiv zu sehen. Nicht grundsätzlich für die Tätigkeit als Gerichtssachverständiger förderlich ist die Sachverständigendefinition, die zum einen ausführlich die Anforderungen an die Expertise beschreibt und qualifizierte Personen bevorzugt. Andererseits wird auch jedermann mit überzeugenden Kenntnissen oder aufgrund Parteiwahl eine Expertenfunktion zugesprochen. Lediglich erstere sind zur Sicherstellung der Qualitätsstandards geeignet, die Letztgenannten eher für die Evaluierung von Prozesschancen und -risiken der Parteien. Diese Freiheit der Person des Sachverständigen spiegelt sich auch in der Offenheit des Gutachtenauftrages wider, welcher lediglich durch die mit den Parteien abgestimmten und vom Gericht eingebrachten Fragen seine Leitplanken findet; im Übrigen aber zur Unterstützung seiner Tätigkeit weitreichende Zugriffs- und Teilnahmerechte genießt. Auch die Vorbereitung einer möglichen Befragung nach schriftlicher Begutachtung durch Einreichung der Fragen und deren Filterung durch das Gericht dienen der Fokussierung auf den relevanten Sachverhalt und maximaler Nutzung des Gutachtens. Die Vorschusspflicht anhand der Beauftragung zu orientieren oder auf die Parteien aufzuteilen, ist aus Gründen der Fairness sehr sinnvoll. Zukunftsorientiert und damit ein bedenkenswerter Vorreiter ist die digitale Verfahrensführung.

### 3. Litauen

#### a. Rechtlage

Das Zivilverfahren in Litauen besteht aus einer ersten Anhörung und einer Hauptanhörung.[1353] Die Hauptaufgabe des Gerichtes besteht in der Gewährleistung der Effektivität des Verfahrens, im Übrigen verbleibt das Gericht eher passiv.[1354] Litauen hat zur Steigerung der Effizienz des Verfahrens zuletzt im Jahr 2011 eine umfangreiche Änderung der Zivilprozessordnung vorgenommen.[1355] Nun werden Zeitrahmen für gerichtliche

1353 GAR Lithuania 11.
1354 GAR Lithuania 11.
1355 GAR Lithuania 3.3.

Prozesshandlungen festgelegt, die im Fall des Unterbleibens durch eine Partei beim Berufungsgericht mit Setzung einer angemessenen Frist eingefordert werden können.[1356] Im Jahr 2013 wurde zudem die elektronische Verfahrensführung eingefügt, welche aufgrund der vereinfachten Einreichung von Dokumenten und digitaler Verfahrensverfolgung großen Zuspruch erfährt.[1357]

Grundsätzlich sind die Parteien verpflichtet die Beweisführung zu initiieren.[1358] Ihnen obliegt es, das Gericht und die Gegenseite frühzeitig mit den Beweisen auszustatten, auf denen ihre im Schriftsatz vorgebrachte Argumentation und Sachverhaltsdarstellung beruht.[1359] Im Verlauf der Vorbereitung der mündlichen Verhandlungen müssen nach Aufforderung durch das Gericht von den Parteien alle für den Sachverhalt wichtigen, aber für die jeweils andere Partei nicht-beschaffbaren Beweismittel und Erläuterungen bereitgestellt werden.[1360] Die Parteien sind ohne gerichtliche Aufforderung nicht verpflichtet, Beweismittel in einem laufenden Verfahren zu sichern.[1361] Das Gericht kann die Parteien zur Beibringung weitere Beweismittel auffordern, sofern es die bereits eingebrachten Mittel nicht für ausreichend hält.[1362]

Falls der Sachverhalt ein öffentliches Interesse auslöst, erhält das Verfahren einen öffentlichen, inquisitorischen Charakter und das Gericht kann die Klägermaßnahmen übergehen und selbst zusätzliche Beweismittel einholen.[1363] Es darf im Übrigen von Amts wegen nur in gesetzlich festgelegten Umständen selbstständig Beweis erheben.[1364] Als Beweismittel können alle Informationen, Dokumente und Erklärungen von Dritten - wie etwa Sachverständigen - dienen, die zur Aufklärung des Sachverhaltes und der Bestätigung der von den Parteien vorgetragenen Tatsachen helfen.[1365] Beweismittel können zurückgewiesen werden, wenn es an der Zulässigkeit und Relevanz mangelt oder eine frühere Einbringung möglich war und die Erhebung zur Verzögerung des Verfahrens führen würde.[1366]

---

1356 GAR Lithuania 3.3.
1357 GAR Lithuania 3.3.
1358 e-justice LT 2.1.
1359 GAR Lithuania 12, 14, 25, 26.
1360 GAR Lithuania 12, 26.
1361 GAR Lithuania 26.
1362 e-justice LT 2.1.
1363 GAR Lithuania 11, 25.
1364 e-justice LT 2.1; Lithuania Report E(a)(iii) S. 5.
1365 e-justice LT 2.4; Lithuania Report E(a)(iii) S. 4.
1366 e-justice LT 2.3; Lithuania Report H(v) S. 11.

Ein Stellungnahme des Gerichtsgutachters erfolgt auf Antrag einer Partei nur durch Beauftragung des Gerichtes und bedarf als Gutachten der Schriftform.[1367] Die anfragende Partei muss den zu klärenden Sachverhalt und die entsprechenden Fragen vorbereiten.[1368] Neben der Einholung einer Stellungnahme der anderen Partei führt das Gericht selbst die Finalisierung der Fragen und die Auswahl des Gutachters durch.[1369] Gutachter werden vom Gericht auch in komplexen Fällen zur Schadensermittlung des Klägers eingesetzt.[1370]

Es gibt eine vom Justizministerium erstellte und kontinuierlich aktualisierte Liste von zugelassenen und anerkannten Gerichtsgutachtern.[1371] In vereinzelten Fällen wird es auch den Parteien überlassen, einen Gutachter abzustimmen. Sofern sie sich einigen, wird diese Auswahl vom Gericht durchgeführt; andernfalls sucht das Gericht aus den Listen der Parteivorschläge einen Gutachter aus.[1372] Sachverständige müssen unabhängig sein und einen Schwur leisten, der sich auf das Verfahren vor Gericht oder außerhalb des Gerichtssaales unter Einbeziehung und Anhörung des Gutachters bezieht.[1373]

Sofern der Sachverständige dem Verzeichnis der Gerichtssachverständigen entnommen wird, ist der Schwur nicht zu wiederholen, da er bereits Bestandteil der initialen Vereidigung war.[1374]

Inhaltlich muss dem unabhängig erstellten Gutachten eine explizite Erläuterung der durchgeführten Überprüfung sowie eine Schlussfolgerung, die auf Basis des Ergebnisses gezogen wurde beziehungsweise eine Beantwortung der gerichtseitig aufgeworfenen Fragen zu entnehmen sein.[1375]

Eine Aufforderung des Gerichtes zur Stellungnahme ohne die Form des Gutachtens hat den Rang eines schriftlichen Beweismittels, welches gleichermaßen von jedem anderen Prozessbeteiligten eingebracht werden kann.[1376] Das von einer Partei eingebrachte Gutachten hat lediglich den Stellenwert eines Urkundsbeweises.[1377]

---

1367 e-justice LT 2.5; Lithuania Report E(b)(i) S. 6; GAR Lithuania 28.
1368 GAR Lithuania 28.
1369 GAR Lithuania 28.
1370 Lithuania Report H(ii) S. 10.
1371 GAR Lithuania 28; e-justice LT 2.5.
1372 GAR Lithuania 28.
1373 e-justice LT 2.5; GAR Lithuania 28.
1374 e-justice LT 2.5.
1375 e-justice LT 2.5; GAR Lithuania 28.
1376 e-justice LT 2.5.
1377 Lithuania Report E(b)(i) S. 6.

Die Besonderheit der Beweisaufnahme unter Hinzuziehung eines Sachverständigen ist, dass dessen schriftliche Stellungnahme vom Gericht in der Verhandlung verlesen wird, sodass es normalweise keine mündliche Begutachtung gibt.[1378] Er kann jedoch nach der Prüfung des Gutachtens sowohl vom Gericht als auch durch die Parteien zur Erläuterung und/ oder Ergänzung aufgefordert werden, die dann gerichtlich protokolliert wird.[1379] Das Recht der ersten Befragung ergibt sich aus der Beantragung des Sachverständigenbeweises.[1380] Das Gericht ist stets zur Fragestellung berechtigt.[1381] Bei Nichterscheinen des Sachverständigen oder anderer geladener Personen kann das Gericht eine Strafe auferlegen und des Weiteren unter Zustimmung der Parteien die Verhandlung dennoch durchführen.[1382]

Alle Beweismittel genießen grundsätzlich die gleiche Beweiskraft; höher bewertet werden können jedoch amtliche oder von staatlichen Personen ausgestellte Dokumente.[1383] Die Beweiswürdigung erfolgt im freien Ermessen des Gerichtes.[1384] Es muss für seine Entscheidung von einem Sachverhalt überzeugt sein, der sich aus der Gesamtheit der Beweismittel ergibt.[1385] Die Kosten des Gerichtsgutachters sind als Gerichtskosten von der unterlegenen Partei zu tragen.[1386]

### b. Fazit

Das gesamte Verfahren inklusive der Einflussnahme des Gerichtes ist von Effizienz geprägt. Demnach sollten folgende Aspekte des Prozessrechtes Litauens zur Verfahrensbeschleunigung in das deutsche Zivilverfahren übertragen werden: Erstens ist die elektronische Verfahrensführung und -verfolgung zu nennen. Vor dem Hintergrund eines fairen Verfahrens sind alle Beweise zeitig einzubringen und allen Prozessbeteiligten zugänglich zu machen, da diese sonst gegebenenfalls zurückgewiesen werden können. Daneben besteht eine Verpflichtung zur beidseitigen Zuarbeit bei einem

---

1378 e-justice LT 2.5; GAR Lithuania 28.
1379 e-justice LT 2.5; GAR Lithuania 28; Lithuania Report E(b)(ii) S. 6.
1380 e-justice LT 2.5.
1381 e-justice LT 2.5.
1382 e-justice LT 2.10.
1383 e-justice LT 2.6; Lithuania Report E(b)(iii) S. 6.
1384 e-justice LT 3.1.
1385 GAR Lithuania 31.
1386 Lithuania Report I(iv), (v) S. 13.

umfangreichen Sachverhalt. In Bezug auf die Einbeziehung eines Sachverständigen ist vor allem auf die frühzeitige inhaltliche Abstimmung der an diesen zu stellenden Fragen für eine zügige Bearbeitung förderlich. Eine offizielle, beim Justizministerium geführte Liste beinhaltet die etablierten, vereidigten Gerichtsgutachter, die ausschließlich eine entsprechende Beweiskraft genießen und der Qualitätssicherung dienen. Diese sind von den nur als Urkundsbeweis geltenden Privatgutachtern abzugrenzen. Somit wird auch in Litauen das Institut des „Gerichtsgutachters“ vorgesehen. Die Verlesung des schriftlichen Gutachtens und anschließende Befragungsmöglichkeit trägt ebenso zur Beschleunigung des Prozesses bei, wie die Sanktionierung der Abwesenheit des Gutachters sowie die Fortsetzung des Verfahrens ohne diesen.

### 4. Luxemburg

#### a. *Rechtslage*

Es obliegt jeder Partei auf freiwilliger Basis, die zur Erläuterung, Unterstützung oder Belegung ihrer erhobenen Ansprüche notwendigen Beweise beizubringen.[1387] Das Gericht hat den Auftrag zur Beweiserhebung und Entscheidung anhand des von den Parteien dargelegten Sachverhaltes.[1388]

Bei der Wahl der Beweismittel sind die Maßgaben der Einfachheit und Kostenreduktion anzusetzen.[1389] Die Beweisaufnahme erfolgt durch das Gericht auf Antrag einer Partei oder wird von Amts wegen angeordnet, wenn der Sachverhalt zuvor nicht durch Bestätigung oder Befragung zufriedenstellend geklärt wurde und zur Entscheidung nicht ausreicht.[1390] Zwar gibt es keine Veröffentlichungspflicht vor allem selbstschädigender Beweismittel, wie etwa im *Disclosure Verfahren*.[1391] Es besteht jedoch die Möglichkeit, dass das Gericht in engen Grenzen und bei besonderer Argumentation oder nach eigenem Ermessen die Offenlegung von bestimmten, im Besitz der Gegenseite oder eines Dritten befindlichen Beweisstücken fordert.[1392]

---

1387 Legal500 Luxemburg 2, 14, 23; Luxembourg Report E (a)(i) S. 5; ICLG Luxemburg 3.3, 7.1.
1388 Legal500 Luxemburg 2.
1389 e-justice LUX 2.3.
1390 e-justice LUX 2.1, 2.3; Luxembourg Report E (b)(i) S. 8.
1391 Legal500 Luxemburg 14; ICLG Luxemburg 7.1.
1392 ICLG Luxemburg 7.1, 7.3.

Nach den relevanten Prozessvorschriften ist das Sachverständigengutachten ein zulässiges Beweismittel in Luxemburg.[1393] Dieses kann entweder vom Gericht selbst beauftragt oder durch die Parteien gemeinsam oder einzeln eingebracht werden.[1394] Schon im Vorverfahren kann vom Gericht ein technischer Sachverständiger bestellt werden.[1395] Zur Klärung von Sachverhalten, die gewisse Kenntnisse erfordern sowie zur Schadensberechnung oder in Bezug auf ausländisches Recht, kann der Richter zur Feststellung (Bestätigung von Fakten), zur Erstellung eines Befundes (Einholung einer Meinung) oder eines Gutachtens (Expertise) einen Sachverständigen hinzuziehen.[1396]

Geht es bei der Bestätigung von Fakten als einfachster Form um die Erklärung von Tatsachen ohne eine eigene Beurteilung und setzt entsprechend keine besonderen Kenntnisse voraus, so ist die Einholung einer Meinung mit einfacher Ansehung und Darstellung eines technischen Problems ohne tiefgreifende Prüfung möglich.[1397] Lediglich die letzte Form bedarf intensiver Untersuchungen, für welche technische Kenntnisse und nachweisbare Fähigkeiten notwendig sind.[1398] Der Gutachter wird vom Gericht bestellt, um einen tatsächlichen Umstand zu beschreiben ohne eine Meinung zu rechtlichen oder tatsächlichen Konsequenzen solcher Sachverhalte abzugeben.[1399] Der Gerichtsgutachter ist dem Gericht verpflichtet und muss während seiner Tätigkeit die Anforderungen an die gerichtliche Auseinandersetzung berücksichtigen.[1400] Er hat die Befugnis, die Verfahrensbeteiligten sowie Dritte zu laden und kann durch das Gericht auch zur Anwesenheit bei der Anhörung der Parteien berechtigt werden.[1401]

Zwar können die Parteien selbstständig gemeinsam oder einzeln auch ohne gerichtliche Bestellung einen Gutachter beauftragen.[1402] In den meisten Fällen wird jedoch zur Gewährleistung der Unabhängigkeit beziehungsweise bei missverständlichen oder widersprechenden Gutachten

---

1393 Legal500 Luxemburg 16; ICLG Luxemburg 8.2.
1394 Legal500 Luxemburg 16; ICLG Luxemburg 8.2, 8.4.
1395 ICLG Luxemburg 6.2; Legal500 Luxemburg 14.
1396 e-justice LUX 2.5; Legal500 Luxemburg 16.
1397 Legal500 Luxemburg 16.
1398 Legal500 Luxemburg 16.
1399 Luxembourg Report E (b)(i) S. 8.
1400 ICLG Luxemburg 8.4.
1401 e-justice LUX 2.2, 2.12.
1402 Legal500 Luxemburg 16; ICLG Luxemburg 8.2, 8.4; Luxembourg Report E (b)(i) S. 8.

vom Gericht zur eigenen, unparteiischen Meinungsbildung ein zusätzliches Gerichtsgutachten mit einem neuen Sachverständigen beauftragt.[1403] Ein einseitig eingeholter Sachverständigenbeweis kann vom Gericht in die Entscheidung einbezogen werden, sofern das Gutachten der anderen Seite kundgetan wurde und es im Prozess Gegenstand der Diskussionen war.[1404]

Das Gutachten des beziehungsweise der Sachverständigen, wenn mehrere beauftragt wurden, wird schriftlich bei der Geschäftsstelle des Gerichtes eingereicht.[1405] Sofern keine schriftliche Begutachtung erforderlich ist, kann das Gericht die mündliche Gutachtenerstattung in der mündlichen Verhandlung gestatten, welche dann protokolliert wird.[1406] Das Gutachten ist für das Gericht nicht bindend.[1407]

Grundsätzlich gilt die freie Beweiswürdigung in Bezug auf alle Beweismittel, obwohl zum Beispiel Privat- und öffentliche Urkunden, solange ihre Echtheit nicht bestritten werden, eine größere Beweiskraft haben.[1408] Das Gericht wird das Gutachten eines von ihm selbst benannten Sachverständigen oder solchen, auf die sich die Parteien geeinigt haben ebenfalls stets höher gewichten.[1409] Die Beweise müssen zur vollen Überzeugung des Gerichtes gereichen.[1410] Die Vergütung des Gutachters zählt zu den Prozesskosten, welche durch die unterlegen Partei zu zahlen sind.[1411]

### b. Fazit

Aus den luxemburgischen Verfahrensablauf lassen sich auf den deutschen Prozess zur Steigerung der Effizienz folgende positive Aspekte ableiten: Die Verpflichtung des Gerichtes zur Wahrung der Güter der Verfahrensbeteiligten bei der Beweiserhebung steht für eine hohe Fairness und Kosteneffizienz des Verfahrens. Beachtenswert sind die vielfältigen Formen der Einbringung von Sachverstand auf Parteiseite als auch durch das Gericht vor und während des Prozesses mit entsprechend abgestufter Einwertung

1403 Ebd.
1404 Legal500 Luxemburg 16.
1405 e-justice LUX 2.5.
1406 e-justice LUX 2.5.
1407 Luxembourg Report E (b)(i) S. 8.
1408 e-justice LUX 2.6.
1409 Luxembourg Report E (b)(i) S. 8.
1410 Luxembourg Report E (a)(ii) S. 5, (b)(i) S. 8.
1411 Legal500 Luxemburg 19; ICLG Luxemburg 1.5; Luxembourg Report I (v) S. 15.

je nach Parteidisposition, Abstimmung oder Gerichtsauftrag. Überzeugend ist jedoch der große Spielraum in dem sich das Gericht der Unterstützung des Gutachters je nach Anforderung von reiner Konsultation bis hin zur kompletten Begutachtung bedienen kann. Das spiegelt sich auch in den weiteren eigenen Rechten des Gutachters in Bezug auf Anwesenheiten und Ladungen von Beteiligten wider.

### 5. Niederlande

#### a. Rechtslage

Jede Partei hat die für das Verfahren notwendigen Fakten sowie die eigenen Argumente und die (soweit bekannten) Gegenargumente auf denen der geltend gemachte Anspruch oder die Verteidigung basiert vollständig und wahrheitsgemäß beizubringen, mit Beweisen zu unterlegen und zu erklären, welche weiteren Beweise vorhanden sind, sofern nicht aufgrund Zumutbarkeit und Fairness eine andere Beweislast gelten muss.[1412] Beweise können vor und während der eigentlichen Verhandlung eingebracht und gesammelt werden.[1413] Zur Steigerung der Effizienz und Verhinderung endloser Verfahren wird eine vorprozessuale Sammlung angeregt.[1414] Vor dem Hintergrund der Prozessbeschleunigung ist die verfahrenstechnische Zeitplanung zur schnellen und konkreten Darlegung von Beweisangeboten eng getaktet.[1415] Ein Antrag auf Beweiserhebung kann aus Gründen der Ungenauigkeit oder Verspätung abgelehnt werden.[1416]

Nach den geltenden Prozessvorschriften gibt es im niederländischen Zivilprozess keinen *Numerus clausus*, sodass neben jedem anderen (auch illegal erhaltenen) Beweismittel der in der Praxis häufig verwendete Sachverständigenbeweis zulässig ist.[1417] Die Bestellung des Sachverständigen zur Erstellung eines Gutachtens oder zur Anhörung erfolgt auf Antrag einer Partei oder nach eigenem Ermessen von Amts wegen durch das

---

1412 e-justice NL 1.1, 2.2; ICLG Netherlands 3.3, 4.1, 8.1; GLI Netherlands 4; Netherlands Report E (a)(iv) S. 7.
1413 GLI Netherlands 4.
1414 GLI Netherlands 4.
1415 ICLG Netherlands 8.1.
1416 e-justice NL 2.3.
1417 e-justice NL 2.4; ICLG Netherlands 8.2; Netherlands Report E (a)(iii) S. 6; E(b)(i) S. 7, E(c)(i) S. 9; GLI Netherlands 4.

Gericht, dem gegenüber dieser zur Erstattung verpflichtet ist.[1418] Die Parteien können dabei die Bevorzugung ihrer eigenen Gutachter fordern.[1419] Die Bestellung von Amts wegen ist verpflichtend, wenn sich das Gericht ausführlichen, ausreichend bewiesenen Erklärungen der Parteien gegenübersieht und es einer gutachterlichen Bewertung bedarf oder die Verfahrensbeteiligten sich gegenseitig widersprechende Gutachten beigebracht haben.[1420]

Die Gutachter können in allen für das Verfahren wichtigen Fachbereichen (etwa auslandsrechtlichen Fragen oder Schadensberechnung) beratend tätig sein.[1421] Vor der Beauftragung erlässt das Gericht ein Zwischenurteil, in welchem es die Bestellung eines Gutachters und die zu beantwortenden Fragen vorschlägt.[1422] Die Parteien haben die Möglichkeit zur Kommentierung und Antragsstellung, woraufhin das Gericht seine finale Anordnung trifft.[1423] Es gibt keine Liste von Gutachtern, sodass theoretisch jede mit entsprechenden Kenntnissen ausgestattete Person, somit auch Wirtschaftsprüfer oder andere Wirtschaftsexperten, als Gutachter bestellt werden kann.[1424] Jedem, der als Gutachter bestellt wurde, steht es frei, diese Bestellung zu akzeptieren oder abzulehnen.[1425]

Ein gerichtlich bestellter Gutachter muss seine Tätigkeit unparteiisch und nach bestem Wissen und Gewissen ausführen.[1426] Die Verfahrensbeteiligten haben die Verpflichtung den Gutachter bei seinen Ermittlungshandlungen zur Erstellung des Gutachtens zu unterstützen und mitzuwirken.[1427] Der Sachverständige erstellt ein Entwurfsgutachten, welches die Verfahrensbeteiligten kommentieren dürfen und mit Anträgen versehen können.[1428] Diese müssen dann wiederum im fertiggestellten, gut begründeten Gutachten enthalten sein.[1429]

Den Parteien steht es frei, eigene Privatgutachten in Auftrag zu geben, die in der Regel auch Auswirkungen auf das Gerichtsgutachten haben.[1430]

---

1418 e-justice NL 2.1, 2.5; Netherlands Report E (b)(i) S. 8; ICLG Netherlands 8.2.
1419 Netherlands Report E (b)(i) S. 8.
1420 Netherlands Report E (b)(i) S. 8.
1421 Netherlands Report E (b)(i) S. 8.
1422 Netherlands Report E (b)(i) S. 8.
1423 Netherlands Report E (b)(i) S. 8; e-justice NL 2.1.
1424 Netherlands Report E (b)(i) S. 8, E(c)(i) S. 9.
1425 Netherlands Report E (b)(i) S. 8.
1426 ICLG Netherlands 8.4.
1427 ICLG Netherlands 8.4; e-justice NL 2.1.
1428 ICLG Netherlands 8.4.
1429 ICLG Netherlands 8.4.
1430 ICLG Netherlands 8.2, 8.4; Netherlands Report E (b)(i) S. 8.

Die gegnerische Partei hat ihrerseits die Möglichkeit der Beauftragung eines Privatgutachters zur Widerlegung der Ergebnisse des anderen Parteigutachters.[1431] Die zeitgleiche Einbringung von Gutachten ist nicht gesetzlich geregelt.[1432]

Der Sachverständigenbeweis erfolgt entweder durch schriftliche Begutachtung im Rahmen einer gesetzten Frist oder als Bericht in der mündlichen Verhandlung und Befragung als Zeuge.[1433] Ein Kreuzverhör, bei welchem die Parteien den Gutachter direkt befragen können, ist für parteiseitig bestellte Gutachter zulässig.[1434] Der Gutachter kann auf Antrag der Verfahrensbeteiligten gleich den Zeugen vor oder während des Verfahrens, also auch bereits im Vorverfahren, vom Gericht und den Parteien gleichermaßen befragt und angehört werden.[1435] Einem entsprechenden Antrag wird in der Regel stattgegeben, sofern es sich nicht um eine Ausforschung handelt.[1436]

Zwar gilt der Grundsatz der freien Beweiswürdigung und das Gericht hat in Bezug auf die Ver- und Bewertung der Beweise, die in der Regel gleichgestellt sind, einen großen Ermessenspielraum.[1437] Jedoch können einige schlüssige Beweise, wie etwa (öffentliche) Urkunden, das Gericht zur Anerkennung als wahr zwingen.[1438] Dem Gericht steht auch die Gewichtung sowohl der parteiseitig eingeholten Gutachten als auch des selbst beauftragten (Gerichts-) Gutachtens frei.[1439]

Grundsätzlich müssen die Parteien zwar die bei ihnen angefallenen Kosten selbst bezahlen, die unterlegene Partei hat jedoch die Verfahrenskosten, zu denen auch die Kosten für den Sachverständigen zählen, der obsiegenden Partei zu tragen.[1440]

Das Beweisrecht im niederländischen Zivilprozess steht vor umfangreichen Änderungen, unter anderem da sich herausgestellt hat, dass Zwischenurteile bezogen auf und die Einholung eines Sachverständigengut-

1431 ICLG Netherlands 8.4.
1432 ICLG Netherlands 8.4.
1433 e-justice NL 2.5; ICLG Netherlands 8.2.
1434 Netherlands Report E (b)(ii) S. 8.
1435 GLI Netherlands 4.
1436 GLI Netherlands 4.
1437 Netherlands Report E (a)(iii) S. 6, E (c)(i) S. 9; e-justice NL 2.6; ICLG Netherlands 8.1, 8.4.
1438 Netherlands Report E (a)(iii) S. 6; GLI Netherlands 4.
1439 ICLG Netherlands 8.4; Netherlands Report E (b)(i) S. 8.
1440 ICLG Netherlands 1.5, 9.2; Netherlands Report I (v) S. 14.

achtens selbst sehr zeitintensiv und verfahrensverzögernd sind.[1441] Durch die Änderungen sollen die frühzeitige Einbringung von Beweisen vor dem Prozess und damit eine frühere und effektivere Streitbeilegung erreicht werden.[1442]

Sofern dieses Gesetzgebungsvorhaben umgesetzt wird, müssen alle Beweisanträge gebündelt in einem Vorverfahren abgehandelt werden.[1443] Erst kürzlich gab es eine Änderung der Prozessvorschriften dahingehend, dass das Gericht die Anwesenheit der Parteien an einer frühen Anhörung von Gutachtern und Zeugen beschließen kann.[1444]

### b. Fazit

*In conclusio* sollte aus dem niederländischen Prozessrecht folgendes verfahrensbeschleunigend und effizienzsteigernd in den deutschen Zivilprozess übertragen werden: Die zeitliche sowie inhaltliche Begrenzung der Beweiseinbringung sind vor dem Hintergrund der Fairness und Prozessbeschleunigung sinnvoll. Ungewöhnlich, aber zur Verhinderung von Überraschungen und späteren Einwendungen sinnvoll, ist die Vorlage eines Entwurfsgutachten durch den Sachverständigen, obwohl dieser nur dem Gericht verpflichtet ist. Dies steht im Einklang mit der Mitwirkungsverpflichtung der Parteien zur Unterstützung des Gutachters.

Spannend sind die offene Gutachterdefinition und dessen Stellung. Durch die Ablehnungsmöglichkeit müssen andere Aspekte der Gutachtertätigkeit hier den Anreiz auslösen. Die Argumente gegen eine Einholung von Privatgutachten, da diese durch die Berechtigung zum widersprechenden Gegengutachten *ad absurdum* geführt werden, sollte aufgrund der daraus resultierenden geringen Relevanz auch im deutschen Prozessrechte Eingang finden. Innovativ sind die letzten Änderungen im niederländischen Prozessrecht, die eine Verlagerung der Zusammenfassung der Beweisanträge in das Vorverfahren vorsehen. Diese hat zusammen mit der frühzeitigen Befragung von Gutachtern zur Förderung der Vergleichs- oder Streitbeilegungsbereitschaft das Potenzial, die eigentliche Beweiserhebung störungsfrei und damit effizienter ablaufen zu lassen.

---

1441 Netherlands Report H (ii) S. 12.
1442 ICLG Netherlands 3.3.
1443 ICLG Netherlands 3.3.
1444 ICLG Netherlands 1.3; GLI Netherlands 4.

## 6. Österreich

### a. Rechtslage

Der Gerichtsaufbau sieht ähnlich dem deutschen Recht besondere Spezialgerichte (Handelsgericht, Arbeits- und Sozialgericht) und -kammern vor.[1445] Das Gericht hat die Verhandlungsleitung sowie die Verantwortung für den Verfahrensablauf und verfügt die Schriftsatz- und Beweiseinreichung.[1446] Die Klage kann im österreichischen Zivilprozess mit einem besonderen elektronischen Verfahren eingereicht werden.[1447] Die Parteien müssen bereits in ihren Schriftsätzen zur Klagebegründung und Verteidigung die jeweiligen Sachverhalte und die diese belegenden Beweismittel sowie die entsprechende Begründung darlegen.[1448] Im Rahmen des Vorverfahrens gibt es eine erste Anhörung, in welcher durch Aussprache über die faktischen und rechtlichen Fragen unter Bezug auf die vorhandenen Beweise entweder Streitbeilegungsversuche unternommen werden oder das weitere Verfahren geplant und vorbereitet wird.[1449] Eine Partei kann bei Gericht beantragen, dass die Gegenpartei zur Beweiserbringung beziehungsweise -vorlage verpflichtet wird, sofern dies eine Bedeutung für die eigene Beweiserbringung hat und der Beweis anhand einer Kopie oder expliziter Beschreibung dargestellt werden kann.[1450] Dem kann jedoch die eigene Schlechterstellung oder der Datenschutz entgegengehalten werden. Ein gerichtlicher Zwang kann nicht ausgeübt werden, die Ablehnung kann jedoch Eingang in die Bewertung finden.[1451]

In diesem Zusammenhang wird beim Gericht auch die Bestellung eines Sachverständigen beantragt.[1452] Die Einbeziehung des Gutachters kann auch von Amts wegen durch das Gericht erfolgen.[1453] Im österreichischen Zivilprozess wird der Sachverständige als Helfer des Gerichts sowie als formales Beweismittel angesehen und unterliegt somit der freien Beweiswürdigung.[1454]

---

1445 ICLG Austria 1.2; Austria Report II.B.A. S. 3.
1446 ICLG Austria 6.2.
1447 ICLG Austria 3.1.
1448 GAR Austria 12, 13, 25, ICLG Austria 3.3.
1449 ICLG Austria 1.3.
1450 Austria Report E (a)(iv) S. 8.
1451 Austria Report E (a)(iv) S. 8 f.
1452 GAR Austria 28; Austria Report E (b)(i) S. 9.
1453 Austria Report E (b)(i) S. 9.
1454 *Spitzer*, ZZP 2018, 25 (27); so auch e-justice AT 2.5; SV-Wesen in EU, S. 10.

Seine Aufgabe besteht in der Unterstützung des Gerichtes durch Vermittlung von fehlender Sachkunde aus Erfahrungssätzen und der Vornahme einer Bewertung und Feststellung von Tatsachen, die in einem Befund mit Schlussfolgerungen münden sollen.[1455]

Die Entscheidung, ob ein Sachverständiger zum Verfahren hinzugezogen werden kann sowie die Bestellung selbst obliegt dem Gericht.[1456] Das Gericht kann beziehungsweise soll vorrangig auf offiziell bestellte und registrierte unabhängige Gutachter zurückgreifen.[1457] Es wählt den richtigen Sachverständigen aus einer Liste aus und versieht ihn mit einer Auflistung vom Gericht gestellter Fragen, die dieser in einem Gutachten zu beantworten hat.[1458] Dem Sachverständigen obliegt die Pflicht zu Erstattung des Befundes und des Gutachtens.[1459] In Österreich gibt es elektronische Gerichtssachverständigenlisten für dessen Eintragung, die auf freiwilliger Basis erfolgt, ein gesetzlich geregeltes Zertifizierungsverfahren, in welchem die Einhaltung der erforderlichen Anforderungen sowie Standardisierungen vermittelt werden, und eine Beeidigung durchlaufen werden muss.[1460] Die Zuständigkeit der Zertifizierungsstellen wird direkt an den jeweiligen Landesgerichten eingerichtet und dem entsprechenden Präsidenten zugeordnet.[1461] Die erstmalige, befristete Eintragung kann bei Einhaltung der Anforderungen und Fortbildungsnachweisen verlängert werden.[1462] Ein Eintrag des Sachverständigen in der entsprechenden Liste ist keine Auswahlvoraussetzung, hat jedoch aufgrund einer „Indizwirkung“ Einfluss auf die Ermessensentscheidung des Gerichtes.[1463] Hingewiesen wird auf die Gefahr, dass durch die schwer beschränkbare, gerichtliche Hoheit zur Gutachterauswahl stets gleiche Experten ausgewählt werden.[1464]

Dem soll nach dem Vorbild Deutschlands durch das Korrektiv der Parteiintervention begegnet werden, was jedoch aufgrund einer reinen Möglichkeit zur Stellungnahme zur Wahl des Gerichtes nur einen sehr

---

1455 *Spitzer*, ZZP 2018, 25 (27); e-justice AT 2.5; ICLG Austria 8.4; SV-Wesen in EU, S. 25.

1456 Austria Report E (b)(i) S. 9; GAR Austria 11, 28.

1457 Austria Report E (b)(i) S. 9; *Braun*, DS 2014, 52 (53); SV-Wesen in EU, S. 19.

1458 GAR Austria 28.

1459 e-justice AT 2.5; *Rechberger*, S. 24 (28).

1460 *Braun*, DS 2014, 52 (53); SV-Wesen in EU, S. 19.

1461 *Braun*, DS 2014, 52 (53); SV-Wesen in EU, S. 19.

1462 *Braun*, DS 2014, 52 (53); SV-Wesen in EU, S. 19.

1463 *Rechberger*, S. 24 (26).

1464 *Rechberger*, S. 24 (27).

geringen Einfluss bietet und mit Ausnahme von berechtigten Einwänden die letztendliche Auswahl des Gutachters nicht verhindert.[1465]

Im Zusammenhang mit der Bestellung wird gefordert, dass sich der Richter mit dem Gutachter über die notwendige Expertise und vorhandenen Kapazitäten austauscht.[1466] Nach Setzung einer angemessenen Frist zur Erstellung des Gutachtens hat der Sachverständige eine gesetzliche Reaktionszeit von 14 Tagen in Bezug auf die Fristeinhaltung oder Kundgabe einer eigenen Zeitvorgabe, dem wiederum das Gericht mit Fristverlängerung oder Entziehung des Auftrages reagieren kann.[1467] Zur möglichst genauen Einschätzung des Zeitbedarfs und beschleunigten Bearbeitung des Gutachtens sind die Parteien aufgefordert, die dem Gutachter zu stellenden Fragen fristgerecht und präzise zuzuleiten.[1468] Weiterhin wird die Tätigkeit des Gutachters durch ein gesetzlich normiertes, eigenständiges Ermittlungsrecht sowie die Mitwirkungspflicht der Parteien, welche mittels Gerichtsbeschluss und Fristsetzung fixiert wird, unterstützt und bei ungerechtfertigter, fehlender Mitwirkung unter anderem mit einer Gutachtenerstattung ohne die auflieferungsbedürftigen Inhalte sanktioniert.[1469] Durch etappenmäßige Kostenbeteiligungen bis hin zur Auferlegung der Kosten eines eventuellen Ergänzungsgutachten werden die Parteien zur Mitwirkung ermutigt.[1470]

Die Erstattung des Gutachtens erfolgt stets unmittelbar, sodass mündliche Gutachten grundsätzlich und schriftliche Gutachten – auf Verlangen – in der entsprechenden Verhandlung vorzutragen sind.[1471] Vor dem Hintergrund der prozessökonomischen, frühzeitigen Befassung mit den Gutachteninhalten sowie der stets komplexer werdenden Streitigkeiten wird auf die Vorteile des schriftlichen Verfahrens verwiesen.[1472]

Dennoch erfolgt zur Wahrung des rechtlichen Gehörs der Parteien nach der Begutachtung und bei schriftlichen Gutachten auf Antrag in der Regel eine mündliche Erörterung unter Darstellung des Erläuterungs- und Aufklärungsbedarfs und Konfrontation mit Ergänzungsfragen.[1473]

---

1465 *Rechberger*, S. 24 (26, 27); GAR Austria 11.
1466 *Rechberger*, S. 24 (28).
1467 *Rechberger*, S. 24 (28 f).
1468 *Rechberger*, S. 24 (29).
1469 *Rechberger*, S. 24 (29); SV-Wesen in EU, S. 10; Austria Report E (b)(i) S. 9.
1470 *Rechberger*, S. 24 (29).
1471 e-justice AT 2.5; ICLG Austria 8.2; SV-Wesen in EU, S. 21.
1472 *Rechberger*, S. 24 (30 f.).
1473 *Rechberger*, S. 24 (31); ICLG Austria 8.2; GAR Austria 28.

Im österreichischen Prozessrecht besteht zwar die Möglichkeit der Einreichung eines Privatgutachtens, jedoch hat dies im Sinne der Zivilprozessordnung nicht die gleiche Rechtsbedeutung und -wirkung wie das Gutachten des gerichtlich bestellten Sachverständigen, sondern dient als Privaturkunde und stellt lediglich die Meinung des Erstellers dar.[1474] Dem sogenannten Gerichtssachverständigen, also dem gerichtlich bestellten Sachverständigen, wird im Gegensatz zum Privatgutachter aufgrund seiner Stellung als „zur Objektivität verpflichtetem Organ der Rechtspflege" sowie der gesetzlichen Garantien und gerichtlichen Überwachung ein hohes Ansehen entgegengebracht.[1475] Die Mängel bei Privatgutachten werden vor allem am Vorhandensein lediglich einseitiger Information des Auftraggebers einerseits und der fehlenden Ermittlungsmöglichkeit des gerichtlichen Gutachters sowie vermeintlich bezahlter Ergebnisse festgemacht.[1476] Jedoch wird eine Einbeziehung dahingehend erwogen, nach entsprechendem Hinweis dem Gericht die notwendige Sachkunde zur Beurteilung des Sachverhaltes zu verschaffen.[1477] Zudem wird vor dem Hintergrund der vielfältigen Möglichkeiten zur Überprüfung und Konfrontation oder Widerlegung des Gerichtsgutachters sowie zur Auflösung von Widersprüchen auch im österreichischen Recht die Aufwertung des Privatgutachtens und Berücksichtigung im Prozess für die rechtliche Bewertung angeregt.[1478] Kritik wird daran geübt, dass die Gerichte zu häufig auf die Gutachten des Gerichtsgutachter referenzieren, ohne diese zu hinterfragen.[1479] Vor dem Hintergrund der schlechten Bezahlung der gerichtlichen Gutachter wird (vereinzelt) an der Qualität solcher Gutachten gezweifelt.[1480]

Andererseits gibt es im österreichischen Zivilprozessrecht keinen *Numerus clausus* der Beweismittel, sodass die Verwertung des Privatgutachtens unproblematisch möglich wäre.[1481] Eine rechtliche Bewertung kann jedoch nicht allein auf ein Privatgutachten gestützt werden.[1482]

Die Vergütung des Gerichtssachverständigen orientiert sich in der Regel am üblichen, außergerichtlich erzielten Einkommen des Sachverständigen

---

1474 ICLG Austria 8.4; Austria Report E (b)(i) S. 9; GAR Austria 28; e-justice AT 2.5; *Rechberger*, S. 24 (31).

1475 SV-Wesen in EU, S. 13.

1476 *Rechberger*, S. 24 (31).

1477 *Rechberger*, S. 24 (32).

1478 *Rechberger*, S. 24 (32); GAR Austria 28; *Spitzer*, ZZP 2018, 25 (43).

1479 GAR Austria 28.

1480 GAR Austria 28.

1481 *Spitzer*, ZZP 2018, 25 (41).

1482 *Spitzer*, ZZP 2018, 25 (44).

mit vergleichbarer beruflicher Tätigkeit und wird nach aufgelisteten Pauschalbeträgen abgerechnet.[1483] Darüber hinaus wird auch die Schwierigkeit der Begutachtung bei der Vergütung berücksichtigt.[1484] Des Weiteren wird – trotz anderslautender Gesetze – die Vorschusszahlung so geregelt, dass mehrere Anzahlungen möglich sind, wenn die Arbeit eine gewisse Dauer übersteigt, sodass die Honorarzahlung auch mehrstufig erfolgen kann.[1485] Wichtig ist auch, dass derjenige, der den entsprechenden Beweis, hier in Form des Sachverständigenbeweises, beantragt, aufgrund des Kostenrisikos in solchen Beweisverfahren den entsprechenden Vorschuss leisten muss.[1486] Die Kosten für den Gutachter gehören zu den Gerichtskosten, deren Verteilung in der Entscheidung nach Obsiegen und Unterliegen niedergelegt wird.[1487]

#### b. Fazit

Aus dem Vorgesagten ergeben sich viele Möglichkeiten, durch Übernahme von Methoden aus dem österreichischen Zivilprozess auf den deutschen Verfahrensablauf eine Beschleunigungswirkung zu erreichen. Dies gilt insbesondere für die Person des Gerichtssachverständigen und dessen Rechte und Pflichten. Vor allem die gesetzlichen Fristen sowie die Mitwirkungspflichten sind geeignet, die verzögernde Unterlassung der Mitwirkung der Parteien zu unterbinden. Die gesetzliche vorgegebene, eigene Vornahme von Ermittlungshandlungen durch den Sachverständigen ist besonders erwähnenswert.

Das Führen einer Liste mit besonders geeigneten Gutachtern und eine bevorzugte Auswahl daraus spricht für einen geregelten Auswahlprozess. Dies vor allem deshalb, da eine Eintragung in diese Liste entsprechende Bearbeitungspflichten mit sich führt und dem Vorgehen nach wirtschaftlichen Aspekten zwischen privaten und gerichtlichen Aufträgen zu wählen, Einhalt geboten würde. Das wird auch dadurch unterstützt, dass in Bezug auf die Vergütung eine Annäherung an die privat erzielbaren Gebühren verfolgt wird. Im Zusammenhang mit der Vergütung wird auch die Schwierigkeit der Begutachtung berücksichtigt. Bei der Auszahlung

---

1483 SV-Wesen in EU, S. 36, 45.
1484 SV-Wesen in EU, S. 40.
1485 SV-Wesen in EU, S. 49.
1486 e-justice AT 2.3.
1487 ICLG Austria 1.5; Austria Report I (ii) S. 14, I (iv) S. 15.

der Vergütung ist es auch möglich, mehrstufig vorzugehen, sodass für den Gutachter aufgrund eines geringeren wirtschaftlichen Risikos und ohne übermäßige Vorleistung eine größere Motivation gegeben ist. In diesem Zusammenhang fällt auf, dass in der Literatur stets vom Gerichtsachverständigen als vermeintlich eigenem Institut gesprochen wird. Aufgrund der Nähe zum deutschen Zivilprozessrecht könnten viele der aufgezählten Maßnahmen ohne Gesetzesänderung *de lege lata* übernommen werden.

### 7. Rumänien

#### a. Rechtslage

In Rumänien gibt es wenige Fachgerichte und die Richter werden im Rahmen der Ausbildung mit wettbewerbsrechtlichem Wissen ausgestattet.[1488] In einem Zivilverfahren müssen die Parteien alle Behauptungen und Tatsachen, auf die sich ein Antrag oder eine Klage beziehungsweise die Erwiderung stützt, beweisen und bei der Einreichung der Schriftsätze eine entsprechende Erhebung durch Benennung eines Beweismittels beantragen.[1489] Dies gilt nicht, wenn sie allgemein oder gerichtsbekannt beziehungsweise unbestritten sind.[1490] Zeitlich nach dem initialen Antrag respektive der Klage eingebrachte Beweisanträge können nur berücksichtigt werden, wenn diese aus einer Klageänderung resultieren, erst im Verfahren aufgrund Sachverhaltsänderung entstanden sind und nicht vorhersehbar beziehungsweise aus bestimmten Gründen nicht vorlegbar waren oder das Gericht zur Einreichung weiterer Beweismitteln aufgefordert hat.[1491]

Zudem darf das Verfahren hierdurch nicht verzögert werden und alle Parteien müssen zugestimmt haben.[1492]

Die Beweiserhebung bedarf einer Beantragung durch die Parteien und muss, sofern das Gericht die vorgebrachten Beweise nicht für ausreichend hält, um weitere ergänzt werden, ohne dass diese einem Auftrag oder dem Willen der Parteien entspricht.[1493] Die Zulässigkeit der beantragten Beweismittel, die zu beweisenden Tatsachen, die Beweispflicht und die

1488 ICLG Romania 1.4.
1489 e-justice RO 1.1, 1.2, 2.3; ICLG Romania 4.2, 4.5.
1490 e-justice RO 1.2.
1491 e-justice RO 2.1, 2.3; ICLG Romania 1.8.
1492 e-justice RO 2.3.
1493 e-justice RO 2.1, 2.3.

Inanspruchnahme und Reihenfolge der Untersuchung der Beweismittel in der ohne Öffentlichkeit, grundsätzlich vor der Erörterung des Streitgegenstandes stattfindenden Beweisaufnahme legt jedoch das Gericht fest.[1494]

Aus Effizienzgründen soll die Entscheidung über die Beweiserhebung und deren Durchführung sofern möglich noch innerhalb der Sitzung, in welcher der Beweisantrag gestellt wurde, erfolgen.[1495] Die Aufgabe des Gerichtes besteht vor allem in der Prozessführung und es steht ihm frei je nach Relevanz und Aufwandsverhältnis die Parteien oder Dritte zur Offenlegung von in ihrem Besitz befindlichen, bestimmten Beweismitteln und Informationen aufzufordern.[1496]

Zu den Beweismitteln, die grundsätzlich keinen Einschränkungen unterliegen und deren Erhebung von jeder Parteiseite beantragt werden kann, zählt das Sachverständigengutachten.[1497] Die Bestellung des oder der (bis zu drei) Sachverständigen, welche innerhalb einer vorgegebenen Frist zu bestimmten Fragen Stellung beziehen sollen, erfolgt auf Antrag der Parteien oder von Amts wegen, sofern das Gericht die Einbeziehung für notwendig erachtet.[1498] Es gibt ein Zulassungsverfahren für ein Verzeichnis von Gerichtsgutachtern beim Justizministerium.[1499]

Die Gutachter sind aus diesem Pool zu entnehmen, was in bestimmten Fachgebieten aufgrund Mangelbesetzung zu Beweisproblemen führen kann.[1500] Das Ergebnis der Untersuchung wird in einem Gutachten zusammengefasst und kann in begründeten Fällen auf Antrag der Parteien oder aufgrund gerichtlicher Anordnung durch Einholung eines neuen Gutachtens eines anderen Sachverständigen überholt werden.[1501]

Es gilt der Grundsatz der freien Beweiswürdigung und Sachverhaltsbewertung durch das Gericht.[1502] Alle Beweismittel sind grundsätzlich gleichrangig, jedoch genießen öffentliche Urkunden hinsichtlich ihres Inhalts bis zum Gegenbeweis eine hohe Beweiskraft.[1503]

1494 e-justice RO 2.2, 2.5, 2.12; ICLG Romania 1.8, 4.1.
1495 e-justice RO 2.2.
1496 ICLG Romania 1.8, 4.5.
1497 e-justice RO 2.1, 2.4; ICLG Romania 4.4.
1498 e-justice RO 2.5.
1499 ICLG Romania 4.4.
1500 ICLG Romania 4.4.
1501 e-justice RO 2.5.
1502 e-justice RO 1.3; ICLG Romania 4.1.
1503 e-justice RO 2.6, 2.7.

### b. Fazit

Zur Effizienzsteigerung und Beschleunigung des deutschen Zivilprozesses sollten nach den vorliegenden Informationen aus dem rumänischen Prozessrecht die vor dem gleichen Hintergrund initiierte Sachverhaltsstraffung durch Schriftsatz- und Beweisantragsbegrenzung sowie der zentral am Justizministerium geführte Pool an Sachverständigen übernommen zu werden. Die Beschränkung auf die initialen Anträge soll der Verhinderung der Prozessverzögerung dienen und damit das Verfahren insgesamt beschleunigen. Auch die ausschließliche Verwendung der aufgelisteten Gutachter kann zwar – wie aufgeworfen – zu vereinzelten Engpässen führen, gewährleistet durch das zentrale Zertifizierungsverfahren am Justizministerium aber eine gleichbleibende Qualität und eine Vereinheitlichung. Auch die möglichst schnelle gerichtliche Entscheidung über eine Erhebung des Beweises im gleichen Termin wie dessen Beantragung sollte aus Effizienzgründen übertragen werden.

## 8. Schweden

### a. Rechtslage

Schweden wird als ein sehr streitfeindliches Land beschrieben, in welchem die Parteien um eine Einigung bemüht sind.[1504] Einige Gerichte sehen besondere Kammern mit spezialisierten (Laien-)Richtern und Wirtschaftsexperten vor, denen Fälle eines bestimmten Rechtsbereiches zugewiesen werden können.[1505] Das Verfahren ist teilweise technisiert, sodass die Klageeinreichung elektronisch und eine Zugangsbestätigung telefonisch erfolgen kann.[1506] Der schwedische Zivilprozess beruht je nach Verfahrenstyp auf dem von den Parteien vorgebrachten Sachverhalt und den diesen belegenden Beweisen.[1507]

Es obliegt den Prozessbeteiligten dem Gericht die zu bewertenden Beweise vorzulegen.[1508] Die Darstellung der Beweisinhalte und dazugehöri-

1504 GAR Sweden 3.3.

1505 Sweden Report II.B(ii) S. 3; ICLG Sweden 6.1.

1506 ICLG Sweden 3.1.

1507 e-justice SWE 2.1; GAR Sweden 11,12; ICLG Sweden 3.3, 8.1; GTDT Sweden Rn 2.

1508 GAR Sweden 25; GTDT Sweden Rn. 2.

gen Mittel muss nicht schon mit der Klageschrift erfolgen, sondern kann auch während des Verfahrens geschehen, sofern das Gericht nicht bereits einen Stichtag benannt und die weitere Einreichung verboten hat.[1509] Das Gericht führt das Verfahren und bereit es auf die Hauptverhandlung (*final hearing*) vor.[1510] Zur Erreichung einer zügigen Verfahrensbearbeitung gibt es nach dem ursprünglichen Austausch der Schriftsätze eine Voruntersuchung, in welcher durch das Gericht anhand von Fragen und Beobachtungen die Aufklärung des Sachverhaltes für die Hauptverhandlung vorbereitet wird sowie unnötige Inhalte außenvor gelassen und die Parteistandpunkte offengelegt werden.[1511] Das Gericht kann im Vorverfahren bei der entsprechenden Anhörung mit den Parteien die weitere zeitliche Abfolge des Verfahrens und den Zeitrahmen für die finale Einreichung weiterer Schriftsätze oder Erläuterung von Beweisanträgen sowie Darlegung der Beweisinhalte und -mittel abstimmen und festlegen.[1512] Ein unentschuldigtes Verstreichenlassen oder grundlos verspätete Beantragung kann zur Nichtberücksichtigung führen.[1513]

Zudem kann eine schriftliche Zusammenfassung der Standpunkte der Parteien aufgesetzt werden, zu welchem das Gericht die Beteiligten zur Mitwirkung durch Zusendung entsprechender Materialien auffordern kann.[1514] Eine fehlende oder konterkarierende Mitwirkung oder Handlung einer Partei sowie Missachtung von Gerichtsaufforderungen können zur Klageabweisung führen oder Auswirkung auf die Beweiserhebung beziehungsweise die Kostenverteilung haben.[1515]

Im schwedischen Zivilprozessrecht besteht der Grundsatz der Beweismittelfreiheit, sodass jegliche (auch illegal erlangte) Form des Beweises, zu denen unter anderem der Sachverständigenbeweis zählt, zulässig ist und zur Belegung des Sachverhaltes ausgewählt werden kann.[1516] Die Wahl des Mittels muss jedoch eine Relevanz zum erbringenden Beweis haben und kann andernfalls zurückgewiesen werden.[1517] Die Parteien sind grundsätzlich für die Beweismittel, auf die sie sich beziehen wollen, ver-

---

1509 GAR Sweden 12 und 13; ICLG Sweden 3.4.
1510 GAR Sweden 11.
1511 ICLG Sweden 1.3, 6.2; GAR Sweden 11; GTDT Sweden Rn. 6.
1512 GAR Sweden 14; GTDT Sweden, Rn. 6 f.; ICLG Sweden 3.4, 6.2, 6.4.
1513 Ebd.
1514 ICLG Sweden 6.2.
1515 ICLG Sweden 6.2, 6.3.
1516 e-justice SWE 1.1, 2.4, 2.5; ICLG Sweden 8.1, 8.2; Sweden Report E (a)(i), (iii) S. 6 f.; (b)(i) S. 8; GAR Sweden 25, 28.
1517 ICLG Sweden 8.1.

antwortlich, können jedoch das Gericht zur Anforderung von ihnen nicht zugänglichen Dokumenten oder Beweismitteln ersuchen.[1518] Der Besitz eines schriftlichen Dokumentes, welches für das entsprechende Verfahren als Beweis von Relevanz sein kann, führt zur Einbringungspflicht, die auf Anforderung einer Partei auch durch Gerichtsbeschluss erfolgen kann.[1519] Dies ist auch unabhängig davon, ob dieses Dokument der besitzenden Person zum Nachteil gereicht oder nicht.[1520] Zudem kann das Gericht auf Antrag einer Partei dazu verpflichten, eine vollständige Liste der im Besitz befindlichen Beweisstücke vorzulegen.[1521]

Die Einbindung des Gutachters kann sowohl durch die Parteien als auch in seltenen Fällen durch das Gericht selbst erfolgen.[1522] Sofern es die Einbindung für erforderlich hält, werden die Parteien hierüber vor der Bestellung befragt.[1523]

Die Einbeziehung eines Sachverständigen erfolgt zur Unterstützung des Gerichtes, um im relevanten Fachgebiet die notwendigen Schlussfolgerungen aus dem vorgelegten Sachverhalt zu ziehen.[1524] Dabei ist die Vorlage eines schriftlichen Gutachtens und die Weiterleitung an alle Parteien grundsätzlich vorgesehen, sofern das Gericht nichts anderes anordnet.[1525] Inhaltlich gibt es keine Einschränkungen in Bezug auf die Art des Gutachtens.[1526] Es soll jedoch der vom Gericht oder den Parteien erforderte Auftrag erfasst sein und fallrelevante Informationen beinhalten.[1527] Nach der Einreichung des schriftlichen Gutachtens soll eine mündliche Anhörung des Gutachters stattfinden, sofern eine Partei dies fordert oder die Notwendigkeit der Anhörung seitens des Gerichts entschieden wird und von Bedeutung erscheint.[1528] Falls eine Entscheidung nach einer Hauptverhandlung erfolgen soll, bedarf es einer schriftliche Begutachtung und dessen Verlesung in der Verhandlung, um die Würdigung des Gutachtens bei

1518 ICLG Sweden 7.1, 8.1; GAR Sweden 26; GTDT Sweden.
1519 Sweden Report E (a)(iv) S. 7; GAR Sweden 26; GTDT Sweden Rn. 8.
1520 GAR Sweden 26.
1521 GAR Sweden 26.
1522 GAR Sweden 28; ICLG Sweden 8.4.
1523 Sweden Report E (b)(i) S. 8.
1524 GAR Sweden 28.
1525 e-justice SWE 2.5; GAR Sweden 28; GTDT Sweden Rn. 10.
1526 GTDT Sweden Rn. 10.
1527 GTDT Sweden Rn. 10.
1528 e-justice SWE 2.5; ICLG Sweden 8.4; GTDT Sweden Rn. 11.

der Gerichtsentscheidung zu ermöglichen.[1529] Jedoch ist die Aufnahme der Gutachteninhalte in die Beweggründe auch ohne Verlesung möglich.[1530]

Für den Sachverständigen gelten bei der mündlichen Begutachtung die gleichen Vorschriften wie für Zeugen.[1531] Insofern dürfen die Sachverständigen von allen Parteien im Kreuzverhör befragt werden, wobei die Partei, welche die Begutachtung angeregt hat, beginnen darf.[1532] Diese Fragen sollen jedoch hauptsächlich der Klarstellung dienen.[1533] Das Gericht kann insofern offensichtlich irrelevante Fragen abweisen.[1534] Auch eine Befragung per Telefon oder Videokonferenz ist zulässig, sofern das Gericht dies für zweckmäßig erachtet und die Parteien und der Gutachter zustimmt.[1535]

Es gilt das Prinzip der freien Beweiswürdigung, sodass eine vollständige Be- und Verwertung der Beweise im Ermessen des Gerichtes steht.[1536] Zwar spricht nicht bereits das Gesetz einer gerichtlichen Beauftragung einen höheren Beweiswert zu als derjenige eines durch eine Partei bestellten Gutachtens.[1537] Dennoch werden in der Praxis Gerichtssachverständige als belastbarer und unabhängiger angesehen, was jedoch einer Einzelfallbetrachtung unterliegt.[1538] Die Gutachterkosten zählen zu den Verfahrenskosten, welche von der unterlegenen Partei zu ersetzen sind.[1539]

#### b. Fazit

Somit lässt sich festhalten und gewinnbringend auf das deutsche Zivilverfahren übertragen, dass die gutachterbezogene Beweiserhebung im schwedischen Zivilprozess von der Sachverhaltssortierung geprägt ist. Dies vor allem dadurch, dass das Vorverfahren für die Beweisbeantragung eine wesentliche Rolle spielt und eine Zäsur zur eigentlichen Erhebung darstellt. Von elementarer Bedeutung und für den deutschen Prozess absolut emp-

1529 e-justice SWE 2.5.
1530 e-justice SWE 2.5.
1531 GAR Sweden 28; GTDT Sweden Rn. 11.
1532 Sweden Report E (b)(ii) S. 8; e-justice SWE 2.12.
1533 GTDT Sweden Rn. 11.
1534 Sweden Report E (b)(ii) S. 8.
1535 GTDT Sweden Rn. 11.
1536 e-justice SWE 1.1, 2.6; ICLG Sweden 8.1,8.2; Sweden Report E (a)(iii) S. 6, (b)(i) S. 8; GAR Sweden 25.
1537 Sweden Report E (b)(i) S. 8.
1538 Sweden Report E (b)(i) S. 8.
1539 Sweden Report I(ii), (iv) S. 12; GAR Sweden 42; GTDT Sweden Rn. 16.

fehlenswert ist die Einführung einer schriftlichen Zusammenfassung zur Sortierung und Straffung des Sachverhaltes. Zudem wird auch im schwedischen Zivilverfahren dem Gerichtsgutachten in der Praxis aufgrund bestehender Unabhängigkeit und größerer Belastbarkeit per se mehr Wert zugemessen, als einem privat eingeholten Gutachten. Die Etablierung von Fachkenntnissen an den Gerichten führt zu einer zielgerichteten Bearbeitung und damit einhergehender Beschleunigung. Dies sollte im Rahmen der gesetzlichen Grenzen überdacht werden.

### 9. Slowakei

#### a. Rechtslage

Die Parteien haben aufgrund der Verpflichtung zur schnellen und effizienten Prozessführung alle Sachverhalte und Beweise im erstinstanzlichen Verfahren beziehungsweise der mündlichen Verhandlung darzulegen.[1540] Sie müssen in ihren Schriftsätzen den der Anspruchsbegründung zugrundeliegenden Sachverhalt darstellen und die belegenden Beweismittel anbieten.[1541] Die Schriftsätze können digital mit qualifizierter elektronischer Signatur eingereicht werden.[1542] Die Gerichte haben eine elektronische Aktenverwaltung, welche eine zufällige Fallverteilung auf die Richter und Senate vornimmt.[1543] Eine Klageänderung ist nach Verfahrensbeginn nur noch mit Zustimmung des Gerichtes möglich und darf die bisherigen Erkenntnisse und Beweisergebnisse nicht unbrauchbar machen.[1544] Dem Gericht obliegt die schnelle und effiziente Verfahrensführung, welche durch Setzung von Fristen gestaltet wird und im Fall der gerichtsseitigen Verzögerung beim Vorsitzenden des Gerichtes moniert werden kann.[1545] Ein Fristversäumnis der Parteien kann zum Verlust von Prozessrechten oder einem Versäumnisurteil führen.[1546]

---

1540 Slovak Republic Report, H (iii) S. 13.
1541 Slovak Republic Report, E (a)(i) S. 5, (a)(iv) S. 7; ICLG Slovakia 1.3, 2.1, 3.4, 8.1; e-justice SLO 1.1.
1542 ICLG Slovakia 3.1.
1543 ICLG Slovakia 6.1.
1544 ICLG Slovakia 3.4.
1545 ICLG Slovakia 6.2; Slovak Republic Report, H (iii) S. 13.
1546 ICLG Slovakia 6.3.

Das Gericht entscheidet über die Erhebung und Inanspruchnahme der für die Entscheidung erheblichen und notwendigen Beweismittel.[1547] Nur von den Parteien beantragte Beweiserhebungen sollen im Prozess berücksichtigt werden, das Gericht ist bei der Beweiserbringung grundsätzlich nicht aktiv beteiligt.[1548] Ausnahmsweise kann es von Amts wegen selbstständig andere als die angebotenen Beweise erheben, wenn sich diese aus öffentlichen Quellen oder Registern ergeben und dies zur Sachverhaltsermittlung und -entscheidung notwendig ist oder es sich um Verfahren des Verbraucher- oder Arbeitsrechtes handelt.[1549]

Die Beweise müssen grundsätzlich zur Erhebung in die mündliche Verhandlung eingebracht werden, sofern nicht eine Beweiserhebung außerhalb des Verfahrens oder durch ein anderes Gericht als effektiver oder zweckmäßiger erachtet wird.[1550] Letztere wird zuvor vom Gericht an die Parteien kommuniziert, die das Recht zur Anwesenheit haben.[1551] Zudem muss das Gericht anschließend in der mündlichen Verhandlung über die Ergebnisse der Beweisaufnahme informieren.[1552] Das Gericht kann über die Ergänzung der Beweisaufnahme entscheiden und anregen, die Beweise zu wiederholen.[1553] Es kann auch sowohl die Beteiligten als auch Dritte zur Beibringung von Beweisen und Erklärungen auffordern.[1554] Für die Prozessparteien besteht jedoch keine Pflicht selbstbelastende Beweise einzubringen.[1555] Einige Vorschriften der Zivilprozessordnung legen die Erhebung des Beweises anhand bestimmter Mittel fest, andernfalls wird die Art der Beweiserhebung durch das Gericht bestimmt.[1556] In Bezug auf die Beweismittel gibt es keine Einschränkungen und keine abschließende Aufzählung, sodass grundsätzlich jedes Mittel zulässig ist, sofern es der Sachverhaltsaufklärung dient und auf legalem Weg erlangt wurde.[1557]

Zu den Beweismitteln zählen unter anderem insbesondere Sachverständigengutachten.[1558] Gutachten von Organisationen oder registrierten Insti-

---

1547 Slovak Republic Report, E (a)(i) S. 5; ICLG Slovakia 8.1; e-justice SLO 1.1.
1548 ICLG Slovakia 7.4.
1549 e-justice SLO 1.1, 2.1; Slovak Republic Report, E (a)(i) S. 5; E(a)(iv) S. 7; ICLG Slovakia 7.4.
1550 Slovak Republic Report, E (a)(i) S. 5, E (a)(iv) S. 7, e-justice SLO 1.1, 2.2.
1551 Slovak Republic Report, E (a)(i) S. 5, E (a)(iv) S. 7, e-justice SLO 1.1.
1552 Slovak Republic Report, E (a)(i) S. 5, E(a)(iv) S. 7.
1553 Slovak Republic Report, E (a)(i) S. 5; e-justice SLO 1.1.
1554 ICLG Slovakia 7.1, 7.3.
1555 ICLG Slovakia 7.1, 7.5.
1556 Slovak Republic Report, E (a)(iii) S. 6; e-justice SLO 2.4, 2.7.
1557 e-justice SLO 2.4; Slovak Republic Report, E (a)(iii) S. 6; ICLG Slovakia 8.2.
1558 Slovak Republic Report, E (a)(iii) S. 6, (b)(i) S. 7; ICLG Slovakia 8.2.

tuten können in komplexen Fällen beauftragt werden und als Beweismittel dienen, sofern das Gericht von der Zuverlässigkeit überzeugt ist.[1559] Zwar spielt der Gutachter für die Einholung der beweiserheblichen Tatsachen eher eine untergeordnete Rolle, jedoch hat das Gutachten des Gerichtssachverständigen aufgrund der besonderen Fachkenntnisse einen hohen Stellenwert.[1560] Das Justizministerium führt eine (elektronische) Liste von Gutachtern und Übersetzern, die nach Fachgebiet sowie erforderlicher Aus- und Fortbildung sortiert sind und aus der der Gutachter nach seinem Fachgebiet ausgewählt werden soll.[1561]

Ein nicht in der Liste hinterlegter Gutachter kann nur dann ausgewählt werden, wenn kein aufgeführter Experte verfügbar oder die Auftragsbearbeitung nicht oder nur unter großen Schwierigkeiten möglich ist.[1562]

Die Beauftragung des Gutachters erfolgt durch das Gericht von Amts wegen im eigenen Ermessen oder auf Antrag der Parteien beziehungsweise durch diese selbst.[1563] Sofern zur Unterstützung des Gerichtes bei der Sachverhaltsfeststellung beziehungsweise zur Schadensfrage in Wirtschaftsstreitigkeiten für die Entscheidungsfindung zusätzliches Fachwissen notwendig ist, muss vom Gericht ein Gutachter oder ein sachverständiger Zeuge beauftragt werden, auch wenn es über ein relevantes Wissen in dem Rechtsgebiet verfügt.[1564] Der Auftrag des Gutachters wird im Beauftragungsschreiben festgehalten, welches die zu beantwortenden Fragen zum tatsächlichen Sachverhalt, nicht jedoch zur rechtlichen Würdigung beinhaltet.[1565] Dieser muss eine Schätzung hinsichtlich der benötigten Bearbeitungszeit abgeben.[1566] Die Anforderungen an das Gutachten sowie die Rechte und Pflichten des Gutachters sind im Gesetz über Sachverständige, Dolmetscher und Übersetzer geregelt.[1567] Der Sachverständige kann die Grundlagen seiner Ausführungen frei wählen, muss diese jedoch in seinem Gutachten darlegen.[1568] Das Gericht kann die Parteien oder Dritte zum Erscheinen und zur Unterstützung des Gutachters sowie Er-

1559 Slovak Republic Report, E (b)(i) S. 7.
1560 SV-Wesen in EU, S. 12, 14.
1561 Slovak Republic Report, E (b)(i) S. 7.
1562 Slovak Republic Report, E (b)(i) S. 7.
1563 Slovak Republic Report, E (b)(i) S. 7; ICLG Slovakia 8.4.
1564 SV-Wesen in EU S. 10; e-justice SLO 2.5, Slovak Republic Report, E (b)(i) S. 7 f..
1565 Slovak Republic Report, E (b)(i) S. 7; e-justice SLO 2.5.
1566 SV-Wesen in EU S. 37.
1567 SV-Wesen in EU S. 19, 22, 25.
1568 Slovak Republic Report, E (b)(i) S. 7.

läuterung der Sachverhaltsinhalte auffordern.[1569] Das Sachverständigengutachten wird mündlich in der Anhörung oder in schriftlicher Form erstattet.[1570] Der Gutachter kann in der mündlichen Verhandlung sowohl von den Parteien als auch vom Gericht befragt werden.[1571] Das Gutachten kann auch unter Zuhilfenahme weiterer Gutachten oder anderer Einrichtungen überprüft werden.[1572] Die Parteien haben das Recht sich zur Beweiserhebung und den untersuchten Beweismitteln zu äußern.[1573]

Jeder Partei steht es auch zu, einen eigenen Gutachter zur Einholung einer Stellungnahme zu beauftragen und als Beweis einzubringen.[1574] Dessen Beweiskraft ist jedoch grundsätzlich geringer als die eines Gerichtsgutachters und muss sich den Einwand der Gegenseite in Bezug auf eine fehlende Objektivität gefallen lassen.[1575] Gleichwohl soll eine Gleichstellung des Beweiswertes mit einem gerichtlich beauftragten Gutachten erfolgen, wenn es sich um einen entsprechend lizensierten Sachverständigen handelt und das Gutachten unter Anerkennung der Strafen für Falschgutachten erstellt wurde.[1576]

Das Gericht entscheidet aufgrund der bewiesen Fakten nach dem Grundsatz der freien Beweiswürdigung, sodass es bei der Berücksichtigung und der Gewichtung jedes der im Verfahren vorgebrachten Beweismittel im eigenen Ermessen frei ist.[1577] Einschränkungen bestehen nur hinsichtlich bestimmter übergeordneter Entscheidungen anderer nationaler und internationaler, insbesondere europäischer, Gerichte oder Behörden.[1578] Diese haben Beweiswert soweit sie auf dem Gebiet des EU-Rechtes und der entsprechenden Zuständigkeit entschieden wurden.[1579] Die Entscheidungen können im Rahmen des Ermessens einbezogen werden, entfalten jedoch keine Bindungswirkung für das Gericht.[1580] Das Gutachten eines Sachverständigen kann nach den Prozessvorschriften ausdrücklich durch den Bericht einer zuständigen Behörde ersetzt werden.[1581]

---

1569 Slovak Republic Report, E (b)(i) S. 7.
1570 Slovak Republic Report, E (b)(i) S. 7; SV-Wesen in EU S. 22.
1571 Slovak Republic Report, E (b)(ii) S. 8.
1572 Slovak Republic Report, E (b)(ii) S. 8.
1573 Slovak Republic Report, E (a)(iv) S. 7; e-justice SLO 2.2.
1574 Slovak Republic Report, E (b)(i) S. 7; ICLG Slovakia 8.4.
1575 Slovak Republic Report, E (b)(i) S. 7.
1576 ICLG Slovakia 8.4.
1577 Slovak Republic Report, E (a)(ii) S. 5; e-justice SLO 1.3, 2.3, 2.6, 3.1.
1578 e-justice SLO 1.3, 2.3, 2.6, 3.1; Slovak Republic Report, E (a)(ii) S. 5.
1579 Slovak Republic Report, E (b)(iii) S. 8.
1580 Slovak Republic Report, E (b)(iii) S. 8.
1581 Slovak Republic Report, E (b)(iii) S. 8.

Die Vergütung bemisst sich am Fachgebiet und an der Schwierigkeit des Gutachtens, was in besonderen Fällen mit einem Zuschlag von bis zu 30 % honoriert werden kann.[1582] Die Rechtsordnung sieht weiterhin vor, dass der Gutachter einen angemessenen Vorschuss verlangen kann und unter Umständen die Gutachtenerstattung davon abhängig machen kann.[1583] Zu zahlen ist der Gutachter von der Partei, welche ihn beauftragt oder notwendig gemacht hat.[1584]

Die Kosten für den Gerichtsgutachter unterfallen den Gerichtskosten, welche je nach Obsiegen und Unterliegen verteilt werden.[1585]

### b. Fazit

Im Ergebnis lässt sich festhalten, dass der Zivilprozess in der Slowakei einige Faktoren bereitstellt, deren Übernahme in das deutsche Verfahren aufgrund der beschleunigenden Wirkung empfehlenswert ist. Vorab sind die allgemeinen Effizienzgebote an das Gericht und die Parteien in Bezug auf die Prozessführung sowie die elektronische Verfahrensunterstützung zu nennen. Zudem gibt es eine zentral beim Justizministerium geführte, offizielle Liste mit Gutachtern, die nach Fachrichtung sortiert vorrangig auszuwählen sind und für deren Aufnahme bestimmte Aus- oder Fortbildungen erforderlich sind. Eine Nutzung von Organisationen und offiziellen Berichten als Gutachtenersatz kann ebenfalls eine Erleichterung der Ressourcen bringen. Die Aufwertung von Gerichtsgutachten, indem eine Gleichstellung von Privatgutachtern mit Gerichtssachverständigen nur erfolgt, sofern diese der genannten Liste entnommen und in Kenntnis der Rechtsfolgen von Falschgutachten agieren, ist unbedingt zu übernehmen und bietet Vorteile in der Verteilung der Kapazitäten und Qualitätssicherung. Begrüßenswert ist auch, dass der Gutachter die Grundlagen seiner Bearbeitung selbst wählen kann und das Gericht auf die Parteien oder Dritte zur Unterstützung einwirken kann. Die Orientierung der Vergütung an der Schwierigkeit des Beweisauftrages mit Zuschlagsmöglichkeit und die Abhängigkeit der Bearbeitung von der Vorschussleistung stellen eine weitere Wertschätzung dar.

---

1582 SV-Wesen in EU, S. 39, 40, 45.
1583 SV-Wesen in EU, S. 49.
1584 SV-Wesen in EU, S. 51; Slovak Republic Report, I (ii) S. 14.
1585 Slovak Republic Report, I (iv) S. 14, (v) S. 15; ICLG Slovakia 1.5.

## 10. Tschechien

### a. Rechtslage

Es obliegt den Parteien, die relevanten Fakten und Sachverhalte darzulegen und die konkreten Beweise zu benennen.[1586] Das Gericht entscheidet den Rechtsstreit auf der Basis der vorgelegten Beweise und hat die Freiheit, diese unabhängig von der Vorsehung der Partei zuzulassen und zu erheben sowie Zeugen zu befragen.[1587] Beweisangebote können zurückgewiesen werden, wenn diese für die Sachverhaltsklärung unerheblich sind, die Beweisaufnahme Kosten verursachen würde, die zum Streitwert unverhältnismäßig wären oder die Tatsachen bereits bewiesen sind.[1588] In einigen Fällen sind die Beweismittel gesetzlich vorgeschrieben.[1589] Eine Partei kann bei Gericht die Vorlage bestimmter, für das Verfahren relevant Dokumente, die bei der anderen Partei oder Dritten vorhanden sind, nur unter genauer Bezeichnung beantragen.[1590] Die Entscheidung zur Einbringung steht in Abhängigkeit einer Verhältnismäßigkeit und Geheimhaltung und liegt im Ermessen des Gerichtes.[1591] Ein Unterlassen der Vorlage auf gerichtliche Anforderung kann ein (wiederkehrendes) Ordnungsgeld sowie ein Strafverfahren wegen andauernder Verfahrensverzögerung oder -behinderung nach sich ziehen.[1592]

Die Beweisaufnahme erfolgt grundsätzlich in der mündlichen Verhandlung, es sei denn, die Erhebung außerhalb oder durch ein anderes Gericht ist zweckmäßiger.[1593] Dann haben die Parteien ein Anwesenheitsrecht sowie überhaupt ein Recht zur Stellungnahme hinsichtlich der Beweisaufnahme.[1594] Grundsätzlich sind alle legal erlangten Beweismittel zulässig, die zur Sachverhaltsaufklärung verwendet werden können.[1595] Hierzu zählen auch Sachverständige.[1596]

---

1586 ICLG Czech 4.1, 4.2; e-justice CZ 1.1, 2.1, 2.3.
1587 ICLG Czech 1.8, 4.1; e-justice CZ 2.1, 2.3.
1588 e-justice CZ 2.1, 2.3.
1589 e-justice CZ 2.7.
1590 Czech Report E (a)(iv) S. 8; ICLG 4.5.
1591 Czech Report E (a)(iv) S. 8; ICLG 4.5.
1592 Czech Report E (a)(iv) S. 8; ICLG 4.5.
1593 e-justice CZ 2.2.
1594 e-justice CZ 2.2.
1595 Czech Report E (a)(iii) S. 7; ICLG Czech 4.4; e-justice CZ 2.4, 3.1.
1596 Czech Report E (a)(iii) S. 7; e-justice CZ 2.4.

In Tschechien ist der Sachverständige ein Helfer des Gerichtes, dessen Einsatz verpflichtend ist, wenn dem Spruchkörper die zur Entscheidung eines bestimmten Falles erforderliche Kenntnis fehlt.[1597] Er hat einen sehr hohen Stellenwert und ist in der Regel Basis für die Gerichtsentscheidung.[1598] Die Bestellung des Gutachters erfolgt von Amts wegen durch das Gericht oder aufgrund des Antrages der Parteien.[1599] Die Bestimmung des Sachverständigen erfolgt durch gerichtliche Auswahl aus einem elektronischen Register von Sachverständigen und Übersetzern, welches bei den örtlichen Gerichten geführt, aber zentral vom Justizministerium verwaltet wird.[1600] Diese Gutachter sollen – je nach Sachgebiet – vorrangig ausgewählt werden.[1601] Ein Rückgriff auf andere, nicht aufgeführte Sachverständige ist nur zulässig, wenn ein Sachverständiger dieser Liste nicht oder nur unter schweren Umständen verfügbar ist.[1602] Vor der Anrufung bedarf es der Anhörung der Parteien.[1603]

Die Rolle des Experten und die Fragen an diesen werden in der Beauftragung durch das Gericht präzisiert.[1604] Für die Beauftragung muss jedoch bereits in der Klage der Inhalt der Fragestellung definiert sein.[1605] Der Gutachter wählt die Mittel und die Fakten, die Grundlage seiner Begutachtung sind, nach eigenem Ermessen aus, was häufig Gegenstand von Angriffen der Verfahrensbeteiligten ist.[1606] Das Gericht kann im Falle der Erforderlichkeit die Arbeit des Sachverständigen erleichtern, indem die Parteien oder Dritte zum Erscheinen beim Sachverständigen, zur Bereitstellung von Gegenständen oder zur Abgabe von Erklärungen oder Duldung von Untersuchungen angewiesen werden.[1607] Zudem haben die Gutachter theoretisch die Möglichkeit Zeugen zu befragen, sofern das Gericht zustimmt.[1608]

Die Parteien können auch für sich zum Beweis einen Gutachter bestellen, was jedoch einen geringeren Beweiswert und die hohe Wahrschein-

1597 Czech Report E (b)(i) S. 9; SV-Wesen in EU, S. 11; e-justice CZ 2.5.
1598 SV-Wesen in EU, S. 14.
1599 Czech Report E (b)(i) S. 9.
1600 e-justice CZ 2.5, Czech Report E (b)(i) S. 9, Hinterlegung beim Justizministerium.
1601 Czech Report E (b)(i) S. 9.
1602 Czech Report E (b)(i) S. 9.
1603 Czech Report E (b)(i) S. 9.
1604 Czech Report E (b)(i) S. 9.
1605 e-justice CZ 2.3.
1606 Czech Report E (b)(i) S. 9.
1607 e-justice CZ 2.5, Czech Report E (b)(i) S. 9.
1608 e-justice CZ 2.5, 2.12; Czech Report E (b)(ii) S. 10.

lichkeit birgt, dass die Gegenseite die Unabhängigkeit anzweifelt.[1609] Privat beauftragte Gutachter werden ebenfalls von Seiten des Gerichtes durch Gewährung von Einsichts- und Informationsrechten unterstützt.[1610] Ein Privatgutachten wird bei Einhaltung der gesetzlichen Anforderungen und, sofern es mit einem Vermerk des Sachverständigen zur Kenntnis der Folgen eines vorsätzlich falschen Gutachtens versehen ist, wie ein von Gericht angeordnetes Sachverständigengutachten behandelt.[1611]

In der Praxis der Beweiserhebung wird meist ein schriftliches Gutachten erstellt, welches mündlich erörtert werden muss.[1612] Eine mündliche Gutachtenerstattung zu Protokoll ist ebenfalls möglich.[1613] Ein Gutachten besteht aus drei Teilen: dem Befund, welcher die überprüften Umstände beinhaltet, der Stellungnahme des Sachverständigen und einem Vermerk.[1614] Die Würdigung der Beweise erfolgt frei im eigenen Ermessen des Gerichtes unter Inbezugnahme aller festgestellten Umstände und Sachverhaltsdetails vor allem in Bezug auf jedes separate Beweisstück und alle Beweise gemeinsam.[1615] Einschränkungen können nur hinsichtlich Entscheidungen anderer nationaler und internationaler Behörden und Gerichte bestehen.[1616] Das Gericht ist an das Gutachten nicht gebunden und bewertet dieses hinsichtlich seiner inhaltlichen Vollständigkeit und Überzeugungswirkung im gleichen Maße wie andere Beweismittel und in deren Zusammenhang.[1617] Ein Rangverhältnis zwischen den Beweismitteln besteht nur in Ausnahmefällen.[1618]

Die Gebührenordnung des Justizministeriums enthält auch die Vorschriften für die Vergütung der Gutachter.[1619] Diese bemisst sich unter anderem an der Schwierigkeit des Sachverhaltes.[1620]

Darüber hinaus ist ein umfangreicher Zuschlagskatalog vorgesehen, sodass eine entsprechende Erhöhung für bestimmte Situationen, etwa bei eiligen Fällen, der Prüfung eines anderen Gutachtens oder einem beson-

1609 Czech Report E (b)(i) S. 9.
1610 e-justice CZ 2.5.
1611 e-justice CZ 2.5.
1612 e-justice CZ 2.5.
1613 SV-Wesen in EU, S. 22.
1614 e-justice CZ 2.5.
1615 Czech Report E (a)(ii) S. 7; ICLG Czech 4.1; e-justice CZ 1.3.
1616 e-justice CZ 1.2.
1617 SV-Wesen in EU, S. 17; e-justice CZ 2.5.
1618 e-justice CZ 2.6.
1619 SV-Wesen in EU, S. 35.
1620 SV-Wesen in EU, S. 41.

ders hohen Schwierigkeitsgrad möglich ist.[1621] Die Vergütung kann in einigen Fällen nicht nur durch Vorschüsse, sondern etwa zur Deckung hoher Auslagen auch in Form von Teilzahlungen gefordert werden.[1622] Zwar schuldet der Staat die Kosten für den Gutachter, jedoch sind diese als Verfahrenskosten von der unterlegenen Partei zu tragen.[1623]

#### b. Fazit

Mehrere vom deutschen Prozess abweichende, jedoch übertragungswürdige Elemente sind hervorzuheben. Die frühzeitige und explizite Beweisfrage an den Gutachter ist für dessen Arbeit und die daraus resultierende zügige Umsetzung wichtig. In Tschechien werden die Gutachter vorrangig aufgrund einer zentral geführten elektronischen Liste ausgewählt. Weiter ist hervorzuheben, dass der Gutachter in seiner Bearbeitung frei ist, die Arbeit selbst jedoch durch das Gericht und entsprechende Mitwirkungspflichten der Parteien unterstützt wird. Zudem werden Privatgutachten nur mit entsprechender Versicherung durch den Gutachter einem Gerichtsgutachten gleichgestellt. Abschließend orientiert sich, wie in vielen anderen Rechtsordnungen, die Vergütung an der Schwierigkeit des Falles und sieht die Möglichkeit von Bonuszahlungen vor. Zusammen mit der Möglichkeit von Teilzahlung besteht damit eine finanzielle Entlastung des Gutachters und Anreiz zur Auftragsübernahme, was zur Steigerung der Motivation beitragen kann.

### 11. Ungarn

#### a. Rechtslage

Das ungarische Prozessrecht ist 2018 vor dem Hintergrund der Effizienzsteigerung aktualisiert worden.[1624] Unter anderem soll der ganze Schriftverkehr mit dem Gericht, mit Ausnahme für natürliche Personen, elektronisch erfolgen.[1625] Der Zivilprozess ist in zwei Phasen unterteilt: Erstens,

---

1621 SV-Wesen in EU, S. 48.
1622 SV-Wesen in EU, S. 49.
1623 SV-Wesen in EU, S. 51; Czech Report I (a)(v) S. 17; ICLG Czech 8.1.
1624 ICLG Hungary 1.1, 1.3, 6.2.
1625 ICLG Hungary 1.3, 3.1.

die Prozessvorbereitung, in welcher durch die eingereichten Schriftsätze der Rahmen festgesteckt wird und Beweisanträge gestellt werden, jedoch nur eine eingeschränkte Erhebung erfolgt.[1626] Danach folgt die Anhörungsphase mit der Beweiserhebung und der Gerichtsentscheidung.[1627] Änderungen der Klageinhalte sind dann nur noch in geringem Umfang zulässig.[1628] Alle zur Entscheidung notwendigen Sachverhaltsdetails und Beweise sollen von den Parteien frühzeitig eingebracht werden, damit das Verfahren in einer mündlichen Verhandlung abgehalten werden kann.[1629] Das Gericht kann Fristen für Verfahrenshandlungen festgelegen.[1630]

Das Gericht erhebt die zur Entscheidung notwendigen Beweise und ist frei in der Auswahl der Mittel zur Bewertung des Sachverhaltes.[1631] Dies jedoch nur, sofern sie von den Parteien vorgebracht werden. Eine Amtsermittlung gibt es außer in gesetzlich vorgeschriebenen Fällen nicht.[1632] Hinsichtlich der zulässigen Beweismittel gibt es keine abschließende Liste und keine Einschränkungen an deren Verwendung, sodass jegliches Mittel zur Sachverhaltsermittlung und Darstellung der Fakten geeignet sein kann.[1633] Sofern Beweismittel bei der Gegenpartei oder Dritten vorhanden sind, können diese auf Antrag durch das Gericht zur Offenlegung und Herausgabe aufgefordert werden.[1634]

Das Nichtbefolgen gerichtlicher Anweisungen und die (unberechtigt) fehlende Mitwirkung kann bei der Partei zur Nichtberücksichtigung der Handlung oder einer veränderten Überzeugung des Gerichtes in Bezug auf die in Frage stehenden Fakten führen und für Dritte ein Ordnungsgeld nach sich ziehen.[1635]

Zu den wichtigsten Beweismitteln zählt der Sachverständigenbeweis.[1636] Bei fehlendem eigenen Fachwissen für die Eruierung oder Bewertung des Sachverhaltes erfolgt zur Unterstützung des Gerichtes die Beweiserhebung durch ein Sachverständigengutachten.[1637] Dieses hat eine große Bedeutung

---

1626 ICLG Hungary 1.3.
1627 ICLG Hungary 1.3.
1628 ICLG Hungary 1.3, 3.4.
1629 ICLG Hungary 3.3, 6.2.
1630 ICLG Hungary 6.2.
1631 Hungary Report E(a)(i) S. 7; ICLG Hungary 8.1; e-justice HU 2.
1632 Hungary Report E(a)(i) S. 7; e-justice HU 2.1.
1633 Hungary Report E(a)(iii) S. 7; ICLG Hungary 8.1; 8.2.
1634 Hungary Report E(a)(iv) S. 9; e-justice HU 2.5.
1635 Hungary Report E(a)(iv) S. 9, ICLG Hungary 6.3.
1636 ICLG Hungary 8.2; Hungary Report E(a)(iii) S. 8; e-justice HU 2.4.
1637 Hungary Report E(b)(i) S. 9; SV-Wesen in EU, S. 11, 12; ICLG Hungary 8.4.

und führt dazu, dass sich das Gericht bei entsprechender Feststellung auf das Gutachten stützt.[1638] Die Beauftragung eines Sachverständigen von Amts wegen ist eingeschränkt worden. Sie darf nur noch erfolgen, wenn keine Partei die Beauftragung eines Privatgutachters beabsichtigt hat, sich Privatgutachten widersprechen oder explizit bei Gericht die Bestellung beantragt wird.[1639] An den Sachverständigen werden die Anforderungen einer fachbezogenen Hochschulausbildung sowie einer gewissen Berufserfahrung gestellt.[1640] Die Gutachter werden vom Justizminister ernannt.[1641] Es dürfen nur spezielle Gutachter im Sinne des „*Acts on Forensic Experts*" beauftragt werden.[1642] Einige Anforderungen an das Gutachten sind gesetzlich festgelegt.[1643] Die an den Gutachter zu stellenden Fragen müssen vom Gericht und den Parteien vorgegeben werden.[1644] Das Gutachten kann mündlich oder schriftlich erbracht werden, die Schriftform ist dabei der Regelfall.[1645] Die Beweisaufnahme in Bezug auf ein Sachverständigengutachten wird in der mündlichen Verhandlung vorgenommen.[1646] Der (Gerichts-)Gutachter hat zu jeder Zeit während des Verfahrens neben den Parteien und deren Vertretern Zugang zu den Gerichtsakten und das Recht zur Vervielfältigung.[1647]

Gerichtlich bestellte Gutachter sind zur Mitwirkung an der Beweiserhebung verpflichtet, sofern sie nicht im Voraus um entsprechend begründete Entbindung gebeten haben.[1648] Eine Verweigerung oder unterlassene Mitwirkung kann zur Auferlegung der dadurch entstandenen Kosten, einer Strafe, der Kürzung der Vergütung, der Information gegenüber Aufsichtspersonen und Behörden oder einer gerichtlichen Verpflichtung zur Mitwirkung führen.[1649] Der Gutachter kann um schriftliche Ergänzung gebeten oder in die mündliche Verhandlung geladen werden.[1650]

---

1638 SV-Wesen in EU, S. 11, 14.
1639 ICLG Hungary 8.4.
1640 SV-Wesen in EU, S. 20.
1641 SV-Wesen in EU, S. 20.
1642 ICLG Hungary 8.4.
1643 SV-Wesen in EU, S. 26.
1644 ICLG Hungary 8.4.
1645 SV-Wesen in EU, S. 23; e-justice HU 2.2.
1646 e-justice HU 2.5.
1647 ICLG Hungary 7.1.
1648 e-justice HU 2.10.
1649 e-justice HU 2.10, Hungary Report E(a) (iv) S. 8 f..
1650 ICLG Hungary 8.4.

Die Parteien können auch von sich aus Gutachter beauftragen und als Beweismittel einbringen.[1651] Falls jedoch beide Parteien widersprechende Gutachten einreichen, wird seitens des Gerichts ein weiterer Gutachter beauftragt.[1652] Sofern das Gericht einen Gutachter beauftragt hat, darf anschließend kein Privatgutachter mehr beauftragt werden.[1653] Der Gerichtsgutachter ist dem Gericht verpflichtet, hingegen muss der Privatgutachter dem Auftraggeber folgen.[1654] Ungeachtet dessen sind Gutachter verpflichtet unabhängig und unparteilich zu agieren.[1655] Die gerichtliche Bestellung und die Arbeit des Gutachters haben hinsichtlich der Einhaltung der prozessualen und gerichtlichen Vorkehrungen mehr Gewicht, der private Gutachter unterliegt keinen gerichtlichen Anforderungen.[1656]

Es gilt das Prinzip der freien Beweiswürdigung, sodass das Gericht frei in der Beweiserhebung und -verwertung inklusive Würdigung und Überzeugung der einzelnen Mittel ist.[1657] Die Beweismittel unterliegen keiner Rangordnung oder haben einen vorgegebenen Beweiswert.[1658] Die Praxis zeigt jedoch, dass aufgrund der gerichtlichen Bestellung dem Gerichtssachverständigen im Rahmen der Beweiswürdigung mehr Gewicht beigemessen wird als dem Privatgutachter.[1659]

Die Vergütung für Sachverständige ist in der Gebührenordnung des Justizministeriums hinterlegt und hängt von der Komplexität des zu begutachtenden Sachverhaltes sowie den damit zusammenhängenden notwendigen Untersuchungshandlungen ab, sodass bei hohem Schwierigkeitsgrad sogar ein Zuschlagssystem bis zum 2,5fachen des Grundhonorars greifen kann.[1660] In Bezug auf die Vergütungshöhe wird bei entsprechend hoher Schätzung auf Antrag einer Partei vom Gericht an den Gutachter die Aufforderung zur Erstellung eines Planes mit den notwendigen Aufgaben und einer Kosten- sowie Ausgabenkalkulation angefordert.[1661] Die beweispflichtige Partei hat den Sachverständigenvorschuss zu zahlen.[1662] Die

1651 Hungary Report E(b) (i) S. 9.
1652 ICLG Hungary 8.4.
1653 ICLG Hungary 8.4.
1654 ICLG Hungary 8.4.
1655 ICLG Hungary 8.4.
1656 Hungary Report E(b)(i) Fn. 44. S. 9.
1657 Hungary Report E(a)(iii) S. 7 f. und (iv) S. 8; ICLG Hungary 8.1; e-justice HU 1.3, 3.
1658 Hungary Report E(a)(iii) S. 8.
1659 Hungary Report E(b)(i) Fn. 44. S. 9.
1660 SV-Wesen in EU, S. 35, 41, 48.
1661 ICLG Hungary 1.5.
1662 SV-Wesen in EU, S. 51.

Ausgaben sind als notwendige Verfahrenskosten erst nach Abschluss des Verfahrens von der unterliegenden Partei je nach Obsiegen zu tragen.[1663]

### b. Fazit

Die letzten Änderungen der ungarischen Zivilprozessordnung könnten und sollten zumindest teilweise auch in den deutschen Prozess übernommen werden. Vor allem die Einbeziehung bestimmter Gerichtsgutachter, die Abstimmung und Vorbereitung der an den Gutachter zu stellenden Fragen und wiederum die Sachverhaltsfixierung zur zügigen Verhandlung in einem Termin sind hier zu nennen. Das Kostenmodell, welches bereits zuvor am Schwierigkeitsgrad orientiert war und nun anhand einer detaillierten Kostenschätzung Aufwände transparent macht sowie die umfangreichen Rechte des Gutachters sind hervorzuheben und übertragungswürdig. Dies wird dem hohen Ansehen des Gerichtsgutachters, den an diesen gestellten Anforderungen in Bezug auf Ausbildung und Erfahrung sowie dessen Relevanz für den Zivilprozess gerecht. Andererseits ist deshalb auch die Sanktionierung einer unberechtigten Weigerung nachvollziehbar. Interessant ist auch die Abkehr von der Nichtberücksichtigung von Privatgutachtern hin zur Alternativ- beziehungsweise Aufklärungsbestellung. Dies vor dem Hintergrund, dass Gerichtsgutachter nachrangig verwendet werden sollen, jedoch mit der Folge, dass im Anschluss kein weiteres Privatgutachten mehr möglich sein soll. Andernfalls fehlt es an einer abschließenden Wirkung des Gerichtsgutachtens.

## III. Zwischenfazit zu den EU-Rechtsordnungen

Durch die Analyse des Sachverständigenbeweises in verschiedenen EU-Zivilprozessordnungen lassen sich durch rechtsordnungsübergreifende wiederkehrende Faktoren Erkenntnisse gewinnen, wie das Vorgehen im deutschen Zivilverfahren mit dem Ziel einer Beschleunigung angepasst werden könnten. Bei den hier verglichenen Rechtssystemen handelt es sich um Mitglieder der *Civil Law* Rechtsfamilie, wie bei der Rechtsordnung Deutschlands und den meisten kontinentaleuropäischen Rechtsordnungen. Damit steht der Vergleichbarkeit keine grundsätzlichen, systemischen Mängel entgegen.

---

1663 Hungary Report I(ii)&(v) S. 13 f.; ICLG Hungary 1.5; SV-Wesen in EU S. 51.

Darüber hinaus wird ein Gleichlauf der Vorgehensweise zu einer Vereinfachung eines möglichen zukünftigen länderübergreifenden Prozess- und Beweisrechtes führen, ohne die funktionierenden einzelstaatlichen Regelungen einzuschränken.[1664]

### 1. Digitalisierung

In vielen untersuchten Zivilprozessordnungen ist eine digitale Verfahrensführung vorhanden. Durch schnellere Kommunikations- und Versandwege sowie Teilhabemöglichkeiten fallen zeitraubende Handlungen und Wartezeiten weg. Dies führt zur Beschleunigung.

### 2. Frühzeitige Beweiserhebung und Beweisoffenlegungspflicht

Viele Rechtsordnungen sehen eine frühzeitige, nur einmalige Einbringung der Sachverhaltsdetails und Beweisanträge mit teilwiese nur bedingter Änderungsmöglichkeiten zur Fixierung und Bündelung dieser bereits im Vorverfahren vor. In diesen Kontext haben diverse Rechtsordnungen den Grundsatz des fairen Verfahrens und Waffengleichheit zu einer gegenseitigen Beweisoffenlegung ausgedehnt. Dadurch wird verhindert, dass sich der Sachverhalt zur Mehrbelastung der diesen bewertenden Gutachter und / oder Richter verändert. Zudem können frühzeitig die notwendigen Beweismittel involviert werden, was ebenfalls zur Beschleunigung führt.

### 3. Sachverhalts- und Schriftsatzzusammenfassung

Die Sachverhaltssortierung und -straffung ist vor allem in den Nordeuropäischen Rechtsordnungen die Basis des beschleunigten Gerichtsverfahrens und der zügigen Beweiserhebung. Hierzu zählt auch die immer wieder aufgebrachte verpflichtende Sachverhalts- und Schriftsatzzusammenfassung durch die Parteien als Grundlage für das weitere Verfahren. Durch diese Komprimierung wird allen bewertenden Beteiligten die Arbeit erleichtert.

---

1664 So auch *Jacobs*, DS 2019, 73 (74).

### 4. Gutachterlisten

Die Hälfte der untersuchten Rechtsordnungen nutzen an den einzelnen Gerichten abrufbare, aber zentral geführte Listen von Gerichtsgutachtern, auf die vor dem Hintergrund der Gewährleistung von Qualität und Konstanz häufig zurückgegriffen wird. Zum Teil ist eine entsprechende Auswahl mit einer Kommentierungsmöglichkeiten der Parteien versehen.

### 5. Unterstützung der Gutachter

Ein weiterer wiederkehrender Faktor ist die Unterstützung der Gutachter durch die Gerichte und die Parteien aufgrund frühzeitiger Einbringung und gerichtlicher Abstimmung der an den Sachverständigen zu richtenden Fragen mit den Parteien sowie eine im Übrigen herrschende Arbeitsfreiheit in Bezug auf die Mittel und Fakten. Diese stehen in Zusammenhang mit umfangreichen Teilnahme-, Einsichts- und Untersuchungsrechten der Gerichtsgutachter. Zur Unterstützung der Arbeit des Gutachters wurden in einigen Ländern auch gesetzlich verankerte oder gerichtlich vorgegebene und entsprechend sanktionierte Mitwirkungspflichten eingeführt. In den Niederlanden gibt es andererseits aber auch die Pflicht des Sachverständigen zur Einreichung eines Entwurfsgutachtens, was vor dem Hintergrund der Verhinderung späterer Angriffe sinnvoll erscheint.

### 6. Vorrang von Gerichtgutachtern

Nahezu alle Rechtsordnungen sehen auch das Gerichtsgutachten vorrangig vor dem Parteigutachten mit entsprechender geringer Nutzung und teilweiser Abwertung des Privatgutachtens gegenüber dem gerichtlichen Pendant.

Vor dem Hintergrund des geringeren negativen Einflusses der Parteien, der damit einhergehenden Abhängigkeit von den privaten Auftraggebern, einseitiger Informationslage bei der parteiseitigen Beauftragung und der Mehrzahl an Rechten des Gerichtsgutachters sowie einer höheren bereits erprobten Belastbarkeit der Gerichtsgutachten gegenüber Parteigutachten wird der Beweiswert höher eingeschätzt. Aufgrund einer stets möglichen Einreichung eines Gegengutachtens fehlt es dem Privatgutachten in der Regel auch an einer Finalität. Insofern wird ein Rückgriff auf diese Gutachten entweder nur zur Überprüfung und Konfrontation bei Widersprüchen des Gerichtsgutachtens oder bei Vorliegen einer Disposition durch alle Verfahrensbeteiligten beziehungsweise durch Auswahl aus den vorgegebenen Gutachterlisten und unter bestimmter Erklärung des Gutachters hinsichtlich seiner Unabhängigkeit befürwortet.

Aufgrund des großen Einflusses im Verfahren sowie der in vielen Ländern erforderlichen Qualifikation in Form von Ausbildung und Erfahrung beziehungsweise teilweise geforderter Zertifizierung wird den Gerichtsgutachtern auch eine entsprechend wertschätzende Stellung bescheinigt. Andererseits wird ihnen gerade wegen dieser Stellung eine gesellschaftliche Pflicht zur Begutachtung und Mitwirkung im Verfahren mit Reaktionsfristen sowie entsprechenden Rechtsfolgen bei unberechtigter Weigerung oder sonstigen „Gutachtenfehlern“ angedroht. Insgesamt sehen einige Rechtsordnungen nur einen subsidiären Rückgriff auf die Gerichtsgutachten nach Widerspruch, Erfolglosigkeit oder Uneinbringlichkeit anderer Beweismittel vor.

#### 7. Vergütung

Einige Länder sehen die Vergütung in Abhängigkeit zur Komplexität und Schwierigkeit beziehungsweise Aufwand des zu begutachtenden Sachverhaltes vor. Daneben arbeiten die schnelleren Rechtsordnungen zum Teil mit einem Zuschlagssystem, etwa für schwierige Gutachten, sowie einer mehrstufigen Auszahlung, was aufgrund geringerer Vorleistung und kleineren Risikos, die Motivation der Gutachter steigern dürfte. Durch diese Entlastung des Sachverständigen und eine gesteigerte Motivation aufgrund von Zuschüssen wirkt dies beschleunigend.

## *D. Vergleich mit internationalen Rechtsordnungen*

Der Status quo des deutschen Zivilprozesses soll auch im Vergleich mit anderen internationalen Rechtsordnungen evaluiert werden.

### I. Datengrundlage

Zur Ermittlung der Dauer von Zivilverfahren in den Nicht-EU Rechtsordnungen wurden Vergleichsstudien international agierender Organisationen ausgewertet. Aus den unter B.2. genannten Studien, vor allem die

Untersuchungen der OECD, des CEPEJ und der ROLI lassen sich auch Erkenntnisse zur Zivilprozessordnung in internationalen Rechtsordnungen gewinnen.

## II. Ergebnisse

### 1. CEPEJ

Die Studie der CEPEJ hat zahlreiche außereuropäische Rechtsordnungen vergleichend untersucht und liefert Erkenntnisse über die Dauer der jeweiligen Zivilverfahren. Insbesondere der Zivilprozess in Russland, Aserbaidschan, der Schweiz, der Ukraine, Moldawien, Albanien, Norwegen, Makedonien und Armenien wird zeitlich effizienter abgewickelt als in Deutschland.[1665] Für Kasachstan und Marokko wurden erstmals ebenfalls Zahlen aufgeführt, die eine kürzere Verfahrensdauer als in Deutschland benennen. Alle vorgenannten Länder weisen zudem der deutschen Zahl ähnliche Abarbeitungsquoten von circa 100 % auf.[1666] Hinsichtlich der eingehenden Neufälle je 100 Einwohner konnten für die genannten Länder Russland (4,1), Aserbaidschan (2,3), Schweiz (2,6), Ukraine (1,7), Moldawien (2,4), Albanien (0,6), Norwegen (0,3), Makedonien (2,0) und Armenien (2,8) mit Deutschland (1,5) vergleichbare Zahlen ermittelt werden, aus denen in Verbindung mit der Abarbeitungsquote eine für Vergleichszwecke valide Datengrundlage ersichtlich ist.[1667]

Für die vergleichende Untersuchung relevant sind somit die Prozessordnungen Russlands, der Ukraine, der Schweiz, Moldawiens, Albaniens, Norwegens, Aserbaidschans und Armeniens.

### 2. OECD

Die Auswertung der OECD Studie ergab, dass insbesondere die Rechtsordnung von Japan einen sehr schnellen Zivilprozess hat.[1668] Im Vergleich zu den circa 200 Tagen Verfahrensdauer die durchschnittlich beim deutschen Zivilprozess erreicht werden und zu einer Position im Mittelfeld führen,

---

1665 CEPEJ 2020, S. 115, Schaubild 5.9.
1666 CEPEJ 2020, S. 115, Schaubild 5.9.
1667 CEPEJ 2020, S. 112, Schaubild 5.7.
1668 OECD Working Paper No. 1060 S. 16.

ist Japan mit 107 Tagen nahezu doppelt so schnell. Als nächstes folgen direkt Österreich (129) und die Schweiz (131), sowie Tschechien (135), Korea (144), Griechenland (155) Norwegen (160), Polen (167), Neuseeland (171), Russland (176), Schweden (186) und Australien (192). Der Durchschnitt in den OECD Staaten liegt bei 238 Tagen.[1669]

Es muss wiederum in Betracht gezogen werden, wie viele Verfahren in Relation zur Bevölkerungsanzahl anhängig sind. Die Zahl der Rechtsstreitigkeiten pro Kopf ist in Deutschland mit 0,03 Verfahren im Vergleich zu fast allen anderen genannten schnelleren Rechtsordnungen höher.[1670] Lediglich Russland wird mit 0,09 Verfahren pro Einwohner stärker belastet.[1671] Von den übrigen vorgenannten Nicht-EU-Rechtsordnungen sind Japan und Norwegen mit 0,01 Verfahren sehr niedrig.[1672] Die Schweiz und Korea haben 0,02 Verfahren pro Einwohner.[1673] Für Neuseeland sind keine Vergleichswerte vorhanden. Dieser Messpunkt allein ließe aufgrund geringerer Belastung auf eine schnellere und effektivere Arbeitsweise schließen, sodass hier die Rechtsordnung mit vergleichbarer oder höherer Anzahl am realistischsten zu betrachten sind. Für die vorliegenden Untersuchungen der Nicht-EU-Staaten sind somit die Zivilprozessordnungen Japans, Norwegens, der Schweiz, Koreas, Neuseelands, Russlands und Australiens näher zu beleuchten.

### 3. ROLI

Nach der Bewertung nach dem *Rule of Law Index* 2020 rangieren in Bezug auf die Umsetzung der Rechtsstaatlichkeit, zu der auch die zeitliche Durchführung von Zivilprozessen gehören, in dessen Top 10 alle skandinavischen Länder sowie Deutschland auf Platz 6. Die Plätze davor belegen Dänemark (1), Norwegen (2), Finnland (3), Schweden (4) und Niederlande auf Platz 5. Nach Deutschland ist Neuseeland auf Platz 7, Österreich auf 8, Kanada auf Platz 9 und Estland auf 10.[1674] Auf den Punkt des Zivilverfahrens reduziert, ist das Top Ten Ranking: Dänemark (1); Norwegen (2);

---

1669 OECD Working Paper No. 1060 S. 16.
1670 OECD Working Paper No. 1060 S. 37, Figure 18.
1671 OECD ECONOMY POLICY PAPERS, NO. 5 S. 30, Figure 13; OECD Working Paper No. 1060 S. 37, Figure 18.
1672 Ebd.
1673 OECD ECONOMY POLICY PAPERS, NO. 5 S. 30, Figure 13; OECD Working Paper No. 1060 S. 37, Figure 18.
1674 ROLI 2020, S. 6 f., 16.

Niederlande (3) vor Deutschland auf Platz 4. Schweden (5) und Singapur (6) folgen vor Finnland (7), Estland (8), Japan (9) und Neuseeland (10).[1675] Damit sind aufgrund des Top 10-Rankings in beiden Auflistungen für die anschließende Betrachtung der Nicht-EU-Rechtsordnungen aus dieser Studie die Länder Norwegen und Neuseeland relevant.

#### 4. Ergebnis

Die drei Studien stimmen darin überein, dass international und außerhalb der EU, die Rechtsordnung Norwegen die Spitzenposition einnimmt. Folglich wird sie mit der Zivilprozessordnung Deutschlands zu vergleichen sein. Weitere Rechtsordnungen, die zumindest in zwei Studien übereinstimmend als schneller bewertet wurden, sind Neuseeland, Russland und die Schweiz. Diese vier Prozessordnungen gilt es im Folgenden in Bezug auf den Sachverständigenbeweis zu analysieren. Die effizienzbegründenden Faktoren der jeweiligen Rechtsordnungen können herausgestellt und zur Übernahme in den deutschen Zivilprozess überprüft werden, um diesen zu beschleunigen.

## III. Untersuchung der Referenzrechtsordnungen

### 1. Neuseeland

#### a. Rechtslage

In Neuseeland wurden an einigen Gerichten Kammern installiert, um mit fachspezifischen Fällen betraut zu werden.[1676] Zudem gibt es in besonders komplexen Verfahren ein Managementsystem mit Fristen für bestimmte Prozesshandlungen.[1677] Alle notwendigen Erhebungen und Sachverhaltsermittlungen sollen in einem einzigen Termin erfolgen.[1678] Sofern jedoch eine Effizienzsteigerung möglich ist, können generelle Punkte oder Vorfragen in separaten Anhörungen geklärt werden.[1679] Die Initiierung des Pro-

1675 ROLI 2020, S. 28.
1676 ICLG New Zealand 3.2.
1677 ICLG New Zealand 3.2.
1678 ICLG New Zealand 3.4.
1679 ICLG New Zealand 3.4.

zesses im neuseeländischen Zivilverfahren erfolgt durch eine parteiseitige, mit den *High Court Rules* konforme Einreichung der Sachverhaltsdarstellung sowie der relevanten Beweismittel vor der eigentlichen mündlichen Verhandlung.[1680] Dabei kann eine Verhandlungsführung durch einen kammerangehörigen Richter (*panel judge*) beantragt werden.[1681]

Bei der Einbringung von Sachverstand sind (Gerichts-)Gutachter (*experts*) und sachverständige Zeugen (*expert witnesses*) zu unterscheiden. Rechtsgrundlagen für die Einbeziehung des Gutachters sind der *Evidence Act* 2006 sowie die *High Court Rules* von 2016. Die Beauftragung der nach den *High Court Rules* bestellten Gerichtsgutachter (*court experts*) erfolgt durch das Gericht und ist jederzeit auf Antrag der Parteien oder von Amts wegen zulässig, sofern dieses bei seiner Entscheidungsfindung unterstützt wird.[1682] Das Gutachten muss zur Festlegung der Sachverhaltsfakten, zum Verständnis anderer Beweismittel beziehungsweise einer vorgebrachten Meinung oder zur Beantwortung einer für das Verfahren relevanten Frage notwendig sein, wofür Fachkenntnisse erforderlich sind.[1683] Auf die Person des beauftragten Gutachters haben sich die Parteien geeinigt oder es handelt sich um einen, der der Liste der Parteien entnommen wurde.[1684]

Die an diesen zu richtenden Fragen und Instruktionen müssen zwischen den Parteien einvernehmlich vereinbart oder andernfalls vom Gericht entschieden werden.[1685] Sofern für das Gutachten Untersuchungshandlungen erforderlich sind, müssen die Parteien darüber informiert werden sowie (notfalls durch das Gericht) eine Abstimmung über die entstehenden Kosten und einzubeziehenden Personen getroffen werden.[1686]

Die *High Court Rules* legen fest, dass das Gutachten des Sachverständigen vor der mündlichen Verhandlung in einer bestimmten Anzahl an Exemplaren an das Gericht zu senden ist, die vom Registrar an die Parteien oder deren Vertreter versandt werden.[1687] Daraufhin haben die Parteien das Recht innerhalb einer Frist von 10 Tagen ein Kreuzverhör zu beantragen.[1688] Der Gutachter kann auch vom Gericht zur weiteren

---

1680 TR Practicallaw NZ Class actions 17.
1681 ICLG New Zealand 3.2.
1682 ICLG New Zealand 3.6; High Court rules 9.36 (1).
1683 ICLG New Zealand 3.6; High Court rules 9.36 (1).
1684 ICLG New Zealand 3.6; High Court rules 9.36 (3).
1685 TR Practicallaw NZ Product liability 10; High Court rules 9.37.
1686 High Court rules 9.39.
1687 High Court rules 9.38 (1), (2); TR Practicallaw NZ Class actions 17.
1688 High Court rules 9.40 (1).

oder ergänzenden Begutachtung beauftragt werden.[1689] Falls Teile des Gutachtens nicht von allen Parteien akzeptiert werden, müssen sie als dem Gericht vorgelegte Informationen behandelt und entsprechend gewertet werden.[1690]

Sofern ein Gerichtsgutachter beauftragt wurde, können von den Parteien mit Zustimmung des Gerichts nach entsprechender frühzeitiger Absichtsbekundung sachverständige Zeugen zu den Ausführungen des Gutachters eingebracht werden.[1691] Die Anforderungen an diesen sind ebenfalls in den *High Court Rules* sowie dem dort verankerten Verhaltenskodex (*code of conduct*) hinterlegt. Nach diesen hat der sachverständige Zeuge eine über allem stehende Verpflichtung dem Gericht in seinem Fachgebiet unabhängig zu assistieren und zu helfen.[1692] Zudem sind Vorgaben für die Formalia des Gutachtens sowie abzugebenden Erklärungen vorgesehen.[1693] Insbesondere muss seine Qualifikation als Experte in dem entsprechenden Fachgebiet nachgewiesen werden.[1694] Mehrere Parteien können sich auf gemeinsame Gutachter einigen und diese(n) beauftragen.[1695]

Es besteht die Möglichkeit auf Antrag oder von Amts wegen unter gewissen Voraussetzungen eine Konferenz mehrerer Gutachter zu bestimmten Themen einzuleiten.[1696] Im Verfahren vor den höheren Gerichten wird von den Parteien gefordert, in einem gerichtlich vorgegebenen Zeitrahmen vor der mündlichen Verhandlung neben den Schriftsätzen auch Gutachten auszutauschen.[1697] Entsprechende Vorbehalte dagegen werden dann im Rahmen des mündlichen Verfahrens geklärt.[1698]

Neuseeland bietet neben den üblichen Einbringungsformen die Möglichkeit sogenannter Discovery-Verfahren, in welchen die Parteien oder Dritte auf gerichtliche Aufforderung hin sämtliche im eigenen Besitz befindlichen, relevanten und vorteilhaften Beweismittel (hauptsächlich Do-

---

1689 High Court rules 9.38 (3).
1690 High Court rules 9.38 (4).
1691 TR Practicallaw NZ Product liability 10; High Court rules 9.42 (1).
1692 ICLG New Zealand 3.6; TR Practicallaw NZ Class actions 17; Product liability 10.
1693 TR Practicallaw NZ Class actions 17; Product Liability 10.
1694 TR Practicallaw NZ Product liability 10.
1695 TR Practicallaw NZ Class actions 18.
1696 High Court rules 9.44.
1697 ICLG New Zealand 3.7.
1698 ICLG New Zealand 3.7.

kumente), in einer eidesstattlichen Versicherung zusammenstellen und zur Untersuchung offenlegen und austauschen müssen.[1699]

Die Vergütung des Gutachters enthält qua Gesetz eine Summe für das Gutachten und eine Pauschale für jeden Anwesenheitstag bei Gericht.[1700] Die Kosten für Gerichtsgutachter zählen zu den üblichen Auslagen der Parteien, welche von der unterliegenden Partei zu zahlen sind.[1701]

### b. Fazit

Es haben sich einige Merkmale herausgestellt, welche eine Übernahme in den deutschen Zivilprozess andenken lassen. Vorab ist hier das Verfahrensmanagementsystem mit Fristen für einen zügigen Verhandlungsfortschritt zu nennen. Die offizielle Bezeichnung als Gerichtsgutachter und die gesetzlich verankerte „über allem stehende" Verpflichtung des sachverständigen Zeugen, als Pendant zum Privatgutachten, zur Unterstützung des Gerichtes repräsentieren deren Bedeutung für den Prozess und vorrangig der Gerichtstätigkeit und Gesellschaftsunterstützung als privat-wirtschaftlichen Bedürfnissen verpflichtet zu sein.

Nachahmenswert ist der Vorrang einer Parteieinigung in Bezug auf die Person des Gutachters, den Auftragsinhalt des Gutachtens und etwaiger Untersuchungshandlungen mit notfalls gerichtlicher Entscheidung im Falle der Uneinigkeit. Die kurze Antragsfrist für das Kreuzverhör des Gutachters dient der Verfahrensbeschleunigung bei gleichzeitiger Gewährleistung der Parteirechte. Interessant ist auch die Abstimmung über die Akzeptanz der Gutachteninhalte, die im Fall der Ablehnung teilweise zu einer anderweitigen Berücksichtigung führen (kann). Zur Verhinderung von weiteren Streitigkeiten steht der Konsens zwischen den Parteien im Vordergrund. Weitere Aspekte des fairen Verfahrens lassen sich im vorprozessualen Austausch der parteiseitigen Gutachten sowie im *discovery*-Verfahren erkennen.

---

1699 ICLG New Zealand 3.8.

1700 High Court rules 9.41.

1701 TR Practicallaw NZ Class actions 13; Product Liability 14; ICLG New Zealand 6.1.

## 2. Norwegen

### a. Rechtslage

Norwegen hat nur wenige Spezialgerichte, explizit für die Rechtsgebiete der Amtsenthebung, des Arbeitsrechtes sowie in Bezug auf Flurbereinigung.[1702] Neben der Hinzuziehung von Laienrichtern besteht jedoch auch die Möglichkeit, vor allem für technische Sachverhalte, spezialisierte Co-Richter (*expert judges*) einzubeziehen.[1703] Die Prozessordnung verleiht dem Gericht zur Verfahrensbeschleunigung und Steigerung der Effizienz eine starke Position in Bezug auf die Vorbereitung und Durchführung der Verhandlungen sowie den Beweisumfang.[1704] Grundsätzlich sind die Gerichte verpflichtet, den Prozess zu beschleunigen und binnen 6 Monaten nach Klageeinreichung die mündliche Verhandlung abzuhalten.[1705] Das Zivilverfahren in Norwegen ist zudem bereit stark elektronisch geprägt, sodass sowohl die Einreichung der Schriftstücke sowie der Austausch und die Speicherung physischer Beweisstücke in einer elektronischen Akte erfolgen.[1706] Das Verfahren ist nahezu papierlos.[1707]

Die Parteien bestimmten den Inhalt und Umfang des Verfahrens.[1708] Sie sind verpflichtet, den Sachverhalt richtig darzustellen und müssen bereits bei der Klage beziehungsweise der Verteidigung alle für den Fall erheblichen, schriftlichen Beweise anfügen sowie die anzuhörenden Zeugen oder die von der Gegenseite vorzulegenden Beweise aufzählen, die anschließend vom Gericht ver- und bewertet werden.[1709] Die Einreichung weiterer Beweise oder eine Klageanpassung kann nur bis zu zwei Wochen vor der Anhörung erfolgen.[1710]

Die Parteien müssen darüber hinaus über den Besitz für das Verfahren wichtiger Beweismittel aufklären und diese offenlegen, sofern die Veröf-

1702 Lexology Norway S. 1; TR PracticalLaw Norway 3; PG Chambers Norway 1.2.

1703 TR PracticalLaw Norway 9; Lexology Norway S. 1, 4.

1704 TR PracticalLaw Norway 1, 9; Lexology Norway S. 2; PG Chambers Norway 1.1, 7.7; Legal500 Norway 2.

1705 Lexology Norway S. 3; PG Chambers Norway 7.8; Legal500 Norway 4.

1706 PG Chambers Norway 1.1; TR PracticalLaw Norway 8, 9, 25.

1707 PG Chambers Norway 1.1.

1708 TR PracticalLaw Norway 1; PG Chambers Norway 1.1,7.7.

1709 TR PracticalLaw Norway 1, 9, 16; PG Chambers Norway 1.1, 3.4, 5.1,7.7; Legal500 Norway 13 f.; Lexology Norway S. 2.

1710 TR PracticalLaw Norway 9; Lexology Norway S. 3; Legal500 Norway 13.

fentlichung nicht geschützt ist.[1711] Eine Partei muss den entsprechenden Zugang zu den bestimmten, genau definierten und definierbaren Beweismitteln zuerst gegenüber der anderen Partei oder einem Dritten einfordern.[1712] Das Gericht kann bei entsprechendem Fehlverhalten oder im Ablehnungsfalle hinsichtlich der Existenz der explizit beschriebenen Materialien Untersuchungen anstellen. Im Fall der Zuwiderhandlung durch Zugangsverweigerung, Zurückhaltung oder Zerstörung kann die Be- oder Verwertung des Beweismittels negativ zulasten der pflichtwidrigen Partei ausfallen, zur Klageabweisung oder einem Versäumnisurteil führen oder bei der Verteilung der Gerichtskosten Auswirkung haben.[1713]

Nach der Einreichung der Schriftsätze findet ein telefonisches Planungsgespräch (*case management conference*) zwischen dem Gericht und den Parteien zum weiteren Verfahrensablauf sowie notwendigen Handlungen, wie etwa der Beibringung weiterer Beweismittel, statt.[1714] Diesbezüglich kann aus Effizienzgründen auch bereits vor der mündlichen Verhandlung eine verfahrensleitende Entscheidung des Gerichtes ergehen und ein Rückgriff auf bestimmte Beweismittel eingeschränkt werden.[1715]

Zudem werden die Verfahrensbeteiligten in der Regel vom Gericht aufgefordert, eine (Rahmen-)Zusammenfassung des Sachverhaltes unter Nennung der vorgebrachten rechtlichen Argumente und der angebotenen Beweise einzureichen.[1716] Grundsätzlich sind alle Beweismittel zulässig, lediglich in bestimmten Fällen gibt es Ausnahmen.[1717]

Sachverständigengutachter sind zulässige Beweismittel und können entweder von Amts wegen oder auf Antrag einer Partei durch das Gericht bestellt oder von einer Partei als Zeuge benannt werden.[1718] In Wirtschaftsstreitigkeiten werden hauptsächlich sachverständige Zeugen von jeder Seite eingesetzt.[1719] Das norwegische Prozessrecht unterscheidet zwischen einem von den Parteien oder gerichtlich beauftragten Gutachter, obwohl

1711 TR PracticalLaw Norway 16; Lexology Norway S. 4; PG Chambers 3.1, 5.1; Legal500 Norway 13 f..

1712 TR PracticalLaw Norway 16; PG Chambers Norway 5.1.

1713 PG Chambers Norway 5.1; TR PracticalLaw Norway 16.

1714 TR PracticalLaw Norway 9; Lexology Norway S. 3 f.; PG Chambers Norway 7.2.

1715 PG Chambers Norway, 4.1, 7.4.

1716 Lexology Norway S. 3, 5.

1717 PG Chambers Norway 7.4.

1718 PG Chambers Norway 7.5; Legal500 Norway 16.

1719 TR PracticalLaw Norway 19.

letztere nur in bestimmten Verfahren eingesetzt werden.[1720] Deshalb bestehen Abweichungen zwischen den Regeln für private und gerichtlich bestellte Sachverständige.[1721]

In Bezug auf die Anleitung für die privat beauftragten Sachverständigen gibt es keine Vorgaben, lediglich eine Empfehlung durch die Anwaltskammer ist erforderlich.[1722] Zwar wird die Unparteilichkeit des Gutachters gefordert, jedoch ist man sich auch bewusst, dass Parteigutachten selten zu Lasten oder in Gegenansicht zur beauftragenden Partei ergehen werden.[1723] Sofern die Zurückbehaltung oder Unterdrückung eines Gutachtens, welches der beauftragenden Partei zuwiderläuft, gewiss wird, kann dies Auswirkungen auf die Beweisgewichtung haben.[1724] Es wird empfohlen, die Mandatierungsvereinbarung und den Begutachtungsumfang, welche Grundlage der Tätigkeit des Parteigutachters sind, durch die beauftragende Partei offenzulegen.[1725] Weiterhin ist es üblich, dass privat eingeholte Gutachten zwischen den Parteien vor dem Verfahren ausgetauscht werden.[1726]

Das Zivilverfahren in Norwegen unterliegt dem Mündlichkeitsgrundsatz, sodass auch alle Beweismittel unmittelbar in die Verhandlung durch Vorlage oder Verlesen eingebracht werden.[1727]

Der Sachverständige hat abweichend zu anderen Zeugen das Recht während des gesamten Verfahrens anwesend zu sein.[1728] Das (private) Sachverständigengutachten kann entweder schriftlich vor oder mündlich im Rahmen der Verhandlung erstellt werden.[1729] Bei einem Schriftgutachten ist auch ein Erscheinen in der mündlichen Verhandlung zur Befragung im Kreuzverhör in Bezug auf die Inhalte des Gutachtens und dessen Ergänzung sowie die Qualifikationen des Sachverständigen erforderlich.[1730] Dabei wird der Gutachter unter Schwur auf Ehre und Gewissen auf das gewissenhafte und pflichtgemäße Tätigsein verpflichtet.[1731]

---

1720 TR PracticalLaw Norway 19.
1721 PG Chambers Norway 7.5.
1722 TR PracticalLaw Norway 19.
1723 TR PracticalLaw Norway 19.
1724 TR PracticalLaw Norway 19.
1725 TR PracticalLaw Norway 19.
1726 Lexology Norway S. 4.
1727 PG Chambers 1.1, 7.1, 7.4.
1728 PG Chambers Norway 7.5; TR PracticalLaw Norway 19.
1729 Legal500 Norway 16; TR PracticalLaw Norway 19; Lexology Norway S. 4.
1730 Lexology Norway S. 4; Legal500 Norway 16; TR PracticalLaw Norway 19.
1731 Legal500 Norway 16.

Das Gericht hat nach dem Grundsatz der freien Beweiswürdigung die Freiheit der Gewichtung der Beweise, jedoch gewähren obergerichtliche Präzedenzfälle, aktuelle Ermittlungen und Untersuchungen beziehungsweise Dokumenten einen höheren Beweiswert als frühere rückblickende Erinnerungen, etwa von Zeugen.[1732] Dennoch dürfen nur im Rahmen der Verhandlung vorgebrachte Beweisstücke bei der Bewertung berücksichtigt werden.[1733]

Gerichtsgutachter werden vom Gericht, Privatgutachter werden von den jeweils beauftragenden Parteien bezahlt.[1734] Unabhängig davon, unterfallen die Gutachterkosten den Verfahrenskosten und können vom Gericht je nach Obsiegen und Unterliegen beziehungsweise auch nach freiem Ermessen je nach Anteil am Verfahren verteilt werden.[1735]

### b. Fazit

Schlussfolgernd lässt sich erkennen, dass diverse Aspekte des norwegischen Zivilprozesses vor dem Hintergrund der Prozessbeschleunigung und der Waffengleichheit initialisiert wurden. Eine Übernahme sollte entsprechend überdacht werden. Vorab ist die nahezu vollständig elektronische Verfahrensführung zu nennen. In Bezug auf Fachkenntnisse des Spruchkörpers ist auch die Hinzuziehung von Laienrichtern und spezialisierte Co-Richter (*expert judges*) übertragungswürdig. Sofern es sich dabei nicht um einen Eingriff in die Zusammensetzung des Spruchkörpers, sondern eher in beratender Funktion verhält, dürfte auch die grundrechtliche Gewährleistung des gesetzlichen Richters nicht tangiert sein. Die Verpflichtung über sämtliche im eigenen Besitz befindlichen, wichtigen Beweismittel aufzuklären sowie den entsprechenden Zugang zu gewähren, erscheint im Sinne eines fairen Verfahrens sehr wichtig. Die telefonische Absprache zur Prozessplanung sowie die verpflichtende Sachverhaltszusammenfassung sind absolut nachahmenswert und dienen dem Gericht, die Vorgabe, den Sachverhalt binnen 6 Monaten nach Klageeinreichung mündlich zu verhandeln, einzuhalten. Ebenfalls vor dem Hintergrund des fairen Verfahrens sind die Aspekte der Offenlegung der Mandatierung,

---

1732 TR PracticalLaw Norway 18; PG Chambers 1.1.

1733 PG Chambers 1.1, 7.1, 7.8.

1734 TR PracticalLaw Norway 19.

1735 Legal500 Norway 19; Lexology Norway S. 5; PG Chambers Norway 11.1 f.; TR PracticalLaw Norway 19.

der vorprozessuale Austausch der Parteigutachten sowie die negative Gewichtung der Zurückhaltung eines zulasten der beauftragenden Partei ergangenen Gutachtens unbedingt zu übernehmen. So kann dem Privatgutachten mehr Glaubwürdigkeit und Relevanz im Prozess zukommen. Die besondere Stellung des Gutachters wird durch das vollumfängliche Anwesenheitsrecht komplettiert.

Zwar gehört Norwegen nicht der EU an, jedoch wurde aufgrund der räumlichen Nähe und der Zugehörigkeit zum europäischen Wirtschaftsraum eine weitreichende Implementierung von vergleichbaren Regelungen vorgenommen.[1736] So sollte es auch umgekehrt mit den vorliegenden Vorschlägen in Richtung deutscher Prozessordnung erfolgen.

### 3. Russland

#### a. Rechtslage

Der Zivilprozess in Russland kann vor speziellen Handelsgerichten (*commercial arbitrazh courts*) für juristische Personen und Unternehmer oder allgemeinen Gerichten für Privatpersonen geführt werden und ist in zwei Teile unterteilt, die Vorbereitung und die mündliche Verhandlung.[1737] Bei erforderlicher Fachkenntnis im Bereich des Wirtschafts- und Finanzsektors oder aufgrund der Komplexität des Prozesses können bei den Handelsgerichten spezielle Experten (*commercial court assessors*) eingesetzt werden.[1738] Das Verfahren wird vor dem Hintergrund der Effizienzsteigerung etwa durch Prozessplanungsmechanismen beschleunigt und mit einem Onlinesystem zur Verteilung der Fälle bei Gericht, der Einreichung von Dokumenten sowie zur Verfolgung des Prozesses und Fristen ausgestattet.[1739]

Jede Partei muss die Fakten und die Argumente, auf die sich die Klage oder Verteidigung bezieht, mit Beweisen belegen können und der Gegenpartei seine Beweismittel in angemessener Zeit vorab darlegen.[1740] Jedoch gibt es ohne eine gerichtliche Anordnung keine Pflicht zur Offenlegung von Beweisen, insbesondere solchen die gegen sich selbst wirken.[1741] Vor

---

1736 PG Chambers Norway 1.1.
1737 Legal500 Russia 1; ICLG Russia 1.1 ff.; PG Chambers Russia 1.2.
1738 PG Chambers Russia 1.2.
1739 Legal500 Russia 4, 23, 25; ICLG Russia 3.1, 3.3, 6.1 f..
1740 ICLG Russia 3.3, 4.1, 8.1; PG Chambers Russia 3.4, 5.1; Legal500 Russia 14.
1741 PG Chambers Russia 5.1; ICLG Russia 7.4.

allem in Bezug auf Staatsgeheimnisse oder andere gesetzliche geschützte Geheimnisse besteht eine Verweigerungsmöglichkeit.[1742] Im Falle einer unvollständigen Beweiserbringung bedarf es in der Regel einer entsprechenden Gerichtsentscheidung.[1743] In diesem Fall sind auch die geschützten Informationen an das Gericht zu senden.[1744]

In der Voranhörung, die ein Monat nach der Klageeinreichung erfolgen soll, werden von den Parteien unter anderem die Beweise präsentiert und, sofern alle Vorbereitungsmaßnahmen erfolgreich waren, vom Gericht ein Termin zur Verhandlung der Hauptsache gesetzt.[1745]

Das Gericht hat lediglich eine „passive Rolle", in dem es nur die von den Parteien vorgelegten Beweise bewertet und das Verfahren lenkt.[1746] Selbst fordert das Gericht selten zur Einbringung von Beweisen auf.[1747] Grundsätzlich muss jede Partei die Beweismittel und die offenzulegenden Dokumente selbst bei der Gegenpartei oder einem Dritten beschaffen und einen entsprechenden erfolglosen Versuch nachweisen, bevor es das Gericht um Unterstützung bei der Beweisbeschaffung anruft.[1748] Für den Fall, dass die Notwendigkeit durch den Antragssteller belegt wird und das Gericht der Veröffentlichung zustimmt, erfolgt die Beibringung bestimmter Dokumente oder anderer Beweismittel durch die Parteien oder (auch am Verfahren unbeteiligte) Dritte, wie etwa Behörden oder staatlichen Unternehmen, an das Gericht.[1749]

Alle Beweismittel müssen gewisse prozessuale und formale Voraussetzungen in Bezug auf die Relevanz für das Verfahren, ihre legale Beschaffung sowie Wahrheit erfüllen.[1750] Nach den Prozessvorschriften sind diverse Beweismittel, zu denen auch das häufig verwendete Sachverständigengutachten zählt, zulässig.[1751] Sofern das Gericht auf Antrag der Parteien oder nach eigenem Ermessen die Notwendigkeit eines Gutachtens beschließt, kann es einen oder mehrere Gutachter instruieren, bestimmte

1742 PG Chambers Russia 5.6.
1743 ICLG Russia 7.4.
1744 PG Chambers Russia 5.6.
1745 ICLG Russia 1.3; PG Chambers Russia 7.1; Legal 500 Russia 4.
1746 PG Chambers Russia 7.7.
1747 ICLG Russia 7.4.
1748 PG Chambers Russia 5.4; ICLG Russia 7.1; GLI Russia S. 2; Legal500 Russia 14.
1749 ICLG Russia 7.1; PG Chambers Russia 5.2, 5.4.
1750 ICLG Russia 8.2.
1751 ICLG Russia 8.1; Legal 500 Russia 16; PG Chambers Russia 7.5.

Fragen, die von den Parteien vorgeschlagen wurden oder auf diesen beruhen können, zu beantworten.[1752]

Die Parteien können Gutachter vorschlagen, die letztendliche Auswahlentscheidung obliegt dem Gericht und kann auch die Parteivorschläge außer Acht lassen.[1753] Größtenteils werden vom Gericht bei staatlichen oder privaten Gutachterorganisationen und -büros angestellte Sachverständige bestellt.[1754] Eine Bestellung des Gutachters von Amts wegen auf eigene Initiative erfolgt sehr selten, da die Kosten der Staatskasse zufallen.[1755]

Der Gutachter ist nur gegenüber dem Gericht verpflichtet, unabhängig und unparteiisch und kann durch das Gericht um ergänzende Dokumente bitten.[1756]

Das Sachverständigengutachten muss einerseits gewisse formale Anforderungen, unter anderem an die Darstellung der Expertise des Autors, eine wissenschaftliche Begründung und die Zugrundelegung von Fallmaterial sowie andererseits inhaltliche Vorgaben zur Bezugnahme auf den zugrundliegenden Auftrag, eine Präsentation des Gangs der Untersuchung sowie die Übertragung auf den Fall erfüllen und die Erklärung zur Kenntnis der Folgen von falschen Gutachten beinhalten.[1757] Der unabhängige Sachverständige hat sein Gutachten in schriftlicher Form abzufassen, kann jedoch im Anschluss an die Erstellung zur Erläuterung und Klarstellung sowie Beantwortung von Fragen der Parteien oder des Gerichtes zur mündlichen Anhörung geladen werden.[1758] Zwar gibt es in der Regel nur ein Gutachten, falls sich dieses jedoch als nicht belastbar, widersprüchlich, fehlerbehaftet oder ohne notwendige Fachinformationen herausstellt, kann das Gericht ein weiteres oder ein Folgegutachten beauftragen.[1759]

Von den Parteien beauftragte Sachverständigengutachten werden häufig zur Untermauerung ihrer Ansichten in den Prozess eingebracht.[1760] Mangels gerichtlicher Beauftragung zählen diese nach den geltenden Prozessvorschriften nicht als Gerichtsgutachten und damit formal nicht als

1752 ICLG Russia 8.4; PG Chambers Russia 7.5; Legal 500 Russia 16.
1753 Legal 500 Russia 16.
1754 Legal 500 Russia 16.
1755 PG Chambers Russia 7.5.
1756 ICLG Russia 8.4.
1757 ICLG Russia 8.2.
1758 Legal 500 Russia 16; PG Chambers Russia 7.1.
1759 ICLG Russia 8.4.
1760 Legal 500 Russia 16; PG Chambers Russia 7.5.

Beweismittel[1761], können jedoch vom Gericht anerkannt werden.[1762] Das Gericht beruft sich vor allem auf ein solches Privatgutachten, wenn es von der Gegenseite nicht bestritten wird oder es keine kritischen Mängel hat.[1763] Die Prozessvorschriften sehen auch keine gleichzeitigen Gutachten der Parteien vor, sodass in diesem Fall und wenn das Privatgutachten von der Gegenpartei angefochten wird, das Gericht einen selbst gewählten Gerichtssachverständigen beauftragt und den nach den Ansichten der Parteien zu untersuchenden Sachverhalt festgelegt.[1764]

Zwar genießen nach dem Gesetz alle Beweismittel die gleiche Wertigkeit, die in ihrer Gesamtheit vom Gericht untersucht werden müssen.[1765] In der Praxis verlassen sich die Gerichte jedoch größtenteils auf die Sachverständigengutachten.[1766]

Die Kosten für den (Gerichts-)Sachverständigen zählen zu den von den Parteien verauslagten Verfahrenskosten, welche im Ermessen des Gerichts verteilt und von der unterliegenden Partei zu tragen sind.[1767] Dennoch kann ein unfaires Verhalten, vor allem in Bezug auf das nicht rechtzeitige Vorbringen von Beweisen vor der Anhörung, dazu führen, dass seitens des Gerichtes die Kosten auferlegt werden.[1768]

### b. Fazit

Aus dem russischen Zivilverfahren lassen sich in den deutschen Prozess zur Effizienzsteigerung und Gewährleistung eines fairen Verfahrens diverse Aspekte übertragen. Der Einsatz der Gerichtsexperten in bestimmten Fällen schafft eine erhöhte Fachkenntnis und unterstützt das Gericht frühzeitig. Unbedingt zu adaptieren ist das elektronische Verfahrenssystem, welches den Prozess weitestgehend begleitet. Die frühzeitige Veröffentlichung der Beweise gegenüber der Gegenpartei sowie die Sanktionierung einer verspäteten Vorbringung sind vor dem Hintergrund des fairen Verfahrens zu übernehmen. Beachtenswert ist auch die Inanspruchnahme

1761 Legal 500 Russia 16; ICLG Russia 8.4.
1762 Legal 500 Russia 16.
1763 PG Chambers Russia 7.5.
1764 ICLG Russia 8.4; PG Chambers Russia 7.5.
1765 Legal 500 Russia 16; PG Chambers Russia 1.1.
1766 Legal 500 Russia 16.
1767 ICLG Russia 1.5, 9.2; PG Chambers Russia 11.1; GLI Russia S. 2; Legal500 Russia 19.
1768 ICLG Russia 9.2.

eines Sachverständigen von Amts wegen nur in Ausnahmefällen, um die Staatskasse nicht zu belasten. Dies dürfte darüber hinaus noch Kapazitäten schonen und den Prozess nicht unnötig verteuern. Die mögliche, aber nicht verpflichtende Einbeziehung von Privatgutachten sollte aus Gründen der richtigen Gewichtung gegenüber Gerichtsgutachten und zur Verhinderung einer übermäßigen Inanspruchnahme der Experten übertragen werden. Eine Einhaltung der formalen und inhaltlichen Anforderungen an den Sachverständigen und das Gutachten sorgt für die Akzeptanz und Verwertbarkeit der Ergebnisse und verhindert damit weitere Verfahrensverzögerungen.

### 4. Schweiz

#### a. Rechtslage

In der Schweiz ist der Zivilprozess in mehrere Phasen unterteilt: Nach einem Verfahren bei der Schlichtungsstelle werden in der ersten Phase die Schriftsätze ausgetauscht.[1769] In der zweiten Phase erfolgt die Beweiserhebung durch das Gericht auf deren Basis in der letzten Phase weiterverhandelt und entschieden wird.[1770] Einige Kantone sehen Fachgerichte vor, die im Fall der Handelsgerichte mit praxiserfahrenen, spezialisierten Handelsrichtern besetzt sind.[1771]

Grundsätzlich obliegt es den Parteien, bereits im Schriftsatz, welcher den Anspruch gerichtlich geltend macht, neben den Details über den Sachverhalt auch die für das Verfahren zur Belegung des Sachverhaltes notwendigen Beweismittel so genau wie möglich anzugeben und vorzulegen, sofern nicht das Gesetz eine gerichtliche Beweiserhebung von Amts wegen vorsieht.[1772] Das Gericht hat die Aufgabe des effizienten Verfahrensmanagements, der Beweiserhebung sowie der abschließenden Entscheidung.[1773]

Die Parteien und Dritte sind verpflichtet, das Gerichts bei der Sachverhaltsfeststellung zu unterstützen und im Rahmen der Beweiserhebung vor

1769 GLI Switzerland 1; ICLG Switzerland 1.3, 2.1; PG Chambers Switzerland 3.1.
1770 GLI Switzerland 1; ICLG Switzerland 1.3.
1771 ICLG Switzerland 1.2; GTDT Switzerland 1; PG Chambers Switzerland 1.2.
1772 GLI Switzerland 1, 3; PG Chambers Switzerland 3.4; GTDT Switzerland 5; ICLG Switzerland 3.3.
1773 TR Practicallaw CH 1; GTDT Switzerland 2, 7; ICLG Switzerland 6.2.

allem in Bezug auf wahrheitsgemäße Ausführungen sowie durch Vorlage bei ihnen im Besitz befindlicher Dokumente zu kooperieren.[1774] Das Gericht ist auf die von den Parteien beigebrachten Beweismittel angewiesen, jedoch kann es die Parteien zur Beibringung bestimmter Beweisstücke oder -dokumente anhalten.[1775] Eine entsprechende Verweigerung der Parteien kann sich bei der Bewertung der vorliegenden Beweise auswirken, für Dritte können sich strafrechtliche Konsequenzen oder die Durchführung von verpflichtenden Maßnahmen ergeben.[1776] Jeder Beweis, auf den sich eine Partei berufen will und der erhoben werden soll, muss rechtzeitig, spätestens im Beweisverfahren eingebracht worden sein.[1777]

Nach der Verfahrenseröffnung neu eingebrachte Beweismittel und eine entsprechende Änderung des Sachverhaltes werden nur in sehr seltenen Fällen berücksichtigt; vor allem aber nicht, wenn dadurch eine weitere Verzögerung des Verfahrens einhergeht.[1778]

Die Schweizer Prozessordnung enthält einen *Numerus clausus* an Beweismitteln, zu denen neben der Ortsbegehung auch die Möglichkeit des Sachverständigenbeweises zählt, sofern er vom Gericht bestellt worden ist.[1779] Für den Fall, dass das Gericht von der Möglichkeit Gebrauch macht, sich auf die Kenntnisse (eines Teils) des Spruchkörpers zu beschränken, ist eine entsprechende Information an die Parteien mit dem Recht der Geltendmachung von Einwendungen notwendig.[1780] Falls es jedoch die Einbeziehung eines Gutachters für erforderlich hält, kann es auf Antrag einer Partei oder im eigenen Ermessen von Amts wegen nach Anhörung der Parteien einen oder mehrere Gutachter bestellen.[1781] In Bezug auf die gerichtliche Auswahl des Sachverständigen können die Parteien ihre Meinung äußern oder – sofern vom Gericht eingefordert – eigene Vorschläge für einen geeigneten Gutachter einbringen.[1782]

Gerichtlich bestellte Gutachter sind aufgrund eines Vertragsverhältnisses an das Gericht gebunden und ihm gegenüber zur Erstattung verpflich-

1774 TR Practicallaw CH 16; GTDT Switzerland 8, 10; ICLG Switzerland 7.2 f..
1775 PG Chambers Switzerland 5.4, 7.4; TR Practicallaw CH 16.
1776 GTDT Switzerland 8; PG Chambers Switzerland 5.4; ICLG Switzerland 6.3.
1777 TR Practicallaw CH 19; PG Chambers Switzerland 7.4.
1778 TR Practicallaw CH 9; ICLG Switzerland 3.4.
1779 ICLG Switzerland 8.2; PG Chambers Switzerland 5.4,7.4, 7.5; GLI Switzerland 1, 3; GTDT Switzerland 10 f..
1780 GTDT Switzerland 11.
1781 TR Practicallaw CH 19; ICLG Switzerland 8.4; GTDT Switzerland 11.
1782 TR Practicallaw CH 19.

tet.[1783] Sie unterliegen den gleichen Anforderungen in Bezug auf Unparteilichkeit und Interessenkonflikte wie Richter.[1784] Die Instruktion des Gutachters anhand der Fragen, welche den Parteien zur Ergänzung und Kommentierung vorgelegt wurden, und die gleichzeitige Zusendung der Gerichtsakte erfolgen durch das Gericht unter Festsetzung einer Frist zur Erstellung des Gutachtens.[1785] Die gerichtlich bestellten Gutachter können in der mündlichen Verhandlung befragt werden oder zur schriftlichen Stellungnahme aufgefordert werden, in der Regel beauftragen die Gerichte eine schriftliche Begutachtung.[1786]

Nach der Erstattung des Gutachtens können die Sachverständigen auch zur Erläuterung ihres Gutachtens in die mündliche Verhandlung geladen werden.[1787] Gleich den Zeugen werden sie auf die Folgen einer Falschaussage hingewiesen und in der mündlichen Verhandlung vernommen.[1788] Die Parteien haben das Recht, die Aussagen zu kommentieren, Ergänzungsfragen zu stellen oder Erläuterung zu erfragen und/oder unter Umständen einen neuen Gutachter zu verlangen.[1789] Die Befragung selbst obliegt in der Regel dem Gericht.[1790] Auf Antrag oder von Amts wegen kann der Gutachter mit den Parteien oder anderen Sachverständigen konfrontiert werden.[1791]

Privatgutachten können zwar auch eingebracht werden, sind nach derzeitiger Rechtslage und nach Präzedenzfällen jedoch nicht formal als zulässiges Beweismittel anerkannt.[1792] Sie haben keine zusätzliche Aussagekraft und nicht die gleiche Wertigkeit wie ein gerichtliches Sachverständigengutachten, sondern dienen lediglich der Erläuterung eines Parteivorbringens oder einer Behauptung.[1793] Dennoch werden sie in der Praxis häufig zur Untermauerung der eigenen Aussagen und zur Überzeugung des Gerichtes verwandt.[1794] Sehr ausführliche Privatgutachten müssen zudem

---

1783 ICLG Switzerland 8.4.

1784 TR Practicallaw CH 19.

1785 ICLG Switzerland 8.4; PG Chambers Switzerland 7.5; TR Practicallaw CH 19.

1786 GTDT Switzerland 11; PG Chambers Switzerland 7.5.

1787 PG Chambers Switzerland 7.1, 7.5.

1788 PG Chambers Switzerland 7.1; GTDT Switzerland 11.

1789 TR Practicallaw CH 19; ICLG Switzerland 8.4; GLI Switzerland 3; PG Chambers Switzerland 7.5.

1790 PG Chambers Switzerland 7.5.

1791 ICLG Switzerland 8.4.

1792 ICLG Switzerland 8.4; TR Practicallaw CH 19; GTDT Switzerland 10; GLI Switzerland 3; PG Chambers Switzerland 7.5.

1793 ICLG Switzerland 8.4; TR Practicallaw CH 19; GTDT Switzerland 10.

1794 GTDT Switzerland 10.

substantiiert bestritten werden, da sie sonst als anerkannt und zugestanden gelten.[1795] Im Jahre 2018 gab es im Rahmen der Reform der Prozessordnung einen noch nicht finalisierten Gesetzentwurf, durch welchen das Privatgutachten als weiteres zulässiges Beweismittel eingeführt werden sollte.[1796]

Nach der Beweiserhebung haben die Parteien Gelegenheit ihre Schlussfolgerung und -argumente inklusive einer letzten Gegendarstellung vorzubringen.[1797] Den Gerichten steht das Recht der freien Beweiswürdigung zu, auf dem die Entscheidung basiert.[1798] Jede Partei hat für die von ihr beantragte Beweiserhebung die Kosten vorzuschießen.[1799] Sofern beide Parteien einen Gutachter gefordert haben, kann die Vorschusspflicht aufgeteilt werden.[1800] Die Kosten des Verfahrens umfassen als Teil der Gerichtskosten auch die Auslagen für die Beweiserhebung, welche je nach Obsiegen und Unterliegen zu tragen sind.[1801]

### b. Fazit

Für den deutschen Zivilprozess kann anhand des dargestellten Verfahrens einiges gewinnbringend übernommen werden. Zuerst ist die sanktionierte Unterstützungs- und Beibringungspflicht der Parteien gegenüber dem Gericht zu nennen. Interessant sind auch die Möglichkeiten, Sachverhaltsänderungen oder neu eingefügte Beweismittel aus Beschleunigungsgründen abzulehnen. Dieser vermeintliche Eingriff in die Parteirechte dient der gerichtlichen, effizienten Verfahrensführung und der Verhinderung der Prozessverzögerung durch unsachgemäße Sachverhaltserweiterung. Dem steht die Einbeziehung der Parteien bei der Auswahl und der Instruktion des Gutachters gegenüber, welche spätere verfahrensverzögernde Einwendungen und Anträge verhindert. Hervorzuheben ist auch die Vermeidung einer Nutzung von Gutachtern durch eigene Kenntnis des Gerichtes, die bei den mit etablierten Richtern besetzten Handelsgerichten die Gutachterressourcen schonen dürften. Die bestehende fehlende Gleichstellung des Gerichtsgutachters mit beziehungsweise nur bedingter Berücksichtigung

1795 GTDT Switzerland 10.
1796 GLI Switzerland 1, 3; GTDT Switzerland 36.
1797 TR Practicallaw CH 9.
1798 ICLG Switzerland 8.1; TR Practicallaw CH 1.
1799 GLI Switzerland 4; TR Practicallaw CH 16, 19.
1800 TR Practicallaw CH 19.
1801 GLI Switzerland 4; PG Chambers Switzerland 11.1; TR Practicallaw CH 19.

von Privatgutachtern könnte durch die Gesetzesänderung überholt werden. Vorteile sind dadurch nicht ersichtlich.

## IV. Zwischenfazit zu den internationalen Rechtsordnungen

Die vier hier vor dem internationalen Kontext untersuchten Rechtsordnungen weisen zum Teil unterschiedliche Merkmale auf, die jedoch auch wiederkehren und allgemein für einer Übertragung auf den deutschen Zivilprozess zugänglich sind.

### 1. Nutzung von Kenntnissen und Digitalisierung

Die Steigerung der Kenntnisse des Gerichtes durch Einsatz von zusätzlichen Experten oder Co-Richtern einerseits und die fallspezifische Verfahrenszuweisung auf etablierte Spruchkörper andererseits ist prozessfördernd zu bewerten. In einigen Rechtsordnungen wurden die Verfahren zudem durch elektronische Systeme zur Verfahrensverfolgung, Einreichung sowie den Austausch von Schriftsätzen und Beweisen modernisiert. Dies führt aufgrund kürzerer Versandwege und direktem Zugang zur Prozessbeschleunigung.

### 2. faires Verfahren und Sachverhaltsfixierung

Bei allen Rechtsordnungen steht der Fairness-Gedanke im Vordergrund, wonach durch Aufklärung, Vorlage und Austausch von Gutachten und anderen Beweismitteln vor dem Verfahren eine ordnungsgemäße Verteidigung gewährleistet werden soll. In die gleiche Richtung geht auch der Aspekt der Verhinderung einer Verfahrensverzögerung, welche durch eine strikte Verfahrensplanung, Verhinderung von unsachgemäßen Klageänderungen und die sanktionierende Ablehnung von Beweisen, die verspätet eingereicht wurden, erreicht werden soll. Vor dem Hintergrund eines feststehenden Sachverhaltes wird die Arbeit der bewertenden Beteiligten vereinfacht.

### 3. Stellung des Gutachters

In Bezug auf die Stellung des Gutachters wird in allen Rechtsordnungen, unabhängig von der Beauftragung durch die Parteien, dessen vorrangige und einzige Verpflichtung zur Unterstützung der Gerichte zur Sachverhaltsaufklärung dargestellt. Damit geht eine höhere Wertschätzung von Gerichtsgutachtern mit besonderen Anwesenheits- und Teilhaberechten im Prozess sowie teilweise einer Gleichstellung mit dem Gericht in Bezug auf Interessenkonflikte und Parteilichkeit einher.

### 4. eingeschränkte Verwendbarkeit von Parteigutachten

Hinsichtlich einer Abgrenzung zu Privatgutachten wird auf die häufige, offensichtliche Parteilichkeit und dem damit zusammenhängenden Ausschluss als Beweismittel abgestellt. Andererseits wird durch verpflichtende Erklärungen zur Objektivität mit Sanktionierungsmöglichkeiten im Falle der Erkennbarkeit, Rückgriff auf Empfehlungen von Anwaltskammern, ein Austausch zwischen den Parteien vor dem Verfahren und die Offenlegung der Mandatierung eine Steigerung der Akzeptanz versucht. Zum Teil wird hier bereits eine Abkehr von der bisherigen Nichtberücksichtigung angedacht.

### 5. Unterstützung des Gutachters

Zur Unterstützung der Tätigkeit des Gutachters und gleichzeitiger Verfahrensbeschleunigung wurden effektive Maßnahmen vorgestellt. Dazu zählen die Pflichten zur Vorlage aller Dokumente als Grundlage des Sachverhaltes und teilweise sogar eine eigene Zusammenfassung dessen in bestimmten Rechtsordnungen. Die Einbeziehung der Parteien bei der Auswahl des Gutachters beziehungsweise ein Rückgriff auf die parteiseitige Benennung sowie bei der Abstimmung und Festlegung des Gutachteninhaltes dient der Gewährleistung des Parteiprozesses und der Verhinderung späterer verzögernder Anträge. Andererseits werden die Parteien mittelbar durch etwaige inhaltliche Nichtberücksichtigung oder durch gesetzlich fixierte, kurze Fristen für spezifische Parteihandlungen sowie entsprechende Sanktionen zur Unterstützung und Mitwirkung verpflichtet. Durch eine gut vorbereitete, ungestörte Bearbeitung können die Gutachten schneller fertiggestellt werden und sind weniger prozessverzögernd.

## E. Zusammenfassung Kapitel 3

Die rechtsvergleichende Untersuchung hat aussagekräftige Ergebnisse hervorgebracht. Trotz der systematischen Unterschiede weisen alle 15 untersuchten Zivilprozessordnungen im Wesentlichen vergleichbare beziehungsweise wiederkehrende Faktoren auf, welche jeweils den Zivilprozess beschleunigen.

Dabei haben sich folgende Themen übergreifend – chronologisch sortiert – als wesentliche Merkmale dargestellt:

1.) die Einführung von Fachkenntnissen bei den Gerichten etwa durch Laienrichter oder beisitzende Experten;
2.) eine elektronische Verfahrensführung und -begleitung;
3.) die frühzeitige Sachverhaltsbestimmung- und Sortierung;
4.) eine strukturierte von Fairness geprägte Verfahrensführung mit der Aufforderung zur Offenlegung sowie einer Sanktionierung von Verzögerungen;
5.) ein hervorgehobenes Ansehen der Gerichtsgutachter mit vielfältigen Rechten und der daraus resultierenden Bevorzugung gegenüber Privatgutachte(r)n, wenn auch subsidiär nach anderen uneinbringlichen Beweismitteln;
6.) das Vorhandensein einer zentral geführten Liste oder eines Pools an qualifizierten beziehungsweise zertifizierten Gutachtern;
7.) die Abstimmung des Gutachtenauftrages und der Fragen mit den Parteien (auch während der Bearbeitung);
8.) die Unterstützung der Gutachter durch Mitwirkungs- und Kooperationspflichten der Parteien sowie
9.) eine Orientierung der Vergütung an Komplexität und Schwierigkeit des Auftrages.

Mehrere der vorgenannten Faktoren finden sich in jeder der untersuchten Rechtsordnungen wieder.

In 12 der 15 Rechtsordnungen spielt der Vorrang der Gerichtsgutachter vor Privatgutachtern eine wichtige Rolle. Dies steht im Zusammenhang mit dem hohen Ansehen der Gerichtssachverständigen aufgrund ihres gesellschaftlichen Auftrages und den damit in Verbindung stehenden Rechten im Verfahren.

Circa drei Viertel der Zivilprozessordnungen sehen ein geplantes Verfahren mit der Schaffung einer Waffengleichheit durch Offenlegung und Austausch der Beweise sowie der Sanktionierung von Verzögerungen vor. Die gleiche Anzahl an Rechtsordnungen sehen bereits mehr oder weniger umfangreich genutzte elektronische Verfahrensführungsformen oder deren Bestandteile vor.

Etwas weniger als die Hälfte der Rechtsordnungen enthalten die frühzeitige Sachverhaltssortierung und -straffung sowie den Rückgriff auf Listen mit etablierten Gerichtsgutachtern. Ebenso viele Länder sehen eine Unterstützung des Gutachters durch Abstimmung der an ihn zu stellenden Fragen und Mitwirkungspflichten der Parteien während der Bearbeitung und Erstellung vor. Immerhin noch 4 von 15 Rechtsordnungen haben eine komplexitäts- und schwierigkeitsbezogene Vergütung eingeführt.

Es hat sich gezeigt, dass der deutsche Zivilprozess im internationalen Vergleich nicht schlecht dasteht. Dennoch gibt es einige Rechtsordnungen auf EU- und internationaler Ebene deren Beweiserhebung unter Einbeziehung von Sachverständigen noch schneller und effizienter abläuft. Viele der dafür implementierten, vorgenannten Maßnahmen lassen sich in den deutschen Verfahrensablauf integrieren, ohne größeren Bedenken zu begegnen.

### 1. Fachwissen

Die Einfügung von Fachwissen an den Gerichten ist bisher nur im Rahmen der Spezialisierung der Gerichte oder der Einholung von Sachverständigengutachten möglich. Dies erfolgt derzeit bereits, wie in vorigen Kapiteln dargestellt wurde. Zu überdenken wäre die unterstützende Einbeziehung von Laien oder Experten, jedoch nicht in den Spruchkörper, da eine direkte Zuweisung außerhalb des Geschäftsverteilungsplans das Grundrecht des gesetzlichen Richters tangiert.

### 2. Digitalisierung

Ohne Probleme, weil bereits häufig in der Vergangenheit diskutiert, dürfte die Einführung der digitalen Verfahrensführung sein. Hier befindet sich Deutschland mit der elektronischen Klageeinreichung und erster digitaler Verfahren nach § 128a ZPO im Zuge der Pandemie noch am Anfang. Die dargestellten Möglichkeiten zur elektronischen Verfahrensbegleitung aus anderen Rechtsordnungen, insbesondere als Versand- und Kommunikationsmedium, könnten als Anregung zum weiteren Ausbau genutzt werden. In diesem Zusammenhang wird die Einführung der e-Akte genannt.

### 3. Sachverhaltsfixierung

Weiterhin unproblematisch dürfte auch die frühzeitige Sachverhaltsbestimmung und -sortierung sein. Dies ist dem deutschen Prozess in der konkreten Form derzeit fremd, der vielmehr durch Schriftsatzwiederholungen geprägt wird, obwohl eigentlich der Mündlichkeitsgrundsatz und das Beschleunigungsgebot gelten. Die Einführung einer Verpflichtung der Parteien zur Schriftsatzzusammenfassung lässt weder Rechtsverletzungen der Parteien noch strukturelle Nachteile erkennen, da lediglich die bisher vorgebrachten und disponierten Inhalte zusammengefasst werden. Diese Maßnahme kann jedoch für die bewertenden Prozessbeteiligten in Form der Sachverständigen oder des Gerichtes eine enorm verfahrensfördernde Wirkung haben, sofern nicht lediglich eine Aneinanderreihung der bisherigen Ausführungen erfolgt.

### 4. Verfahrensplanung

Diskutabel, aber abwägenswert ist die offene Verfahrensführung- und Planung sowie die Aufforderung zur Beweisoffenlegung und Sanktionierung von Verzögerungshandlungen. Im deutschen Zivilprozess erfolgt nur eine formale Benennung des Beweismittels. Hier treffen mehrere, gleichrangige Verfahrensprinzipien aufeinander. Im Vordergrund dürften die Dispositionsmaxime der Parteien und das Recht, sich nicht selbst zu belasten, stehen, sodass der Wunsch nach vollständiger Beweisvorlage vermutlich nur einseitig bedient werden wird. Dennoch ist die strikte Zeitplanung mit entsprechenden Fristen und die Sanktionierung von bewusster ungerechtfertigter Verfahrensverzögerung intensiver vorzunehmen.

### 5. Vorrang von Gerichtsgutachten

Den größten Zuspruch und damit elementarsten Punkt in der Untersuchung von zu übernehmenden, beschleunigenden Maßnahmen stellt die Verteilung von Privat- und Gerichtsgutachten dar. Die bereits zuvor ausgeführten Argumente sollen hier nur noch einmal gestrafft erwähnt werden. Der für das Gericht tätige Gutachter ist in den untersuchten Rechtsordnungen mit einem hohen Ansehen versehen und wird teilweise *in puncto* Unabhängigkeit dem Gericht gleichgestellt. Neben den statutarischen Rechten der Gerichtsgutachter im Verfahren, die wesentlichen Einfluss auf die Bearbeitung des gerichtlichen Gutachtenauftrages haben sowie die entsprechende Bewährung und Belastbarkeit durch den bekannten Umgang mit den Gerichtsanforderungen, fehlt es dem privat beauftragten Gutachter an der für die gerichtliche Entscheidung notwendigen direkten, eigenen Wahrnehmung. Dies verringert den Beweiswert.

Größte Unsicherheiten sind der Parteieinfluss und der einseitig vorgegebene Sachverhalt. Ein streitiger und klärungsbedürftiger Sachverhalt, der sich meist erst im Vorverfahren herauskristallisiert, kann damit vom vorprozessualen Privatgutachten gar nicht erfasst sein. Selbst entsprechend offene Rechtsordnungen sehen das Problem der fehlenden Unabhängigkeit und versuchen die Akzeptanz durch verpflichtende Erklärungen des Gutachters hinsichtlich seiner Unabhängigkeit, eine ausschließliche Verwendung von aufgelisteten Experten, der Vorlage der Mandatierungsdokumentation und Sanktionierung erkennbarer Parteigutachten zu steigern.

Im deutschen Zivilprozess wird auf beide Institute zum Teil auch nebeneinander im selben Prozess zurückgegriffen. Ohne deren Sinn und die Prozessmaximen zu missachten, ist vor dem Hintergrund der dargestellten, offensichtlichen Nachteile zu überlegen, auch in Deutschland eher auf Gerichtsgutachten als auf Privatgutachten zu referenzieren, vor allem bei gleichzeitigem Vorhandensein. Der Einsatz des Letztgenannten sollte auf die Feststellung einer grundsätzlichen Sachlage oder eines Anspruches im Rahmen des vorgerichtlichen Verfahrens, zur Überprüfung eines Gerichtsgutachtens beziehungsweise auf einvernehmlichen Auftrag begrenzt werden. Dies würde zusammen mit der subsidiären Nutzung, aufgrund uneinbringlicher Erschöpfung der übrigen Beweise, dazu führen, dass die Gutachterressourcen vom Privatgutachten zum Gerichtsgutachten steigen und die notwendige Qualität und Quantität dem Gericht zur Verfügung stehen. Den Parteien sollte also dieses Prozessmittel nicht entzogen, sondern im Einzelfall davon abratend, die Nachteile (Kosten, fehlende Vergleichbarkeit) dargelegt werden.

### 6. Zentrale Liste

Daran anknüpfend steht die Offenlegung der Ressourcen und Kompetenzen durch Listen und Pools im Vordergrund. Die in Deutschland bereits vorhandenen, bei den Bestellungskörperschaften separat angesiedelten Listen sollten entsprechenden den Vorbildern zentral geführt und zusammengefügt sowie durch qualitätssichernde (Zertifizierungs-)Verfahren vereinheitlicht werden. Jedenfalls ergeben sich aus der Führung zentraler

Listen mannigfaltige Vorteile in Bezug auf die Auswahl der notwendigen Kompetenzen und deren Steuerung. Dem stehen auch keine systemischen Bedenken gegenüber, sofern die Datenschutzaspekte berücksichtigt werden und sich der Gutachter freiwillig eintragen lässt. Der Einbeziehung der Parteien bei der entsprechenden Auswahl oder gar deren Einigung kann eine gerichtliche Entscheidung im Streitfall zu Grunde gelegt werden, um gegenseitige Blockaden zu verhindern.

### 7. Vorbereitung und Unterstützung des Gutachters

Hinsichtlich der Arbeit des Gutachters wurden eine Vielzahl von prozessbeschleunigenden Maßnahmen dargestellt. Zum einen wird die Involvierung der Parteien bei der Aufstellung der an den Gutachter zu stellenden Fragen angeregt. In Deutschland erfolgt hier in der Regel eine Übernahme der Anträge aus den Schriftsätzen. Zur Verhinderung späterer Angriffe durch die Parteien bei stets verbleibender Entscheidung durch das Gericht ist neben der Abstimmung der Fragen mit dem Gutachter, eine Freistellung seiner Bearbeitungsweise sowie Vorlage eines Entwurfsgutachtens zu befürworten. Dies führt zu einer überprüfbaren Flexibilität des Gutachters. Ein solches Vorgehen offenbart keine Bedenken, da die Rechte der Partien auf rechtliches Gehör und ihre Disposition gewahrt bleiben. Dies geht einher mit der Einführung von Mitwirkungs- und Kooperationspflichten der Parteien und Sanktionierung von verfahrensverzögernden Fehlverhalten.

In der Praxis des deutschen Prozesses wird diese Verfahrensweise kaum angewandt. Sofern sich die Parteien bereits für eine Beweiserhebung durch Sachverständigenbeweis entschieden haben, kann hier jedenfalls nicht ein Eingriff in den Dispositionsgrundsatz glaubhaft gemacht werden.

Da der Gutachter die Verpflichtung gegenüber dem Gericht hat, unterstützend tätig zu werden, haben sich die Parteien in die Gerichtssphäre begeben und sollten einen eigenen Antrieb an der gutachterlichen Bewertung des möglichst vollumfänglichen Sachverhaltes und nicht von Teilaspekten haben. Zumindest scheint es sonst unbillig, die Unrichtigkeit des Gutachtens aufgrund unvollständigen Sachverhaltes anzugreifen. Gleiches gilt für den Angriff von überlangen Verfahren bei parteiseitigen Verzögerungshandlungen oder fehlender Mitwirkung.

### 8. Orientierung der Vergütung

Abschließend ist der letzte aus dem Rechtsvergleich erkennbar gewordene Punkt der Vergütungsanpassung zumindest höchst diskutabel. Zwar ist die Vergütung kürzlich erhöht worden, dennoch verbleiben Verbesserungspotenziale. Eine Anpassung der Vergütung an die Komplexität und Schwierigkeit des Falles unter Bezugnahme auf vergleichbare außergerichtliche Tätigkeit mit Bonussystem und gestaffelter Auszahlung ist aus mehreren Gründen sinnvoll. Zum einen werden dadurch ähnlich wie bei der Verlagerung von Privat- zu Gerichtsgutachten notwendige Kapazitäten frei. Zudem steigert dies die Motivation des Gutachters, der aufgrund Staffelung weniger in Vorleistung gehen muss und besser kalkulieren kann, als mit einer Einmalzahlung. Für die Parteien bietet nicht nur die vorgestellte Einführung eines Kostenplanes mehr Transparenz, sondern es kann statt einer großen Einmalzahlung auch die Kostenlast besser verteilt und im Endeffekt durch beschleunigte Bearbeitung aufgrund etwaig anfallender geringerer Verzugszinsen eine insgesamt geringere Kostenbelastung herbeiführt werden. Der auf die Verzinsung abstellenden Partei bietet dies entsprechend keinen Vorteil.

Zusammenfassend sollte die Übertragung der ermittelten Faktoren intensiv geprüft und deren Übernahme in die deutsche Verfahrenspraxis ohne Gesetzesänderungen unbedingt diskutiert und schnellstmöglich vollzogen werden. Damit könnten die Vorteile eines jeden Faktors wie in den betrachteten Rechtsordnungen ihre beschleunigende Wirkung entfalten und die Position des deutschen Zivilprozesses im internationalen Ranking verbessern.

# Zusammenfassung und Empfehlung

Die Dissertation hat gezeigt, dass die Beweiserhebung unter Zuhilfenahme des Sachverständigenbeweises im deutschen Zivilprozessrecht nach derzeitigem Stand verbesserungsbedürftig ist. Hierzu stehen diverse Lösungsvorschläge und -anregungen zur Verfügung, deren Umsetzung erforderlich ist, um die (selbstgesetzten) Ziele der Verfahrensbeschleunigung und Effizienzsteigerung ohne eine Gesetzesänderung zu erreichen.

Einige Faktoren, welche die Schnelligkeit der untersuchten Referenzrechtsordnungen ausmachen, sind auch im zweiten Kapitel als eigene Lösungsvorschläge zur Beschleunigung der Beweiserhebung im deutschen Zivilprozess bewertet worden. Das lässt darauf schließen, dass die untersuchten Ansätze die für eine erhebliche Beschleunigungswirkung relevanten Maßnahmen darstellen.

Dazu zählen neben der Einführung von speziellen Fachkenntnissen an den Gerichten selbst zum einen ein Ausbau der Technisierung, die in einigen anderen Vorbildländern bereits vollumfänglich den gesamten Dokumenten- und Kommunikationsverkehr im Prozess bestimmen, sowie andererseits die zentral geführten Sachverständigenlisten, welche viele der untersuchten Rechtsordnungen als Basis für die Gutachterauswahl nutzen. Diese beiden Aspekte sollen in der hier empfohlenen, mit umfangreichen Funktionen und Inhalten ausgestatteten Datenbank umgesetzt werden.

Die Wertschätzung und Stellung der Gerichtsgutachter als eigenes, nicht formales Institut mit besonderen Anwesenheits- und Untersuchungsrechten, aber auch prioritären Bearbeitungspflichten, wird in vielen schnelleren Zivilprozessordnungen hervorgehoben und auch hier befürwortet. Das hohe Ansehen und die Pflichten des Gerichtsgutachters, sein Einfluss auf das Verfahren sowie Sanktionierungsmöglichkeiten bedürfen eines Ausgleiches, sodass sich diese Anerkennung auch in der verfahrensinternen Wahrnehmung und Unterstützung seiner Tätigkeit widerspiegeln und mit Mitwirkungspflichten der Parteien unterstützt werden muss. Eine in den untersuchten Staaten teilweise übliche Orientierung der Vergütung an der Komplexität und Schwierigkeit des Auftrages korrespondiert mit der hier vorgeschlagenen indexbasierten Gleichsetzung der Honorare mit Privataufträgen sowie der Einführung erfolgsbezogener Boni.

Gleichzeitig ist in diesem Kontext und vor dem Hintergrund einer durchdachten Kapazitätssteuerung übereinstimmend die Herabstufung beziehungsweise das Abbringen der Parteien von einer pauschalen Beibringung von Privatgutachten zu nennen, mit dem Ziel eines bewussten und gewinnbringenden Einsatzes. Diese Parteigutachten sollen zwar in vereinzelten Rechtsordnungen (wieder) aufgebaut werden, haben in der Mehrheit der untersuchten Länder jedoch kaum uneingeschränkte, entscheidungserhebliche Auswirkung. Hintergrund sind vor allem die dargelegten Sonderrechte der Gerichtsgutachter, Abweichungen im Sachverhalt als Auftragsinhalt sowie der schwer zu überwindende Parteieinfluss. Aus Ressourcengründen übernahmewürdig ist der in anderen Prozessordnungen übliche subsidiäre Rückgriff auf Gerichtsgutachter nach Uneinbringlichkeit der übrigen Beweismittel.

Ein weiterer Lösungsansatz der sowohl im internationalen Vergleich als auch im nationalen Prozess eine Verfahrensbeschleunigung verspricht, ist die frühzeitige Sachverhaltsbestimmung und -sortierung sowie die faire Verfahrensführung mit Offenlegungs- und Mitwirkungspflichten der Parteien auch zur Unterstützung der Gutachter. Dies soll nach dem Vorschlag dieses Werkes unter Mitwirkung des Sachverständigen erfolgen und mittels Sanktionierung von destruktiven oder beeinflussenden Handlungen verschärft werden. Ähnlich dem Vorgehen einiger Rechtsordnungen sollten Präklusionsmöglichkeiten wie für andere Prozesshandlungen gelten. Im Gegenzug machen größere Teilhaberechte der Parteien, etwa bei der Instruktion des Sachverständigen, den Prozess transparenter.

Weitere Vorschläge, die nicht der Untersuchung der Referenzländer, sondern ausschließlich den eigenen Vorschlägen entstammen, sind die Rückgewinnung der in die Privatwirtschaft „abgewanderten" Sachverständigen sowie ein Aufbau von Gutachterressourcen mit der notwendigen Qualitätssicherung durch eine Bestellung oder Zertifizierung. Daneben werden die frühzeitige Einbeziehung des Sachverständigen, die gegenseitige prozessbegleitende Unterstützung von Gericht und Gutachter, die Steigerung der Kommunikation und ein allseitiger Feedbackprozess zur Verfahrensbeschleunigung und Effizienzsteigerung angeregt.

Diese Lösungsvorschläge gilt es in den deutschen Zivilprozess zu implementieren, da hierdurch das Verfahren gemäß den gesellschaftlichen und wirtschaftlichen Anforderungen effizienter und schneller gemacht werden kann. Zur Umsetzung ist außer hinsichtlich der Anpassung des JVEG keine Gesetzesänderung notwendig, sondern vielmehr eine faktische Anpassung erforderlich.

Dabei ist zu beachten, dass es sich hier um Empfehlungen handelt, die nicht in die gesetzliche Kompetenz des Richters eingreifen sollen, sondern im Rahmen einer gängigen Gerichtspraxis etabliert werden müssen.

Die verbesserte Wertschätzung kann nicht durch theoretische Aufgaben, sondern nur durch faktisches Handeln, wie vermehrte Kommunikation sowie gegenseitige Einbeziehung an Veranstaltungen und Symposien erreicht werden. Die Vergütung ist durch das Bundesministerium der Justiz und für Verbraucherschutz im Rahmen einer Änderung der Gebührensätze des JVEG anzupassen beziehungsweise aufgrund der Orientierung an der Sachverhaltskomplexität und der Einführung von Boni neu zu regeln. Die Unterstützung der Gutachter durch eigene Handlungen oder Entscheidungen des Gerichtes sowie Einwirkung auf die Parteien und deren Sanktionierung ist ebenfalls nicht durch gesetzliche Änderungen, sondern durch tatsächliches Agieren im Prozess zu erreichen. Auch die Abwertung der Privatgutachten erfordert eher eine faktische denn eine formale Änderung zumal die Privatgutachten gesetzlich ohnehin nicht erwähnt sind. Insofern bedarf es hier eines Umdenkens.

Den größten Umsetzungswand dürfte die hier vorgestellte Datenbank mit sich bringen. Durch eine zentrale Implementierung auf Bundesebene sind entsprechende Stellen zu schaffen, die von den bisher betreuenden Körperschaften sowohl personell als auch technisch übernommen werden könnten. Hier ist eine entsprechende Abstimmung notwendig. Zur Gewährleistung der Datenschutzkonformität und Verwendbarkeit der Inhalte können jedoch gesetzliche Regelungen zweckmäßig sein.

Die Steigerung der Kommunikation bedarf ebenfalls einer Bewusstseins-Änderung bei den Richtern und der Implementierung entsprechender Technik. Die technischen Voraussetzungen sollten zusammen mit der seit langem geplanten Einführung der elektronischen Akte verbessert werden.

Abschließend ist die Änderung des Abrechnungsprozesses ein Vorschlag der mit (technischem) Aufwand verbunden ist. Neben der Einführung von Standards und Vorgaben aus der Gerichtsverwaltung könnte der Prozess auf Gutachterseite gleich der Kanzleiverwaltung und den dortigen Kontierungssystemen zu einer technischen Abrechnung mit elektronischer Weiterleitung führen.

Welche konkreten Handlungen sind demnach erforderlich?

1. Bildung einer Kommission aus Richtern und Sachverständigen
   a. zur Etablierung eines Instituts des Gerichtsgutachters und Festlegung von dessen Rechten und Pflichten.
   b. zur Evaluierung einer indexierten Anpassung der Vergütung und eines Bonusverfahrens sowie Überarbeitung des Abrechnungssystems der Gutachterleistungen in technischer und formaler Hinsicht durch Änderung des JVEG.

c. zum Aufbau eines übergreifenden, gemeinsamen und gegenseitigen fachlichen Fortbildungs- und Schulungskonzeptes der Richter und Sachverständigen.
2. Zusammensetzung einer Arbeitsgruppe aus Bestellungskörperschaften, Richtern und Gutachtern zur Erstellung eines neuen Nachwuchskonzeptes für Sachverständige.
3. Sicherstellung der besseren Verteilung und zügigen Auftragsbearbeitung durch Überwachung der Auftragsannahme mit technischen Hilfsmitteln.
4. Anpassung des Sanktionierungssystems hinsichtlich unvergüteter Auftragsentziehung und zukünftiger Nichtberücksichtigung als *Ultima Ratio* bei grob wettbewerbswidrigen, verfahrensverzögernden Handlungen.
5. Implementierung einer Datenbank mit den vorgestellten Funktionen an zentraler Stelle unter Zuhilfenahme und Einbeziehung der Bestellungskörperschaften und der Justizverwaltung, beziehungsweise aufgrund der übergeordneten Koordinierung und zentraler Vorgaben das Bundesministerium der Justiz (BMJ)V und die Justizministerkonferenz (JuMiKo).
6. Integration von Sachverständigen in Fachtagungen und Symposien zur Erhöhung des inner- und außergerichtlichen fachlichen und persönlichen Austausches und Steigerung der Kommunikation.

Es konnte gezeigt werden, dass umfangreiche gesetzliche Reformen nicht notwendig sind. Zuerst sollten die in der ZPO vorhandenen Mittel zur schnellen und effektiven Einbringung der Sachkunde in den Zivilprozess durch vermehrten, auf das jeweilige Verfahren angepassten Einsatz ausgereizt werden, da diese neben der Änderung von innerprozessualen und verwaltungstechnischen Vorgehensweisen zur Erreichung des Reformwunsches ausreichend sind.[1802]

Die Verfahrensdauer ist einerseits ein wesentliches Qualitätsmerkmal für die Funktions- und Wettbewerbsfähigkeit des deutschen Zivilprozesses,[1803] welches von der Anzahl der Parteien und der Komplexität des Sachverhaltes sowie der Notwendigkeit von Sachverständigengutachten abhängig ist. Andererseits ist die Dauer neben den Kosten auch ausschlaggebender Faktor bei anderen Verfahrensarten beim Wunsch nach einer Streiterledigung mit Rechtsfrieden sowie Rechtssicherheit, weshalb alter-

1802 *Schobel*, MDR 2014, 1003 (1007); *Gaier/Freudenberg*, ZRP 2013, 27 (28).
1803 *Walter*, DS 2013, 385 (385); vgl. *Hoffmann*, IWRZ 2018, 58 (58); vgl. *Gaier*, NJW 2013, 2871 (2873).

native Streitbeilegungsmethoden derzeit einen guten Stand haben und an Bedeutung gewinnen.[1804] Dennoch sollten diese nicht als Konkurrenz, sondern als „Anreiz“ und Ideenpool für Verbesserungspotenziale gesehen werden.[1805] Die Vorteile des gerichtlichen Prozesses, dass neben der verbindlichen Beendigung des Rechtsstreits im Gegensatz zu den vertraulichen, alternativen Streitbeilegungsverfahren eine nicht nur parteibezogene Rechtskraft, sondern auch eine Präzedenzwirkung geschaffen werden kann, wenn der Sachverhalt entweder zur Fortbildung oder Auslegung des Rechts beiträgt, sollten wieder in den Vordergrund rücken.[1806]

Nach dem Rückgang der Klagezahlen ist für die Steigerung der Wettbewerbsfähigkeit des deutschen Zivilprozesses die Optimierung des Ablaufes unentbehrlich, um wieder an Attraktivität zu gewinnen.[1807] Dies auch vor dem Hintergrund, dass ein erneuter Anstieg der Fallzahlen nicht ausgeschlossen ist. Schließlich haben sich die Verfahrenseingänge nummerisch schon häufiger in einer Achterbahnkurve bewegt.[1808] Auch die Literatur geht von einer steigenden Beanspruchung bei gleicher oder geringerer Personalbesetzung aus, sodass dringend nach Vereinfachungs- und Beschleunigungskonzepten zu suchen war.[1809]

Das deutsche Zivilprozessrecht soll – seinem Ruf gerecht werdend – im internationalen Vergleich wieder eine effiziente[1810] Vorreiterrolle einnehmen. Für die entsprechende Verbesserung und damit Deutschland als Prozessordnung auch in der Disziplin „Verfahrensdauer“ zur Spitzengruppe zählt, sind neben anderen Änderungen zeitnahe Gutachten von besonderer Bedeutung.[1811] Eine schnellere, wettbewerbsfähige Justiz dient nicht nur den Bürgern, sondern kann auch dem Ansehen der Gesellschaft

---

1804 *Gaier /Freudenberg*, ZRP 2013, 27 (27); vgl. *Gaier*, NJW 2013, 2871 (2875); *Hoffmann*, IWRZ 2018, 58 (60 f.); *Hirtz*, NJW 2012, 1686 (1686, 1688); *Schlehe*, DS 2013, 337 (341).

1805 Vgl. *Hoffmann*, IWRZ 2018, 58 (61).

1806 *Hirtz*, NJW 2012, 1686 (1686); *Gaier/Freudenberg*, ZRP 2013, 27 (27); *Hoffmann*, IWRZ 2018, 58 (59).

1807 *Höland / Meller – Hannich* in ders., S. 17; *Hoffmann*, IWRZ 2018, 58 (58, 61); vgl. *Walter*, DS 2020, 77 (81).

1808 *Höland / Meller – Hannich* in ders.; S. 19.

1809 *Gaier /Freudenberg*, ZRP 2013, 27 (29); *Gaier*; NJW 2013, 2871 (2872, 2876); *Rottleuthner* in *Höland / Meller – Hannich*, S. 101.

1810 *Hirtz*, NJW 2012, 1686 (1686); *Schlehe*, DS 2013, 337 (338); vgl. *Gaier /Freudenberg*, ZRP 2013, 27 (27).

1811 *Schlehe*, DS 2013, 337 (338, 341); vgl. *Gaier*, NJW 2013, 2871 (2873); vgl. *Walter*, DS 2018, 186 (190).

und dem Justizstandort in Europa einen Bedeutungszuwachs bescheren, weshalb bereits um jeden Fall europaweit gebuhlt wird.[1812]

Durch die Beseitigung der störenden Faktoren und Fokussierung auf die entscheidungsrelevanten Prozesse können die Herausforderungen der Zukunft durch Verknappung der Justiz und Sachverständigenkapazitäten bei steigender Technisierung und Globalisierung gemeistert werden. Für die Effizienz des Zivilprozesses bedarf es auch eines qualitativ hochwertigen Sachverständigenwesens.[1813]

Ziel ist es, eine Verbesserung ohne Qualitätsverlust zu erreichen, um einen transparenten, zügigen sowie objektiven und neutralen Prozess zu etablieren, in dem alle notwendigen und geforderten Themen untersucht und erläutert werden und das Verfahren nicht gebremst wird, damit der Zivilprozess seiner eigentlichen gesellschaftlichen Aufgabe der Sicherung des Rechtsstaates auch in Zukunft gerecht wird.[1814]

---

1812 *Gaier*, NJW 2013, 2871 (2873); vgl. *Hoffmann*, IWRZ 2018, 58 (58, 62); vgl. *Pfeiffer*, DRiZ 2021, 46 (47, 49); vgl. *Walter*, DS 2018, 186 (186); vgl. *Pfeiffer*, IWRZ 2020, 51 (52, 57); vgl. *Walter*, DS 2020, 77 (81).

1813 *Hommerich*, DS 2014, 43 (47), „Abhängigkeit".

1814 Vgl. *Kury*, ZRP 2018, 1 (1).

## Anhang:
*Fragebogen Promotions-Gespräch*

Name:
Funktion:

Ausgangslage:
Die Dauer der Zivilverfahren in Deutschland verlängert sich stets. Die Erhebung von Sachverständigenbeweisen ist nach einer Studie mehrerer Oberlandesgerichte und des Kammergerichtes Berlin eine der Hauptursachen von Verzögerungen im Zusammenhang mit Zivilprozessen.
In meiner Dissertation mit dem Thema: „Die Reform des Sachverständigenrechtes" werde ich den derzeitigen Stand der Beweiserhebung mittels Sachverständigengutachten sowie damit verbundene Probleme darstellen. Des Weiteren sollen nach der Ursachenforschung auch Verbesserungsmöglichkeiten offengelegt werden, die nach meiner Vorstellung nicht nur theoretischer Natur sein sollen, sondern auch einer praktischen Umsetzbarkeitsanalyse unterzogen worden sind.
Hierzu würde ich mich über Ihre Unterstützung freuen, da Sie aus der Praxis über die notwendige Expertise verfügen, um entsprechende Probleme ausmachen zu können und mir eine Einschätzung über die Praktikabilität der Lösungsvorschläge geben können.

Viele Dank,
Andreas Wedde

1. Wie lange dauert aus Ihrer Erfahrung der Sachverständigenbeweis im Schnitt und welchen Anteil hat das bei langdauernden Verfahren?
2. Welche Ursachen hat dies aus Ihrer Erfahrung und welche Ursachen werden nach Ihrer Kenntnis hierzu diskutiert? Woran hakt es in der Praxis aus Ihrer Sicht?
3. Nun würde ich mich über eine Einschätzung zu den von mir besprochenen Verbesserungsvorschlägen freuen.
   - A.) Aufwertung des Verhältnisses zwischen Gericht und Sachverständigem
     Die Beziehung zwischen Gericht und dem Sachverständigen sollte geändert werden. Es sollte eine Aufwertung der Stellung / Wertschätzung des Gerichtsgutachters erfolgen und Anreize für schnelleres und besseres Arbeiten gesetzt werden, damit die Tätigkeit auch attraktiver für den Nachwuchs wird. Sind Parteien bereit mehr für ein Mehr an Qualität zu zahlen?
     Zudem muss mehr zwischen den Prozessbeteiligten kommuniziert werden. Eventuell könnte eine höhere Vergütung des Sachverständigen ein Anreiz sein, dass der Gutachter schneller arbeitet. Die Ausübung zusätzlichen Drucks mit Ordnungsmittelandrohung führt vermeintlich nicht zu einer Verbesserung des Verhältnisses und nicht zu schnellerer beziehungsweise qualitativ besserer Arbeit.
   - B) Einführung einer Datenbank mit Bewertungs- und Bietfunktion sowie Hinterlegung von Ergebnissen
     Es bedarf einer übergeordneten Datenbank, nicht nur wie bisher einer kammerbezogenen Aufstellung. Diese müsste zudem auch weitere Funktionen enthalten, um die Auswahl zu beschleunigen. Macht aus Ihrer Sicht eine Ausschreibung von Aufträgen Sinn? Denkbar wäre zudem eine Art Ergebnisdatenbank zur Verhinderung gleicher Gutachten zu gleichen Sachverhalten sowie einer Bewertungsfunktion der Gutachten und der Sachverständigen selbst. Wären die Sachverständigen bereit sich zum Zwecke der schnelleren Auffindbarkeit von Gutachtern im Rahmen des Wettbewerbes einzutragen / eintragen zu lassen und alle Prozessbeteiligten bereit zum Zwecke der Beschleunigung des Verfahrens Kosten zu übernehmen?
   - C.) Ad hoc Besetzung der Gerichte
     Was halten Sie von einer spezialisierten Besetzung der Gerichte, um die technische Sachkunde sofern möglich bereits an diesem Punkt herzustellen? Es gibt bereits Kammern für Handelssachen,

Bankrechtssenate und auf Medizinrecht spezialisierte Senate an den entsprechenden Gerichten.

- D.) vermehrte Nutzung von mündlichen Gutachten & Aufwertung von Privatgutachten
  Die mündliche Begutachtung wird zu selten in Anspruch genommen und sollte in Abhängigkeit vom Umfang des Streitgegenstandes mit den modernen Kommunikationsmitteln als Aufzeichnungsmöglichkeit (Audioaufzeichnung eventuell sogar durch Übergabe des Diktiergerätes an den Gutachter selbst) genutzt werden.
  Die Privatgutachten stellen zudem bereits eine fachliche Begutachtung dar, wenn auch mit dem Manko des vermeintlich erkauften Ergebnisses. Sollte dies nicht, sofern von einem anerkannten Gutachter erstellt, ausreichende Grundlage für eine Entscheidung und Ersatz für ein Gerichtsgutachten sein, um so eine doppelte Einholung zu vermeiden?
- E.) Zertifizierungsprozess
  Um einen einheitlichen Qualitäts- und Formstandard von Sachverständigen und deren Gutachtern zu etablieren, könnte es helfen einen generellen Zertifizierungs- und Überwachungs- sowie Fortbildungsprozess für alle Gutachter einzuführen. Finden Sie diesen Ansatz sinnvoll?
- F. frühzeitige Einbeziehung des Sachverständigen & mehr Druck auf die Gerichte
  Auch nach der derzeitigen Gesetzeslage besteht nach §§ 144 Abs. 1 S. 1, 273 Abs. 2 Nr. 4, 358a und 404a Abs. 2 der ZPO die Möglichkeit den Sachverständigen frühzeitig in den Prozess einzubinden, etwa bereits sehr früh zur Sachverhaltssortierung und -reduzierung sowie bei der Formulierung des Beweisbeschlusses beziehungsweise der Vorbereitung der und der deeskalierenden Anwesenheit in einer mündlichen Verhandlung. Die Gerichte nehmen dies häufig nicht wahr. Gibt es hierfür aus Ihrer Sicht Gründe?
  Macht eine frühzeitige Einbeziehung des Sachverständigen etwa zur Sachverhaltssortierung oder zur Abgabe einer Vorabexpertise Sinn?
  Sollte hier und generell mehr „Druck" auf die Gerichte aufgebaut werden, sowohl hinsichtlich der frühzeitigen Einbindung des Gutachters, der konsequenten Anwendung von maßregelnden oder präkludierenden Vorschriften beziehungsweise der Einbeziehung der Parteien bei Gutachtervorschlägen (durch eigene Vorschläge) als auch Steigerung der Kommunikation des Gerichtes mit dem Gutachter und der Verbesserung dessen Schutzes?

4. Unabhängig von den oben genannten Vorschlägen, welcher Reformen bedürfte es Ihrer Sicht um den Prozess der Beweiserhebung zu beschleunigen? Welche Hindernisse müssten beseitigt werden?

# Literaturverzeichnis


*Ahrens, Hans-Jürgen*, Reform des Sachverständigenbeweises, ZRP 2015, 105.

*Ders.*, Besonderheiten der Beweiserhebung im EPG-Verfahren; GRUR 2017, 323.

*Althammer, Christoph/Schäuble, Daniel*, Effektiver Rechtsschutz bei überlanger Verfahrensdauer – Das neue Gesetz aus zivilrechtlicher Perspektive; NJW 2012, 1.

*Andersen, Kyrre Tangen*, The Legal 500 Country Comparative Guides Norway: Litigation (zitiert als Legal500 Norway), im Internet abrufbar unter: https://www.legal500.com/guides/chapter/norway-litigation/?repeat=w3tc (Stand 24.03.2020).

*Audzevičius, Ramūnas/Daujotas, Rimantas*, Global Arbitration Review

Lithuania (zitiert als GAR Lithuania), im Internet abrufbar unter: https://globalarbitrationreview.com/jurisdiction/1000219/lithuania (Stand 18.02.2020).

*Baechler, Roman/Richers, Roman*, Dispute Resolution Switzerland (zitiert als GTDT Switzerland), im Internet abrufbar unter: https://gettingthedealthrough.com/area/9/jurisdiction/29/dispute-resolution-switzerland/ (Stand 30.03.2020).

*Baumbach, Adolf/Lauterbach, Wolfgang/Anders, Monika/Gehle Burkhard*, Zivilprozessordnung, 78. Auflage, München 2020 (zitiert als *Autor* in Baumbach / Lauterbach).

*Baumgärtel, Gottfried/Laumen, Hans-Willi/Prütting, Hanns* (Hrsg.) – Handbuch der Beweislast, 4. Auflage, Köln 2019 (zitiert als *Autor* in Baumgärtel/Laumen/Prütting).

*Bayerlein, Walter*, Praxishandbuch Sachverständigenrecht, 4. Auflage, München 2008 (zitiert als *Autor* in Bayerlein).

*Berge, Stig*, Litigation 2019 Norway (zitiert als PG Chambers Norway), im Internet abrufbar unter: https://practiceguides.chambers.com/practice-guides/litigation-2019-second-edition/norway (Stand 24.03.2020).

*Blendinger, Bastian*, Reform des Sachverständigenrechts in Verfahren nach der ZPO und dem FamFG, DS 2015, 211.

*Bleutge, Peter*, Neue Entwicklungen im Sachverständigenrecht, GewArch 2014, 49.

*Ders.*, Neue Entwicklungen im Sachverständigenrecht, GewArch 2017, 266.

*Bogan, Aaron*, Der ökonomische Sachverständige als „Berater des Gerichts“ im Kartellschadensersatzprozess; GRUR 2021, 140.

*Borrius, Yvette/Jager, Chris*, Netherlands: Litigation & Dispute resolution 2020 (zitiert als ICLG Netherlands), im Internet abrufbar unter: https://iclg.com/practice-areas/litigation-and-dispute-resolution-laws-and-regulations/netherlands (Stand 05.05.2020).

*Bos, Hendrik/Kroes, Roger/Hulsewé, Daphne*, Litigation & Dispute Resolution 2019 – Netherlands (zitiert als GLI Netherlands), im Internet abrufbar unter: https://www.globallegalinsights.com/practice-areas/litigation-and-dispute-resolution-laws-and-regulations/netherlands (Stand 05.05.2020).

*Boye, Knut*, Litigation and enforcement in Norway: overview (Thomson Reuters PractialLaw) (zitiert als TR PractialLaw Norway), im Internet abrufbar unter: https://uk.practicallaw.thomsonreuters.com/w-017-4126?transitionType=Default&contextData=%28sc.Default%29 (Stand 23.03.2020).

*Braun, Stefan*, Die Geschichte des öffentlich bestellten und vereidigten Sachverständigen; DS 2014, 52.

*Bruns, Alexander/Münch Joachim/ Astrid Stadler*, Die Zukunft des Zivilprozesses, Tübingen, 2014 (zitiert als *Autor* in Bruns/Münch/Stadler).

*Burwick, Michael*, Die Anforderungen an eine "beweisreife" Akte aus sachverständiger Sicht und Potenzial zur Verfahrensoptimierung, DS 2020, 135.

*Calliess, Gralf-Peter*, Der Richter im Zivilprozess – Sind ZPO und GVG noch zeitgemäß? Gutachten zum 70. Deutschen Juristentag Hannover 2014, München 2014.

*Commission européenne pour l'éfficacité de la justice (CEPEJ)*, Studies No. 26 European judicial systems – CEPEJ Evaluation Report, 2020 Evaluation cycle (2018 data), Part 1, (zitiert als CEPEJ 2020).

*Curran, Chris/Pope, Polly*, New Zealand: Class and Group Actions (zitiert als ICLG New Zealand), im Internet abrufbar unter: https://iclg.com/practice-areas/class-and-group-actions-laws-and-regulations/new-zealand (Stand 18.02.2020).

*Dejl, Pavel/Löfflerová, Andrea/Kubík, Filip*, Czech Republic Report (zitiert als Czech Report), im Internet abrufbar unter: https://ec.europa.eu/competition/antitrust/actionsdamages/national_reports/czech_republic_en.pdf (Stand 03.12.2019).

*Edwards, Joe/Browne, Nicole/Dymond, Sid*, Product liability and safety in New Zealand: overview (zitiert als TR Practicallaw NZ Product liability), im Internet abrufbar unter: https://uk.practicallaw.thomsonreuters.com/Document/I9253b846f63111e79bf099c0ee06c731/View/FullText.html (Stand 30.03.2020).

*Éless, Tamás*, Hungary Report (zitiert als Hungary Report), im Internet abrufbar unter: https://ec.europa.eu/competition/antitrust/actionsdamages/national_reports/hungary_en.pdf (Stand 24.02.2020).

*Elvinger, Pierre/Gloden, Léon*, Luxembourg Report (zitiert als Luxembourg Report), im Internet abrufbar unter: https://ec.europa.eu/competition/antitrust/actionsdamages/national_reports/luxembourg_en.pdf (Stand 04.05.2020).

*Epping, Volker/Hillgruber, Christian* (Hrsg.), Grundgesetz, Onlinekommentar, 42. Auflage, München 2019 (zitiert als BeckOK GG/*Autor*).

*Europäische Kommission* – EU Justizbarometer 2020 – COM(2020) 306 final, Brüssel 2020 (zitiert als EU-Justizbarometer).

*Europäisches Justizportal,* (zitiert als e-justice Rechtsordnung), im Internet abrufbar unter: https://e-justice.europa.eu/content_taking_of_evidence-76-de.do
- Estland (EST) (Stand 05.05.2020),
- Litauen (LT) (Stand 24.02.2020),
- Luxemburg (LUX) (Stand 04.05.2020),
- Niederlande (NL) (Stand 03.12.2019),
- Österreich (AT) (Stand 24.09.2019),
- Rumänien (RO) (Stand 24.02.2020),
- Schweden (SWE) (Stand 03.12.2019),
- Slowakei (SLO) (Stand 07.10.2019),
- Tschechien (CZ) (Stand 24.09.2019),
- Ungarn (HU) (Stand 23.09.2019).

*Feller, Urs/Frey, Marcel/Lauterburg, Bernhard,* Litigation and enforcement in Switzerland: overview (zitiert als TR Practicallaw CH), im Internet abrufbar unter: https://uk.practicallaw.thomsonreuters.com/1-502-1695?transitionType=Default&contextData=(sc.Default)&firstPage=true&bhcp=1 (Stand 30.03.2020).

*Fiala, Tomasz,* Czech republic – Competition Litigation (zitiert als ICLG Czech), im Internet abrufbar unter: https://iclg.com/practice-areas/competition-litigation-laws-and-regulations/czech-republic (Stand 18.02.2020).

*Gärtner, Julia,* Kurzer Prozess – Gedanken zu einer effizienten Arbeitsweise im richterlichen Zivildezernat, NJW 2017, 2596.

*Gaier, Reinhard,* Strukturiertes Vorbringen im Zivilprozess, JurPC Web-Dok 133/2015, Abs. 1–22, im Internet abrufbar unter: https://www.jurpc.de/jurpc/show?id=20150133 (Stand 05.05.2020).

*Ders.*, Der moderne liberale Zivilprozess, NJW 2013, 2871.

*Gaier, Reinhard/Freudenberg, Tobias,* Ist die Zivilprozessordnung noch ein modernes Verfahrensrecht?, ZRP 2013, 27.

*Gerbutov, Viktor/Kara, Artem,* Litigation & Dispute Resolution 2019 / Russia (zitiert als GLI Russia), im Internet abrufbar unter: https://www.globallegalinsights.com/practice-areas/litigation-and-dispute-resolution-laws-and-regulations/russia (Stand 06.04.2020).

*Granvang, Terje,* Conducting litigation in Norway (zitiert als Lexology Norway) im Internet abrufbar unter: https://www.lexology.com/library/detail.aspx?g=c4b85f80-5c98-4c21-ae5e-4c5f5b6d9a6c (Stand 23.03.2020).

*Greger, Reinhard,* Postkutsche auf der Autobahn – Ist der Zivilprozess noch zeitgemäß?, NZV 2016, 1.

*Gresser, Ursula,* Gerichtliches Gutachterwesen in der Krise?, NJW-aktuell, Heft 23, 2014, 12.

*Gross, Balz/Bazzani, Claudio/Schwaller, Julian,* Litigation & Dispute Resolution 2019 Switzerland (zitiert als GLI Switzerland), im Internet abrufbar unter: https://www.globallegalinsights.com/practice-areas/litigation-and-dispute-resolution-laws-and-regulations/switzerland#chaptercontent3 (Stand 30.03.2020).

*Gross, Balz/Baechler, Roman/Pfisterer, Stefanie/Schwaller, Julian*, Litigation 2019 Switzerland (zitiert als PG Chambers Switzerland), im Internet abrufbar unter: https://practiceguides.chambers.com/practice-guides/litigation-2019-second-editi on/switzerland (Stand 30.03.2020).

*Grossam, Wolfgang*, Aktuelle Fallstricke bei der Durchführung von gerichtlichen Gutachtenaufträgen im Zivilprozess, DS 2015, 46.

*Gumbis, Jaunius/Juonys, Marius/ Keserauskas, Šarūnas*, Lithuania Report (zitiert als Lithuania Report), im Internet abrufbar unter: https://ec.europa.eu/competition /antitrust/actionsdamages/national_reports/lithuania_en.pdf (Stand 24.02.2020).

*Hauptverband der allgemein beeideten und gerichtlich zertifizierten Sachverständigen Österreichs, Bundesverband öffentlich bestellter und vereidigter Sachverständiger e.V., Institut für Sachverständigenwesen e.V.*, Das Sachverständigenwesen in Europa – Aktuelle Fragen und Antworten, 1 Auflage, Köln 2006 (zitiert als SV-Wesen in EU).

*Hille, Christian Peter*, Die Qualifikation des prozessbegleitenden Privatgutachtens als qualifizierter Parteivortrag und deren prozessuale Auswirkungen, DS 2017, 237.

*Hirtz, Bernd*, Die Zukunft des Zivilprozesses, NJW 2014, 2529.

*Höland, Armin/Meller-Hannich, Caroline*, Nichts zu klagen? Der Rückgang der Klageeingangszahlen in der Justiz – Mögliche Ursachen und Folgen, Baden-Baden 2016.

*Hoffmann, Hermann*, Von „Law – Made in Germany" zu „Commercial Litigation in Germany", IWRZ 2018, 58.

*Hommerich, Christoph*, Vertrauenssicherung in Experten, DS 2014, 43.

*Jacobs, Wolfgang*, Regulierungswut; DS 2019, 73.

*Ders.*, Expertenkritik an Reform des Sachverständigenrechts; DS 2016, 67.

*Ders.*, Alles umsonst?; DS 2015, 257.

*Jäckel, Holger*, Das Beweisrecht der ZPO, 3. Auflage, Baden-Baden 2020.

*Jandt, Silke/Nebel, Maxi/Nielsen, Achim*, Elektronische Gerichtsakten – Neue Herausforderungen für die Tätigkeit des Sachverständigen, DS 2016, 248.

*Jordan, Benedikt/Gresser, Ursula*, Wie unabhängig sind Gutachter?, DS 2014, 71.

*Keders, Johannes/Walter, Frank*, Langdauernde Zivilverfahren – Ursachen überlanger Verfahrensdauern und Abhilfemöglichkeiten; NJW 2013, 1697.

*Kesper, Dieter/Ory, Stephan*, Der zeitliche Fahrplan zur Digitalisierung von Anwaltschaft und Justiz, NJW 2017, 2709.

*Klose, Bernhard*, Aktuelle Probleme der Sachverhaltsfeststellung und des erstinstanzlichen Zivilurteils, NJ 2019, 373.

*Kopp, Wolfgang*, Fallstricke der Tatsachenfeststellung im Zivilprozess, NJOZ 2017, 330.

*Kovalev, Sergey/Kislov, Sergey/Lidzhiev; Evgeny*, Russia: Litigation & Dispute Resolution 2020 (zitiert als ICLG Russia), im Internet abrufbar unter: https://iclg.co m/practice-areas/litigation-and-dispute-resolution-laws-and-regulations/russia (Stand 04.05.2020).

*Kramarz, Hubertus*, Der gerichtliche Sachverständige: Gehilfe oder Berater?, DS 2014, 170.

*Kury, Otmar*, Die Zukunft des Zivilprozesses, ZRP 2018, 1.

*Lehmann, Felix*, Ausgewählte Entscheidungen zum Sachverständigenrecht aus den Jahren 2018/2019 – Teil 1; DS 2021, 57.

*Ders.*, Ausgewählte Entscheidungen zum Sachverständigenrecht aus den Jahren 2017/2018 – Teil 1; DS 2019, 318.

*Ders.*, Ausgewählte Entscheidungen zum Sachverständigenrecht aus den Jahren 2016/2017 – Teil I, DS 2019, 121.

*Ders.*, Ausgewählte Entscheidungen zum Sachverständigenrecht in Verkehrssachen aus den Jahren 2015/2016, Teil I, DS 2018, 29.

*Ders.*, Ausgewählte Entscheidungen zum Sachverständigenrecht in Verkehrssachen aus den Jahren 2012/2013, Teil II, DS 2014, 271.

*Ders.*, Ausgewählte Entscheidungen zum Sachverständigenrecht in Verkehrssachen aus den Jahren 2012/2013, Teil I, DS 2014, 232.

*Linz, Julian*, Die Befangenheit des gerichtlichen Sachverständigen, DS 2017, 145.

*Lovas, Andras/Perenyi, Viktoria*, Hungary: Litigation & Dispute Resolution 2020 (zitiert als ICLG Hungary), im Internet abrufbar unter: https://iclg.com/practice-areas/litigation-and-dispute-resolution-laws-and-regulations/hungary (Stand 18.02.2020).

*Lundblom, Fredrik/Henningsson, David*, Global Arbitration Review Sweden (zitiert als GAR Sweden), im Internet abrufbar unter: https://globalarbitrationreview.com/jurisdiction/1005875/sweden (Stand 08.12.2019).

*Maretta, Tomas/Rybar, Tomas*, Slovak Republic report (zitiert als Slovak Republic Report), im Internet abrufbar unter: https://ec.europa.eu/competition/antitrust/actionsdamages/national_reports/slovak_republic_en.pdf (Stand 02.03.2020).

*Mayr, Dietrich*, Gestaltung von Sachverständigengutachten, DS 2013, 128.

*Milde, Paul*, Die Ablehnung eines Sachverständigen im Zivilprozess, NJW 2018, 1149.

*Motzke, Gerd*, Der Zeugenbeweis und der Sachverständigenbeweis, DS 2014, 142.

*Musielak, Hans-Joachim/Voit, Wolfgang* (Hrsg.), Zivilprozessordnung, 17. Auflage, München 2020 (zitiert als Musielak/Voit/*Bearbeiter*, ZPO, § Rn.).

*Noack, Max*, Zur Weisungs- und Leitungsbefugnis des Gerichts gegenüber dem von ihm bestellten sachverständigen Prüfer, NZG 2016, 1259.

*Norburg, Fredirk/Scherp, Pontus*, International Comparative Legal Guides – Schweden (zitiert als ICLG Sweden), im Internet abrufbar unter: https://iclg.com/practice-areas/litigation-and-dispute-resolution-laws-and-regulations/sweden (Stand 03.12.2019).

*Oblin, Klaus*, International Comparative Legal Guides – Austria (zitiert als ICLG Austria), im Internet abrufbar unter: https://iclg.com/practice-areas/litigation-and-dispute-resolution-laws-and-regulations/austria (Stand 09.12.2019).

*Oestmann, Peter*, Wege zur Rechtsgeschichte: Gerichtsbarkeit und Verfahren, Köln 2015.

*Palumbo, Giuliana/Giupponi, Giulia/Nunziata, Luca/Mora-Sanguinetti, Juan S.*, THE ECONOMICS OF CIVIL JUSTICE: NEW CROSS-COUNTRY DATA AND EMPIRICS ECONOMICS DEPARTMENT WORKING PAPERS No. 1060, 2013 (zitiert als OECD Working Paper No. 1060).

*Palumbo, Giuliana/Giupponi, Giulia/Nunziata, Luca/Mora-Sanguinetti, Juan S.*, Judicial performance and its determinants: a cross-country perspective, OECD ECONOMIC POLICY PAPERS, NO. 5, 2013 (zitiert als OECD ECONOMIC POLICY PAPERS, NO. 5).

*Pauly, Holger*, Verpflichtung des Sachverständigen zur Vornahme von Bauteilöffnungen – BGH Urt. v. 23.09.2020 – IV ZR 88 /19, ZfBR 2021, 16.

*Pettersson, Tommy/Lindeborg, Stefan Perván/Persson Giolito, Malin*, Sweden Report (zitiert als Sweden Report), im Internet abrufbar unter: https://ec.europa.eu/competition/antitrust/actionsdamages/national_reports/sweden_en.pdf (Stand 03.12.2019).

*Peytz, Henrik/Wiisbye, Michael S./Bang Schmidt, Helene/Bork, Frederik André*, Denmark Report (zitiert als Denmark Report), im Internet abrufbar unter: https://ec.europa.eu/competition/antitrust/actionsdamages/national_reports/denmark_en.pdf (Stand 02.12.2020).

*Pfeiffer, Thomas*, Zur internationalen Aufstellung der deutschen Justiz nach dem Brexit, DRiZ 2021, 46.

*Ders.*, Justiz neu denken – Brauchen wir einen Commercial Court?, IWRZ 2020, 51.

*Pihlak, Maria/Ginter, Carri*, Estonia: Litigation & Dispute Resolution 2020 (zitiert als ICLG Estonia), im Internet abrufbar unter: https://iclg.com/practice-areas/litigation-and-dispute-resolution-laws-and-regulations/estonia (abgerufen am 05.05.2020).

*Piper, Bernd*, Auswahl eines Sachverständigen durch Losentscheid; DS 2017, 96.

*Plesner. Peter-Ulrik*, Litigation 2019 – Denmark – Global Practice Guides (zitiert als: GPG Denmark), im Internet abrufbar unter: https://practiceguides.chambers.com/practice-guides/litigation-2019/denmark (Stand 03.12.2019).

*Präsident des OLG Hamm* (Hrsg.), Langdauernde Zivilverfahren (zit.: Untersuchung „Langdauernde Zivilverfahren“, S.) 2012.

*Prütting, Hanns/Gehrlein, Markus* (Hrsg.), Zivilprozessordnung, 11. Auflage, Köln 2019.

*Prütting, Hanns/Rüssmann, Helmut*, Verfahrensrecht am Ausgang des 20.

Jahrhunderts – Festschrift für Gerhard Lüke zum 70. Geburtstag, München 1997 (zitiert als *Autor* in FS Lüke).

*Rau, Marianne*, Luxembourg: Litigation & Dispute Resolution 2020 (zitiert als ICLG Luxemburg), im Internet abrufbar unter: https://iclg.com/practice-areas/litigation-and-dispute-resolution-laws-and-regulations/luxembourg (Stand 04.05.2020).

*Rechberger, Walter*, Die Rechtsstellung der Beteiligten beim Sachverständigenbeweis, 2012, 24 f..

*Renninger, Philipp/Weis, Christian/Schauer, Martin,* Sachverständigenarbeit im Bauprozess, DS 2020, 320.

*Reiter, Matthew/Grieder, Alain,* Litigation & Dispute Resolution (ICLG Switzerland), im Internet abrufbar unter: https://iclg.com/practice-areas/litigation-and-dispute-resolution-laws-and-regulations/switzerland (Stand 18.02.2020).

*Roland Rechtsschutz-Versicherungs-AG/Institut für Demoskopie Allensbach,* ROLAND RECHTSREPORT 2021, Köln 2021.

*Sadler-Berg, Christina,* Zufriedenheit hat viele Ursachen; DS 2018, 177.

*Schifferl, Markus/Siwi, Alfred,* Global Arbitration Review (zitiert als GAR Austria), im Internet abrufbar unter: https://globalarbitrationreview.com/jurisdiction/1000212/austria (Stand 18.02.2020).

*Schlehe, Volker,* Die Rolle des Sachverständigen in der Gesellschaft – Perspektiven des öffentlich bestellten Sachverständigen, DS 2013, 337.

*Schmidbauer, Willi,* Die Welt verändert sich; DS 2017, 265 (266).

*Ders.*, Der Sachverständige in der Gesellschaft – Die Zukunft des Sachverständigen – ohne jeden Zweifel öffentlich bestellt und vereidigt!, DS 2013, 172.

*Schneider, Thomas,* Unklar/interdisziplinär gestellte Fragen in Beweisbeschlüssen, DS 2017, 307.

*Schobel, Beatrix,* Die Einbindung fachlicher Expertise in den Zivilprozess – Möglichkeiten und Chancen, MDR 2014, 1003.

*Schultzky, Hendrik,* Die "kleine" ZPO-Reform 2020, MDR 2020, 1

*Schwarz, Andrej/Uhrinova, Simona,* Slovakia: Litigation & Dispute resolution 2020 (zitiert als ICLG Slovakia), im Internet abrufbar unter: https://iclg.com/practice-areas/litigation-and-dispute-resolution-laws-and-regulations/slovakia (Stand 18.02.2020).

*Schwartz Nielsen, Morten,* Conducting litigation in Denmark, Lexology 2019 (zitiert als Lexology Denmark), im Internet abrufbar unter: https://www.lexology.com/library/detail.aspx?g=98a329cb-181c-4a9d-9d4f-5795c573e865 (Stand 03.12.2019).

*Seibel, Mark,* Der Sachverständige und die gerichtliche Leitung seiner Tätigkeit nach der ZPO, NJW 2014, 1628.

*Seitz, Walter/Büchel, Helmut* (Hrsg.), Beck'sches Richter-Handbuch, München 2012.

*Simovart, Martin/Tamm, Elo,* Estonia Report (zitiert als Estonia Report), im Internet abrufbar unter: https://ec.europa.eu/competition/antitrust/actionsdamages/national_reports/estonia_en.pdf (Stand 05.05.2020).

*Spitzer, Martin,* Der Sachverständigenbeweis im österreichischen Zivilprozess, ZZP 2018, 25.

*Ster, Adrian/Iordache, Ana-Maria,* Romania: Competition Litigation (zitiert als ICLG Romania), im Internet abrufbar unter: https://iclg.com/practice-areas/competition-litigation-laws-and-regulations/romania (Stand 03.03.2020).

*Stevens, Jenny/East Sophie,* Class/collective actions in New Zealand: overview (zitiert als TR Practillaw NZ class actions), im Internet abrufbar unter: https://uk.practicallaw.thomsonreuters.com/Document/I1338ac3835d711e598dc8b09b4f043e0/View/FullText.html (Stand 30.03.2020).

*Thomsen, Henrik Nedergaard/Mortensen, Kaspar*, International Comparative Legal Guides – Dänemark (zitiert als ICLG Denmark), im Internet abrufbar unter: https://iclg.com/practice-areas/litigation-and-dispute-resolution-laws-and-regulati ons/denmark (aufgerufen am 03.12.2019).

*Trevisan, Fabio/Gaicio, Laure-Hélène*, Litigation Luxembourg (zitiert als Legal500 Luxemburg), im Internet abrufbar unter: https://www.legal500.com/guides/chap ter/luxembourg-litigation/ (Stand 04.05.2020).

*Ulrich, Jürgen*, Gerichtsgutachten versus Privatgutachten: Was gilt?, DS 2017, 315.

*Vaneev, Alexander/Sorokin, Ilya/Tarasov, Pavel*, Russia: Litigation (zitiert als Legal500 Russia), im Internet abrufbar unter: https://www.legal500.com/guides/chapter/r ussia-litigation/ (Stand 04.05.2020).

*Vaneev, Alexander/Khmelevskiy, Oleg/Kolomiets, Olga/Mednikov, Dimitriy*, Litigation 2019 Second Edition "Russia" (zitiert als PG Chambers Russia), im Internet abrufbar unter: https://practiceguides.chambers.com/practice-guides/comparison /473/4322/6979-6984-6992-7001-7002-7003-7004-7005-7006-7007-7008-7009-7010 (Stand 04.05.2020).

*VerLoren van Themaat, Weyer/Hettema, Johannes*, Netherlands Report (zitiert als Netherlands Report), im Internet abrufbar unter: https://ec.europa.eu/compet ition/antitrust/actionsdamages/national_reports/netherlands_en.pdf (Stand 05.05.2020).

*Von Oppen, Andreas*, Deutsche Rechtspolitik aktuell – (Kleine) Reform der Zivilprozessordnung, WM 2019, 1332.

*Von Preuschen, Anabel*, Die Modernisierung der Justiz, ein Dauerthema – Die Rechtsänderungen durch das 2. Justizmodernisierungsgesetz; NJW 2007, 321.

*Volze, Harald*, Problemkreise aus der Sachverständigenrechtsprechung, DS 2019, 250.

*Ders.*, Der Sachverständigenbeweis im grenzüberschreitenden Rechtsstreit, DS 2019, 224.

*Ders.*, Verschärfte, überflüssige Gesetze für den Sachverständigen, DS 2016, 21.

*Vorwerk, Volkert*, Strukturiertes Verfahren im Zivilprozess, NJW 2017, 2326.

*Wallimann, Matthias*, Der Unmittelbarkeitsgrundsatz im Zivilprozess, Tübingen, 2016.

*Walter, Frank*, Verzögerung durch Sachverständigengutachten – Ursachen, Bedeutung und Möglichkeiten der Abhilfe im Zivilverfahren, DS 2013, 385.

*Ders.*, Neue Wege im Sachverständigenbeweis, DS 2015, 205.

*Ders.*, Sachverständige und Richter: Auf einem starken Fundament gemeinsam in die Zukunft, DS 2018, 186.

*Ders.*, Die Anforderungen an ein Bauschadensgutachtern aus richterlicher Sicht, DS 2020, 77.

*Weder, Dietrich*, Die Zusammenarbeit des Sachverständigen mit dem Gericht (Teil I), DS 2020, 112.

*Ders.*, Die Zusammenarbeit des Sachverständigen mit dem Gericht (Teil II), DS 2020, 140.

*Wernberg, Erik/Arbrandt Elsa*, Sweden Dispute Resolution (zitiert als GTDT Sweden), im Internet abrufbar unter: https://gettingthedealthrough.com/area/9/jurisdiction/38/dispute-resolution-sweden/ (Stand 10.02.2020).

*Wieczorek, Bernhard/Schütze, Rolf/Gebauer, Martin* (Hrsg.) – Zivilprozessordnung und Nebengesetze, 5. Auflage, Berlin/Boston, 2020 (zitiert *Autor* in Wieczorek/Schütze).

*Wollmann, Hanno/Prisker Antje*, Austria Report (zitiert als Austria Report), im Internet abrufbar unter: https://ec.europa.eu/competition/antitrust/actionsdamages/national_reports/austria_en.pdf (Stand 03.12.2019).

*World Justice Project*, Rule of Law Index 2020 (zitiert als ROLI 2020), Washington 2020.

*World Bank Group/International Bank for Reconstruction and Development/The World Bank*, Doing Business 2020, (zitiert als Doing Business 2020) Washington 2020.

*Zöller, Richard* (Hrsg.), Zivilprozessordnung, 33. Auflage, Köln 2020 (zitiert als *Bearbeiter* in Zöller).

*Zuck, Rüdiger*, Verfassungsrechtliche Rahmenbedingungen des zivilprozessualen Beweisverfahrens – Sachverständigenbeweis, NJW 2010, 3622.

FSC
www.fsc.org
MIX
Papier | Fördert gute Waldnutzung
FSC® C083411

Kolibri 360 GmbH
Ferdinand-Jühlke-Straße 7
99095 Erfurt, Deutschland
produktsicherheit@kolibri360.de